LE TEMPS DES ILLUSIONS

Du même auteur

Histoire de la guerre d'Algérie, 1954-1962, en coll. avec Bernard Droz, Paris, Le Seuil, « Points », 1982 ; éd. revue et augmentée en 1991.

Louis XVI, Paris, Fayard, 1985.

Louis XVIII, Paris, Fayard, 1988 (ouvrage couronné par l'Académie française).

Marie-Antoinette, Paris, Fayard, 1991.

Mémoires du baron de Breteuil, édition critique, Paris, François Bourin / Julliard, 1992.

Philippe Égalité, Paris, Fayard, 1996.

Madame de Pompadour, Paris, Perrin, 2000 (prix du Nouveau Cercle de l'Union ; prix Clio de la ville de Senlis).

Marie-Antoinette, la dernière reine, Paris, Gallimard, coll. « Découvertes », 2000.

Marie-Antoinette, Journal d'une reine, Paris, Robert Laffont, 2002.

L'Affaire du collier, Paris, Fayard, 2004.

Correspondance de Marie-Antoinette, 1770-1793, Paris, Tallandier, 2005 (prix Sévigné 2006).

Les Dernières Noces de la monarchie (volume réunissant *Louis XVI* et *Marie-Antoinette)*, Paris, Fayard, coll. « Les Indispensables de l'histoire », 2005.

C'était Marie-Antoinette, Paris, Fayard, 2006.

Pierre Augustin Caron de Beaumarchais et Amélie Mouret de La Morinaie, *Lettres d'amours*, présentées par Evelyne et Maurice Lever, Paris, Fayard, 2007.

Le Chevalier d'Éon. Une vie sans queue ni tête, avec Maurice Lever, Paris, Fayard, 2009.

Baron de Breteuil, *Lettres d'amour, mémoires de cour, 1680-1715* (édition établie par E. Lever), Paris, Tallandier, 2009.

Marquis et marquise de Bombelles, *« Que je suis heureuse d'être ta femme », Lettres intimes, 1778-1782* (édition établie par E. Lever), Paris, Tallandier 2009.

ÉVELYNE LEVER

LE TEMPS DES ILLUSIONS

Chronique de la Cour et de la Ville
1715-1756

Fayard

Couverture : Portrait de Manon Balletti, par Jean-Marc Nattier, 1757.
Londres, National Gallery © Photo Josse/Leemage.
Graphisme : un chat au plafond

ISBN : 978-2-213-66841-3

En souvenir de nous

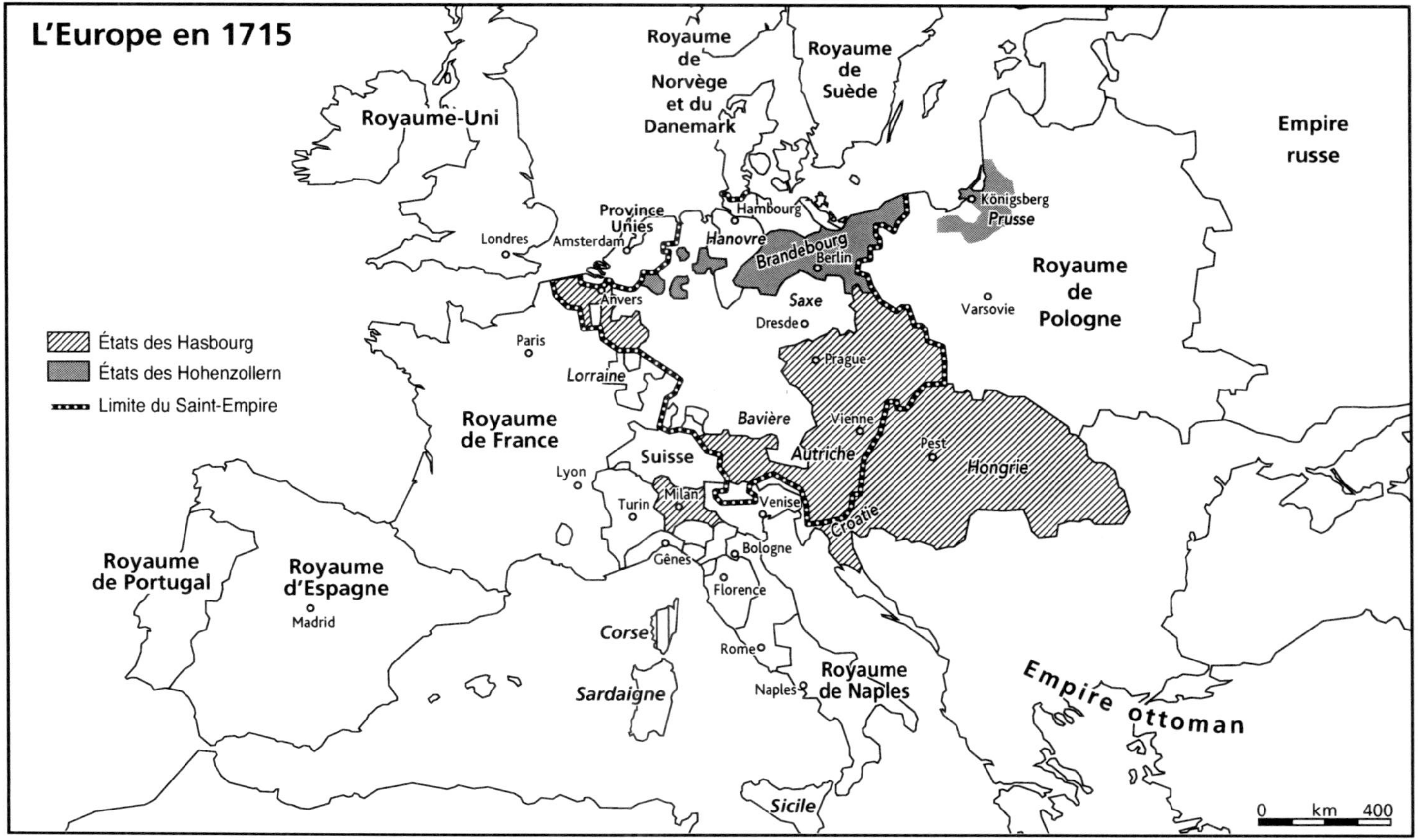
L'Europe en 1715
États des Hasbourg
États des Hohenzollern
Limite du Saint-Empire
Royaume-Uni
Londres
Royaume de Norvège et du Danemark
Royaume de Suède
Empire russe
Province Unies
Amsterdam
Hambourg
Hanovre
Brandebourg
Berlin
Königsberg
Prusse
Royaume de Pologne
Varsovie
Anvers
Saxe
Dresde
Paris
Lorraine
Prague
Royaume de France
Bavière
Vienne
Pest
Suisse
Autriche
Hongrie
Lyon
Milan
Venise
Turin
Croatie
Gênes
Bologne
Florence
Royaume de Portugal
Royaume d'Espagne
Madrid
Corse
Rome
Royaume de Naples
Naples
Sardaigne
Empire ottoman
Sicile
0 km 400

GÉNÉALOGIE SIMPLIFIÉE DE LA MAISON BOURBON

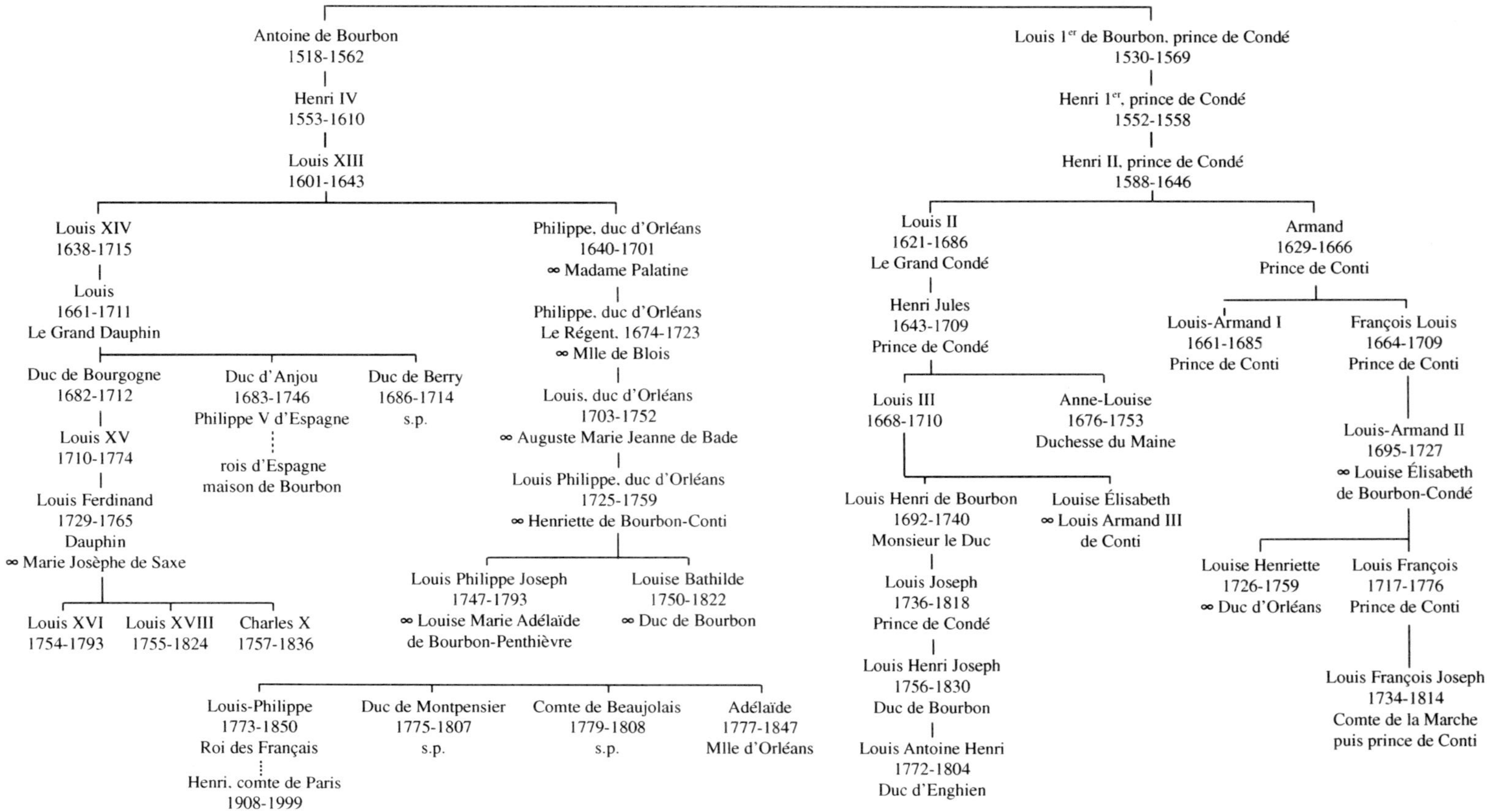

GÉNÉALOGIE SIMPLIFIÉE DES BOURBONS-CONDÉS

Henri II de Bourbon
prince de Condé
(1588-1646)
appelé Monsieur le Prince

Louis II de Bourbon, prince de Condé
duc d'Enghien, puis Monsieur le Prince.
Surnommé le Grand Condé
(1621-1686)
épouse en 1641 Claire-Clémence de Maillé-Brézé

Henri-Jules de Bourbon,
prince de Condé, duc de Bourbon, appelé
Monsieur le Duc et Monsieur le Prince
(1643-1709)
marié en 1663 à Anne de Bavière

Louis III de Bourbon, prince de Condé, appelé Monsieur le Duc
(1668-1710)
marié en 1685 à Louise-Françoise de Bourbon, Mlle de Nantes (Madame la Duchesse) fille légitimée de Louis XIV
(1673-1743)

Marie-Thérèse de Bourbon, Mlle de Bourbon
(1666-1732)
épouse le Grand Conti

Louise-Bénédicte de Bourbon, Mlle de Charolais
(1676-1753)
épouse en 1692 Louis-Auguste de Bourbon duc du Maine, fils légitimé de Louis XIV et de la marquise de Montespan

Marie-Anne de Bourbon, Mlle de Montmorency puis d'Enghien
(1678-1718)
épouse en 1710 Louis-Joseph de Bourbon, duc de Vendôme

Louis-Henri de Bourbon, prince de Condé,
Monsieur le Duc
(1692-1740)
Premier ministre de 1723 à 1726
épouse en 1713 Marie-Anne de Bourbon,
Mlle de Conti
(1689-1720)

Louise-Élisabeth de Bourbon,
(1693-1775)
épouse en 1713 Louis-Armand
de Bourbon, prince de Conti

ET BOURBONS-CONTI

Armand de Bourbon, prince de Conti,
(1629-1666)
épouse en 1654 Anne-Marie Martinozzi,
nièce du cardinal Mazarin

Louis-Armand de Bourbon,
prince de Conti
(1661-1685)
marié en 1680 à Marie-Anne de Bourbon,
Mlle de Blois (fille légitimée de Louis XIV
et de Mlle de La Vallière),
(1666-1739)
s.p.

François-Louis de Bourbon, prince
de Conti, surnommé le Grand Conti,
élu roi de Pologne en 1697
(1664-1709)
marié en 1688 à Marie-Thérèse
de Bourbon, fille de Henri-Jules
de Bourbon, prince de Condé
(1666-1732)

Marie-Anne de Bourbon,
Mlle de Conti
(1689-1720)
épouse en 1713
Louis-Henri de Bourbon,
prince de Condé,
appelé Monsieur le Duc
(1692-1740)

Louis-Armand de Bourbon,
prince de Conti
(1695-1727)
marié en 1713 à Louise-
Élisabeth de Bourbon,
Mlle de Bourbon,
fille de Louis III de Bourbon,
prince de Condé
(1693-1775)

LES ENFANTS LÉGITIMÉS DE LOUIS XIV

Nés de Louise-Françoise de la Baume Le Blanc, duchesse de La Vallière et de Vaujours (1644-1710)

- Marie-Anne de Bourbon, Mlle de Blois (1666-1739) légitimée en mai 1667 mariée le 16 janvier 1680 à Louis-Amand de Bourbon, prince de Conti (1661-1685)
- Louis de Bourbon, comte de Vermandois, amiral de France, (1667-1683) légitimé en février 1669

Nés de Françoise-Athénaïs de Rochechouart, marquise de Montespan (1641-1707)

- Louis-Auguste de Bourbon, duc du Maine (1670-1736) légitimé en décembre 1673 colonel général des Suisses (1674) lieutenant général (1692) grand maître de l'artillerie de France (1694) marié en 1692 à Louise-Bénédicte de Bourbon, Mlle de Charolais (1676-1753), fille de Henri-Jules de Bourbon, prince de Condé
- Louis-César de Bourbon, comte de Vexin (1672-1683) légitimé en déc. 1675, abbé de Saint-Denis et de Saint-Germain-des-Prés
- Louise-Françoise de Bourbon, Mlle de Nantes (1673-1743) légitimée en déc. 1673, mariée le 24 juillet 1685 à Louis III de Bourbon-Condé, duc de Bourbon (1668-1710). Elle porte alors le titre de Madame la Duchesse
- Louise-Marie de Bourbon, Mlle de Tours (1674-1681) légitimée en janvier 1676
- Françoise-Marie de Bourbon, Mlle de Blois (1677-1749) légitimée en nov. 1681 épouse le 18 février 1692 Philippe II d'Orléans, futur régent
- Louis-Alexandre de Bourbon, comte de Toulouse (1678-1737) légitimé en 1681 amiral de France en nov. 1683 Marié le 2 février 1723 à Marie-Victoire-Sophie de Noailles (1688-1766), d'où Louis-Jean de Bourbon, duc de Penthièvre (1725-1793), grand veneur de France

CHAPITRE PREMIER

L'éclipse du Soleil

Le temps immobile

Juin 1714 – Sanglé dans son orgueil, Louis XIV n'est plus qu'un vieillard en sursis accomplissant chaque jour les mêmes gestes aux mêmes heures selon un rituel immuable. L'esprit intact, le regard vif, il continue de gouverner en dépit d'une santé qui se dégrade lentement et d'une inquiétude lancinante pour l'avenir du royaume. Une infinie tristesse l'accable depuis que la mort a fauché en quelques mois son fils unique, deux petits-fils et un arrière-petit-fils. Aujourd'hui, l'héritier du trône est un enfant de quatre ans, seul survivant de cette hécatombe[1]. Le roi sait qu'il n'aura pas le temps de le préparer à régner.

Versailles est morne. Le cérémonial sauve les apparences. Les vieux courtisans accomplissent un devoir aulique vide de sens et la jeunesse se distrait à Paris. Le soir, la famille royale se réunit chez Mme de Maintenon, épousée secrètement par le souverain voilà plus de trente ans. Madame Palatine, veuve de Monsieur, frère du roi, égaye parfois ces après-soupers par la verdeur de ses

1. En 1712, Monseigneur, son fils unique, a succombé à la variole ; quelques mois plus tard, le duc de Bourgogne, l'aîné de ses petits-fils, et son épouse ainsi que son premier arrière-petit-fils ont été emportés par une rougeole pourprée. En 1714, le duc de Berry, son dernier petit-fils, n'a pas survécu à une chute de cheval. Orphelin à deux ans, le second fils du duc et de la duchesse de Bourgogne est le futur Louis XV.

propos. Son fils unique, le duc d'Orléans, s'oblige à participer à ces réunions. Le roi se méfie de ce neveu qui serait son héritier légitime si le petit dauphin venait à mourir. On écoute de la musique, on évoque le passé glorieux, on évite soigneusement de parler des guerres et des défunts pour ne pas attrister Sa Majesté. Le roi reste impassible, « morgué » comme dit le duc de Saint-Simon. Il semble n'avoir confiance qu'en Mme de Maintenon. Elle veille sur lui, l'exhorte à faire son salut et tente de faire régner l'ordre dans son cercle intime. Elle connaît les secrets d'État et les soucis de son mari dont elle est devenue le dévot soutien. Son incroyable ascension lui a valu bien des jalousies et même des haines tenaces, mais elle s'est maintenue fière et dure comme le roc. Le roi ne l'appelle-t-il pas « Votre Solidité » ? Elle a naguère élevé les enfants nés de la longue liaison du souverain avec la marquise de Montespan. Elle aime ses deux fils, le duc du Maine et son cadet, le comte de Toulouse, comme s'ils étaient les siens, surtout l'aîné dont elle vante toujours les mérites. Il est très assidu auprès de son père. Lui seul parvient à le distraire ; il lui raconte des anecdotes piquantes, lui parle des charges qu'il remplit, cherchant toujours à le persuader de son désintéressement et de sa piété.

Une bombe explosant dans Versailles ne ferait pas plus de bruit que la nouvelle rendue publique le 28 juillet : le roi a déclaré le duc du Maine et le comte de Toulouse princes du sang et aptes à succéder à la couronne ainsi que leurs descendants, à défaut d'héritier légitime ! Les mariages ordonnés entre les bâtards déjà légitimés, filles ou garçons, avec les princes et les princesses de la famille royale avaient naguère causé un vif émoi. Mais cette fois le monarque outrepasse ses droits ; il contrevient aux lois fondamentales du royaume en écartant ainsi de la succession au trône le duc d'Orléans et les membres de la branche cadette, les Condés et les Conti. Il se doute cependant qu'après sa mort, ses volontés ne seront pas forcément respectées. Il n'a pu s'empêcher de dire au duc du Maine : « Vous l'avez voulu, mais sachez que quelque grands que je vous fasse et que vous soyez de mon vivant, vous n'êtes rien après moi, et c'est à vous après à faire valoir ce que j'ai fait pour vous, si vous pouvez[1]. »

1. Saint-Simon, *Mémoires*, t. XXVI, p. 106 (édition Boislisle).

L'incroyable décision royale officialisée par un édit ne cause pas d'éclat public, mais on murmure. Dans le silence de son cabinet, le duc de Saint-Simon exprime son indignation sur quelques feuillets, mais fait son compliment au roi et au duc du Maine qu'il déteste. La mécanique de la Cour continue de fonctionner.

Bien qu'il ne soit pas dupe de cette apparente soumission, Louis XIV prépare le règne futur. Il sait la couronne bien fragile sur la tête d'un enfant. Après s'être longuement entretenu avec son chancelier, il a rédigé un testament afin d'organiser la régence. Le 26 août, il remet un paquet scellé de sept cachets à M. de Mesmes, le premier président du Parlement, et au procureur général, M. d'Aguesseau : « Messieurs, leur dit-il, c'est mon testament ; il n'y a qui que ce soit qui sache ce qu'il contient. Je vous le remets pour le garder au Parlement. L'exemple des rois mes prédécesseurs et celui du testament de mon père ne me laissent pas ignorer ce que celui-ci pourra devenir ; mais on l'a voulu, on m'a tourmenté, on ne m'a point laissé de repos quoi que j'aie pu dire. Eh bien, j'ai donc acheté mon repos. Le voilà, emportez-le ; il deviendra ce qu'il pourra et je n'en entendrai plus parler[1]. »

Le souverain laisse les deux magistrats sidérés. Dès leur retour à Paris, ils avertissent leurs collègues du dépôt qu'ils ont reçu et font aménager une cachette dans la muraille de la tour Bonbec pour déposer le testament. Une porte et une grille de fer fermées par trois serrures l'ont mis en sûreté jusqu'à la mort du roi.

On brûle de connaître les dernières volontés de Louis XIV. Les langues vont bon train en France et dans toute l'Europe où l'on attend la fin de ce trop long règne. Trois princes se sentent directement concernés : Philippe V le roi d'Espagne, le duc du Maine et le duc d'Orléans.

Les prétendants

Qu'on ne s'étonne pas de compter le souverain espagnol au nombre des prétendants à la régence et éventuellement au trône de France si l'on oublie qu'il est le seul survivant des petits-fils de

1. *Ibid.*, p. 108.

Louis XIV et qu'il fut appelé à régner de l'autre côté des Pyrénées en vertu du testament du roi Charles II en 1700[1]. En 1713, au traité d'Utrecht, il a dû renoncer à ses droits au trône de France, mais il considère sa renonciation extorquée par la force. Il a bien l'intention de revendiquer la régence à la mort de Louis XIV et plus tard la couronne de France si le futur roi vient à mourir. Aussi charge-t-il son ambassadeur, le prince de Cellamare, de connaître les dispositions de Louis XIV et de former un parti en sa faveur.

Le duc du Maine, à quarante-quatre ans, manque d'ambition et le pouvoir suprême lui ferait plutôt peur. De santé fragile depuis son enfance, doux et craintif, il aime l'étude et se complaît dans une société choisie pour ses qualités intellectuelles et morales. Élevé près du trône, il est imbu des préjugés de sa naissance, tout en souffrant d'être le fruit d'un double adultère. Lorsque le roi, poursuivant sa politique de fusion entre sa famille légitime et sa famille illégitime, lui a fait épouser Louise-Bénédicte de Condé, véritable princesse du sang, celle-ci fit mine de lui accorder un honneur en acceptant d'être sa femme. La Grande Mademoiselle, qui ne manquait pas d'esprit, dit alors que c'était le mariage d'un boiteux et d'une manchote ! M. du Maine est en effet affligé d'un pied bot et son épouse, presque naine, a un bras plus court que l'autre. Heureusement, l'un et l'autre ont un fort beau visage. Ils ont deux fils, le prince de Dombes et le comte d'Eu, nouveaux princes du sang. La duchesse du Maine fait marcher son mari au gré de ses caprices. Tout d'abord chaperonnée par Mme de Maintenon, celle qu'on appelle « la poupée de sang » s'est vite émancipée. Elle a fui Versailles et abandonné les longues pratiques de dévotion imposées par l'austère compagne du roi. Elle se pique de belles-lettres, de science et tient une cour brillante dans son château de Sceaux que déserte son époux pour lequel elle nourrit de grandes ambitions. Mme du Maine se verrait bien reine de France. En attendant des jours glorieux, elle règne à Sceaux.

1. Cette élévation d'un Bourbon au trône d'Espagne entraîna une longue guerre européenne, la guerre de Succession d'Espagne, à l'issue de laquelle le traité d'Utrecht conclu en 1713 reconnaissait Philippe V comme souverain à Madrid s'il renonçait à ses droits au trône de France et le duc d'Orléans à ses droits au trône d'Espagne.

Philippe, duc d'Orléans, est né en 1674 du mariage le plus improbable de la famille royale. Son père, Monsieur, frère du roi, veuf d'Henriette d'Angleterre, avait dû épouser Élisabeth Charlotte de Bavière en 1671. Quelle ne fut pas la surprise de cette franche et grosse Allemande en découvrant que son mari vivait au milieu d'une nuée de mignons qui se jalousaient. Mais par un curieux caprice du destin, elle-même avait rêvé d'être un homme sans pourtant éprouver de désir pour celles de son sexe. Avec sa mâle gaieté, son intelligence et un incroyable naturel, Madame parvint à se faire estimer du prince, qui accomplit son devoir conjugal. Ils eurent deux enfants[1]. Philippe, leur fils, n'ignorait rien des mœurs de son père et subissait les foudres de sa mère qui veillait de près à son éducation. Doué d'une intelligence subtile et d'une mémoire sans faille, il acquit un savoir encyclopédique. Il fit avec panache ses premières armes pendant la campagne de 1692. De taille moyenne, le teint haut en couleur, les cheveux bruns et bouclés, d'une aisance parfaite, il a toujours respiré la bonté. Ses gestes sont empreints d'une élégance naturelle, il s'exprime facilement d'une voix chaude. Il collectionne tableaux, pierres précieuses et monnaies anciennes. Mais Philippe est taraudé par l'ennui, qu'il cherche à fuir par tous les moyens. Il s'est pris de passion pour la chimie, pour l'occultisme ; se piquant d'impiété, il a voulu voir le diable et s'est livré à des expériences si étranges que certains l'accusent d'avoir empoisonné les héritiers directs du roi. Mais c'est dans la débauche qu'il trouve le meilleur remède à ce qui l'accable. Contrairement à son père, il a manifesté très tôt un goût prononcé pour les femmes. Contraint et forcé, il accepta celle que le roi lui imposa comme épouse, sa propre fille, Mlle de Blois, sœur du duc du Maine et du comte de Toulouse, ce qui lui valut un retentissant soufflet de sa mère. Madame estimait qu'il aurait dû refuser une bâtarde, fût-elle celle de Louis XIV. Grande et majestueuse, sûre d'elle, égocentrique, cette princesse toujours très proche de ses frères voudrait qu'on soit toujours à sa dévotion. Son mari ne l'a jamais aimée. Il a préféré des aventures avec des comédiennes et il entraîne désormais sa

1. Leur fille, Mlle de Chartres, née en 1676, épousa en 1698 Léopold, duc de Lorraine. Elle est la mère de François Ier empereur d'Allemagne, époux de Marie-Thérèse d'Autriche.

fille chérie, la duchesse de Berry, dans des orgies avec ceux qu'il appelle ses roués au Palais-Royal, sa demeure parisienne. Ses débordements indisposent Louis XIV et Mme de Maintenon, qui voient en lui le modèle de tous les vices, bref un prince indigne de détenir la puissance suprême.

Les trois prétendants se préparent à défendre ce que chacun estime être son droit. Le plus calme est assurément le duc du Maine. Seul à savoir ce que contient le testament de son père, il reste persuadé que les dernières volontés du souverain seront respectées. Sa femme s'inquiète. Elle lui laisse entendre qu'un beau matin, il se retrouvera à l'Académie et que le duc d'Orléans sera régent. Mais le prince n'en a cure. Il se complaît dans une traduction de *L'Anti-Lucrèce* et ne manque pas de faire sa visite quotidienne au roi et à Mme de Maintenon. Le prince de Cellamare, ambassadeur d'Espagne, lui fait la cour. Il l'assure que son maître revendiquera le titre de régent dès la mort du roi et qu'il lui donnera le rôle de vice-régent. Il n'en faut pas davantage pour rassurer M. du Maine s'il éprouve la moindre inquiétude pour son avenir, ce qui n'est pas certain.

Le duc d'Orléans fait preuve de plus de pragmatisme que le bâtard chéri du roi. Lord Stair, l'ambassadeur d'Angleterre, vient d'entrer en relation avec lui, le roi George Ier redoutant la candidature du roi d'Espagne à la régence. Il promet son aide au prince au cas où Philippe V aurait l'intention de faire entrer des troupes en France pour défendre ses intérêts. Philippe d'Orléans accepte ses propositions, mais il a surtout besoin d'appuis sérieux en France pour s'assurer du pouvoir. Une fois par semaine, il réunit au Palais-Royal ses fidèles : Effiat, Nocé, Canillac, le président Longueil de Maisons, et le duc de Noailles. Ainsi se trouve-t-il assuré de l'appui des troupes, de celui des jansénistes et du Parlement. Si le testament ne lui accorde pas la régence, il pourra le faire casser, comme ce fut le cas pour ceux d'Henri IV et de Louis XIII.

Le roi continue de gouverner, de se promener dans ses jardins, d'aller à Marly, de tenir sa cour où pèse un ennui de plus en plus lourd. Mme de Maintenon, embéguinée dans ses dentelles noires, veille sur lui comme une Parque attentive à suspendre le temps. Au mois de février 1715, le monarque très amaigri accuse une grande fatigue pour la réception de l'ambassadeur de Perse où l'on déploie le faste des grands jours. Ce déclin frappe les étrangers encore plus que les Français. L'ambassadeur d'Angleterre assure qu'il mourra avant l'automne. À Londres, des paris s'engagent sur sa fin prochaine. Un jour que Torcy, ministre d'État, lisait une gazette à son maître, il s'interrompit soudain et reprit sa lecture en ayant de toute évidence sauté un passage. Le roi lui demanda de reprendre ce qu'il lui avait caché. Torcy s'exécuta. Il était question des paris anglais. Le monarque resta de marbre. Quelques jours plus tard, mangeant de bon appétit, il plaisanta en disant que certains Anglais risquaient de perdre leurs paris.

Un roi dans le tombeau, un autre dans le berceau

Août 1715 – Louis XIV s'affaiblit. Le 10, en rentrant de Marly, il avoua que la tête lui tournait. Il dormit fort mal. Le 12, il entendit la messe dans son lit et se plaignit d'une douleur à la jambe gauche. Le 13, il se leva, donna debout son audience de congé à l'ambassadeur de Perse. Tout le monde le trouva changé. Le 15, il se fit porter à la chapelle pour entendre la messe, traversa la galerie où il fut longuement acclamé. La douleur ne l'empêcha pas de travailler avec ses ministres. Le 16, on eut beaucoup de mal à le lever et à le coucher. La Cour comprit que tout espoir était perdu. Chacun se mit à penser à l'avenir. Les uns faisaient leur cour au duc du Maine, les autres au duc d'Orléans. Les plus prudents flattaient successivement tous les princes. Dès que le roi allait mieux, les courtisans quittaient les appartements princiers pour se rendre en foule auprès du monarque. Les médecins parisiens appelés en consultation se succédaient à son chevet sans pouvoir apporter le moindre réconfort au malade : ils lui prescrivirent des bains d'herbe et du lait d'ânesse. Bien que sa jambe lui causât d'intolérables douleurs, il travailla jusqu'au 24. Les médecins lui apprirent que c'était la gangrène. Le 25, jour de la Saint-Louis, il se coucha pour ne plus se lever et se prépara à mourir avec son confesseur, le père Le Tellier. Mme de Maintenon ne le quittait pas ; il demanda qu'on lui préparât une chambre à côté de la sienne. Après avoir rédigé un second codicille à son testament, il s'entretint avec le maréchal de Villeroy pour lequel il éprouvait de l'amitié et lui recommanda le dauphin dont il allait devenir le gouverneur. Il appela ensuite le duc d'Orléans. « Mon neveu, lui dit-il, j'ai fait un testament où je vous ai conservé tous les droits que vous donne votre naissance. [...] J'ai fait les dispositions que j'ai cru les plus sages et les plus équitables pour le bien du royaume, mais comme on ne saurait tout prévoir, s'il y a quelque chose à changer ou à réformer, l'on fera ce que l'on trouvera à-propos[1]. » Le prince s'inclina, embrassa son oncle, reçut sa bénédiction et sortit de la chambre en pleurant. Le bruit courut aussitôt qu'il était déclaré régent. Louis XIV appela ensuite le duc du Maine et le comte de Toulouse. Il dit à son préféré qu'il lui confiait l'éducation du futur souverain.

Le lendemain, 26 août, l'état du malade empira. La gangrène s'était répandue jusqu'à l'os. Avant de mourir, le roi voulut voir son successeur. On installa le dauphin sur un fauteuil au chevet de son arrière-grand-père, qui regarda avec attendrissement ce bambin de cinq ans au visage angélique avec ses yeux noirs implorants et ses joues roses encadrées de boucles brunes. « Mon enfant, murmura-t-il, vous allez être le plus grand roi du monde, ne m'imitez pas dans les guerres et songez bien que c'est à Dieu à qui vous devez ce que vous êtes[2]. » Il embrassa et bénit l'enfant, qui se mit à pleurer. Le monarque fit de nouveau venir le duc du Maine et le comte de Toulouse et ensuite le duc d'Orléans auquel il déclara : « Mon neveu, je vous fais régent du royaume. Vous allez voir un roi dans le tombeau, un autre dans le berceau ; souvenez-vous toujours de la mémoire de l'un et des intérêts de l'autre[3]. » Il ajouta que dès son avènement le nouveau roi devait être conduit à Vincennes dont l'air était salubre. Les jours suivants, Louis XIV reçut encore ses ministres, les princes, les princesses, les courtisans ; il s'entretenait avec Mme de Maintenon et avec son confesseur, donnant à tous un exemple édifiant par la grandeur d'âme qu'il manifestait.

Alors que le duc du Maine attend stoïquement la mort de son père, le duc d'Orléans prépare la régence, le chancelier Voysin lui ayant fait part des dispositions du testament qui limitent singulièrement son pouvoir. Le prince se comporte désormais

1. Anthoine, *Journal*, p. 51-52.
2. *Ibid.*, p. 61.
3. Saint-Simon, *Mémoires*, *op. cit.*, p. 342.

comme le futur maître du royaume. Sans perdre un instant, il fait des promesses à ceux qu'il veut gagner à sa cause et file en chaise de poste jusqu'à Paris afin de convaincre les magistrats du parlement de Paris de la légitimité de ses droits, puisque ces messieurs détiennent les dernières volontés de Louis XIV. Moyennant finance, il convainc le duc de Guiche, colonel des gardes françaises, de s'emparer de toutes les avenues menant au Parlement afin d'empêcher le duc du Maine, général des troupes suisses, de tenter la moindre manœuvre d'intimidation. Il s'est également assuré du concours du duc de Noailles, capitaine des gardes du corps.

Le roi souffre le martyre, il prie et flotte entre la vie et la mort. Les médecins impuissants à le guérir voudraient l'amputer.

La prise du pouvoir

1er septembre 1715 – À huit heures un quart, Louis XIV a fini de vivre. Le duc d'Orléans, qui vient de rendre les derniers devoirs au défunt, quitte la chambre royale. Les princes et les princesses le suivent ainsi que les courtisans qui attendaient dans la galerie des Glaces en habit de cérémonie depuis le début de l'agonie. Ils vont saluer leur nouveau maître. « Sire, je viens rendre mes devoirs à Votre Majesté comme le premier de vos sujets », déclare le duc d'Orléans en s'inclinant devant lui. « Voilà la principale noblesse qui vient assurer de sa fidélité », poursuit-il. De grosses larmes coulent sur les joues de l'enfant que Mme de Ventadour tente de consoler. Quelques minutes plus tard, on le conduit jusqu'au balcon de la cour de Marbre où le duc de Bouillon, grand chambellan, coiffé d'un chapeau à plumet noir, s'écrie : « Le roi est mort ! » Il reparaît avec un plumet blanc pour répéter trois fois à haute voix : « Vive le roi Louis XV ! » Vêtu d'un habit violet, le petit monarque se montre au peuple, qui l'acclame longuement. À midi, la foule est admise à pénétrer dans les appartements afin de se recueillir devant la dépouille du souverain.

Pendant que l'enfant-roi se retire et qu'on rend les derniers devoirs au défunt selon un protocole minutieusement observé, la lutte pour le pouvoir que se livrent les princes depuis plusieurs mois arrive à son terme. Le Parlement est convoqué pour le lendemain 2 septembre.

Dès six heures du matin, à la grande surprise des Parisiens, les rues, les quais et les ponts sont investis par les gardes françaises, officiers en tête. Des carrosses s'ébranlent depuis les quartiers résidentiels pour se diriger vers le Palais de Justice. Robes rouges et robes noires descendent silencieusement de leurs voitures et s'assemblent dans la Grand-Chambre. Entre huit et neuf heures arrivent les ducs et pairs et enfin les princes. Le duc d'Orléans les laisse entrer ; il préfère entendre la messe à la Sainte-Chapelle avant le début de la séance solennelle. Tous les regards se tournent vers le duc du Maine « crevant de joie », dit le duc de Saint-Simon. Le bâtard chéri voit son heure de gloire arriver. Mme la duchesse du Maine sera fière de lui ce soir. Le petit duc de Saint-Simon se hausse le plus qu'il peut sur son siège et fait entendre à ses voisins sa voix de fausset. Il déteste les bâtards. Si on lui disait qu'il y a dans le public le jeune Arouet, le fils de son notaire, il hausserait les épaules. Ces gens-là n'existent pas ; ils sont tout juste bons à scribouiller. Arouet ne connaît personne dans cette assemblée qui va se prononcer sur l'avenir du royaume. Il veut assister à la naissance du nouveau règne, du siècle qui sera le sien ; il a tout juste vingt ans, un extraordinaire appétit de la vie, une ambition chevillée au corps et un regard aigu sur les êtres et les choses. Pour l'instant, il cherche encore sa voie. Disons qu'il est poète.

À dix heures, les princes vont au-devant du duc d'Orléans et le conduisent à la droite du premier président. Les compliments d'usage échangés, Philippe prend la parole dans un silence impressionnant. Il affirme que la régence lui appartient de droit par sa naissance, ce que le roi lui a rappelé quelques heures avant sa mort. Mais il demande aux magistrats de bien vouloir prendre connaissance du testament qui confirmera sans aucun doute ce qu'il vient d'énoncer. Bien entendu, Philippe feint de ne rien connaître de ces dispositions. S'adressant aux magistrats, il ajoute qu'il exercera la régence avec zèle, « en étant aidé par leurs conseils et leurs sages remontrances ». Autrement dit, il ne gouvernera pas en maître absolu comme Louis XIV qui avait singulièrement réduit les droits de son parlement. La bienveillance de ces messieurs lui est d'emblée acquise.

L'énoncé des dernières volontés du roi provoque des murmures réprobateurs. Les magistrats observent les princes. L'air impénétrable de M. le duc d'Orléans contraste avec le visage triomphant de M. le duc du Maine. « Il m'a trompé », s'écrie le neveu de Louis XIV lorsque la lecture s'achève. En effet, le testament ne lui reconnaît que la présidence d'un conseil de régence gouvernant à la pluralité des voix sans qu'il puisse ordonner ou décider quoi que ce soit de sa propre autorité. Au sein de ce conseil composé des anciens ministres et des autres princes, un rôle considérable est attribué au duc du Maine. C'est à lui que revient la tutelle du roi mineur avec le commandement de sa maison militaire. Il aura également toute autorité sur le vieux duc de Villeroy nommé gouverneur de Louis XV. Non seulement Philippe d'Orléans ne dispose d'aucun pouvoir, mais il peut être arrêté par le duc du Maine, qui dispose des troupes.

Le duc d'Orléans exprime aussitôt sa douloureuse surprise et demande au Parlement de statuer sur ses droits à la régence avant d'ouvrir une discussion sur les clauses du testament. L'avocat général Joly de Fleury improvise un éloge flatteur du prince et requiert qu'il plaise à la cour de déclarer le duc d'Orléans régent de France. Sans que l'on recueille les voix, la régence lui est déférée par acclamations.

Le prince reprend aussitôt la parole pour exiger que le conseil de régence soit composé de personnes de son choix et que les troupes de la maison du roi soient placées sous son autorité. « Monsieur, vous parlerez à votre tour », lance-t-il au duc du Maine qui se lève pour protester. Lorsqu'il peut enfin parler, le bâtard demande à la Compagnie de bien vouloir faire un règlement sur les prérogatives qui lui sont attribuées, insistant sur le fait qu'il ne peut être chargé de la tutelle du jeune monarque sans détenir les moyens d'assurer une telle responsabilité.

La tension est si vive entre les deux princes qu'ils se retirent pour discuter tête à tête de leurs droits respectifs. Très inquiets, les amis de Philippe interviennent, tant ils ont peur de le voir fléchir. Sur leurs conseils, le régent demande que la séance soit levée jusqu'à l'après-midi.

À trois heures, la séance reprend. Le duc d'Orléans répète qu'il ne peut gouverner avec un conseil tel que le prévoit le testament. Il se propose de créer, outre le Conseil de régence devant lequel seraient rapportées toutes les affaires, un conseil de la guerre, un conseil des finances, un conseil de la marine, un conseil des affaires étrangères, un conseil des affaires du dedans et un conseil de conscience dont les membres seraient nommés par lui. De plus, il se réserve le droit de distribuer personnellement grâces, charges et emplois. Il exige que le commandement des troupes lui revienne, et les nominations aux charges militaires au duc de Bourbon, de telle sorte que seule l'éducation du petit Louis XV est laissée au duc du Maine avec le titre de surintendant de l'éducation du roi. Livide et tremblant de colère, le duc du Maine se dit satisfait de la qualité qu'on lui donne mais demande qu'on le décharge de tout autre pouvoir. « Eh bien Monsieur, on vous décharge », s'écrie le duc d'Orléans.

Le soir même, le Régent retourne à Versailles saluer son roi avant de se rendre chez sa mère qui l'accueille avec une joie sincère. Son fils l'a emporté sur ses ennemis, il a déjoué les cabales et réduit à néant le bâtard honni idolâtré par la Maintenon qu'elle a toujours détestée. Elle se plaît à constater que le petit roi est bien délicat. Tant de princes sont morts dans un âge fort tendre… Sait-on jamais ? Peut-être son cher fils montera-t-il sur le trône.

Cependant, le duc d'Orléans ne nourrit pas de sombres desseins. Cet homme désabusé, qui n'a jamais su trouver d'occupations susceptibles de le divertir, est aujourd'hui comblé. Il doit prendre en charge un royaume affaibli par les guerres (la dernière a été particulièrement éprouvante) et détesté en Europe, un royaume dont les caisses sont désespérément vides, où les querelles religieuses ne sont pas apaisées. M. le Régent n'aura plus le loisir de s'ennuyer. Il n'a guère l'intention de tenir les rênes de l'État à Versailles. Le prince est un vrai Parisien ; il aime la capitale, ses plaisirs et sa demeure, le Palais-Royal, mais il ne doit pas s'éloigner du roi. Le testament de Louis XIV prévoyait d'installer son successeur à Vincennes, réputé pour son bon air. Mme de Ventadour voudrait qu'il reste à Versailles. Les médecins sont appelés en consultation. Ceux de la Cour préconisent Versailles, ceux de Paris optent pour Vincennes. Vincennes est plus près de Paris et le Régent a bien l'intention de faire revenir bientôt l'enfant-roi à Paris.

Le 9 septembre, avant que la dépouille de Louis XIV soit conduite à Saint-Denis, le jeune Louis XV monte en carrosse entre sa gouvernante et le duc d'Orléans ; le duc du Maine et le duc de Villeroy ont pris place à l'avant. En route pour Vincennes ! Sur le passage de la suite royale se presse une foule immense dont les vivats enchantent le petit garçon en habit violet que sa gouvernante a pris sur ses genoux. Aux cris de « Vive le roi ! », il se plaît à répéter, lui aussi, « Vive le roi ! ».

À minuit, en grande cérémonie, le corps du défunt part de Versailles pour Saint-Denis. Le cortège funèbre contourne la capitale par l'ouest, remonte jusqu'à Montmartre avant d'arriver à la basilique vers quatre heures du matin. Point de recueillement le long du trajet, mais beaucoup de gaieté. Le peuple boit, danse et chante. On se livre à une joie insultante à la mémoire de celui qui fut le Roi-Soleil, traité de banqueroutier, de voleur... On vilipende les Jésuites, mauvais conseillers du vieux monarque. François Marie Arouet, qui a salué une semaine plus tôt l'avènement du nouveau règne, assiste à ces manifestations où la colère se mêle à la joie. M. d'Argenson, le lieutenant de police, voulait procéder à des arrestations, mais le Régent l'en a empêché. « Vous n'y entendez rien, lui a-t-il dit, il faut payer les dettes du défunt et tous ces gens-là se tairont[1]. »

Le 12 septembre, Louis XV est venu à Paris tenir un lit de justice[2] devant le Parlement assemblé afin de déclarer officiellement la régence. À son arrivée au palais, les oiseliers de Paris lui ont présenté deux cages remplies d'oiseaux qu'il a ouvertes pour rendre la liberté à ces volatiles. Les princes qui l'attendaient l'ont conduit à la Sainte-Chapelle, après quoi le premier gentilhomme de la chambre l'a porté dans ses bras jusqu'à sa place dans la Grand-Chambre. Il a fort bien débité son petit discours et pendant une heure il s'est tenu très tranquille, en ayant l'air de faire attention à tout ce qui se disait. Sur le chemin du retour jusqu'à Vincennes, un officier des gardes du corps à cheval jetait de l'argent au peuple qui acclamait son nouveau souverain. L'enfant-roi occupe les imaginations et les cœurs.

---

1. Mathieu Marais, *Journal et mémoires*, Paris, Librairie Firmin-Didot, 1864, t. I, p. 204.
2. On désignait ainsi une séance solennelle voulue par le roi au cours de laquelle il faisait lire par son chancelier la volonté qu'il imposait.

Paris cœur du royaume

Le roi à Vincennes, le Régent au Palais-Royal, le perpétuel va-et-vient entre Paris et Versailles va cesser pour la plus grande joie des courtisans, des ministres et des commerçants qui avaient pris l'habitude de faire la navette entre la nouvelle résidence du souverain, siège du pouvoir, et Paris, véritable cœur du royaume. Le monarque avait voulu s'éloigner d'un peuple qui l'avait défié pendant la Fronde et des magistrats du Parlement toujours prêts à contester l'absolutisme. Les princes habitaient le château ainsi que certains nobles particulièrement favorisés. Les plus fortunés firent construire des hôtels près du palais, tout en conservant leurs demeures parisiennes. Les autres passaient des heures en voiture afin de se trouver le plus souvent près du souverain dispensateur des nominations, des faveurs et des grâces. C'était en effet « un démérite de ne pas faire de la Cour son séjour ordinaire[1] ». On y préparait les carrières, les mariages, et surtout il fallait être vu du roi. Satisfait d'avoir attiré sa noblesse autour de lui, Louis XIV la retint par des fêtes et des plaisirs sans cesse renouvelés. Tout dépendait de Sa Majesté, qui élevait l'un ou rabaissait l'autre selon son caprice. Cependant, à l'aube du nouveau siècle, la jeune génération a tourné ses regards vers Paris où la vie semble dépourvue de contraintes. Elle veut dévorer la vie à pleines dents et profiter de tous les plaisirs.

Le prestige de Louis XIV et la création de Versailles ont profité à la capitale. Sans l'aimer, le roi a voulu qu'elle fût digne de lui ; d'ailleurs, toutes les grandes célébrations royales à l'exception du sacre se déroulent à Paris qui est le siège du premier parlement, de la Chambre des comptes, de la plus ancienne des universités, des grands établissements scientifiques, de la Bibliothèque royale, des Académies, de la Chancellerie, du contrôle général des Finances… Les ambassadeurs et les ministres y résident. Le monarque a laissé une certaine liberté à Colbert pour qu'elle devienne la « Nouvelle Rome », la cité la plus brillante d'Europe. La majesté de la place Louis-le-Grand[2] et de la place Vendôme

1. Saint-Simon, cité par Georges Poisson, *Monsieur de Saint-Simon*, Paris, Flammarion, 2000, p. 146.

2. Actuelle place de Victoires.

nouvellement aménagées, l'achèvement du Louvre avec la colonnade de Perrault, l'édification des Invalides, le percement de plus de quatre-vingts rues, les boulevards transformés en promenades plantées d'arbres, l'extension de la ville vers l'ouest avec des habitations luxueuses entourées de jardins font l'admiration des provinciaux et des étrangers. À partir des Invalides construits pratiquement en pleine campagne partent des rues nouvelles et bien alignées, les rues de Bourbon, de Varenne, de Verneuil, de l'Université, Saint-Dominique... dans lesquelles s'élèvent de somptueux hôtels. L'architecte Boffrand vient d'en construire un pour son usage personnel, rue de Lille[1]. Sans nul doute ce faubourg Saint-Germain va détrôner l'élégant quartier du Marais qui a connu son heure de gloire au siècle précédent. Beaucoup de grands seigneurs et de parlementaires y vivent encore. Le prince de Soubise a fait rénover le vieil hôtel de Guise avec une grande façade classique et une vaste cour à colonnade qui l'ont transformé en véritable palais[2]. Son fils, Armand Gaston de Rohan, évêque de Strasbourg, a fait élever un deuxième hôtel sur une partie du terrain appartenant à son père. Ce sont là les deux joyaux du Marais.

Cependant, le développement urbain ne doit pas faire oublier les rues tortueuses quasi médiévales du centre de la ville aux abords de Notre-Dame et de l'île de la Cité jusqu'au Châtelet, les quais encombrés et puants, la boue épaisse qui tapisse les pavés. Si l'on pénètre dans la capitale par le faubourg Saint-Marceau ou par le faubourg Saint-Antoine, on ne voit que de misérables maisons noires d'où sortent des gens en haillons ; le faubourg Saint-Martin, plus rural, surprend par la multitude de chaumières et de cabanes qui s'alignent sans grâce jusqu'aux boulevards. Le paysage change, mais au fur et à mesure que l'on pénètre dans la ville on est frappé par le contraste choquant entre luxe et misère. Une boutique de bijoutier dont les diamants étincèlent à la devanture côtoie un étal de pommes et de harengs infects ; du sang coule en ruisseaux des boucheries près de magasins où l'on vend des pommades de senteur. La richesse et la misère se tiennent par la main. Chacun jette par la fenêtre ce qui l'incommode. Les immeubles de Paris sont hauts de cinq ou six

1. C'est l'hôtel de Beauharnais construit en 1713.
2. L'hôtel de Soubise est le siège des Archives nationales.

étages. L'eau des gouttières jaillit en cascade jusque sur le pavé inégal avec une telle violence les jours de pluie que des Auvergnats se postent aux carrefours pour établir des petits ponts de bois afin de faire traverser aux passants les rues transformées en torrents moyennant un ou deux sous. Paris se lève tôt. Dès l'aube retentissent les cloches des églises, les carillons des couvents ; on entend les braillements des harengères, les cris des bêtes menées à l'abattoir, le roulement des carrosses et des charrettes, le hennissement des chevaux, les injures des cochers et des laquais, les coups de marteau des ouvriers, et déjà les chansons des badauds. Aux portes de la ville entrent les villageois de la périphérie porteurs des pains de Gonesse, de légumes, de beurre, d'œufs et de volailles. Ils se dirigent vers les halles et les marchés. Paris est la ville la plus encombrée d'Europe, mais aussi la plus vivante. Tous les voyageurs sont sensibles au mouvement perpétuel qui l'anime. Paris n'est pas une ville sûre. On vole à la tire dans les rues, on attaque les carrosses, on force les portes. Pourtant, depuis le dernier règne, la ville est divisée en vingt quartiers ayant chacun à leur tête un commissaire de police (commissaire du Châtelet) assisté de sergents ; les rondes de nuit se multiplient et six mille lanternes éclairent les rues. Les mendiants sont enfermés à l'Hôpital général et les vagabonds expulsés ou enrôlés dans l'armée.

Mais de toute évidence, la ville est en plein essor. Paris est devenue le plus grand marché d'objets d'art, un monde toujours divers, toujours nouveau. Paris ne dort jamais. On y trouve des cafés, des hôtelleries, des théâtres, des bals, des filles… Depuis près de quarante ans, les forces vives de la ville ont été happées vers la Cour pour célébrer la grandeur du monarque. Les architectes, les peintres, les décorateurs, les musiciens, les écrivains ont mis leur génie au service de celui qui incarnait un pouvoir tout-puissant. Le roi les a encouragés et pensionnés ; ils illustrent le siècle. La ville a été au service de la Cour et Versailles a donné le ton. Cependant, c'est à Paris que bat le cœur du royaume. Et Paris en redevient l'unique capitale.

Qu'est la Cour devenue ?

M. le Régent ne tardera pas à faire revenir le roi près de lui. En attendant, il ordonne des travaux en sa demeure et il offre le palais du Luxembourg et le château de la Muette à sa fille chérie, la duchesse de Berry, encore en deuil de son époux. Très liée à son père, elle se prend pour une reine, exige une surintendante de sa maison, un capitaine des gardes[1], un dais dans sa loge à la comédie, une salle plus éclairée qu'à l'ordinaire et mille autres caprices que le Régent exauce volontiers. Quoique épouse du nouveau maître de la France, la duchesse d'Orléans ne joue pas à la souveraine. Paresseuse et indolente, elle reste alanguie sur un canapé, en négligé. Elle a déjà mis au monde six filles, la première est morte à deux ans, la deuxième est la duchesse de Berry, la troisième, Mlle de Chartres, veut devenir religieuse, la quatrième, Mlle de Valois, a quinze ans, la cinquième, Mlle de Montpensier, se trouve encore au couvent, la sixième, Mlle de Beaujolais, n'a qu'un an. Le duc de Chartres, son seul fils, a tout juste douze ans. La princesse est de nouveau enceinte et ne s'inquiète guère de ses enfants, les laissant se quereller tout à leur aise. Une telle attitude scandalise Madame Palatine, sa belle-mère, l'originale vieille Allemande très attachée aux bienséances. Elle est bien la seule à se dire navrée d'habiter Paris qu'elle déteste pour son air vicié et son tumulte qui lui donnent la migraine. Elle a beau abhorrer les mondanités, elle reconnaît que « ceux qui sont habitués à la vie de cour ne peuvent supporter un autre mode de vie même ceux qu'elle fait souffrir le plus[2] ». Et la voici qui se lamente sur la disparition de la Cour. « Elle n'est plus ce qu'elle était du temps de Monsieur lorsque nous dînions tous ensemble et que nous étions tous réunis chaque soir dans les grands appartements. Aujourd'hui chacun vit à part ; mon fils prend ses repas de son côté, moi du mien ; sa femme en fait de même [...]. Il ne peut plus y avoir de cour[3]. »

1. Cet honneur était réservé aux reines.
2. Cité par Dirk Van der Cruysse, *Madame Palatine*, Paris, Fayard, 1988, p. 550.
3. *Correspondance de Madame la duchesse d'Orléans*, t. I, lettre à la comtesse Louise, 8 octobre 1715.

Madame n'a pas tout à fait tort. Un souverain dans l'enfance ne tient pas de cour. Cependant, un service imposant s'installe dans l'antique résidence capétienne où le jeune monarque occupe le pavillon du roi construit sous Louis XIII et remanié par Le Vau. Le Régent dispose de l'appartement naguère habité par la reine Anne d'Autriche. Il y tient conseil avec les ministres. Les ambassadeurs, les corps constitués viennent à Vincennes rendre hommage à Louis XV. L'exil de Vincennes pèse au Régent. Son souhait le plus cher ? Installer le roi à Paris et regagner son Palais-Royal où il retourne d'ailleurs le plus souvent possible. Il n'a pas l'intention d'y tenir une cour comme son oncle ou son père. Il ne se plaît qu'au milieu de ceux qu'il a choisis pour ses plaisirs.

Le royaume de Lilliput et autres temples de l'esprit

Seule subsiste la cour de Sceaux. L'altière duchesse du Maine ne décolère pas depuis que son mari a vu ses droits réduits à néant par le Régent. Le prince se réfugie dans ses appartements pour éviter le mépris de son épouse. Espérant encore un retournement de la situation, elle flatte le prince de Cellamare, l'ambassadeur de Philippe V, tout dévoué à son maître. Si le petit Louis XV venait à mourir, le roi d'Espagne revendiquerait sans doute le trône de France. Ainsi le duc du Maine aurait-il son rôle à jouer. Mais ce n'est là qu'une hypothèse, on n'ose dire un souhait.

Dans l'immédiat, Mme du Maine cultive son goût pour la vie intellectuelle et pour la fête. Initiée aux lettres par La Bruyère et aux sciences par l'abbé de Malézieu, elle a créé une véritable académie du bel esprit autour d'elle. Ses courtisans affectent (avec une discrétion assez modérée) de mener une existence conforme à une douce morale épicurienne bien éloignée de la vulgarité orgiaque du Palais-Royal. Grands seigneurs et hommes de lettres vivent en harmonie, unis par leur goût pour les plaisirs intellectuels. Parmi ces derniers Malézieu, Fontenelle et le jeune Arouet brillent d'un incomparable éclat. L'abbé passe pour avoir été l'amant de la princesse malgré sa laideur et leur différence d'âge ; elle a sans doute succombé au charme de son intelligence. Outre les méandres de la carte de Tendre, il lui a fait découvrir la poésie, les romans, le théâtre. Elle lui a préféré plus tard le président de

Mesmes et le cardinal de Polignac, mais Malézieu n'en demeure pas moins l'ordonnateur des plaisirs de sa cour. C'est lui qui a organisé avec l'abbé Genest *Les Divertissements* de 1712 et *Les Nuits blanches de Sceaux* du mois de juillet 1714 au mois de mai 1715. Dans une atmosphère voluptueuse, on donna des soupers, des bals, des comédies-ballets, des pièces de théâtre jouées par la princesse et ses amis. Elle interpréta le rôle de Josabeth dans *Athalie* et Malézieu celui de Joad. Personne ne se formalisa de voir les deux anciens amants incarnant un couple légitime. Certains soirs, la princesse demande à l'abbé d'ouvrir au hasard un volume de Sophocle ou d'Euripide et de le traduire au fur et à mesure de sa lecture pour la plus grande joie des auditeurs.

La rage de la poésie a saisi Mme du Maine : ses amis sont priés de rimailler sur les moindres événements. On joue également à la loterie poétique. Il s'agit de composer un poème, un conte et même un opéra (!) sur un thème donné. Ce sont « les galères du bel esprit ». Bien qu'ayant dépassé la cinquantaine, Fontenelle s'y amuse beaucoup et apporte tout son talent de poète mondain à ces journées. Neveu de Corneille, membre de l'Académie française et de l'Académie des sciences, véritable philosophe, il éprouve le besoin de se distraire. En 1688, il avait pris parti pour les Modernes, « les gens de Paris », dans la querelle les opposant aux Anciens, « les gens de Versailles ». Il voue un culte à la modernité, croit au progrès de l'esprit humain, de la raison et des mœurs. Il parle de tout avec autant de sagesse et d'intelligence que d'élégance. Il plaît parce qu'il n'est jamais pédant. Arouet n'est pas en reste, même s'il parle peu de philosophie. Il a composé deux contes, *Cosi Sancta* et *Le Crocheteur borgne*. Si le premier s'inspire (très) vaguement de saint Augustin, le second s'apparente à un rêve érotique dans le goût des *Mille et Une Nuits* dont l'héroïne est la princesse à laquelle il prête le nom de Melinade, allusion évidente à celui de Ludovise adopté par Mme du Maine, grande maîtresse de l'ordre de la Mouche à miel ! Se considérant comme la reine des abeilles, elle a créé cette confrérie de fantaisie en 1703. Ses chevaliers, qui lui jurent obéissance et fidélité, reçoivent pour prix de leur serment une médaille d'or portant d'un côté l'effigie de la princesse et sur l'avers une abeille volant vers une ruche assortie d'une inscription en italien signifiant : « Je suis petite, mais mes piqûres ne sont que plus douloureuses. »

Aujourd'hui, Ludovise a bien l'intention d'exercer le pouvoir de son dard contre les adversaires de cet époux qui la déçoit toujours. Elle bourdonne auprès de Messieurs du Parlement et s'attaque au président de Mesmes, son ex-amant. Comment ne s'est-il pas opposé avec plus d'autorité aux prétentions du Régent ? Penaud, le magistrat tergiverse et laisse quelque espoir à la petite femme dont l'exaspération se heurte à l'indifférence de la plupart de ces messieurs. Elle ne rallie à sa cause que le président de Longueil et le président de Blamont. C'est peu. Il faut cependant donner le change à sa petite cour et feindre de toujours s'amuser, même si le cœur n'y est pas.

Peut-on parler de cour pour le groupe de sybarites qui se reconstitue à Paris, au Temple, autour du grand prieur de Vendôme ? Louis Joseph, maréchal-duc de Vendôme, et son frère Philippe, descendants d'Henri IV et de Gabrielle d'Estrées, libertins de mœurs et d'idées, menaient une vie si scandaleuse dans leur palais à l'ombre du sinistre donjon que Louis XIV exila Philippe à Lyon et expédia Louis Joseph en Espagne pendant la guerre de Succession où il trouva glorieusement la mort en 1712. Mais le 2 septembre, le Régent a rappelé le grand prieur. Il a aussitôt regagné le Temple où il a retrouve l'abbé Servien libéré de son emprisonnement au château de Vincennes. Fils du surintendant Abel Servien, oncle du duc de Sully, esprit fort, sodomite, il avait été incarcéré par lettre de cachet on ne sait trop pour quelle raison. Ses débauches, ses propos impies, ses critiques à l'égard du pouvoir étaient des causes suffisantes pour déplaire au roi. Tous les anciens compères des parties fines du Temple se réunissent : Lériget de La Faye, l'abbé Courtin, l'abbé de Chaulieu, l'*Anacréon du Temple*, l'abbé de Châteauneuf. Ce dernier est le parrain du jeune Arouet qu'il avait présenté à ses amis avant leur disgrâce. Le jeune homme se partage aujourd'hui entre Sceaux et le Temple. Les vieux messieurs qui cultivent les plaisirs des sens (souvent à contre-sens) ne sont pas insensibles à la poésie et aux joutes de l'esprit.

Il est à Paris un lieu privilégié pour ceux qui aiment la conversation, la littérature et le raffinement de la vie de société, je veux parler de l'hôtel de Nevers où la marquise de Lambert reçoit ses amis deux fois par semaine : le mardi, les lettrés, philosophes et gens de sciences et le mercredi, les mondains. Mais certains habitués des mardis veulent participer aux mercredis et ceux du mercredis aux mardis si bien qu'au « palais lambertin » se rencontrent aristocrates et hommes à talents. La maîtresse de maison est une néo-précieuse qui a voulu créer un salon héritier de celui de Mme de Rambouillet. Au cours des dîners qu'elle préside, on disserte à perte de vue sur l'amour, l'amitié, le devoir, la vertu, le goût… Les invités ne parlent pas de religion mais des moyens de parvenir au bonheur. Mme de Lambert est invitée à Sceaux et la duchesse du Maine, que son rang empêche en principe d'aller chez des particuliers, eut recours à une plaisanterie pour s'y faire admettre. « Il manque quelque chose à ma gloire, écrivit-elle à la marquise, c'est d'être reçue à votre auguste sénat. Vous voulez m'en exclure en qualité de princesse, mais ne pouvais-je pas y être admise en qualité de bergère ? Ce serait alors que je pourrais dire que le Mardi est le plus beau jour de ma vie[1]. »

La duchesse du Maine ne se commettrait pas au milieu d'une société aussi mêlée que celle du salon de Mme de Ferriol, bien qu'on y retrouve certains de ses familiers. Fille d'Antoine de Tencin, président du parlement de Grenoble, la maîtresse de maison a trouvé le mari idéal en la personne du riche Augustin de Ferriol : il l'a arrachée à la vie de province, il l'a lancée dans le monde et il tolère ses amants, des messieurs âgés et influents. Vauban fut sa première conquête, elle entretint ensuite une longue liaison avec Torcy, neveu du grand Colbert et secrétaire d'État aux Affaires étrangères ; plus tard, elle a cédé à Desmarets, contrôleur général des Finances, lequel a contribué à son enrichissement ; aujourd'hui, c'est le maréchal d'Huxelles, l'un des négociateurs du traité d'Utrecht, qui jouit de ses bonnes grâces, malgré sa réputation de sodomite. Chez Angélique de Ferriol, on parle de politique et d'argent, mais de telles conversations n'empêchent pas Fontenelle, Arouet ou la jeune marquise du Deffand de briller lors de redoutables joutes d'esprit où l'on adopte un ton plus libre que chez Mme de Lambert. Les fils du ménage Ferriol, le comte de Pont-de-Veyle et le comte d'Argental, ancien condisciple d'Arouet, mettent de la gaieté et de la fantaisie dans ces réunions. Il y souffle un air nouveau, et l'on cherche à percer les secrets de deux femmes mystérieuses : celle qu'on appelle la nonne défroquée et une Cir-

1. Cité par Jacqueline Hellegouarc'h, *L'Esprit de société*, Paris, Garnier, 2000, p. 54.

cassienne de vingt ans, dite Mlle Aïssé. Un curieux destin a réuni sous le même toit ces deux personnes que leur naissance ne prédisposait guère à une telle cohabitation.

En 1711, on vit apparaître chez Mme de Ferriol, sa sœur, Alexandrine de Tencin, voilée, tonsurée mais parfaitement à l'aise. Elle affichait un sourire éclatant, parlait avec une aisance rare et intriguait toute l'assistance par son imagination vive, son charme et l'attention passionnée qui la portait vers les autres. Sa vie n'avait été jusqu'alors qu'un long combat contre son père qui l'avait forcée à entrer au couvent et ensuite contre les autorités ecclésiastiques afin d'en sortir. Elle attendait le jugement du procès à l'issue duquel ses vœux furent annulés en 1712. Alors, elle abandonna sa robe de nonne et parut aux yeux de tous comme une femme libre répondant au seul nom de Mme de Tencin. Dans tout l'éclat de ses trente ans, Alexandrine avait l'intention de rattraper le temps perdu. Elle céda à Fontenelle qu'elle admirait avant de devenir la maîtresse d'un diplomate anglais, Mathieu Prior. Torcy employa ses charmes pour gagner Lord Bolingbroke venu hâter les négociations de la paix. Elle lui aurait dérobé quelques lettres et dépêches importantes. Dévorée d'ambition, elle couchait utile. Elle ne ménagea pas ses faveurs au comte d'Argenson, le lieutenant de police. On dit (mais est-ce vrai ?) qu'un soir, complètement nue, elle prit la place d'une statue sur un piédestal dans l'antichambre de Philippe d'Orléans, qui aurait trouvé l'attention charmante. Il l'entraîna dans son lit sans plus de façons. Quelle que soit la manière dont elle partagea effectivement la couche du prince, l'aventure ne dura pas plus d'une ou deux nuits. Philippe n'aime que les femmes bien effrontées qui mangent et boivent beaucoup. Il redoute celles qui parlent ! Mme de Tencin a maintenant jeté son dévolu sur l'abbé Dubois, l'ancien précepteur du régent.

« Aïssé de la Grèce épuisa la beauté », écrit Arouet après avoir fait la connaissance de cette étrange jeune fille au regard triste qui fait l'admiration des amis de Mme de Ferriol. Charles de Ferriol, son beau-frère, dont la vie aventureuse est un vrai roman, l'a achetée à Constantinople à des soldats qui l'avaient enlevée à Tiflis dans les ruines d'un palais. À son retour en France, il la confia à Mme de Ferriol qui la fit baptiser et l'éleva comme sa fille. Rentré en 1711, riche de toutes ses rapines en Europe et en Turquie, Charles de Ferriol, son protecteur, en a fait sa maîtresse et la rend très malheureuse.

CHAPITRE II

Le royaume dont le prince est un enfant

Le nouveau maître de la France

Ses nouvelles obligations ont mis fin au dilettantisme de M. d'Orléans. Il accorde à son travail autant d'ardeur qu'à ses débauches auxquelles il ne renonce pas. Dès huit heures du matin il s'adonne aux affaires du royaume et Dieu sait si elles sont lourdes ! Il doit étudier des dossiers, assister aux conseils, recevoir les audiences. À trois heures, il boit son chocolat et reprend ses activités jusqu'à six heures. Avant de se livrer à ses folies, il fait visite à son épouse toujours vautrée sur son lit de repos, et prête à lui décocher quelque trait venimeux – il ne l'appelle pas pour rien Mme Lucifer.

Après cet entretien de pure forme commence sa seconde vie. Il soupe au Palais-Royal ou au Luxembourg chez la duchesse de Berry en compagnie de ses roués, de filles prêtes à toutes les fantaisies et aussi de sa maîtresse actuelle, la comtesse de Parabère, qui boit comme un trou et le trompe sans qu'il en marque la moindre jalousie. D'ailleurs, il éprouve un tel mépris pour ses conquêtes qu'il ne voit pas d'inconvénient à ce qu'elles couchent avec les laquais. On mange (il faudrait plutôt dire qu'on se goinfre), on s'enivre, on chante et on baise. Le prince regagne ses appartements à l'aube et n'accorde que peu de temps au sommeil. À huit heures, il reprend son existence officielle. Une telle conduite scandalise sa mère. Elle s'inquiète pour sa santé. Il y a de quoi. « Le grand air lui convient moins que l'air débauché et dégingandé comme celui des danseuses de l'opéra », soupire-t-elle, ajoutant qu'elle prie pour sa conversion[1], sans beaucoup y croire. Elle pense autant à un changement de vie qu'à une conversion religieuse pour cet esprit fort qui se plaît à offenser Dieu publiquement.

Le récit de ses bacchanales court dans Paris, mais le prince s'en moque. Même s'il se sent épuisé au petit matin, il n'en accomplit pas moins sa tâche dont il rend compte très solennellement au petit roi qu'il a installé au palais des Tuileries le 31 décembre 1715. L'enfant est beau, vif, capricieux ; il sait fort bien ce qu'il est et ce qu'on lui doit. Il a compris le sens du mot respect. On le couve avec une attention qu'on n'a jamais eue pour aucun autre prince. Il écoute sagement le duc d'Orléans, qui s'est pris d'une réelle affection pour lui. Le Régent n'oublie jamais qu'il parle à un orphelin de cinq ans obligé de « faire le roi » dans un certain nombre de cérémonies officielles. Cependant, ce jeu auquel il se prête de bonne grâce lui occasionne parfois des accès de tristesse. Alors Maman Ventadour le cajole et le traite tout simplement comme un enfant. Livré aux soins affectueux d'une gouvernante en âge d'être sa grand-mère, il est heureusement entouré de jeunes garçons avec lesquels il joue tous les jours. L'un d'eux, fils d'un savetier, est son « houssard » en raison de l'habit qu'il porte. Depuis que Louis XV s'est installé aux Tuileries, ce compagnon va au collège et revient le dimanche auprès de son petit maître ; il lui raconte les menus événements de sa vie d'écolier. Le roi lui fait des cadeaux et s'amuse avec lui. Il sait qu'il règnera un jour, mais cette perspective reste encore lointaine. Il est aujourd'hui l'enfant chéri des Parisiens, qui retrouvent en lui ce que la monarchie leur offre de plus heureux, un gage d'espoir.

Pour l'instant, la gestion du royaume appartient au Régent. Malgré les apparences, l'héritage du Soleil n'est guère brillant. Les caisses de l'État sont désespérément vides. Les traitants se sont enrichis, mais la misère sévit dans les campagnes et dans les villes. La querelle religieuse suscitée par le jansénisme divise le clergé depuis que le pape a fulminé la bulle *Unigenitus*. Un fort courant

---

1. *Correspondance de Madame la duchesse d'Orléans*, t. I, p. 361, lettre du 23 décembre 1717.

antiabsolutiste s'est développé dans les milieux intellectuels et la politique belliqueuse de Louis XIV rend les puissances européennes très suspicieuses à l'égard de la France.

Philippe d'Orléans n'a jamais exercé le pouvoir, mais sa culture politique lui permet de l'assumer. Il passe pour un prince accessible, débonnaire et qui ne s'abrite pas derrière un protocole suranné. Il est prêt à soutenir des expériences nouvelles, qu'elles soient d'ordre politique ou économique. On peut même dire qu'il les souhaite. Le 15 septembre, il a rendu au Parlement son droit de remontrances que Louis XIV avait pratiquement supprimé. Ce droit porte bien son nom : il permet aux magistrats de critiquer les édits du monarque avant de les enregistrer et même de refuser leur enregistrement. Cette mesure n'est pas sans danger puisqu'elle donne des censeurs au régime. Elle est cependant très populaire, les magistrats voulant s'affirmer comme les représentants de la nation, ce qu'ils ne sont pas en réalité.

Depuis que la santé de Louis XIV déclinait, secondé par son ami Saint-Simon, le duc d'Orléans avait préparé en secret le gouvernement qui serait le sien. Saint-Simon l'avait persuadé de reprendre les projets établis naguère dans l'entourage de Fénelon pour le duc de Bourgogne, connus sous le nom de tables de Chaulnes. Ils préconisaient la suppression des ministères et leur remplacement par des conseils spécialisés où les décisions seraient prises à la pluralité des voix. Cette idée novatrice séduisit le prince. Dès son accession à la régence, il a, on s'en souvient, annoncé la création de sept conseils composés chacun d'une dizaine de personnes, dont les travaux devaient être rapportés au Conseil de régence. Le Régent en a attribué les présidences aux plus grands seigneurs du royaume, mais il a placé ses amis personnels et des conseillers d'État expérimentés à l'intérieur de chacun d'eux. C'est une façon de contenter la haute noblesse et la robe tout en gardant la réalité du pouvoir. Il est trop tôt pour savoir si cette innovation sera heureuse pour le royaume. Est-il possible de gouverner avec une centaine de personnes ?

Panique financière et crises de conscience

Pour l'heure, ce sont les Noailles qui se font remarquer, l'un aux finances, l'autre dans les affaires religieuses. Avec l'autorisation du Conseil de régence, le duc de Noailles, président du Conseil des finances, a commencé par procéder à une dévaluation afin d'augmenter la masse monétaire en circulation et donner de l'essor au commerce. Il impose en même temps des économies drastiques en réduisant les dépenses de l'État (abaissement du taux des rentes, suppression des rentes viagères, abolition de bon nombre d'offices, diminution des dépenses militaires...). Ces mesures n'ont pas soulevé de protestations populaires. On s'imagine qu'elles touchent les plus fortunés du royaume alors qu'il y a beaucoup de petits rentiers qui ne joignent pas facilement les deux bouts. Mais tout cela ne suffit pas à rembourser l'énorme dette publique, l'État ayant vécu d'expédients depuis des années. Le duc de Saint-Simon a longuement insisté auprès du Régent pour qu'il déclare la banqueroute, sous prétexte que le nouveau souverain n'est pas responsable des dettes de son prédécesseur. Le prince a refusé de prendre une telle décision qui l'obligerait à réunir des états généraux. Mieux vaut s'emparer de l'argent là où il est, autrement dit chez les financiers qui se sont enrichis au cours de ces dernières années. Faire payer les plus riches est un excellent moyen de frapper favorablement l'opinion.

On a donc créé une commission d'enquête et une chambre de justice chargées de poursuivre les malversations commises par les traitants dans le maniement des deniers publics... depuis 1689 ! Un vent de panique souffle dans le monde de la finance. Huit mille financiers se voient contraints de rendre des comptes. Les dénonciations sont autorisées et assorties d'une promesse de prime. On a commencé par frapper les manieurs d'argent les plus en vue. Le 9 mars 1716, on est allé chercher le sieur Poisson de Bourvalais dans son hôtel de la place Vendôme pour le conduire à la Bastille ; le 23, on a retiré de chez lui trois charrettes de meubles précieux et trois autres remplies d'argenterie qu'on a envoyée à la fonte de la Monnaie sans tenir compte de la beauté des pièces ; le 27, on a vendu ses chevaux. Le sieur Myot, autre maltôtier poursuivi par la chambre de justice, a été retrouvé caché dans son grenier au milieu des bottes de foin. On l'a mis sous les verrous. Sa maîtresse, veuve d'un conseiller au Parlement, a bientôt été le rejoindre, mais dans une autre cellule. Cette dame était dénoncée par son fils qui l'accusait d'avoir chez elle des coffres remplis d'or et d'argent appartenant à son amant. On vit même un autre homme d'affaires aller trouver M. Bouvard de Fourqueux, procureur général de la chambre de justice : « Je viens, Monsieur, lui dit-il, vous dénoncer un homme qui a cinq millions de biens, mais avant que de vous en dire le nom, je vous prie de m'en assurer le cinquième par un écrit signé de vous, puisque la déclaration du roi le porte. » Le magistrat signa aussitôt le rescrit et attendit la révélation de son informateur, lequel ne se fit pas prier. « C'est moi-même, Monsieur, qui ai présentement cinq millions de biens et je n'avais que huit cents livres quand je commençai à exercer un emploi. Ainsi conformément à la déclaration du roi, voilà un million qui m'appartient pour ma dénonciation qui est juste et sincère. Pour les quatre autres millions, il faudra voir si je les ai bien ou mal acquis dans les affaires où j'ai eu quelque part. » Sidéré par ces propos, M. de Fourqueux a tenu parole.

Dénonciations et arrestations se poursuivent à Paris comme en province. Un des suspects s'est suicidé avant d'être invité à comparaître devant la chambre de justice. L'étau se resserre chaque jour autour des manieurs d'argent : le 7 avril, une nouvelle ordonnance interdit aux orfèvres et aux joailliers de leur acheter des objets d'or ou d'argent sous peine d'amende ou de punition corporelle. Le tribunal récupère des millions, mais tout laisse à penser que cela ne suffira pas pour combler le déficit. Il semble cependant que l'on frappe à tort et à travers et ce sont les moins coupables qui subissent les châtiments les plus lourds alors que les plus riches négocient, dit-on, avec l'entourage du Régent pour se faire remettre leur amende. Mme de Parabère vient ainsi de toucher une somme rondelette d'un certain Hénaut lourdement taxé. Ce n'est qu'un exemple parmi d'autres. Ces tractations commencent à se savoir et font un effet déplorable sur le peuple.

Les Français ne sont pas moins préoccupés par la crise de l'Église que par les affaires d'argent, car il y va de leur salut. Il appartient au cardinal de Noailles, oncle du président du Conseil des finances, d'apaiser les esprits du clergé et des fidèles bouleversés par l'interprétation de la bulle *Unigenitus*. On ne peut imaginer mission plus complexe. C'est une affaire religieuse qui devient politique.

Sujet de controverse depuis plus d'un demi-siècle, le jansénisme alimente les angoisses des clercs, des magistrats, et de l'ensemble des croyants. Ce mouvement est né d'une réaction contre la morale des Jésuites exaltant l'individu dans sa raison et son activité terrestre. Cette morale de l'« honnête homme » fut dénoncée par Jansénius, évêque d'Ypres, lequel considérait dans son traité intitulé *Augustinus de gratia* qu'elle s'opposait à la doctrine des Pères de l'Église. *L'Augustinus* rencontra un immense écho et fit des adeptes même hors des milieux ecclésiastiques. Il gagna une partie de la haute société parisienne et bientôt les villes de province. Ceux qu'on appela jansénistes revinrent à la stricte observance des préceptes de saint Augustin : rechercher la sainteté dans la vie quotidienne, et la vie spirituelle devint pour eux un impératif. Les couvents jansénistes se firent gloire d'observer scrupuleusement la règle et leurs cérémonies religieuses se déroulaient dans la plus grande sobriété. Port-Royal des Champs, sous la direction de la mère Angélique Arnauld, fut un modèle qui compta bientôt des émules dans tout le royaume.

Les jansénistes considèrent que le dépôt de l'autorité n'a pas été confié aux papes mais à l'ensemble du corps de l'Église, et ils insistent sur le rôle des évêques : ils doivent faire preuve d'humilité et d'amour pour les déshérités ; ils sont tenus de lutter contre la pauvreté, l'usure, l'oppression des seigneurs féodaux et la dépravation des mœurs. En essayant d'associer dans de mêmes entreprises communautaires nobles, gens de robe, bourgeois et petites gens, ils manifestent une volonté de « démocratisation » de la société. Ils apparurent très tôt comme des défenseurs des droits de la conscience contre l'arbitraire du pouvoir religieux et aussi du pouvoir temporel. Par son individualisme, le jansénisme risquait de devenir un danger pour l'absolutisme.

Louis XIV, considérant ce mouvement comme hérétique et surtout dangereux pour l'État, décida de supprimer Port-Royal, son grand foyer spirituel. En 1709, il ordonna de fermer le couvent *manu militari* et dispersa les religieuses dans différents couvents de province. Il exigea la destruction des bâtiments conventuels, de l'église et l'exhumation des corps ensevelis dans le cimetière, qu'on jeta à la fosse commune. Loin de terroriser les jansénistes, cette violence ne fit que renforcer leur foi. Les polémiques reprirent, orchestrées d'Amsterdam par le père Quesnel, un oratorien suspect de jansénisme, dont un commentaire du Nouveau Testament, intitulé *Réflexions morales*, suscita un bref de condamnation du pape. Cependant, l'ouvrage, bien accueilli par plusieurs prélats, dont l'archevêque de Paris Mgr de Noailles, rencontra un grand succès auprès des fidèles. Exaspéré par l'ampleur que prenait la « secte », Louis XIV voulut l'éradiquer définitivement. Rompant avec la tradition de l'Église gallicane, il sollicita l'intervention du pape. En 1713, le souverain pontife fulmina la bulle connue sous le nom de bulle *Unigenitus*. Elle condamnait les propositions de Quesnel, considérées comme l'exposé de la doctrine janséniste jugée fausse, hérétique et dangereuse. Le roi avait laissé entendre au saint-père que la bulle serait acceptée sans difficulté par l'épiscopat et les parlements (en effet, les bulles ne sont observées en France qu'après avoir été enregistrées par les parlements, après quoi elles se trouvent qualifiées de constitutions).

Contrairement à son attente, le souverain dut faire preuve d'intimidation auprès des magistrats pour obtenir l'enregistrement : ceux-ci considéraient que certains articles mettaient en cause les assises mêmes de l'autorité monarchique et que c'était une ingérence de Rome dans les affaires temporelles. Quant aux évêques, ils n'acceptèrent pas la bulle sans réserve. Les jansénistes trouvaient chaque jour de nouveaux partisans dans les facultés de théologie, chez les dominicains, les bénédictins de Saint-Maur, les chanoines de Sainte-Geneviève, les curés des paroisses, les avocats, les procureurs, les huissiers, les magistrats du Parlement et les fidèles enflammés par les homélies des prêtres.

M. le Régent est un homme de conciliation. On sait que les affaires de religion ne sont pas de son ressort. Il se moque des querelles théologiques, mais il souhaite que l'ordre règne en France. Il s'est irrité en lisant certain poème fort bien tourné attribué au sieur Arouet, qui appartient au milieu janséniste : il s'agit d'un jeune homme de vingt ans qui déplore les maux du royaume. Il « a vu, dit-il, le peuple gémissant dans un rigoureux esclavage [...], les sages[1] contredits, leurs remontrances inutiles ». Il « a vu sous l'habit d'une femme un démon[2] faire la loi pour séduire

1. Les parlementaires.
2. Mme de Maintenon.

l'esprit d'un trop crédule roi ». Il « a vu la vérité trahie et la foi chancelante, le lieu saint avili, Port-Royal démoli ». Il « a vu dans le séjour par la Grâce habité, des sacrilèges, des profanes remuer, tourmenter les mânes des corps marqués au sceau de l'immortalité ». Il « a vu le cardinal[1], l'ornement de la France, plus grand encore et plus saint qu'on ne dit, ressentir les effets d'une horrible vengeance ». Il « a vu c'est tout dire, le jésuite adoré ».

Paris et la province connaissent les *J'ai vu* qui agacent M. le Régent. En tant que chef de l'État, il ne peut laisser insulter le feu roi et sa politique religieuse. Il n'est pourtant pas décidé à sévir, surtout contre le spirituel Arouet. Il s'est contenté de l'interpeller dans les jardins du Palais-Royal : « Monsieur Arouet, je gage vous faire voir une chose que vous n'avez jamais vue. – Quoi ? – La Bastille. – Ah ! Monseigneur, je la tiens pour vue[2] », aurait répondu Arouet.

Pour l'heure, le duc d'Orléans veut calmer les passions. Puisque Paris, cœur du royaume, semble être le grand fief janséniste, il a choisi comme président du Conseil de conscience le cardinal de Noailles que Louis XIV avait banni de la Cour et qu'il avait l'intention de faire déposer. Les Jésuites enragent et les jansénistes relèvent la tête. On est envahi de mémoires et de libelles, prônant le rejet ou l'acceptation de la bulle. Le public se passionne pour ces débats. La guerre que se livrent Jésuites et jansénistes n'est pas près de s'achever et Mgr de Noailles semble déjà débordé par l'ampleur de sa tâche.

Scandales et drames de la misère

De la double vie de M. le Régent, le public ne retient que les scandales. Son exemple encourage la dissipation des princes, des princesses, des nobles de cour et de tous les nantis. Depuis la mort de Louis XIV, Paris est devenue la capitale des plaisirs. Dès le 1er octobre 1715, les spectacles ont repris. Le 2 janvier 1716, le duc d'Antin, fils légitime de Mme de Montespan, a inauguré la

1. Le cardinal de Noailles.
2. Cité par René Pomeau (dir.), *Voltaire en son temps*, t. I, Paris, Fayard, 1995, p. 70.

saison des bals de l'Opéra à la demande du Régent. On a aménagé la salle de façon qu'un plancher actionné par un moulinet s'élève à la hauteur du théâtre, formant ainsi une immense piste de danse. Ceux qui ne veulent pas danser s'installent dans les loges ou sur les gradins des balcons où ils jouissent de la vue et de la musique exécutée par deux orchestres. Les bals ont lieu trois fois par semaine ; ils commencent à huit heures du soir et finissent à six heures du matin. Il faut donner un écu pour y entrer. On y côtoie les milieux les plus divers. Beaucoup de jeunes gens viennent s'y encanailler sous l'œil du Régent lorsqu'il honore le bal de sa présence. Rien de plus simple pour lui : l'Opéra communique directement avec ses appartements du Palais-Royal. Il n'a pas manqué d'assister à l'inauguration du 2 janvier. Il y avait là plusieurs membres des Conseils qui avaient bu plus que de raison. « Descends, Régent ! », cria l'un d'eux au prince, qui ne se fit pas prier. Il dansa tant qu'il put. M. d'Orléans a pris goût à ce nouveau divertissement plus innocent que ses orgies en comité restreint.

On parle beaucoup plus de ses supposées relations incestueuses avec la duchesse de Berry que de sa liaison avec Mme de Parabère. Le Régent voue une véritable passion à sa fille, nymphomane, gloutonne et éthylique. Elle se gave de boudins et de saucisses, boit allégrement vin de Pommard et vin de Champagne Elle est devenue si grosse qu'elle ne peut plus danser ; son visage rouge et gonflé accuse ses excès. C'est pourtant une personne intelligente qui s'exprime avec aisance et ne manque pas de charme. Sa grand-mère, la duchesse douairière d'Orléans, en parle comme d'un cheval échappé abandonné à une liberté malsaine ; elle ne tient pas en place. Un jour elle chasse, un autre elle se promène et provoque les passants dans les jardins, un troisième, elle va à la foire ou chez les danseurs de corde. Le Luxembourg, sa demeure, est devenu un vrai tripot. Elle joue comme une folle au lansquenet où elle perd des sommes énormes payées par son père, qui lui passe tous ses caprices. La véritable nature de leurs liens nous échappe : amants ou compagnons de débauche ? Une forme de passion hautement permissive les unit. D'après les gazettes, la duchesse est une nouvelle Messaline. On a envoyé au duc d'Orléans son portrait en cire avec sa fille dans des attitudes indécentes. Un pamphlet intitulé *Les Amusements de la princesse Aurélie* raconte l'histoire de ces criminelles amours. Libelles orduriers et poèmes satiriques courent Paris. On emprisonne quelques pamphlétaires et on prend plus de précautions pour d'autres comme Arouet qui a cette fois dépassé les bornes de la décence. Dans une épigramme adressée à la duchesse de Berry, il a osé écrire : « Un nouveau Loth vous sert d'époux,/ Mère des Moabites ;/ Puisse bientôt naître de vous Un peuple d'Ammonites ! » Le jeune homme est exilé à Sully-sur-Loire où il a trouvé refuge chez le duc de Béthune, un habitué du Temple. Dans cette austère demeure médiévale, le maître de maison reçoit de jolies femmes et donne des fêtes dignes de celles de Sceaux. Il y a loin de la Bastille à la vie de château.

Depuis peu, Mme de Berry est tombée sous la domination du capitaine de ses gardes du corps, un certain Riom, petit-neveu de Lauzun, qui avait jadis défrayé la chronique pour avoir été aimé de la Grande Mademoiselle. Mme de Berry ne ressemble guère à l'orgueilleuse amazone, précieuse et amoureuse, qui s'était rendue ridicule par sa passion pour l'odieux cadet de Gascogne. Mme de Berry assume sa liberté et fanfaronne de vice, mais elle fait preuve d'une incroyable faiblesse pour ce gros garçon boutonneux au teint pâle et court sur pattes. Elle le comble de riches habits, de dentelles, de pierreries. Conseillé par son vieux grand-oncle, il mène une vie d'enfer à sa maîtresse. Il se fait désirer, manque ses rendez-vous avec elle, prend un malin plaisir à la rendre jalouse et à la faire pleurer. Elle ne peut plus rien faire sans ses avis toujours changeants. Il l'a récemment forcée à prendre des repas avec des gens obscurs, elle, princesse du sang qui ne peut manger avec aucun homme s'il n'est prince du sang. Et M. le Régent ne dit rien.

Le duc d'Orléans et sa fille entretiennent d'étranges rapports avec la religion. Le 24 décembre 1715, le Régent assistait à la messe de minuit chez les pères de l'Oratoire rue Saint-Honoré et la princesse à Saint-Sulpice. Elle avait auparavant congédié son confesseur, le père du Trévou, qui est aussi celui de son père. Le dimanche de Pâques, le prince a communié à l'église Saint-Eustache en état de péché mortel. On n'a pas vu la duchesse de Berry. Elle préfère « escroquer » les grandes fêtes comme dit M. de Saint-Simon, lequel a vainement conseillé au Régent de passer quelques jours dans son château de Villers-Cotterets pour éviter ce sacrilège public.

On s'étonnera sans doute d'apprendre que Mme de Berry, la personne la plus imprévisible de la terre, est parfois saisie d'accès de dévotion. Elle dispose d'un appartement chez les carmélites de la rue de Grenelle où elle fait retraite de temps à autre. Elle peut y passer plusieurs jours d'affilée ; elle assiste alors aux offices de jour et de nuit, jeûne quand il le faut, et s'abîme longuement dans la prière. Deux religieuses encore assez jeunes et qui connaissent le monde s'occupent d'elle pendant ses retraites. Elles ne comprennent pas comment la duchesse de Berry peut se comporter comme une sainte dans leur couvent et mener en même temps une existence aussi scandaleuse. Elles sont devenues assez intimes avec la princesse pour lui parler fermement. Mme de Berry ne se fâche pas et se met à rire. Dès qu'elle franchit les murs du couvent, elle reprend ses habitudes avec le même entrain... ou le même dégoût. Sait-on jamais ce qui peut se passer dans l'esprit de cette égarée ? On vient d'apprendre que sa sœur Mlle de Chartres veut entrer au couvent pour ne plus en sortir. C'est pourtant la plus jolie des filles de M. le Régent. Il paraît qu'elle redoute de se voir forcée par sa mère d'épouser le fils aîné du duc du Maine. La duchesse d'Orléans vient de donner une nouvelle sœur à celle qu'elle veut marier. On espérait naturellement un garçon puisque le pâle duc de Chartres est le seul héritier des Orléans. Le duc d'Orléans n'a guère d'espoir de voir son vœu réalisé.

L'exemple donné par le Régent et sa fille autorise tous les excès. On a vu le duc de Richelieu se battre dans la rue avec le fils du maréchal de Matignon à la suite d'une querelle au bal de l'Opéra ; le jeune Courcillon, fils du marquis de Dangeau, refuser de payer au cabaret où il était déjà fort endetté, souffleter la patronne et rouler par terre avec elle en lui arrachant les cheveux... Chez le prince de Conti, on s'enivre quotidiennement, ce qui entraîne des rixes entre les invités. Le public murmure et les représentants de la vieille cour s'indignent. Mais que faire ? On jette en pâture à l'opinion quelques débauchés notoires qui ne bénéficient pas de hauts appuis tels que le marquis et la marquise de Morival qui faisaient commerce des charmes de filles de dix-sept à vingt ans. Leurs clients, appartenant à la meilleure société, s'en trouvaient fort satisfaits jusqu'au jour où le prince de Conti attrapa ce qu'on appelle pudiquement un « clou de saint Cosme ». Le prince s'en prit alors aux Morival, qui furent condamnés par arrêt du Parlement le 3 mars 1716 pour avoir fait de leur maison une académie de débauche en corrompant des jeunes filles pour y attirer des jeunes gens de qualité afin de s'y divertir. Le 12 mars, le bourreau fustigea publiquement les coupables nus jusqu'à la ceinture. Ils furent bannis du royaume pour neuf ans. Mais qu'est-ce que cette condamnation au regard de toutes les turpitudes impunies ?

Le peuple murmure, mais les difficultés de la vie quotidienne l'emportent sur l'indignation. Oserait-on dire que le récit de tant de bacchanales aiguise l'imagination ? C'est un roman sans fin dont on connaît les héros. On brûle d'en apprendre la suite pour s'en scandaliser mais aussi pour s'en divertir. Cependant, l'hiver a été très dur pour la plupart des Parisiens. On a congédié les ouvriers de la manufacture des Gobelins ; Paris compte nombre de mendiants et l'aumône est interdite sous peine d'amende. Le thermomètre est descendu jusqu'à moins onze degrés tandis qu'on dansait à l'Opéra. Le froid a été responsable de plusieurs drames. Le plus horrible est certainement celui qui a frappé huit blanchisseuses sur un bateau amarré sur les bords de la Seine. La glace a brutalement rompu le câble qui retenait l'embarcation ; le bateau a été mis en pièces. Sans qu'on ait pu leur porter secours, les malheureuses sont tombées entre les énormes glaçons qui les ont décapitées. L'une de ces femmes qui était enceinte a été coupée par le milieu du corps et la glace lui ayant ouvert le ventre, on a vu la tête d'un enfant qui en sortait...

Les roués, un abbé sans foi et une religieuse sans chemise

Philippe d'Orléans ne se plaît qu'au milieu de ses roués, le duc de Noailles pétillant d'esprit, le marquis de Canillac débauché moralisateur, le marquis de La Fare amusant et spirituel, le marquis de Biron pauvre et chargé de famille, le marquis d'Effiat sans âme ni principes, ancien compagnon du chevalier de Lorraine, Fargis « un de ces jeunes gens de traverse » comme dit Saint-Simon. Parmi tous ces hommes d'esprit de mœurs dissolues, le prince distingue particulièrement le comte de Nocé, ennemi de toute contrainte, paresseux et jouisseur, le duc de Brancas, un étourdi cynique surnommé « la caillette gaie », et le marquis de Broglie effronté et intrigant.

Le Régent n'accorde pas de pouvoir à ses roués. Seul le duc de Noailles jouit d'une certaine influence à la présidence du Conseil des finances. Son véritable conseiller n'est autre que l'abbé Dubois, lequel vit dans son ombre depuis vingt-cinq ans et rêve de devenir Premier ministre. On peut douter de la foi de ce clerc tonsuré, d'ailleurs il en doute lui-même. Il participe aux parties fines de son maître au milieu des roués qui le méprisent en raison de ses modestes origines. Aux yeux de ces messieurs, il n'est qu'un misérable parvenu. Fils d'un apothicaire de Brive, il a embrassé la carrière de l'Église parce qu'elle seule lui donnait la chance de s'élever. Après des études de théologie et de philosophie à Paris au collège de Navarre, avec une intelligence à la mesure de son ambition, il est entré comme précepteur chez de grands parlementaires avant de l'être au service du futur Régent. Il a compris la personnalité de cet enfant gâté, paresseux mais très doué, dont il a fait un prince accompli capable de s'affirmer aussi bien sur les champs de bataille que dans la diplomatie, les salons ou même à la tête de l'État. M. le Régent doit beaucoup à l'abbé Dubois et même Madame, mère du prince, lui reconnaît « beaucoup de capacité », si elle le trouve « faux et intéressé comme le diable[1] ». Il a accompagné Philippe lors de la campagne de Flandre où il s'est lui-même battu courageusement. Après la paix de Ryswick, il a accompagné l'ambassadeur de France à Londres où il a noué de brillantes relations. Il est parfaitement au fait de la complexité des relations diplomatiques européennes.

Dubois n'a jamais caché son goût pour les femmes. Malgré un physique ingrat et une santé médiocre, il a eu plusieurs maîtresses. Pour l'heure, il reste lié avec l'intrigante Alexandrine de Tencin qui s'est découvert un talent pour les cabales et l'espionnage. Elle l'écoute, il lui confie ses projets, elle y collabore et le soutient. C'est rue des Bons-Enfants, dans la chambre située à l'entresol de l'hôtel de la chancellerie d'Orléans donnant sur les jardins du Palais-Royal, qu'ils élaborent leurs plans. Ils sont l'un et l'autre trop cyniques pour s'embarrasser de scrupules moraux ou religieux. Les roués se plaisent à les considérer comme des religieux fornicateurs, mais tous deux rêvent d'une revanche sur ces nobles

1. *Correspondance de Madame la duchesse d'Orléans*, t. I, 13 novembre 1716, p. 281.

fiers de leurs ancêtres qui tirent leur gloire de leur seule intimité avec le Régent.

Poursuivant ses ambitions, l'abbé tient à faire reconnaître les droits de Philippe d'Orléans à la couronne de France si Louis XV venait à mourir, et il plaide pour la paix en Europe, alors que bien des matamores rêvent d'une guerre de revanche depuis la paix d'Utrecht de 1713. En effet, en vertu de ce traité, Philippe V, petit-fils de Louis XIV, renonçait à ses droits au trône de France pour conserver celui d'Espagne et la France reconnaissait la dynastie de Hanovre en Angleterre, promettant d'éloigner du royaume le prétendant Stuart, le catholique Jacques III. Cependant, Philippe V conteste sa renonciation au trône de France et George Ier d'Angleterre redoute que la France ne soutienne les entreprises de Jacques Stuart qui a l'intention de reconquérir le pouvoir et de réinstaller la dynastie déchue ainsi que le catholicisme. Autour du Régent, Saint-Simon, Torcy, le maréchal d'Huxelles, qui préside le Conseil des affaires étrangères, le pressent d'apporter son aide au prétendant Jacques Stuart tandis que Dubois plaide pour une alliance avec l'Angleterre. Projet d'autant plus difficile à réaliser que la France et l'Angleterre se considèrent comme ennemies héréditaires. On se souvient cependant que le duc d'Orléans avait reçu le soutien de George Ier au moment de la mort de Louis XIV. Depuis lors, Dubois s'est ingénié à maintenir des liens personnels avec le Premier ministre, Lord Stanhope.

Au milieu des difficultés qui l'assaillent, Philippe d'Orléans a longuement hésité avant de suivre les conseils de Dubois. Il a fermé les yeux sur le départ du Stuart, qui s'est enfui de Lorraine[1] où il s'était réfugié pour s'embarquer de Calais vers l'Écosse. Ses partisans jacobites qui l'attendaient ont été défaits avant même son arrivée. De toute évidence, il ne représente plus un danger sérieux pour la couronne de George Ier, mais le Régent, qui ne s'est pas franchement opposé à cette entreprise, n'inspire pas confiance au cabinet britannique. Les Anglais restent persuadés que le duc d'Orléans poursuit la politique de Louis XIV favorable aux Stuarts. Finalement, le prince s'est rendu aux vues de Dubois. Bien décidé cette fois à conclure l'alliance avec l'Angleterre, il a chargé l'abbé d'une mission secrète : il se rendra incognito à

1. À cette époque, la Lorraine n'est pas française.

La Haye pour négocier le rapprochement avec le roi George et Stanhope qui seront bientôt en Hollande pour se rendre au Hanovre.

Sans tarder, habillé en cavalier, sous un nom d'emprunt, se faisant passer pour un amateur d'art afin de déjouer les espions, Dubois prend la route de la Hollande, s'installe dans une auberge de La Haye, achète livres et tableaux tout en guettant l'arrivée de S.M. britannique. Le 17 juillet 1716, le roi George débarque avec sa suite. Aussitôt Dubois donne signe de vie à Stanhope, qui le rejoint dans son auberge. Ensemble ils posent les premiers jalons de la négociation. Dubois file comme l'éclair jusqu'à Paris informer le Régent qui le renvoie auprès des Anglais. Après plusieurs allées et venues de l'envoyé secret, une triple alliance est signée entre la France, l'Angleterre et la Hollande. Rendue publique le 4 janvier 1717, elle surprend l'opinion française. M. le Régent est satisfait, son pouvoir et son prestige en sortent raffermis. Les concessions accordées par la France sont peu de chose en considération de la promesse de paix, les Anglais ayant seulement exigé la destruction de Dunkerque et la promesse de ne plus accueillir les Stuarts.

Dubois exulte. Il a réussi une mission hérissée de difficultés. Son maître l'a félicité et Stanhope aussi. « Votre voyage a sauvé bien du sang humain et il y a bien des peuples qui nous auront obligation de leur tranquillité sans s'en douter[1] », lui a dit l'Anglais. À son retour à Paris, Dubois a reçu du Régent l'abbaye de Saint-Riquier qui lui rapportera 25 000 livres de revenus annuels et le prince l'a introduit dans le Conseil des affaires étrangères. Ces messieurs de la vieille cour que Dubois déteste n'ont plus qu'à bien se tenir, car l'abbé a plus d'un tour dans son sac. Et, surtout, il a de nouveaux projets qui répondent à son grand dessein d'une Europe pacifiée. Dubois pense aussi aux affaires intérieures qui restent préoccupantes. Il est persuadé qu'il saurait les mener de front avec la politique étrangère.

1. Cité par Guy Chaussinand-Nogaret, *Le Cardinal Dubois*, Paris, Perrin, 2000, p. 61.

L'irrésistible ascension de John Law, joueur mégalomane

Le Conseil des finances ne parvient pas à résoudre la crise et la chambre de justice devient de plus en plus impopulaire. Depuis un certain temps, le Régent songe à la création d'une banque afin de stimuler le crédit. L'idée a déjà été suggérée du temps du feu roi par le banquier Samuel Bernard, mais le projet est resté sans suite. À la même époque, un certain John Law qui élabore des théories audacieuses sur l'économie, les finances et le commerce est entré en relation avec le duc d'Orléans. Il a voulu le convaincre de l'importance du crédit pour le développement du commerce et des richesses du royaume, ce qui implique la création d'une banque émettant du papier-monnaie. Philippe d'Orléans a longtemps hésité à faire appel à cet Écossais qui développe des théories intéressantes mais qui peuvent entraîner de gros risques.

John Law est un séducteur, un homme de plaisir qui joue dans la vie comme il joue au pharaon. Il court au-devant des événements, les suscite, multiplie les initiatives et croit à la chance. Son passé a de quoi inquiéter les plus sages conseillers du prince. Après avoir dilapidé l'héritage de son père, orfèvre à Édimbourg, il a vécu du jeu (les mauvaises langues disent qu'il a commis des filouteries). Condamné à mort en 1694 pour avoir tué en duel un jeune officier anglais, gracié mais resté en prison, il s'est évadé et a trouvé refuge en France. Son origine a plaidé en sa faveur auprès du prétendant Stuart. À la cour de Saint-Germain[1], il a enlevé la sœur de Lord Bunbery et ils sont partis ensemble pour l'Italie. Ils ont voyagé dans toute l'Europe, fréquentant les boutiques des changeurs, les banques et les tripots. Au cours de cette longue cavalcade, John Law a réfléchi aux mécanismes monétaires et à leur incidence sur l'économie des États dont la richesse repose sur la terre, l'industrie, le commerce et la population. Il estime qu'il faut un fluide pour les entraîner : le numéraire. « La monnaie est dans l'État ce que le sang est au corps humain a-t-il écrit au

1. En 1689, Louis XIV avait accueilli à Saint-Germain-en-Laye le roi Jacques II Stuart chassé d'Angleterre à l'issue de la « glorieuse révolution ». Depuis lors, une véritable cour s'y était maintenue.

Régent ; sans l'un on ne saurait vivre, sans l'autre, on ne saurait agir. La circulation est nécessaire à l'un comme à l'autre. » Il est persuadé de pouvoir relancer l'économie du royaume par la circulation de billets émis par un organisme bancaire.

Cette fois, M. le Régent s'est laissé convaincre. Il a parlé des projets de Law au Conseil des finances qui les a acceptés. Le 2 mai 1716, des lettres patentes lui ont donné l'autorisation de créer sa banque. Il s'est aussitôt installé rue Saint-Avoye dans l'hôtel de Mesmes qu'il loue à cette famille. On ne reconnaît plus l'intérieur de cette belle demeure. Une salle immense où sont disposés plusieurs comptoirs accueille les clients qui déposent leur or ou leur argent contre des billets. Ceux qui rapporteront des billets recevront de l'or ou de l'argent en échange. Pour l'instant, on s'intéresse à cette entreprise novatrice, mais on se demande comment la banque pourra faire des bénéfices puisque son activité apparente consiste à échanger des billets contre de l'argent. Le profit proviendra des opérations d'escompte et, surtout, des opérations de change. Mais en utilisant les fonds remis à la banque pour opérer sur l'escompte et sur le change, M. Law risque d'être exposé à des retraits soudains auxquels il ne pourra pas faire face. M. Rouillé du Coudray, proche collaborateur du duc de Noailles, a mis en garde le Régent contre ce danger, rappelant que les particuliers préfèreraient toujours l'argent comptant à des billets. Mais Law est persuadé que lorsque le public aura pris l'habitude d'utiliser des billets plutôt que du numéraire, la circulation pourra être supérieure à l'encaisse. Il a une telle foi dans le crédit qu'il n'imagine pas qu'on puisse cesser d'en obtenir de nouvelles ressources.

Law a promis au Régent de réduire la dette de l'État, mais il est resté assez vague sur les méthodes qu'il emploiera. Il lui a dit que c'était là son secret. Tout laisse à penser qu'il vient de le dévoiler. Le 7 octobre, il a obtenu du Conseil des finances que les receveurs des impôts acquittent sur leurs fonds tous les billets qui leur seront présentés (autrement dit les reconnaissances de dettes de l'État qui traînent dans le public depuis la fin de la dernière guerre) et qu'ils remettent ensuite leurs recettes sous forme de billets à la banque générale. Voici donc la banque de Law qui aide à résorber la dette publique et qui, de ce fait, se trouve liée au système financier de l'État.

Décidément, la chance sourit à John Law. Son entreprise prend une ampleur insoupçonnée avec la création de la Compagnie de l'Occident. Il s'agit de l'exploitation d'énormes territoires en Amérique du Nord et tout cela, ironie du sort, grâce à la chambre de justice. Ce tribunal vient de frapper Antoine Crozat, l'un des hommes d'affaires les plus puissants de France, d'une amende de 6 600 000 livres. Menacé de ruine, Crozat a préféré transiger avec ses juges. Il leur a proposé de donner à l'État une concession qui lui avait été consentie pour quinze ans en 1712 sur la Louisiane. Le Conseil des finances et le Régent ont accepté cette offre. Ainsi le 21 août 1717 est née la Compagnie de l'Occident. Law prévoit d'émettre 120 000 actions de 500 livres chacune payables en billets d'État ! Le 6 septembre, des lettres patentes concèdent à cette compagnie le privilège du commerce avec la Louisiane pour vingt-cinq ans. Le 14 septembre, les souscriptions ont été ouvertes sans rencontrer le succès escompté, mais Law ne se décourage pas. Il a bien l'intention maintenant d'obtenir que sa banque devienne banque d'État. Jusqu'où ira-t-il ?

Paris sur scène

Si les mœurs se sont libérées, tous les Parisiens ne se livrent pas à la débauche comme on serait tenté de le croire. La capitale offre des plaisirs honnêtes. Ainsi les théâtres sont-ils des lieux très fréquentés. Le Théâtre-Français propose des places à tous les prix. Depuis 1697, il s'est installé rue des Fossés-Saint-Germain[1] dans une élégante salle ornée de boiseries vert et or, dont le plafond peint par Bon Boulogne éclairé par quatorze lustres de verre donne à l'édifice un air de majesté. Avec ses trois balcons, son amphithéâtre et son parterre où le public se tient debout, cette salle peut recevoir 1 600 personnes. Les acteurs, qui sont avant tout les Comédiens du roi, dépendent des gentilshommes de la Chambre. Ces grands seigneurs, attachés à la personne du souverain, se conduisent avec eux en maîtres absolus. Ils procèdent aux engagements, distribuent les rôles, édictent des règlements

1. Aujourd'hui, rue de l'Ancienne-Comédie. Au n° 14, on peut encore voir le fronton triangulaire orné d'une *Minerve*.

et veillent à la bienséance des pièces soumises à un censeur, l'abbé Cherrier, un prêtre bon vivant qui compose pendant ses loisirs un *Almanach de la table* dans lequel il glisse des réclames déguisées et rémunérées en nature. Il ne cache pas son goût pour les gaillardises. Récemment obligé de supprimer cette phrase : « Il n'est rien de plus intéressant pour le public que d'être propriétaire d'une belle femme dont chacun tâche d'avoir l'usufruit », il a noté en marge : « La pensée est pourtant délicate »... Mais l'abbé est impitoyable pour tout manquement au respect de l'autorité.

Les Comédiens-Français jouent toujours Molière (c'est lui qui attire le plus grand nombre de spectateurs), Pierre et Thomas Corneille, Racine, mais aussi des auteurs contemporains, Destouches, Dufresny, Crébillon, Jean-Baptiste Rousseau et l'inévitable Dancourt, une vedette qui commence à s'essouffler. Auteur prolifique, il a écrit depuis 1685 des dizaines de « dancourades », comédies bien enlevées quelquefois proches de la farce, qui s'inspirent de faits divers, ou d'une actualité plus relevée. Elles se terminent généralement par des divertissements chantés et dansés. Comme Dancourt fait partie de la troupe, il interprète ses propres œuvres et aussi celles des autres. Tout le monde s'accorde à le trouver meilleur auteur que comédien ; il conserve ses admiratrices, qui vieillissent avec lui.

Rien ne prédisposait Dancourt à mener pareille carrière. L'amour seul l'a conduit. Né dans une famille de petite noblesse ayant abjuré la religion réformée, il allait commencer une carrière d'avocat lorsqu'il tomba amoureux d'une comédienne de dix-huit ans appartenant à la troupe du prince de Condé. Il l'épousa, écrivit une première tragédie et monta sur les planches. Le jeune ménage eut l'honneur d'entrer peu après dans l'illustre compagnie et de se produire devant Louis XIV. Malgré leur vie privée assez houleuse et une brève séparation, les Dancourt demeurèrent ensemble. Leurs deux filles ont suivi leur exemple et campent aujourd'hui les jeunes premières sur la première scène du royaume. Cette famille vit luxueusement dans un immeuble de la rue de Condé, prend ses quartiers d'été dans sa maison de campagne au village d'Auteuil. Comble de la réussite, Dancourt a acheté une gentilhommière du siècle dernier à Courcelles près de Pithiviers. Il est temps qu'il prenne sa retraite. Place aux jeunes.

Ce n'est pas Legrand, autre auteur de comédies assez bien tournées, qui va bouleverser le répertoire. On murmure le nom d'Arouet. Pendant son exil à Sully-sur-Loire, il a, dit-on, composé une tragédie. Il la lira sans doute dans l'un des cercles qu'il fréquente.

Composée d'une trentaine de comédiens, remarquable par son homogénéité, la troupe des Français compte deux vedettes, Quinault-Dufresne et Mlle Duclos. Quinault-Dufresne doit surtout son succès à sa belle prestance et à sa voix enjoleuse. Grande et bien en chair, avec un regard de feu, Mlle Duclos a brillé jusqu'alors pour son interprétation des reines de tragédie. D'aucuns la trouvent sotte, disent qu'elle ne comprend pas ce qu'elle récite et qu'elle ne sait même pas distinguer le *Pater* du *Credo.* Mlle Duclos se moque des médisances et mène joyeuse vie en accordant fort bien Bacchus avec Vénus. Elle ne va hélas pas tarder à déchanter. Une nouvelle étoile se lève au firmament du théâtre. Elle s'appelle Adrienne Lecouvreur. Remarquée par Legrand alors qu'elle jouait *Polyeucte* dans une troupe d'amateurs, elle est devenue comédienne à la cour de Lunéville puis à Strasbourg. Engagée depuis peu au Théâtre-Français, elle a débuté le 14 mai 1717 dans l'*Électre* de Crébillon.

Jamais une comédienne n'a bouleversé le public comme Mlle Lecouvreur. Lorsqu'elle paraît en scène, elle accroche aussitôt les regards. Ses gestes lents et tendres, ses regards annoncent ce qu'elle va dire. Elle ne joue pas la tragédie, elle la vit. Ses larmes font couler celles des spectateurs. Aucune femme n'exprime les affres de la passion avec cette vérité. Comme on lui demandait quel était le secret de son interprétation si nouvelle sur la scène, elle répondit : « La simplicité de mon jeu est mon seul mérite. L'intelligence est indispensable, mais il faut laisser la nature faire le reste. Vouloir exagérer la nature, c'est la perdre. »

Le Régent pria le prince de Parme de lui envoyer une troupe de comédiens italiens pour remplacer celle que Louis XIV avait renvoyée en 1697. Luigi Riccoboni, homme d'esprit et auteur estimé, qui s'illustra jadis sur la scène de l'hôtel de Bourgogne, réunit les meilleurs acteurs. On les attendait avec une telle impatience qu'il leur a fallu donner un premier spectacle le jour de leur arrivée à Paris. L'hôtel de Bourgogne où ils jouaient avant l'exil n'étant pas encore prêt, le Régent leur a laissé l'Opéra qui faisait relâche. De grandes affiches placardées sur les murs annonçaient les « Comédiens Italiens de Mgr le duc d'Orléans Régent dans *l'Inganno Fortunato* » *(L'Heureuse Surprise)*. Princes, princesses et grands seigneurs se pressèrent pour voir les pantomimes d'Arlequin, les mimiques de Silvia et de Flaminia. Le public s'intéressa plus aux jeux des masques qu'à la maigre intrigue amoureuse. On venait là pour se distraire et pour comparer la nouvelle troupe avec celle que Louis XIV avait exilée en 1697, sous prétexte d'indécence.

Ce premier spectacle soulève des réactions mitigées. Trop de rires, trop de rires ! En effet, les comédiens parlent italien. Ceux qui ignorent cette langue rient de voir rire les autres ; ils demandent ensuite ce qui a suscité l'hilarité ; l'explication entraîne une deuxième explosion de rires. Ceux qui comprennent un peu l'italien se mettent à rire à tout propos pour en imposer aux autres. Enfin, il y a ceux qui rient parce qu'ils ont compris, mais qui s'en veulent d'avoir ri de si bon cœur à des répliques assez triviales. Ils rentrent chez eux furieux d'avoir assisté à un spectacle juste bon pour « la plus vile populace », mais qu'ils ne peuvent s'empêcher de raconter en riant.

Il y a pourtant des inconditionnels admirateurs des Italiens. On s'y amuse beaucoup plus que chez les Français. La vivacité des comédiens, leur naturel, leur présence d'esprit, le jeu de leur corps rajeunissent l'art du théâtre. Leur vogue est telle auprès des femmes qu'elles sont nombreuses à vouloir apprendre cette langue qui sait tour à tour chanter et rudoyer. On s'arrache les dictionnaires chez les libraires ; les interprètes donnent des leçons et accompagnent leurs élèves au théâtre pour traduire les répliques incompréhensibles.

Le 1er juin 1716, les Italiens retrouvent l'hôtel de Bourgogne entièrement rénové. Le Régent assiste à cette première où les comédiens donnent la *Finta Pazza (La Folle supposée)*. Mais bien vite le public se lasse d'entendre parler italien. Le pauvre Riccoboni renouvelle son affiche à un rythme haletant, mais sans succès. Il aurait fallu un miracle pour que les Italiens survivent, d'autant plus que les spectacles de la foire qui attiraient le public populaire leur faisaient une concurrence redoutable.

Paris a gardé la tradition des foires qui ont vu le jour dès le Moyen Âge. La foire Saint-Germain installée dans une halle immense s'ouvre chaque année le 3 février et ferme le dimanche des Rameaux. Parfois, le roi donne la permission de la prolonger de quelques jours ou quelques semaines. On y croise des aristocrates en goguette, de solennels bourgeois, des artisans, des manouvriers, des laquais, des filles galantes... et aussi pas mal de tire-laine parfaitement heureux au milieu de cette foule très occupée à regarder les étalages, car on vend de tout à la foire Saint-Germain. Lingers, épiciers, merciers, bijoutiers, orfèvres, chapeliers, bottiers, oiseliers, parcheminiers, marchands de jouets, sculpteurs, marchands d'orviétan... font l'article à leur devanture. La foire, c'est aussi le paradis des saltimbanques et des bateleurs en tout genre. En été, du 1er juillet au 29 septembre, on se précipite à la foire Saint-Laurent entre les rues du Faubourg-Saint-Martin et du Faubourg-Saint-Denis. On y retrouve des marchands de toutes sortes, mais aussi les spectacles des frères Allard où se mêlent exercices acrobatiques, danses, apparitions de magiciens entremêlés de dialogues. Ils s'étaient emparés du répertoire des Italiens lorsque ceux-ci furent frappés d'exil et avaient construit eux-mêmes un vrai théâtre. Leur succès est considérable – on y a même vu le Régent – et fait de l'ombre aux malheureux Italiens.

CHAPITRE III

Beaucoup de bruit pour rien

Le roi passe aux hommes

Sept ans ! Le roi a sept ans, l'âge de raison, le moment de « passer aux hommes » comme le veut la coutume chez les princes. Le 1er février 1717, Mme de Ventadour l'a conduit devant M. le Régent et l'a mis complètement nu afin qu'il soit examiné par les médecins et les chirurgiens en présence de la famille royale et de nombreux courtisans. Cette antique cérémonie doit permettre de constater publiquement que l'enfant est en bonne santé et parfaitement constitué. Le roi s'est soumis à ce rituel sans mot dire. On l'a rhabillé de neuf et il est reparti dans ses appartements avec sa gouvernante qui l'avait préparé à cette épreuve.

Le 13 février, on lui a enlevé ses lisières, ces deux liens passés autour de la taille et qui se poursuivent comme deux rênes afin de le retenir au cas où il risquerait de tomber.

Le 15 février, jour de son anniversaire, Louis XV s'est levé très joyeux. Il sait qu'une vie nouvelle s'ouvre devant lui, celle d'un jeune adulte qu'on va former au métier de roi. Ce métier sera-t-il aussi « délicieux » que le disait son arrière-grand-père ? Sans doute le jeune monarque ne se pose-t-il pas la question. Il est roi et il se prête au jeu, car il y a bien une part de jeu dans la vie de représentation qui est déjà la sienne. D'ailleurs, ce matin, il donne pratiquement la même scène que le 1er février, mais plus solennellement puisque toute la Cour est réunie. Après une nouvelle exhibition dans le plus simple appareil, Mme de Ventadour le fait rhabiller et le présente à M. le Régent, en prononçant les paroles convenues à l'avance :

« Monseigneur, voulez-vous bien que je dépose entre vos mains la personne du roi ?

– Volontiers Madame. »

Ils entrent alors dans la chambre de S.M.

« Monseigneur, voilà le dépôt que le feu roi m'a confié et que vous m'avez continué ; j'en ai pris tous les soins possibles et je le rends en parfaite santé.

– Le roi et tout l'État vous ont, Madame, une obligation infinie de l'attention que vous avez apportée à préserver des jours si précieux de tout accident. »

M. le Régent remet alors le monarque au gouverneur et au précepteur. La duchesse de Ventadour demande l'autorisation de s'en aller et baise la main du roi qui jusque-là, a parfaitement observé l'ordonnance de la cérémonie. Mais voyant Maman Ventadour sur le point de le quitter, il éclate en sanglots, lui saute au cou et ne peut s'en détacher. Très triste d'abandonner son cher orphelin, elle lui demande cependant d'être raisonnable : « Ah ! maman, s'écrie-t-il, je ne reconnais plus de raison quand il faut m'éloigner et me séparer de vous[1]. »

M. le Régent doit l'arracher des bras de sa gouvernante pour le remettre dans ceux du maréchal de Villeroy, afin de le conduire dans ses appartements et de lui présenter ses officiers ainsi que ses nouveaux serviteurs. Parmi eux se trouve un petit garçon de son âge qui tient une hallebarde et fait office de suisse. Mais le roi n'en a cure. Il refuse de dîner sans Maman Ventadour, qui revient sécher ses larmes et obtenir qu'il mange de bon appétit.

Jusqu'à ce jour, Louis XV n'a jamais quitté sa gouvernante, qui lui tient lieu de tout. Elle a veillé sur lui avec une attention et une affection qu'on n'a jamais eues pour d'autres princes. Elle l'a sauvé de la rougeole qui emporta sa mère, son père et son frère aîné en 1712. Puisque l'avenir de la dynastie repose depuis lors sur ce fragile héritier, sa santé est devenue une préoccupation permanente. Cependant, depuis qu'il a succédé à son grand-père, il n'a été sujet qu'à des rhumes ou à quelques désordres digestifs

---

1. Dangeau, *Journal*, t. XVII, p. 23.

habituels aux enfants. Mme de Ventadour s'alarme surtout pour ce qu'elle appelle ses vapeurs, c'est-à-dire ses brusques changements d'humeur : il passe sans transition de la gaieté à la tristesse. Il peut rester longtemps rêveur, sans parler. Il n'a pourtant guère le temps de s'ennuyer. Dès avant la mort du feu roi, il a reçu des leçons de danse, qui lui assurent un excellent maintien ; il a appris à lire et à écrire ; il se passionne pour la géographie. Madame, mère du Régent, s'extasie sur sa facilité à lire les cartes et pourtant cette princesse se montre généralement sévère à son endroit. Elle le juge trop capricieux. Mais comment pourrait-il en être autrement avec un enfant de cet âge dont on interprète le moindre soupir ? Le petit roi a parfaitement compris qu'il était le centre du monde. Il sait qu'il est devenu l'idole des Parisiens. Lorsqu'il paraît au balcon des Tuileries avec sa gouvernante, les vivats qui montent vers lui le grisent d'une joie sans partage. Ses promenades dans une petite calèche à travers le jardin des Tuileries, ses sorties jusqu'aux Champs-Élysées dans une sorte de kiosque doré ouvert sur quatre côtés lui attirent les hommages de la foule qui guette son passage. Elle acclame un roi qui a le visage de l'Amour. Objet de culte et de désir, pourra-t-il devenir un homme équilibré à la personnalité structurée ? Ses éducateurs n'y songent pas. Le rôle qu'ils lui font assumer correspond à celui d'une miniature de roi. On lui fait comprendre qu'il incarne l'autorité souveraine : il assiste en tant que tel à toutes les manifestations officielles, reçoit les chevaliers de Saint-Louis, les chevaliers du Saint-Esprit, visite les maisons religieuses. Pour la première fois il a usé de son droit de grâce à l'égard d'un soldat déserteur ! Mme de Ventadour ne s'est jamais opposée à ces manifestations. Elle remarque cependant qu'il est souvent « fatigué de faire le roi ». Par la force des choses, il endosse ce rôle avec les enfants qu'il rencontre, même lors d'une mascarade suivie d'un goûter et d'un feu d'artifice chez sa marraine la duchesse de La Ferté. Si on le conduit à la porte Saint-Antoine assister au défilé du carnaval, il ne peut pas vraiment s'amuser. Avec sa gouvernante seule il se comporte en enfant. Cette intimité sera-t-elle préservée ? Tout dépend de son gouverneur, le maréchal de Villeroy. Pour l'heure, le petit roi réclame Maman Ventadour.

Le tsar à Paris

Un invité inattendu intrigue la Cour et la Ville, le tsar Pierre Ier de Russie. Le 30 avril 1717, lorsqu'il a mis pied à terre à Dunkerque, la délégation venue l'accueillir a cru voir un héros de tragédie débarquant de son vaisseau sur la scène d'un théâtre immense. Il ne ressemble à aucun autre souverain. Sa taille élevée, son visage basané taillé à la serpe, son regard perçant, ses gestes brusques et son air de grandeur mêlé d'audace annoncent un homme qui ne supporte pas la contradiction. Il se sent le maître partout où il se trouve. Il a vite fait comprendre au maréchal de Tessé que le cérémonial l'exaspérait et rien ne s'est passé comme prévu.

Le tsar ne supportait ni l'allure ni la chaleur du carrosse. Il s'arrêta dans un village où il découvrit dans une remise la caisse vermoulue d'une sorte de phaéton. Il la bricola lui-même pour la transformer en litière sur laquelle il s'allongea afin de poursuivre ainsi son voyage. Le lendemain était le jour de la Pâque russe. Pierre et sa suite ont célébré la Résurrection avec tant de vin et de liqueur que la plupart de ses boyards roulèrent sous les tables. Cependant, le temps pressait. Le tsar résolut de bouleverser le programme officiel. Il enfourcha un cheval, traversa Amiens puis Beauvais au galop, sans assister aux réceptions des évêques. Il mangea et dormit aux relais de poste comme un simple courrier.

Évitant les princes venus à sa rencontre, il est arrivé le 7 mai à Paris, vers dix heures du soir, couvert de poussière, escorté par trois cents grenadiers qui ont juste eu le temps de seller leurs chevaux. Le roi dormait et le Régent soupait. On ne les dérangea pas. On conduisit aussitôt le tsar au Louvre dans l'appartement de la reine mère préparé à son intention. Il jugea l'ameublement trop somptueux et l'éclairage trop brillant. Un autre appartement lui était réservé dans l'hôtel de Lesdiguières attenant à l'Arsenal. Il s'y rendit aussitôt, pesta encore contre le luxe et exigea qu'on préparât son lit de camp dans une garde-robe. Il ne toucha pas au souper, avala une pinte de bière et se coucha. Un ouragan cet homme-là.

C'est, dit-on, un pragmatique d'une grande intelligence, qui veut sortir son empire de l'état de stagnation dans lequel il végète depuis des siècles. Il lui a donné des lois, une administration et surtout une capitale créée par sa seule volonté à l'embouchure de la Neva, sur la Baltique. Cette ville baptisée Saint-Pétersbourg est une fenêtre ouverte sur l'Occident tant admiré par le tsar. Il y a déjà plusieurs années qu'il désire connaître la France et nouer une alliance avec elle. Le Régent n'a pas l'intention de se rapprocher d'un ennemi de l'Angleterre, la nouvelle alliée de la France, mais il n'a pu s'opposer à ce séjour qui risque de coûter fort cher. Les quarante personnes de la suite impériale vivront aux frais du roi. Pour combien de temps ? On l'ignore. La première visite du duc d'Orléans à son hôte s'est déroulée selon le protocole imposé par le tsar. Le 10 mai, Louis XV s'est rendu auprès de Pierre Ier qui l'a soulevé dans ses bras pour l'embrasser tendrement plusieurs fois.

Depuis lors, le tsar veut tout voir à Paris. Accompagné par le prince Kourakine qui lui sert d'interprète, il se déplace à pied, entre dans les boutiques, parle aux ouvriers et donne son avis sur tout ce qu'il voit, faisant preuve de connaissances pratiques très développées. L'art le touche peu, en revanche tout ce qui peut être utile excite sa curiosité. Il a longuement admiré les tapisseries des Gobelins, visité le Jardin des plantes ; il s'est rendu deux fois à l'Observatoire où il a demandé quantité d'explications ; devant le Pont-Tournant, il s'est entretenu avec les charpentiers. Il a visité les Invalides où il a voulu tout examiner en détail, finissant par le réfectoire où il a bu et trinqué avec les soldats. À la Sorbonne, il s'est précipité sur le tombeau de Richelieu et s'est écrié qu'il donnerait la moitié de son empire à un homme tel que lui, pourvu qu'il l'aidât à gouverner l'autre moitié ! Il a assisté à une séance de l'Académie des sciences, à une autre aux belles-lettres. Il n'a pas manqué non plus de visiter l'hôtel de la Monnaie.

Les Parisiens se portent en foule sur son passage. Parfois importuné, mais jamais gêné, le tsar éloigne d'un geste ces badauds ou bien s'en va là où sa curiosité l'appelle. Il peut entrer dans la première voiture qu'il trouve et donner l'ordre de partir. C'est ainsi que la maréchale de Matignon n'a pas retrouvé son carrosse… Les spectacles et les fêtes amusent peu ce prince. Il a pourtant accepté d'assister à une représentation à l'Opéra avec le Régent. Vers le milieu de soirée, il a demandé à boire de la bière.

Le duc d'Orléans en fit aussitôt apporter, se leva lui-même pour lui présenter un gobelet. Il le but sans se lever et le remit au Régent toujours debout. Sans plus de façons, il partit peu après pour aller souper avec sa suite. Il fait toujours preuve d'un grand appétit et vide deux bouteilles de vin à chaque repas. Le tsar ne s'embarrasse pas de visites protocolaires. Il fut pratiquement forcé de faire son compliment à Madame, mère du Régent, à la duchesse d'Orléans et à la duchesse de Berry, mais il s'en tint là, au grand dépit des princes du sang, mortifiés d'être tenus pour rien.

Pierre Ier brûlait de voir Versailles, ce temple de la majesté si célèbre en Europe. Il y passa plusieurs jours et coucha à Trianon où l'ancien valet de chambre de Mme de Maintenon fit venir des filles pour distraire le tsar et ses compagnons. Une véritable profanation ! Retirée à Saint-Cyr depuis la mort du roi, Mme de Maintenon a-t-elle appris que ses anciens appartements étaient devenus le théâtre d'orgies pendant plusieurs nuits ? On ne sait, mais elle a frémi lorsqu'on l'a avertie que le souverain russe voulait la rencontrer. Elle eût préféré l'éviter. Lorsqu'il vint à Saint-Cyr, elle se coucha, fit tirer les rideaux de ses fenêtres et ceux de son lit. Cependant, à sept heures du soir, il entra dans sa chambre et, sans la moindre gêne, ouvrit les rideaux du lit, regarda attentivement la vieille dame et lui demanda si elle était malade. Comme elle lui répondait que oui, il lui demanda de quoi elle souffrait. « De la vieillesse », répondit-elle. Sur ces paroles, il referma les rideaux et repartit pour Trianon rejoindre les ribaudes choisies pour la nuit.

Enfin, Sa Majesté impériale est partie le 20 juin emportant avec elle deux tentures des Gobelins offertes par le roi.

Cris et chuchotements

Le gouvernement du Régent est fortement contesté. Le Parlement est en guerre ouverte contre lui. Depuis plus d'un an, les magistrats multiplient les remontrances contre les Conseils qui retardent les affaires et coûtent beaucoup plus cher que les ministères. Ils refusent d'enregistrer les édits de finance et prétendent s'opposer aux nominations qui ne leur conviennent pas. C'est ainsi qu'ils n'ont pas enregistré celle du nouveau garde des Sceaux, M. d'Argenson.

À Paris, les curés, les prêtres du diocèse, les communautés religieuses continuent de contester la bulle *Unigenitus* condamnant les propositions du père Quesnel. Pour ces ecclésiastiques, le texte de Quesnel représente la pure doctrine de l'Écriture sainte et des Pères de l'Église. Aussi considèrent-ils la bulle comme irrecevable. Le 12 janvier 1717, la Sorbonne est allée en corps déclarer son soutien au cardinal de Noailles qui refuse la bulle. Peu de temps après, le 5 mars, quatre évêques (ceux de Montpellier, de Boulogne, de Mirepoix et de Senez) ont solennellement fait appel à un concile national. Le clergé de Paris et Mgr de Noailles soutiennent leur appel. Grave dilemme pour le Régent, qui a réagi très vite. Il a renvoyé les quatre évêques « appelants » dans leurs diocèses respectifs et interdit les assemblées à la faculté de théologie. Cependant, ces mesures sont loin d'avoir calmé les passions entre ceux qu'on appelle désormais les « appelants » et les « acceptants ». La menace d'une rupture avec le pape pèse sur la France.

Avec les princes, c'est une autre affaire. Voulue par Louis XIV, l'intégration des bâtards dans la famille royale n'a jamais été acceptée. Vécue à l'instar d'un viol de la morale, des lois fondamentales du royaume et des droits princiers, elle a engendré une guerre intestine à l'intérieur de ces fratries recomposées. Les princes du sang n'ont jamais admis la promotion des enfants adultérins. Le 22 août 1716, ils ont sonné « un premier coup de tocsin » en présentant au roi une requête contre les édits donnant au duc du Maine et au comte de Toulouse la qualité de prince du sang et la possibilité de succéder à la couronne. Les ducs et pairs, qui se considèrent humiliés par l'élévation des bâtards au-dessus d'eux, ont à leur tour déposé une requête au roi pour réduire les légitimés au rang de la pairie.

Le Régent a fait la sourde oreille. Il fuit les querelles et ne veut pas offenser sa femme, sœur du duc du Maine et du comte de Toulouse. Hélas, Mme du Maine ne fait pas preuve de la même sagesse. Elle enrage depuis que le duc d'Orléans a évincé son époux des charges et des prérogatives accordées par le testament du feu roi. Maintenant elle tempête contre son frère, le comte de Charolais, son neveu le duc de Bourbon et son cousin le prince de Conti qui veulent déposséder son mari et ses fils de leur rang de prince du sang. Elle secoue son époux pour qu'il intervienne auprès du Régent ! Cédant aux objurgations de sa femme, il a écrit à Philippe d'Orléans qu'il s'agissait là « d'une affaire d'État qui ne pouvait être jugée que par un roi majeur ou les états généraux ». Il n'en fallait pas davantage pour déchaîner la colère du Régent. Il a aussitôt répliqué en nommant six conseillers d'État qui recevront les mémoires des princes du sang et ceux des légitimés.

Mme du Maine ne lit plus les poètes, n'apprend plus de rôles, elle se compose un autre personnage. Elle passe ses journées à compulser des livres de droit, pérore sur les règles de succession au trône, convoque des juristes, papillonne autour de tous ceux qu'elle juge capables de soutenir la cause de son mari et de ses fils. Elle parvient ainsi à convaincre trente-neuf gentilshommes de présenter une requête au Parlement tendant à demander qu'une affaire concernant la dévolution de la couronne soit remise aux états généraux. Son amant, le cardinal de Polignac, rédige un mémoire avec l'aide de l'inévitable Malézieu et d'un avocat de Toulouse. La princesse relit le texte pour y apporter sa touche personnelle. Et l'on voit la petite-fille du Grand Condé en appeler au peuple pour défendre les droits des bâtards ! « Citoyens, dit-elle, est-ce un prince enfant conduit en lisière par le Régent qui peut au nom de la souveraineté nationale enlever à son oncle, le duc du Maine, l'éventualité du trône, au mépris de la volonté persévérante du feu roi ? » Le public se passionne autant pour cette affaire que pour la bulle *Unigenitus*.

Le mémoire des nobles en faveur des légitimés déposé au Parlement a été transmis au Régent, qui n'a pas tergiversé longtemps. Il a fait embastiller les plus excités d'entre eux et décidé de porter la cause des légitimés devant le Conseil de régence.

Le 1er juillet, la princesse a été frappée en plein cœur : un arrêt en forme d'édit a déclaré le duc du Maine et le comte de Toulouse inhabiles à succéder à la couronne et les a privés de la qualité de prince du sang.

Surmontant son orgueil, Mme du Maine se rendit au Palais-Royal dans l'espoir de négocier avec le Régent par l'intermédiaire de son épouse. Mais la duchesse d'Orléans, sœur de M. du Maine et aussi timide que lui, se contenta de balbutier quelques paroles embarrassées. Ulcérée, Louise-Bénédicte rentra chez elle pour se heurter à la douce indifférence de son mari réfugié dans sa tourelle au milieu de ses livres.

M. le Régent et Dubois surveillent discrètement la princesse. On la sait capable de toutes les folies. On la soupçonne d'intriguer avec le roi d'Espagne, qui estime toujours avoir des droits sur le trône de France. Les relations diplomatiques sont rompues entre les deux royaumes depuis que la Triple-Alliance conclue par Dubois a été connue.

Tempête au royaume de Lilliput

Souveraine en son royaume de Sceaux, la duchesse du Maine s'agite. Exaspérée par la tranquillité de son époux, exaltée par ses lectures, se souvenant de la devise de la « mouche à miel », elle veut infliger au Régent les redoutables piqûres de la calomnie. Le duc d'Orléans a récemment trouvé sous son assiette un pamphlet intitulé *Pour te brûler toi et ta pétarde*. On ne sait si cette œuvre du ruisseau est sortie de la cour de Sceaux, mais il est sûr que la duchesse protège les auteurs à la plume caustique.

Elle a accueilli avec joie Arouet au retour de son exil à Sully-sur-Loire et lui a fait l'honneur d'écouter *Œdipe*, la tragédie qu'il a composée pendant ces journées de loisir forcé. Émoustillé par l'ambiance de cette cour où les beaux esprits font assaut d'épigrammes, il a pondu quelques vers latins incendiaires qu'on se passe sous le manteau et dont voici la traduction :

Sous le règne d'un enfant,
Sous la régence d'un homme fameux,
Par le poison et les incestes,
Sous des conseils ignorants et chancelants,
La religion étant plus chancelante encore,
Le trésor épuisé,
La foi publique violée,
La fureur de l'injustice triomphant,
Le danger d'une sédition générale menaçant,
La patrie sacrifiée à l'espoir inique et prématuré
D'hériter de la couronne,
La Gaule va bientôt périr.

Cette fois, Arouet risque d'être arrêté. Ses amis lui ont conseillé de se mettre à l'abri. Après quelques semaines passées au vert, il a regagné la capitale et s'est installé par précaution dans un hôtel garni. Mais la police de M. le Régent est bien faite. Le matin du dimanche de Pentecôte, deux exempts ont fait irruption dans sa chambre pour le conduire à la Bastille. Dès son premier interrogatoire, il a compris qu'il était arrêté pour ces vers « exécrables ».

Combien de temps cet emprisonnement durera-t-il ? Mme du Maine ne s'en soucie guère. Elle a une autre plume à sa disposition, celle de Lagrange-Chancel, un ancien mousquetaire, dramaturge raté, plus doué pour la satire que pour la tragédie. N'ayant pas trouvé de protection du côté du Palais-Royal, il est devenu l'hôte assidu de Sceaux. Aiguillonné par la « mouche à miel », il en distille le venin sous forme de vers calomnieux brûlants de haine. Il vient de composer une ode accusant Philippe d'avoir empoisonné les enfants de France et de coucher avec sa fille ; il le compare à Néron, à Sardanapale et lance un appel au duc du Maine « prince d'une race auguste » que la France « implore ». Sceaux applaudit à ces vers et les salons se gargarisent de ces *Philippiques.* Il en promet de nouvelles. Louise-Bénédicte ne jure que par lui et le protège autant qu'elle le peut.

La princesse s'imagine qu'un vaste mouvement de rébellion peut renverser le Régent. Elle est prête à en prendre la tête, mais il lui faudrait un noyau de partisans résolus, des armes, des subsides et avant tout un état-major capable d'élaborer un plan audacieux. Ce ne sont pas les cartomanciennes qu'elle interroge fiévreusement qui pourront l'aider. Deux de ses fidèles, le comte de Laval, ennemi juré de Philippe d'Orléans, et le marquis de Pompadour, partisan de Philippe V, l'encouragent à entreprendre une action d'envergure en s'appuyant sur la noblesse de province et le roi d'Espagne ! Le comte de Laval échauffe déjà le zèle de quelques gentilshommes en faveur des légitimés. Mme du Maine a également enrôlé sa femme de chambre Mlle Delaunay, qui manie la plume avec aisance.

Les amis de la duchesse palabrent, composent des mémoires, les raturent, les remettent au propre, s'interrogent, se contredisent… et le temps passe. Chacun sait que l'ambassadeur d'Espagne, le prince de Cellamare, entretient depuis trois ans des intrigues secrètes avec tous les mécontents. Rien ne peut se faire sans lui. Les dés en sont jetés. La princesse sollicitera l'aide de Philippe V pour renverser Philippe d'Orléans et le remplacer par son époux.

Un soir du mois de mai 1718, longtemps après le coucher du soleil, le carrosse du marquis de Pompadour conduit par le comte de Laval déguisé en cocher mène Mme du Maine et Mlle Delaunay jusqu'à un pavillon au fond du jardin de l'Arsenal. Quelques minutes plus tard, le même carrosse conduit le prince de Cellamare auprès de la princesse. Elle lui remet un mémoire dans lequel elle expose les vexations du Régent à l'égard de son époux. Cellamare se rend compte qu'il a affaire à des amateurs : le duc du Maine, qui n'entre pas dans la « conspiration » de sa femme, ne semble pas être un chef susceptible de diriger une révolte. En réalité, la princesse attend des propositions du roi d'Espagne.

Persuadée que celui-ci soutiendra son entreprise, Louise-Bénédicte envoie le comte de Laval en Anjou et en Poitou, M. de Pompadour en Normandie et un troisième émissaire à Nantes pour tenter de soulever la noblesse. Ils reviennent bredouilles. Ces provinces fermentent, mais les gentilshommes rencontrés n'ont émis que des protestations orales contre les mesures adoptées à l'égard des légitimés. Il en faudrait davantage pour décourager la princesse. Elle sollicite du roi d'Espagne un manifeste réclamant la convocation d'états généraux en France afin de rétablir dans leurs droits les princes légitimés. En même temps, il est prévu de soulever Paris et les provinces contre l'autorité de Philippe d'Orléans qu'on arrêtera au cours d'une fête, afin de l'enlever et de l'emprisonner en Espagne. Il sera ainsi aisé de se rendre maître du jeune roi qu'on placera sous la tutelle de M. du Maine. La duchesse ajoute que la constitution *Unigenitus* deviendra loi d'État, que les parlements retrouveront leur liberté et que le traité de la Triple-Alliance qui vient de devenir celui de la Quadruple-Alliance puisque l'empereur y adhère depuis le 17 juillet sera dénoncé. Enfin, la régence serait déférée au roi d'Espagne qui délèguera ses pouvoirs au duc du Maine. Le prince de Cellamare est de plus en plus persuadé que l'Espagne n'a rien à attendre de ces conspirateurs en chambre.

Le coup de théâtre du 26 août 1718

L'agitation entretenue par la duchesse du Maine n'échappe pas au Régent, mais l'attitude de plus en plus belliqueuse des magistrats l'inquiète davantage : ils ont refusé d'enregistrer les édits de dévaluation de la livre et s'opposent à la politique du banquier Law. L'Écossais a élaboré un projet de réforme fiscale dont ces messieurs ne veulent pas entendre parler. Pour parer toute éventualité de ce genre, ils ont fait défense « à tous les étrangers même naturalisés de participer au maniement des deniers du royaume ». Se croyant en danger, Law s'est réfugié au Palais-Royal. Ses projets novateurs retiennent toute l'attention du prince. Persuadé que son génie transformera les finances de la France, Philippe d'Orléans ne veut pas rencontrer d'opposition. Aussi prépare-t-il un coup d'éclat encouragé par Dubois son mentor et son ami le duc de Saint-Simon. Ils ont décidé de prendre ces messieurs par surprise au lendemain d'une solennité joyeuse, celle du jour de la Saint-Louis, fête du roi, le 25 août.

Louis XV a maintenant huit ans et demi et semble tenir les promesses que laissait présager sa petite enfance. Le 24 août au soir, alors que la musique jouait sous ses fenêtres, il faisait une chaleur accablante ; tout le monde en souffrait, à commencer par l'enfant vêtu de son habit de cérémonie. Soudain l'orage éclata. Du balcon où il regardait la foule qui l'acclamait, le roi s'amusa de voir tous ces gens fuir sous la pluie tant attendue. Une heure plus tard, par un ciel serein, un feu d'artifice représentant une forteresse illumina le ciel de Paris. Le roi alla se coucher. Le lendemain matin, on lui présenta quantité de bouquets de fleurs mais il admira surtout un panier dans lequel se nichaient un cochon d'Inde et un couple de lapins blancs avec son petit qui tétait sa mère. On les voyait brouter des feuilles de vigne sur lesquelles plusieurs hannetons artificiels avaient l'air prêts à s'envoler. L'enfant s'est bien amusé, mais le régent était triste. Pendant qu'il participait à cette cérémonie, Mgr de Noailles recevait à l'abbaye de Chelles la profession de foi de Mlle d'Orléans, deuxième fille du prince, laquelle a décidé de consacrer sa vie à Dieu. Toute la famille s'en afflige. À commencer par son père.

Une inquiétude chasse l'autre. Alors que sa fille se recueillait, le régent préparait en secret un lit de justice dont les conséquences devraient peser lourd sur l'avenir du royaume. Le prince est anxieux. Dubois et Saint-Simon l'encouragent à la fermeté : il doit briser les prétentions du Parlement et réduire à néant le rôle du duc du Maine.

Le 26 août, Paris se réveille à cinq heures du matin, au bruit des tambours. Des estafettes courent à travers la ville avertir ces messieurs du Parlement de se trouver à huit heures au palais des Tuileries pour la tenue d'un lit de justice. Pendant ce temps, des ouvriers aménagent la grande antichambre du roi pour cette solennité et des troupes investissent les abords de la résidence royale. Éveillés à l'aube, les magistrats se pressent soucieux vers le palais, les uns à pied, les autres en chaise ou en carrosse.

On n'attend plus que le réveil du roi ; depuis le début de la canicule, il couche dans le cabinet du Conseil. Dès qu'il ouvre les yeux, on le conduit dans sa chambre pour l'habiller tandis qu'on range le cabinet dans lequel pénètrent le duc d'Orléans, les princes et les autres membres du Conseil de régence ainsi que M. d'Argenson, le garde des Sceaux. Le duc du Maine et le comte de Toulouse sont également présents. « Voilà un homme qui me perce le cœur », murmure le Régent au duc de Saint-Simon en voyant le comte de Toulouse. Il s'approche de lui : « Je t'ai toujours aimé et t'aime encore, lui dit-il, mais je te prie de ne pas entrer au Conseil aujourd'hui parce qu'on doit parler d'affaires qui te regardent toi et le duc du Maine. » Aux raisons qu'il demande, le duc d'Orléans répond qu'il se passera des choses désagréables pour son frère. M. de Toulouse prend le duc du Maine par le bras, lui parle à voix basse et l'entraîne hors du cabinet. Personne ne comprend ce qui se passe jusqu'au moment où le Régent prend la parole devant le Conseil, tandis que les magistrats s'assemblent dans la pièce voisine. Il leur déclare qu'il compte remettre le Parlement dans les bornes du devoir qu'il a perdues de vue et démettre le duc du Maine de sa charge de surintendant de l'éducation de Sa Majesté. Aussitôt, le duc de Bourbon sollicite l'honneur de le remplacer. Non seulement le duc du Maine se voit dépossédé de l'éducation de S.M., mais il est aussi exclu du Conseil de régence et obligé de quitter sans attendre son appartement des Tuileries.

Une atmosphère pesante règne dans l'antichambre du roi où Messieurs du Parlement se sont installés. Cette soudaine convocation ne présage rien de bon pour eux. Ils scrutent le visage du Régent. L'absence des légitimés intrigue et inquiète le premier président, tout dévoué au duc du Maine. Le duc de Saint-Simon se rengorge et lui assène une prunelle assassine. Tous les regards se tournent vers le roi, qui apparaît dans toute la grâce de son âge. Le garde des Sceaux prend alors la parole pour ordonner au nom du roi que l'édit créant son office soit sans tarder enregistré. Il présente ensuite les lettres patentes réduisant les droits du Parlement qui doivent être enregistrées sur-le-champ. Enfin les décisions concernant les légitimés sont énoncées.

À deux heures de l'après-midi, la séance prend fin. Le petit roi, qui est resté parfaitement attentif, peut enfin se dégourdir les jambes et se met à rire avec ceux qui sont les plus proches de lui. Les parlementaires repartent atterrés par ce qu'ils viennent d'entendre et préparent une riposte. Ils ont décidé de se réunir dès le lendemain.

Le Régent ne se laisse pas impressionner par ces messieurs qui l'ont aidé à prendre le pouvoir à la mort du feu roi et qu'il vient de réduire à leurs seules attributions judiciaires. Qu'ils ne s'avisent pas maintenant de faire valoir des revendications. Le prince les laisse palabrer entre eux deux jours de suite. Mais dans la nuit du dimanche 28 au lundi 29, il fait arrêter les trois principaux meneurs qui sont conduits l'un aux îles Sainte-Marguerite et les deux autres à Belle-Isle-en-Mer. Scandalisés par le sort réservé à leurs collègues, les autres magistrats ont envoyé une députation auprès du garde des Sceaux ; il leur a répondu que le roi voulait ainsi faire respecter son autorité. Et le palais est fermé jusqu'au 30 août. Ces messieurs n'ont plus qu'à filer doux.

Le bruit courait depuis quelques semaines que de grands changements se préparaient. Leur confirmation ne se fait pas longtemps attendre : les Conseils sont supprimés et remplacés par des ministères. Le duc de Saint-Simon lui-même reconnaît qu'ils étaient devenus ridicules. On y palabrait sans fin et on s'empêtrait dans les questions de préséances. Il faut reconnaître que la plupart des gentilshommes qui les composaient n'étaient pas capables d'administrer le royaume. La noblesse risque bien d'être réduite à servir la monarchie dans la profession des armes et à une existence de parade. L'abbé Dubois devient secrétaire d'État aux Affaires étrangères. Il gouvernera sans doute avec le Régent dont il connaît mieux que personne les qualités et les défauts. Ce vieux renard de la politique devient l'homme fort du régime.

L'échec de la conspiration de Cellamare

À Sceaux, ce fut le drame. Saisie de mouvements convulsifs en apprenant les nouvelles du lit de justice, Louise-Bénédicte jeta les hauts cris, s'emporta en menaces contre le Régent avant de partir comme une folle jusqu'aux Tuileries. Entrée en trombe dans son appartement, elle a cassé les meubles, envoyé porcelaines et bibelots dans les miroirs... En criant qu'elle se vengerait.

Après quelques jours passés dans l'abattement le plus total, elle se ressaisit et harcela Cellamare qui croyait de moins en moins à la réalité de la conspiration. Cependant, il berça d'illusions la princesse. Les « conjurés » se remirent à écrire manifestes, lettres et autres sornettes. Il y avait tant de paperasses qu'ils les firent retranscrire par un copiste, un certain Buvat, lequel se rendit compte de l'importance des documents qu'il tenait entre ses mains. Ce brave homme ne souffla mot des travaux qu'il exécutait mais il se trouva bientôt dénoncé et convoqué par le secrétaire de Dubois. Celui-ci le pria de poursuivre son travail, et de lui en rendre compte régulièrement. Au bout de quelques semaines, parfaitement renseigné sur le complot, Dubois décida d'agir. Il fit arrêter à Poitiers deux jeunes Espagnols porteurs du courrier de Cellamare. On trouva dans ce paquet les dépêches diplomatiques, mais aussi les papiers de la conspiration : deux projets de manifeste soigneusement annotés ; un mémoire du comte de Laval sur les moyens nécessaires pour soulever les provinces à l'approche de l'armée espagnole ; la liste des officiers français sollicitant un grade en Espagne ; et enfin une lettre de Cellamare à Philippe V où il disait : « Gardez-vous bien, Sire, de renoncer à la couronne de France. Si vous le faites, le jeune roi ne sera pas en vie dans trois mois. » C'était accuser le Régent de tentative d'assassinat contre Louis XV !

Ayant appris que son courrier avait été saisi, l'ambassadeur se rendit aussitôt au Palais-Royal où le Régent ne put le recevoir sous prétexte que sa femme était malade. Dubois l'accueillit et lui proposa de dîner chez M. Le Blanc, secrétaire d'État à la Guerre. Lorsqu'ils arrivèrent chez ce ministre, le suisse répondit qu'il ne savait pas si son maître rentrerait dîner. Dubois parut contrarié et s'invita chez le prince de Cellamare. Ils se rendirent ensemble jusqu'à son hôtel, rue des Petits-Champs. Lorsqu'ils s'installèrent, le carrosse de Le Blanc entra dans la cour et un détachement de mousquetaires fit irruption dans les appartements. Ils découvrirent Buvat en train de copier un pamphlet. Les militaires saisirent tous les papiers, qu'ils enfermèrent dans quatre grands coffres.

Cellamare, désemparé, protesta vainement contre cette insupportable intrusion, mais Dubois ne s'embarrassa pas de politesses superflues :

> – On a trouvé dans vos papiers le dessein de bouleverser tout l'ordre du gouvernement et du royaume. Aussi le roi est-il résolu à prendre les mesures nécessaires pour assurer la paix publique, à mettre sous bonne garde vos papiers et à vous renvoyer à la frontière.
>
> – Vous n'avez trouvé dans ces papiers que des doléances de vos Français et les critiques d'un gouvernement détesté qu'ils supplient mon maître de supprimer. Par ordre du souverain, j'ai écouté leurs doléances et transmis à la cour d'Espagne leurs projets destinés à préserver la vie du roi, à protéger son royaume, lui épargner le mal que lui font vos traités et vos ligues.

À ces mots, Le Blanc montra au prince de Cellamare la lettre saisie à Poitiers et lui demanda de la reconnaître, ce qu'il fit. Dubois et Le Blanc partirent peu après, laissant l'ambassadeur sous la garde de plusieurs officiers.

À Sceaux, la duchesse du Maine ne savait plus que faire, sinon conserver les apparences. Plusieurs comparses avaient déjà pris la poudre d'escampette. Alors qu'elle jouait comme d'habitude au biribi, l'homme qui tenait la banque annonça fort tranquillement que l'ambassadeur d'Espagne était arrêté et qu'un de ses affidés avait dénoncé tous ses complices. Comme il éclatait de rire, la duchesse dit simplement : « Cela est fort plaisant. » Elle n'en menait pas large. L'étau allait inévitablement se refermer sur elle et ses amis. Les arrestations se multipliaient, grossissant aux yeux du public l'énormité du complot.

Le 25 décembre, le Régent tint chez lui un Conseil à l'issue duquel il décida l'arrestation de M. et de Mme du Maine. Le 29, à huit heures du matin, vingt gardes du corps et vingt mousquetaires arrêtèrent le duc du Maine pour le conduire dans la sinistre et insalubre forteresse de Doullens en Picardie. À la même heure, Mme du Maine était arrêtée de la même façon que son époux, dans sa maison de la rue Saint-Honoré, et emmenée au château de Dijon.

Les rumeurs les plus insensées coururent dans Paris. En châtiant les légitimés, le Régent porta un coup à « la vieille cour » et à la noblesse de province susceptible de lier sa cause à la leur. Alberoni, le Premier ministre d'Espagne, enrageait. Il rêvait d'un soulèvement chassant le duc d'Orléans contre lequel il se répandit en invectives. Il renvoya rudement l'ambassadeur de France et le Régent fit conduire le prince de Cellamare sous bonne escorte jusqu'à la frontière. La guerre semblait inévitable.

Richelieu a fait l'amour mais ne fera pas la guerre

Le 9 janvier 1719, sur toutes les places publiques, les trompettes annonçant la guerre contre l'Espagne sonnent. Il ne faudrait cependant pas s'imaginer que les révélations récentes de Cellamare sont la cause profonde du conflit. Elles ont tout simplement servi de prétexte. En effet, le Régent souhaite depuis longtemps que Philippe V renonce officiellement à ses droits au trône de France. George Ier de Hanovre veut qu'il cesse de soutenir les prétentions du fils de Jacques II Stuart et reconnaisse la légitimité de sa couronne. Seule une défaite de l'Espagne contre la France et l'Angleterre obligera Philippe à s'incliner. La défaite de Philippe V semble d'autant plus probable qu'il est déjà en guerre contre l'empereur dans la lutte qu'ils mènent pour la domination de l'Italie. Jusqu'alors, Philippe V a subi défaite sur défaite et l'empereur, on s'en souvient, est entré dans la Triple-Alliance devenue ainsi la Quadruple-Alliance. L'armée et la flotte espagnoles sont faibles.

En France, on commence à nommer généraux et colonels ; beaucoup de gentilshommes espèrent une promotion. De son côté, Philippe V promet monts et merveilles aux Français qui voudront s'engager de son côté. Il semble bien que le duc de Richelieu ne soit pas resté insensible à de telles propositions. Ce séducteur de vingt-trois ans, colonel d'un régiment tenant garnison à Bayonne, s'est laissé prendre au chant des sirènes espagnoles. Il vient d'être arrêté et conduit à la Bastille ainsi que quelques-uns de ses amis. Beaucoup de dames doivent se trouver bien en peine, car ce joli cœur collectionne les conquêtes. Récemment, deux d'entre elles se sont battues en duel au bois de Boulogne pour savoir laquelle des deux lui resterait si elles ne mouraient pas toutes deux. Mme de Polignac en avait été aimée quatre ans plus tôt. Elle n'avait pas supporté qu'il l'abandonnât. Jalouse de toutes les dames qui lui avaient succédé, elle s'en prit à la marquise de Nesle et la provoqua en duel au pistolet. Les deux dames en tenue d'amazone se rencontrèrent au lieu dit avec leurs témoins. Elles lâchèrent chacune un coup de pistolet. Mme de Nesle s'effondra le sein ensanglanté.

Mme de Polignac s'écria :

« Va, je t'apprendrai à vivre et à vouloir aller sur les brisées d'une femme comme moi.

– Vous êtes vengée, repartit un des témoins, il ne convient pas d'insulter au malheur de votre ennemie que vous avez blessée, sa valeur doit vous la faire estimer.

– Taisez-vous jeune étourdi, répondit-elle, il ne vous convient pas de me donner des leçons. »

Pendant ce temps, on s'affairait autour de Mme de Nesle qui restait couchée sur l'herbe. Son sang coulait mais, fort heureusement, on s'aperçut que la balle n'avait fait qu'effleurer son épaule. On arrêta l'hémorragie avec des orties écrasées entre deux pierres et on banda la blessure avec des compresses. Les assistants avaient compris qu'un homme était le prix du combat. Mme de Nesle avoua son nom. Un page du Régent, qui avait assisté à la scène, raconta l'histoire au prince dès le lendemain matin. Au lieu de plaindre la pauvre marquise, Philippe d'Orléans et la compagnie éclatèrent de rire à l'idée que deux femmes de haute naissance aient pu répandre leur sang pour ce don Juan.

Le duc de Richelieu exerce un pouvoir incroyable sur toutes celles qu'il rencontre. Aujourd'hui, deux princesses rivales ont décidé de s'allier pour obtenir sa grâce. On ne peut imaginer situation plus pathétique ou plus cocasse, suivant le parti qu'on adopte. Mlle de Valois, fille du Régent, et Mlle de Charolais, princesse de Condé, se partagent les faveurs de M. de Richelieu. Depuis qu'il est embastillé, elles ont décidé de s'allier pour obtenir sa libération. Mlle de Valois a menacé son père d'un coup d'éclat si son amant ne sortait pas de prison. Le Régent s'est récrié : le duc de Richelieu n'est à ses yeux qu'un criminel d'État passible de la peine de mort. Épouvantée par cette perspective, Mlle de Valois, qui doit épouser le duc de Modène qu'elle n'aime pas, a pensé faire du chantage à son père. En attendant, elle a corrompu les gardiens de la Bastille et obtenu de voir celui qu'elle aime. Elle a pleuré avec lui et lui a promis de ne pas épouser le duc de Modène tant qu'elle n'aurait pas obtenu sa délivrance. Mlle de Charolais et elle se sont associées pour acheter les geôliers. Elles viennent le soir en silence avec des bougies, des briquets, des bonbons. Elles se concertent avec le prisonnier et le conseillent sur les réponses qu'il doit faire aux interrogatoires.

Pendant ce temps, l'armée française remporte des victoires sur l'Espagne, ranimant les espoirs des deux princesses.

Que la fête commence en attendant les Espagnols

Les armées de Philippe V sont moins redoutables que les libelles et les manifestes dont il a inondé la France avant la guerre, lorsqu'il dénonçait l'illégitimité de Philippe d'Orléans. On sait comment Mme du Maine a favorisé cette propagande qui a troublé l'opinion. Les Français ont en effet du mal à comprendre pourquoi on porte les armes contre l'Espagne alors qu'on s'est épuisé pendant treize ans (1701-1714) dans un conflit meurtrier pour maintenir Philippe V sur son trône. Depuis la déclaration de guerre, ce monarque invite les troupes françaises à déserter et il a fait des propositions d'engagement à plusieurs officiers français, et non des moindres, puisque le duc de Richelieu en faisait partie. Jusqu'alors, on ne déplore pas beaucoup de défections, mais le Régent redoute un soulèvement en Bretagne soutenu par un débarquement espagnol.

Les Bretons sont des sujets indociles que le maréchal de Montesquiou, gouverneur de cette province, croit pouvoir mater par la force, car la révolte couve depuis longtemps. La Bretagne s'estime trop lourdement pressurée d'impôts et les états ont refusé de se soumettre à une taxe supplémentaire frappant l'alcool et le cidre. Plusieurs émeutes ont éclaté. La noblesse en a appelé au parlement de Rennes et M. de Montesquiou a riposté en exilant plusieurs gentilshommes en Béarn. Dans l'espoir de calmer les esprits, le Régent a supprimé la taxe sur l'alcool, mais M. de Montesquiou a jugé bon d'exiler les magistrats les plus remuants. Plusieurs nobles ont riposté par un « Acte d'union pour la défense des libertés de la Bretagne » qui a très vite circulé dans les châteaux. Tous les hobereaux tiennent à ces libertés comme à la prunelle de leurs yeux, mais quelques-uns d'entre eux ayant proposé de faire appel au roi d'Espagne, plusieurs gentilshommes se sont retirés considérant qu'il s'agissait d'une trahison.

En évoquant le soutien de Philippe V, les meneurs de la révolte, le comte de Lambilly, le comte de Bonamour, le comte de Rohan-Pouldu et le marquis de Pontcallec savaient de quoi ils parlaient. Au mois de mai 1719, ils avaient envoyé l'un des leurs, Jacques de Mellac, demander l'aide de Philippe V. Mellac revint chargé d'une lettre d'encouragement adressée aux Bretons. Philippe V promettait 3 000 livres « pour commencer la danse » et se disait prêt à leur envoyer deux bataillons, des armes, et un chef militaire. Ce message déchaîna l'enthousiasme des conjurés, qui renvoyèrent leur ambassadeur auprès du roi d'Espagne. Exaltés par ces promesses, ils s'imaginaient que l'Anjou, le Poitou, la Touraine, la Normandie, le Quercy, la Guyenne et le Languedoc étaient prêts à se soulever contre le Régent.

Pendant que ces messieurs tenaient conseil dans le château du marquis de Pontcallec, autoproclamé colonel d'une armée virtuelle, et tiraient des plans sur la comète, la Bretagne faisait la grève de l'impôt. Des nouvelles émeutes éclataient et les conjurés s'en félicitaient. Une centaine de paysans armés montaient la garde autour de leur place forte. Dans la journée, à l'abri des murs médiévaux, ils buvaient allègrement, criaient qu'il fallait réclamer les états généraux, résister au Régent et fonder la république de Bretagne. À la tombée de la nuit, ils se réfugiaient dans la forêt sous des abris de feuillage, de peur d'être pris par les troupes royales qui patrouillaient dans la région, le gouverneur et l'intendant ayant évidemment appris l'existence du complot. Le 28 septembre, le régiment de Champagne partit pour investir la citadelle. Avertis à temps, Pontcallec et ses amis s'enfuirent à cheval tandis que les paysans rentraient chez eux. Lorsque les dragons du maréchal de Villars arrivèrent dans la forteresse, ils ne trouvèrent que Mlle de Pontcallec, la sœur du marquis. Pendant plusieurs semaines, ce dernier erra avec ses compagnons dans la lande bretonne, vivant de la charité de quelques châtelains. Sans perdre espoir, ils attendaient les Espagnols.

Dans la nuit du 30 au 31 octobre, une frégate mouilla dans la rivière d'Auray, près de Locmariaquer. Quelques hommes débarquèrent, et se rendirent au manoir de Kergurioné, chez le sieur de Salarun, qui leur apprit qu'un tribunal spécial venait d'être créé à Nantes chargé de poursuivre les conjurés bretons. Pris de panique, les chefs du complot, à l'exception de Pontcallec, décidèrent de s'enfuir en Espagne. La frégate croisa quelques jours au large des côtes bretonnes avant de repartir pour l'Espagne, laissant un sac d'or et un énorme paquet de lettres. Le bruit courait qu'une flotte de sept vaisseaux appareillait vers la Bretagne. Aussitôt, le maréchal de Montesquiou se rendit à Vannes et prit les dispositions nécessaires pour refouler l'ennemi – qu'on ne devait jamais apercevoir.

Malgré le danger qu'il courait, Pontcallec n'était pas décidé à rendre les armes. Ayant reçu l'or espagnol, il forma de nouvelles bandes de partisans sous le commandement d'une poignée de nobles résolus à en découdre avec le Régent honni. Ils eurent la folie de vouloir s'emparer de Carhaix, de Quimper, d'Hennebont et de Lorient pour favoriser le débarquement espagnol qu'ils espéraient. Comme on peut l'imaginer, l'expédition se solda par un échec. Le 1er janvier 1720, Pontcallec et ses derniers compagnons se rendirent au lieutenant du roi, au château de Nantes, qu'ils prièrent d'implorer la clémence du Régent en leur faveur. Mais le duc d'Orléans se laisserait-il fléchir par des traîtres[1] ?

1. Pontcallec fut exécuté le 4 mai 1720.

CHAPITRE IV

Misère, excès et folie

La dame du royaume

Au bal de l'Opéra, pendant le dernier carnaval, M. le Régent fit une rencontre troublante. C'était une femme sans âge, vêtue d'oripeaux sales et déchirés. Il lui demanda avec insistance qui elle était. « Je suis la dame du royaume », répondit-elle. Le prince n'aime guère ce qui peut ressembler à un mauvais présage. Était-ce la représentation de la misère publique, ou bien celle de la mort ? Il frissonna et regagna ses appartements, comme si « la dame » lui avait jeté un sort. Le lendemain, il ne semblait plus y penser. Très occupé par les débuts de la guerre contre l'Espagne et par les affaires financières, il ne changea rien à ses habitudes. Ses excès de table lui occasionnent des troubles de plus en plus graves, mais il s'en soucie peu. Le 1er mars 1719, les médecins craignirent de le voir mourir des suites d'une énorme indigestion. L'annonce de la mort de Mme de Maintenon, le 15 avril 1719, ne le chagrina guère. Il n'aimait pas la « vieille guenipe », l'âme damnée des dernières années du feu roi, mais il s'abstint de toute déclaration fâcheuse et laissa sa mère exprimer ses éternels ressentiments contre l'épouse secrète du Roi-Soleil qui n'avait pu supporter la disgrâce de son cher duc du Maine. Elle ne fut pas beaucoup pleurée.

La duchesse de Berry donnait de sérieuses inquiétudes. Sa gloutonnerie ne connaissait plus de limites. Elle se mettait à table à huit heures du soir et s'empiffrait jusqu'à trois heures du matin. Au mois d'avril, la fièvre la prit et elle souffrit de vapeurs. Le dimanche des Rameaux, une crise d'apoplexie faillit la terrasser. Le cardinal de Noailles courut lui porter les sacrements, mais elle surmonta la crise. Un *Te Deum* célébra sa guérison et le lundi de Pâques, on tira un feu d'artifice au Palais-Royal en signe de réjouissance. La princesse fit alors le vœu de s'habiller en blanc pendant six mois ainsi que ses gens. Elle commanda un carrosse d'argent et des harnais également d'argent pour ses chevaux. Au grand scandale de sa grand-mère, la duchesse d'Orléans douairière, elle épousa secrètement Riom, son vilain amant.

Ce ne fut qu'un répit. Tenaillée par des douleurs d'estomac et des accès de goutte, elle s'installa à La Muette pour prendre les eaux de Passy réputées pour leurs bienfaits, mais elle n'en ressentit aucun soulagement. Bientôt la fièvre ne la quitta plus. On lui donnait de l'émétique pour la faire vomir et elle continuait d'engloutir tout ce qu'elle pouvait trouver. Le 15 juillet, elle se trouva si mal qu'elle demanda à se confesser et à communier. Elle dit qu'elle mourrait sans regret puisqu'elle était réconciliée avec Dieu et que si sa vie se prolongeait, elle pourrait bien l'offenser de nouveau. Pendant la nuit du 16 au 17 juillet, elle succomba dans son sommeil ; son père et sa mère étaient à ses côtés ; elle avait tout juste vingt-cinq ans.

On conduisit en secret à Saint-Denis la dépouille de cette malheureuse princesse qui avait reçu tous les sacrements. Cependant, les prêtres furent tellement embarrassés pour préparer son oraison funèbre qu'ils jugèrent à propos de n'en pas faire du tout. Le duc de Saint-Simon, dont l'épouse était sa dame d'honneur, s'en chargea : elle était, dit-il, « un prodige d'esprit, d'orgueil, d'ingratitude, de folie, de débauche et d'entêtement ».

Rien ne pouvait accabler davantage M. le Régent que la mort de sa fille chérie. Il en perdit le sommeil ; sa mère le trouva dans un état « tel qu'il aurait attendri un rocher ». Il ne mit pourtant aucun frein à ses folies et se rendait parfois jusqu'à Asnières chez Mme de Parabère, sa maîtresse préférée qui le trompait avec son capitaine des Suisses. Sa tristesse aidant, il finit par céder aux instances de Mlle de Valois et de Mlle de Charolais, qui voulaient la libération du duc de Richelieu. Mlle de Valois promit d'épouser le duc de Modène qu'elle n'aimait pas et Mlle de Charolais, princesse du sang, n'hésita pas à crier haut et fort qu'elle éprouvait toujours la même passion pour le volage Richelieu : « Il n'a de maîtresses que pour me les sacrifier et pour me conter ce qui se passe entre eux », dit-elle en riant. Les vieilles dames se demandent quel est le secret de ce garçon : toutes les jeunes filles courent après lui et aucune ne lui oppose la moindre résistance. Il est indiscret, bavard et se vante de ses conquêtes. Il a déclaré que si une impératrice belle comme un ange voulait coucher avec lui et lui demandait de garder le secret de leur relation, « il aimerait mieux la planter là ».

Le Régent, après avoir donné des ordres pour améliorer les conditions de détention du duc et de la duchesse du Maine, accorde leur libération. Le duc du Maine souhaitait se séparer de sa femme, mais celle-ci insista tant qu'il consentit à revenir à Sceaux, aux côtés de cette extravagante dont il ne partage pas les folies. La princesse essaie de reconstituer sa cour, mais les fidèles d'hier redoutent de se laisser entraîner dans son sulfureux sillage.

L'or coule dans la rue Quincampoix, mais pas dans le Mississippi

Il fait à Paris une chaleur étouffante. La ville empeste et la variole multiplie les victimes. Cependant, l'activité de la capitale a rarement été aussi vive. La fureur de l'agiotage, autrement dit de la spéculation, s'est emparée des Parisiens et des provinciaux, qui se retrouvent dans une cohue indescriptible rue Quincampoix. Cette artère a toujours été occupée par des courtiers et des usuriers, mais, aujourd'hui, la moindre échoppe vaut de l'or et se transforme en bureau car on y achète et revend les actions de la Compagnie de l'Occident et celles de la Société des fermes qui atteignent des cours vertigineux. On ne parle plus que par millions. Il se fait des fortunes en quelques semaines. Ce qui était un jeu au début est devenu une sorte de maladie. Les premiers jours du mois d'août ont vu les actions monter de 1 750 à 3 000 livres ; le 1er septembre 1719, elles étaient à 4 750 livres. L'empressement à souscrire devient une lutte sauvage. Les actions, les contrats de rente, les billets de banque circulent pêle-mêle, courant de main en main, toujours offerts, toujours achetés. Gens d'épée, gens de robe, ecclésiastiques de tous rangs, marchands, artisans, laquais, gagne-petit, se côtoient dans les files d'attente devant les bureaux. Des magistrats constituent des sociétés boursières. La manière de négocier peut se comparer au flux et au reflux de la mer. Un coup de cloche partant d'un bureau fait monter les actions parce que aussitôt les commis d'un commerçant qui dirigent la manœuvre demandent les actions à n'importe quel prix. Le public donne l'alarme à ceux qui venaient de vendre et qui s'empressent de racheter ; c'est le flux. Deux heures plus tard, un coup de sifflet part d'un autre bureau. Aussitôt, des émissaires inconnus des premiers offrent à vendre à n'importe quel prix jusqu'à ce que les actions soient redescendues : c'est le reflux. Et le lendemain tout recommence. Les places des diligences sont retenues longtemps à l'avance, car non seulement les provinciaux, mais aussi les étrangers accourent rue Quincampoix. Cette foule attire des filles trop contentes de trouver des clients généreux et des filous, qui commettent toutes les friponneries imaginables. Certains agioteurs jouent au piquet avec des billets de 10 000 livres comme avec des pièces de 10 sols. Des laquais soudainement enrichis montent derrière leur nouveau carrosse, au lieu de s'asseoir dedans. Une dame Chaumont a réussi à gagner 6 millions. Depuis lors, elle tient table ouverte. Un nouveau millionnaire est entré chez un orfèvre et lui a payé immédiatement tout ce qu'il avait dans sa boutique. On s'enrichit, on s'enrichit… On commet des folies.

On doit cette frénésie à John Law soutenu par le Régent et l'abbé Dubois. L'Écossais, qui a tout l'air d'un magicien, poursuit sa fulgurante carrière. Le 1er août 1718, il a fait acheter par la Compagnie d'Occident la ferme des tabacs, persuadé qu'elle fera prospérer cette plante si prisée en Louisiane. Les actions ont alors pris un nouvel essor. Le 4 décembre 1718, par la volonté du prince, la banque générale est devenue banque royale et Law son directeur. Le Régent ne savait comment financer la guerre d'Espagne. Il demanda à Law d'alimenter le Trésor et de compenser la pénurie de numéraire. Une gageure ! Law a procédé à un remboursement de la dette par une émission massive de billets. En même temps, il dispose des revenus de l'État par la gestion des fermes et il estime que les compagnies de commerce doivent jouer un rôle important. Il a fait racheter par la compagnie d'Occident, la Compagnie du Sénégal, celle des Indes orientales et enfin celle de la Chine. Toutes ces compagnies ont fusionné pour former la Compagnie des Indes, ce qui lui donne le monopole du commerce international et du fret. La nouvelle compagnie se voit attribuer le privilège de la fabrication des monnaies. Law a émis de nouvelles actions. Les finances et le commerce du royaume se trouvent ainsi entre les mains de cet Écossais que les uns prennent pour un génie, d'autres pour un charlatan. Pour l'heure, il vole de succès en succès et multiplie les acquisitions immobilières : des hôtels, des maisons dans Paris, des terres en Normandie, une seigneurie, des terrains. Le 25 novembre, il conduisit le duc d'Antin et le marquis de Lassay dans une maison de la rue Quincampoix afin de leur offrir un spectacle inattendu. Ils se mirent tous trois à une fenêtre de laquelle Law jeta quantité de pièces d'or. Il s'ensuivit une bousculade incroyable. Les agioteurs se culbutaient les uns sur les autres dans une boue épaisse jusqu'au moment où ils reçurent des seaux d'eau versés d'une autre fenêtre. Et Law riait, riait à gorge déployée.

Le petit roi, qui adore lire les cartes de géographie, a demandé un plan de Paris. Il voulait savoir où se trouvait cette fameuse rue Quincampoix dont tout le monde parle. Lorsqu'il l'a trouvée, il s'est étonné qu'elle ne porte pas une marque d'or.

Les actions continuent de s'envoler. Tandis que les Français se battent pour « avoir du Mississippi », Law essaie de mettre en valeur cette lointaine Louisiane qu'on désigne comme « les îles de Mississippi ». Dès 1717, il s'est livré à une campagne publicitaire sans précédent pour attirer des colons vers l'Eldorado américain dont le sol recèle, dit-on, de l'or, de l'argent, du cuivre, du plomb ; d'immenses terres promettent de magnifiques récoltes de blé ; des bœufs et des moutons paissent sur des prairies qui s'étendent à perte de vue ; des forêts où l'on trouve bois ordinaires et bois précieux constitueront une autre source de richesses. Law a fait imprimer des estampes où l'on voit des colons mollement installés dans leurs bungalows au milieu d'une foule de bons sauvages aux petits soins pour eux.

Les Français ne sont pas des pionniers. Traverser un océan pour découvrir un monde nouveau ne les tente pas. La vie est souvent dure chez eux, ne serait-elle pas pire dans un monde inconnu ? Lorsqu'ils auront des informations précises et sérieuses, peut-être se décideront-ils à tenter l'aventure. Jusqu'à maintenant, les nouvelles ne sont pas encourageantes. Deux vaisseaux sont partis de Rochefort avec quatre compagnies d'infanterie et quelques colons. La déception a été vive. Sur place, la récolte de maïs très insuffisante a engendré la famine. Les soldats, qui n'ont pas reçu leur paie, se livrent à des propos séditieux. Il a fallu remplacer le gouverneur.

« Les îles de Mississippi » ne tiennent pas les promesses de Law. Puisque les offres alléchantes ne se voient pas couronnées de succès, le gouvernement use désormais de la contrainte pour peupler la colonie. La Compagnie des Indes accepte tous les rebuts de la société. On purge Paris : vagabonds, déserteurs, repris de justice, assassins, faussaires, voleurs, incendiaires, contrebandiers sont désormais envoyés *manu militari* en Louisiane avec des prostituées. L'Hôpital général vide son trop-plein.

Au nom d'une étrange morale, on procède à des mariages expéditifs. Ainsi le 18 septembre 1719, on tira de plusieurs prisons cent quatre-vingts garçons qu'on présenta à une centaine de filles qui durent choisir un époux parmi eux. On les maria aussitôt à l'église du prieuré de Saint-Martin-des-Champs. La cérémonie achevée, on les attacha deux par deux avec une petite chaîne. Escortés par vingt archers, suivis par trois charrettes contenant leurs pauvres hardes, ils prirent la route de La Rochelle afin de s'embarquer pour la Louisiane. Quelques jours plus tard, trente charrettes remplies de demoiselles de petite vertu coiffées de rubans jaunes, accompagnées du même nombre de garçons allant à pied, traversèrent Paris et prirent le même chemin. Elles paraissaient fort gaies et appelaient par leur nom tous leurs clients qu'elles croisaient au passage.

Afin d'exécuter les ordres, on a formé des brigades d'archers appelés bandouliers qui doivent arrêter tous les vagabonds et gens sans aveu. La compagnie leur accorde une pistole par prise. Inutile de dire qu'ils prennent n'importe qui sur simple dénonciation : les fils indignes, les conjoints dont on entend se débarrasser. C'est ainsi qu'un rôtisseur du nom de Quoniam a été embarqué à la demande de son épouse, maîtresse à Paris d'un homme très en vue. Les bandouliers ont enlevé à leurs parents plusieurs jeunes gens et jeunes filles. Des émeutes ont éclaté ; plusieurs de ces brutes ont été tuées. Le duc de Saint-Simon, qui ne pèche pas par trop d'amour pour le peuple, reconnaît lui-même « qu'on s'y prend avec tant de violence et de friponnerie que cela excite de grands murmures ». Paris commence à gronder, mais Law ne s'en soucie guère. Il pense à la ville que le roi lui a permis de fonder en Louisiane et qui s'appellera Nouvelle-Orléans. Pour l'instant il n'y a que deux ou trois maisons assez misérables.

Panique à la Banque

Poursuivant sa fulgurante ascension, Law est nommé contrôleur général des Finances le 5 janvier 1720. La charge n'existait plus depuis la disgrâce de Fouquet, mais M. le Régent l'a recréée pour lui. Prendre un étranger de religion réformée pour ministre ne pouvait manquer de faire scandale. Aussi Law a-t-il obtenu des lettres de naturalité du Régent et s'est-il converti très vite au catholicisme grâce à l'abbé de Tencin, peu regardant sur la foi de ce nouveau fidèle qui le gratifia d'actions et de billets. Law vit depuis longtemps au milieu de personnes du plus haut rang qui lui font une cour assidue. Il prodigue des largesses à ces solliciteurs qui le flattent. Il est persuadé que son système assure pour longtemps richesse et prospérité au royaume. Il a peut-être oublié que la roche Tarpéienne est souvent proche du Capitole.

Au début du mois de janvier, les actions ont commencé à baisser. La compagnie les racheta aussitôt avec des billets. Cependant la baisse se poursuivit. Le contrôleur général tenta d'interdire les espèces dans les transactions. En vain. Il imprima de nouveaux billets, mais leur discrédit s'accrut de jour en jour. Le public se mit à acheter des ouvrages d'orfèvrerie et des objets susceptibles de garder leur valeur si les billets devaient se dévaluer. L'inquiétude grandissait. La banque devait trouver des espèces par n'importe quel moyen. On interdit la possession de métaux précieux et les bandouliers du Mississippi furent réquisitionnés pour faire la chasse aux louis. Aucune serrure, aucune porte ne leur résistaient, même celles des églises.

Le 22 mars, vendredi de la Passion, dans une chambre attenant à un cabaret de la rue de Venise, parallèle à la rue Quincampoix, on entendit des cris horribles. Un des garçons découvrit un homme noyé dans son sang et vit deux individus s'enfuir par la fenêtre. Il cria au meurtre. On courut après les assassins. On trouva l'un au bas de la croisée et on arrêta l'autre aux Halles. Un troisième compère tomba peu de temps après dans les filets de la police. Ces assassins ne sortaient pas de la lie du peuple. Le « cerveau » de l'affaire n'était autre que le comte de Horn, fils d'un grand d'Espagne et d'une princesse de Ligne, un mauvais sujet qui avait dilapidé beaucoup d'argent. Avec deux complices, il avait résolu de poignarder un riche agioteur pour s'emparer de son portefeuille. Sous prétexte de négocier 100 000 écus d'actions, il lui avait donné rendez-vous dans un cabaret. Ce crime suscita une vive émotion. Le Régent ne se laissa pas fléchir par les parents de l'assassin qui sollicitaient sinon sa grâce, du moins une exécution conforme aux traditions de la noblesse, c'est-à-dire la décollation. Le prince fit rendre un arrêt du Conseil privé ordonnant au lieutenant criminel de juger l'affaire sans délai. Les trois complices furent condamnés au supplice infamant de la roue, le 26 mars, et exécutés aussitôt. Ce même jour, le Régent décida de fermer les bureaux de la rue Quincampoix et interdit l'agiotage dans les lieux publics. Ce sinistre fait divers a marqué la fin des rêves de richesse. L'inquiétude succède à l'euphorie.

Au début du mois d'avril, le prince de Conti et le duc de Bourbon voulurent convertir 40 millions de billets en or ! Il fallut se rendre à leur désir. Trois fourgons chargés de métal précieux traversèrent Paris, semant l'inquiétude sur leur passage. Law, affolé, se plaignit au Régent lequel réprimanda les princes, trop heureux de l'opération fructueuse qu'ils venaient d'effectuer. Ce fut alors une ruée vers les guichets. Le 22 mai, on ferma la banque. Le 30 mai, le Régent déchargea Law de ses fonctions de contrôleur général, mais lui laissa la direction de la banque et le nomma conseiller d'État.

Le 1er juin, la banque rouvrit mais ne remboursa que de petites coupures. La colère montait dans Paris. Le 7 juin, on ferma de nouveau les guichets jusqu'au 15. Lors de la réouverture, on ne changea plus qu'un seul billet par personne. Des files interminables de petits porteurs se formaient dès l'aube. Ils se disputaient, s'en prenaient aux resquilleurs ; des coups de canne pleuvaient ; plusieurs personnes furent étouffées. Des pamphlets attaquaient Law. Le Parlement envoya une délégation au Régent. Le prince répondit qu'il cherchait des moyens susceptibles de remédier à la situation et qu'il était prêt à entendre les conseils de son parlement.

On ferma de nouveau la banque et lorsqu'elle rouvrit on ne laissa entrer les solliciteurs que l'un après l'autre. Le 10 juillet, ce fut l'émeute. La foule exaspérée tenta d'enfoncer la porte, jeta des pierres dans les fenêtres. La garde tira. Un cocher s'effondra et un manifestant fut atteint à l'épaule. Dans le silence qui suivit, plusieurs hommes soulevèrent le corps du cocher et le conduisirent jusqu'au Palais-Royal.

La tension monta les jours suivants. Au cours de la nuit du 16 au 17 juillet, une multitude de petits porteurs venus des faubourgs se précipita rue Vivienne. Chacun voulait être le premier à l'ouverture. Ce matin-là, douze à quinze personnes furent étouffées entre le mur et une barricade de charpente sur laquelle étaient juchés plusieurs ouvriers qui se jetaient sur les plus faibles qu'ils écrasaient de leur poids. Une quinzaine de personnes trouvèrent ainsi la mort. À six heures du matin, on porta trois cadavres au Palais-Royal. Devant les grilles la foule hurlait : « Le Régent ! Le Régent ! » Les gardes répondirent que le prince était à Bagnolet[1]. « Ce n'est pas vrai ! Il n'y a qu'à mettre le feu, on le trouvera bien », cria la multitude. Une bande se dirigea vers les Tuileries en emportant l'un des cadavres tandis que d'autres manifestants donnaient l'assaut à l'hôtel de Law.

Quand on apprit aux Tuileries ce qui se passait au Palais-Royal, on envoya aussitôt un détachement des compagnies qui se trouvaient auprès du roi afin de disperser l'émeute. Entre-temps, le duc de Tresmes, gouverneur de Paris, était arrivé en carrosse d'où il jetait de l'argent à la foule : ses manchettes furent déchirées. M. Le Blanc, secrétaire d'État à la Guerre, se montra peu après. Une femme dont le mari venait d'être tué l'attrapa au collet, disant qu'elle n'avait plus rien à perdre puisque son mari avait trouvé la mort. Le Blanc ne voulut pas qu'on l'arrêtât. Il se dégagea et, avisant quelques gars robustes, il leur demanda de porter le corps dans une église.

Vers dix heures parut Law. Une femme se jeta à la portière de son carrosse, réclamant, elle aussi, son mari qui avait succombé. Il lui proposa de l'argent. Elle hurla : « Non, je veux mon mari ! » Le cocher fit avancer les chevaux et Law, plus mort que vif, entra au Palais-Royal. Son malheureux cocher fut aussitôt assailli par

1. Le petit château de Bagnolet appartenait à la duchesse d'Orléans.

les manifestants. On commença par briser les glaces du carrosse, on enfonça le panneau du fond. Comme il descendait de son siège, on le jeta à terre. On le laissa gisant, la jambe cassée. Tout le monde était en larmes dans les rues.

Vers midi, le calme revint après l'intervention des brigades du guet. Le Régent respira. Il avait eu très peur. Il donna l'ordre à plusieurs régiments de se tenir autour de Paris. Il installa Law dans un appartement du Palais-Royal de peur qu'il lui arrivât malheur.

Pendant ce temps, les chambres du Parlement étaient assemblées et délibéraient sur un nouvel édit. Il s'agissait d'accepter que la Compagnie des Indes fût perpétuelle, moyennant le paiement de 600 millions de billets de banque pendant six mois. Ces messieurs refusèrent l'enregistrement.

Au cours du Conseil qui suivit, le Régent décida d'interdire les attroupements, de fermer la banque et d'exiler le Parlement. Dès le 18 juillet, les régiments appelés la veille étaient prêts à intervenir au moindre signal. Le 20, les magistrats reçurent à leur domicile la lettre de cachet qui les exilait à Pontoise. Le Régent voulait faire croire qu'ils étaient les principaux responsables des troubles financiers, mais personne ne croyait un tel conte. Plusieurs pamphlets attaquaient le prince. On trouvait partout dans les rues un papier sur lequel on pouvait lire : « Sauvez le roi, tuez le tyran et ne vous embarrassez pas du trouble. »

Misère du temps

La désolation continue. Les billets baissent chaque jour. On a réduit les comptes en banque de 75 %. Jamais on n'a vu pareil écroulement. Ces papiers qu'on s'était disputés avec fureur sont maintenant inutiles entre les mains de tant de gens qui se refusent à croire que ce qui avait tant de valeur n'en ait plus aucune. Rentes, actions, billets, tout est devenu inutile et les prix ont considérablement augmenté. Les bourgeois vivent chichement et les pauvres meurent de faim en raison de la hausse des prix. Tout le monde est ruiné à l'exception du Régent, des princes et de tous ceux qui ont retiré leur argent au moment favorable. Le Régent a distribué des pensions à tour de bras. Son ami le duc de Saint-Simon, choqué par tant de largesses, note rageusement le nom de tous ces profiteurs.

Les provinces sont un peu moins touchées par la crise financière que Paris, mais elles sont victimes d'autres fléaux : la peste partie de Marseille au mois de juillet décime la Provence. Un bateau venu de Saïda, *Le Grand-Saint-Antoine*, est à l'origine de l'épidémie. À Tripoli où il fit escale, il avait dû embarquer des Turcs qui moururent de fièvre en quelques heures. Arrivé le 25 mai à Marseille, les autorités du port autorisèrent le débarquement des marchandises, tandis que les passagers restaient en quarantaine pendant dix-neuf jours au lazaret.

Dès le 20 juin, les médecins de la ville déclarèrent plusieurs décès suspects. Les portefaix qui avaient transporté les caisses du navire dans les entrepôts furent les premières victimes. L'épidémie se propagea avec une telle rapidité que les échevins écrivirent au gouverneur de la province, le maréchal de Villars, et au Régent pour les avertir du danger. Le 22 juillet, la traditionnelle foire de Beaucaire attira une partie de la population marseillaise. Pendant ce temps le parlement d'Aix décida de tracer un périmètre de sécurité autour de la cité phocéenne, menaçant de la peine capitale ceux qui le franchiraient. La ville se trouva ainsi presque totalement dépourvue d'officiers de police, de magistrats, de sages-femmes et même de médecins. Le viguier, quatre échevins, l'évêque Mgr de Belzunce et les prêtres se trouvèrent seuls au milieu d'une population démoralisée frappée chaque jour davantage par la maladie que personne n'osait appeler par son nom. Les édiles avaient toutes les peines du monde à pourvoir à l'approvisionnement nécessaire à la survie des habitants. À deux lieues de la ville, au milieu d'un champ, ils s'entendirent grâce à des porte-voix avec les représentants de la province pour la livraison des denrées nécessaires.

À l'intérieur de la cité, Mgr de Belzunce et son clergé ainsi que quelques hommes de bonne volonté essayaient de porter secours à la population. Les deux tiers des malades étaient foudroyés une semaine après avoir été atteints ; les autres survivaient, on ne sait pourquoi. On dénombrait 500 morts chaque jour. Les rues étaient jonchées de cadavres effroyables à voir. Sous les arbres des places publiques, devant les porches des immeubles et les auvents des boutiques, des malades imploraient les secours des passants et poussaient des cris de douleur. Les prêtres bravaient le danger pour apporter la communion aux mourants avec de longues pincettes afin de ne pas contracter le mal.

Aucune médication n'existait et les médecins ne servaient pas à grand-chose. Ils sortaient vêtus de longues robes de toile cirée, et portaient sur la tête un masque de maroquin descendant sur le visage orné d'un faux nez ressemblant à un bec de perroquet rempli d'aromates et de parfums. Ils protégeaient leurs mains avec des gants de maroquin et tenaient de longues cannes destinées à tenir à distance les passants et les chiens. Pour se prémunir contre la contagion, ils gardaient sur leur poitrine un sachet rempli de camphre, de benjoin, de sang en poudre et d'un crapaud desséché ! Avant de tâter le pouls des malades, ils trempaient leurs mains dans du vinaigre et les retrempaient après. Cette mise en scène ne les protégeait guère. Leur présence rassurait la population qui déplorait qu'ils fussent si peu nombreux, beaucoup ayant pris la fuite dès le début de l'épidémie. On fit un pont d'or à tous ceux qui accepteraient de venir. Le docteur Chirac, premier médecin du Régent, suggéra d'installer aux carrefours des marmites remplies de viande et de soupe auprès d'orchestres. Ainsi la jeunesse pourrait danser et se nourrir afin de remonter le moral des Marseillais. Un autre médecin proposa d'allumer des feux pour chasser les miasmes. En plein été ces incendies de carrefour furent pires que le mal. D'autres médicastres estimaient qu'il fallait s'enduire le corps de mercure, d'autres encore qu'il suffisait de boire du vin…

Dès le 25 août, on compta 1 000 morts par jour. On ne trouvait plus personne pour enlever et inhumer les cadavres qui s'amoncelaient dans les rues. On eut recours aux forçats, qui se signalèrent par le pillage des maisons abandonnées et par quelques crimes perpétrés sur des malades. On dit même qu'ils entassèrent sur des chariots des morts et des agonisants. Bientôt les fosses ouvertes hors les murs de la ville ne suffirent plus. On dut ouvrir les caveaux des églises. L'évêché restait environné de cadavres qui pourrissaient et dégageaient une odeur pestilentielle.

Au début de l'épidémie, Mgr de Belzunce ordonna des prières publiques et un jeûne général. Il clamait que le fléau était un châtiment du ciel causé par la survivance du jansénisme et il en profita pour fustiger les évêques appelants. C'était prêcher dans le désert. Les dévotions de toutes sortes se multiplièrent. On inventait des prières. Des visionnaires réclamaient des processions en l'honneur de certains saints pour conjurer le mal. La crédulité n'avait d'égal que le désarroi des populations.

Il fallut attendre le mois d'octobre pour que le fléau se calmât. Alors que l'on comptait encore une centaine de morts par jour, Mgr de Belzunce organisa une procession de pénitence. Il sortit de sa maison pieds nus, la corde au cou, tenant une croix et se dirigea vers un autel érigé près de la porte d'Aix. Le peuple accourut de toutes parts pour rendre grâce au Seigneur comme s'il n'y avait plus à craindre la contagion. Hélas ! l'épidémie reprit avec une vigueur nouvelle. Elle ne cessa qu'à la fin du mois de décembre...

La peste n'est pas restée circonscrite à Marseille. Cinquante-neuf communes proches ont été touchées ainsi que Aix-en-Provence, Toulon, Apt, Avignon et même Montpellier. Le reste de la France ne fut pas exempt de calamités. Un incendie ravagea le centre de Rennes et plusieurs villes de Champagne et de Normandie furent victimes des intempéries.

Le triomphe du plus mauvais prêtre qu'il y ait au monde

L'abbé Dubois poursuit sa carrière dans l'ombre du Régent, qui ne peut se passer de lui. Jusqu'alors il a mené de main de maître la politique extérieure du royaume. Il veut désormais devenir Premier ministre, mais ne croit pouvoir parvenir à cet honneur que revêtu de la pourpre cardinalice, comme le furent jadis Richelieu et Mazarin. Cependant, sa vie privée milite peu en faveur d'une telle promotion. Débauché et blasphémateur il demeure. Ses tentatives pour obtenir le chapeau de cardinal se sont soldées par un échec, le Régent ne lui ayant pas accordé son soutien. L'abbé s'est pourtant juré de l'emporter.

Le 9 janvier 1720, la mort du cardinal de la Trémoille, archevêque de Cambrai et ambassadeur auprès du saint-père, a éveillé chez lui un fol espoir. Il brigue sa succession et quelle succession ! Il s'agit de l'archevêché le plus riche de France, encore auréolé de la gloire de Fénelon et qui, de surcroît, fait de son titulaire un prince d'Empire. Pour voir ses vœux exaucés, il lui faut l'accord du Régent. Dubois a l'habitude de manœuvrer le prince. Il avait rêvé, lui dit-il, qu'il était archevêque de Cambrai. Le Régent ne répondit rien. Un peu gêné, Dubois poursuivit son discours et lui demanda pourquoi il n'obtiendrait pas la succession de Mgr de La Trémoille. « Quoi, toi archevêque de Cambrai ! », s'esclaffa le Régent.

Dubois ne se découragea pas : il fit intervenir en sa faveur l'ambassadeur de l'empereur et celui du roi d'Angleterre au nom de leurs souverains respectifs. Le premier rappela au Régent que l'archevêché était situé sur les terres impériales et que Dubois serait ainsi très bien placé pour entretenir l'harmonie et la bonne intelligence entre les alliés. Le roi d'Angleterre, tout d'abord surpris par la demande de son ambassadeur, plaida, lui aussi, la cause de Dubois pour les mêmes raisons que l'empereur. Le 4 février 1720, Philippe d'Orléans reçut une lettre du roi d'Angleterre recommandant Dubois pour l'archevêché de Cambrai. Un monarque anglican soutenant les prétentions d'un diplomate français à devenir archevêque sur des terres d'Empire, c'était un comble ! L'appui du souverain britannique et celui de l'empereur eurent raison des réticences du prince. La conjoncture lui semblait favorable. Le roi d'Espagne acceptait de signer la paix après sa défaite et voulait adhérer à la Quadruple-Alliance. La paix européenne semblait assurée, et, dans cette affaire, le rôle de Dubois avait été considérable. Aussi le Régent se laissa-t-il fléchir.

Au comble de la joie, Dubois accourut chez le prince :

« Tu es un sacre et qui est l'autre sacre qui voudra te sacrer ?, lui demanda-t-il.

– S'il ne tient qu'à cela, l'affaire est faite. Je sais bien qui me sacrera, il n'est pas loin d'ici.

– Et qui diable est celui-là qui osera te sacrer ?

– Voulez-vous le savoir ?

– Eh bien ! qui ?

– Votre premier aumônier qui est là, dehors, il ne demandera pas mieux, je vais le lui dire. »

Dubois sortit, prit à part Mgr de Tressan, évêque de Nantes, lui dit qu'il venait d'obtenir l'archevêché de Cambrai et lui demanda de le sacrer, ce qu'il accepta aussitôt.

Dans le carrosse qui conduisait le Régent et ses roués souper à Saint-Cloud, l'un d'eux voulut savoir ce qu'il fallait penser du bruit qui courait. « Monseigneur, on prétend que ce coquin de Dubois veut être archevêque de Cambrai ? – Cela est vrai répondit le prince, et cela peut convenir à mes affaires. » Personne ne dit plus rien. Dubois rejoignit la compagnie à Saint-Cloud. Au cours de la conversation, le Régent déclara qu'il avait nommé « le plus grand coquin, le plus grand athée, le plus grand scélérat et le plus mauvais prêtre qu'il y ait au monde ». L'abbé se leva aussitôt, alla baiser la main du prince et le remercia.

D'après Saint-Simon, cette nomination créait « un étrange bruit » : on allait faire archevêque ce clerc débauché qui n'avait pas même reçu les ordres mineurs ! Cependant, Dubois jugeait la situation avec son cynisme habituel. Il pensa tout d'abord se faire ordonner prêtre dans la chapelle du Palais-Royal, mais Mgr de Noailles s'y opposa fermement malgré les représailles qu'il risquait de subir d'un personnage aussi puissant. Sans se décourager, Dubois s'arrangea avec Mgr de Tressan et avec l'évêque de Rouen : le 24 février, il reçut les ordres mineurs et le sous-diaconat dans le vicariat de Pontoise ; le lendemain, le diaconat, et le 3 mars, la prêtrise. L'après-midi du même jour, il se rendit au Louvre pour assister au Conseil, n'ayant pas jugé nécessaire de dire la messe. On ne l'attendait pas. Le prince de Conti ironisa, lui fit un sermon cinglant qui ne le troubla guère. Après l'avoir écouté fort calmement, Dubois « lui répondit froidement que s'il était plus instruit de l'Antiquité, il trouverait ce qui l'étonnait fort peu étrange, puisque lui abbé ne faisait que suivre l'exemple de saint Ambroise dont il se mit à raconter l'ordination qu'il étala[1] ». Sans doute Dubois jouissait-il du scandale qu'il causait. Il poursuivit tout naturellement ses activités diplomatiques qui se virent couronnées de succès. La paix avec l'Espagne venait d'être signée à La Haye, le 17 février, et Philippe V entrait dans l'alliance que Dubois considérait comme son chef-d'œuvre.

Le nouveau prêtre attendait l'indult du saint-père pour être sacré et se préparait à la cérémonie chez son neveu, chanoine de Notre-Dame chargé de l'instruire. Comme à son habitude, il jurait et sacrait en essayant d'apprendre par cœur les versets de l'*introït*. « Mordieu, disait-il, je n'apprendrai jamais ce b... de verset-là. »

Dubois obtint les bulles papales au début du mois de mai et son sacre fut fixé au 10 juin. Il invita toute la Cour à la cérémonie et à la réception qui devait suivre. Le duc de Saint-Simon, qui n'était pas invité et heureux de ne l'être pas, ne cessait de crier au scandale. La veille du grand jour, il supplia le Régent de ne

1. Saint-Simon, *Mémoires*, t. VII, p. 424-425 (éd. Chéruel).

pas honorer de sa présence un tel sacrilège. Il n'hésita pas à lui dire qu'il aurait l'air de dépendre de ce ministre indigne. Le Régent remercia son ami et l'embrassa. Saint-Simon rentra chez lui rasséréné.

Le nuit suivante, Mme de Parabère coucha avec le prince au Palais-Royal, ce qui n'était guère son habitude, le Régent préférant aller chez elle. Après leurs ébats, Philippe lui parla de sa conversation avec Saint-Simon et lui fit part de sa résolution de ne pas assister à la cérémonie. La dame loua Saint-Simon mais conseilla à son amant de se rendre au sacre. Il la traita de folle :

« Folle soit, répondit-elle, mais vous irez.

– Et moi je te dis que je n'irai pas.

– Si vous dis-je, et vous irez.

– Mais cela est admirable : tu dis que M. de Saint-Simon a raison et pourquoi donc irais-je ?

– Parce que je le veux.

– Et pourquoi veux-tu que j'y aille. Quelle folie est-ce là ?

– Voulez-vous donc absolument le savoir ? C'est que vous n'ignorez pas que l'abbé Dubois et moi avons eu, il n'y a pas quatre jours, maille à partir ensemble et qui n'est pas encore bien finie. C'est un diable qui furète partout ; il saura que nous avons couché ici cette nuit ensemble. Si demain vous n'allez pas à son sacre, il ne manquera pas de croire que c'est moi qui vous en ai empêché ; il ne me le pardonnera pas ; il me fera cent tracasseries et cent noirceurs auprès de vous et finira promptement par nous brouiller. Or c'est ce que je ne veux pas et c'est pour cela que je veux que vous alliez à son sacre. »

Comment une conversation aussi intime est-elle parvenue jusqu'à nous ? Il n'y avait pas d'espion dans la chambre du prince. C'est Mme de Parabère elle-même qui raconta l'histoire à son autre amant, lequel la répéta à ses amis et toute la Cour apprit la raison pour laquelle l'oncle du roi avait été présent à un sacre que d'aucuns appelèrent un « massacre ».

Célébrée dans l'église du Val-de-Grâce, monastère royal par excellence, la cérémonie fut grandiose. Assisté de l'évêque de Nantes et du père Massillon, le cardinal de Rohan sacra Dubois en présence de toute la Cour et du Régent installé avec son fils le duc de Chartres dans une tribune ouverte donnant sur une sorte de salon dans lequel on servait des rafraîchissements. Les premiers gentilshommes de la maison de S.A.R. placèrent les personnes les plus distinguées et ses officiers les moins considérables. Dehors, les officiers du guet faisaient aborder, ranger et sortir les carrosses de la manière la plus commode. Le soir, le duc d'Orléans s'en alla chez Mme de Parabère tandis qu'un souper somptueux était servi au Palais-Royal pour le nouvel archevêque et ses invités. Dubois reçut du prince un diamant de grand prix.

Trouble fin d'année

La querelle liée au refus de la bulle *Unigenitus* n'est pas près de s'éteindre. Suivi par le clergé parisien, par la Sorbonne et soutenu par la majorité du Parlement, Mgr de Noailles a publié son appel comme d'abus au concile[1]. En même temps, il s'est retiré du Conseil de conscience qu'il présidait. Dans un esprit de conciliation, le Régent, par une Déclaration datée du 5 juin 1719, a imposé un silence d'une année sur les disputes théologiques avec la promesse d'arriver à un accommodement.

Au début de 1720, le cardinal de Noailles et plusieurs prélats rédigent un « Corps de doctrine », qui consiste finalement à accepter la bulle moyennant quelques concessions minimes. La plupart des évêques signent ce texte pour rétablir la paix de l'Église. Cependant, les partisans de Mgr de Noailles n'acceptent pas de se soumettre. Pendant trois mois, au plus fort de la crise financière, les lettres épiscopales se sont croisées. Le Régent a voulu à mettre fin au conflit. Réconforté par l'apparente unité du corps ecclésiastique et poussé par Dubois, il a décidé de faire enregistrer la bulle par le Parlement.

Contrairement à son attente, ces messieurs ont opposé mille arguties à sa demande. Le Régent, furieux, a fait enregistrer le 23 septembre le « Corps de doctrine » par le Grand Conseil, composé de ducs et pairs, de maréchaux et autres dignitaires. Cependant, l'opinion a pris fait et cause pour le Parlement, qui a finalement accepté d'enregistrer la bulle le 4 décembre 1720. Les esprits sont loin d'être apaisés. La constitution *Unigenitus*, comme

1. Ces appels étaient l'expression du gallicanisme le plus outré qui déniait au pape l'infaillibilité pour ne la reconnaître qu'à un concile général.

on l'appelle maintenant, devient loi du royaume. L'affaire étant désormais « accommodée », il est défendu aux universités et aux facultés de théologie de s'opposer à la bulle. Il est interdit d'appeler au concile de cette constitution et les appels passés sont déclarés nuls. Tous les édits et arrêts contre le jansénisme se trouvent renouvelés. Mais le parti anticonstitutionnaire existe et compte beaucoup de partisans dans le clergé et dans la magistrature.

Afin d'éviter les heurts, le Régent se fait assister de quelques prélats qui constituent un Conseil ecclésiastique. Il les reçoit désormais une fois par semaine, mais c'est Dubois qui gouverne. La passion du pouvoir le dévore et sa vanité est comblée : le pape vient de lui accorder le chapeau de cardinal ; il est en train de négocier la paix avec l'Espagne. Il ne lui reste plus qu'à devenir Premier ministre.

Si Dubois voit ses vœux récompensés, il aura fort à faire pour apaiser le royaume. L'opinion reste hostile au Régent. Depuis plusieurs mois, les Anglais parient sur sa mort. Trois nouvelles *Philippiques* l'attaquent violemment lui et sa cour. Il faut dire qu'il se donne des verges pour se faire battre. Sa vie privée étalée au grand jour fait scandale : sa maîtresse, Mme de Parabère, est grosse. On ne sait qui est le père de l'enfant, car la dame a plusieurs amants. Peu importe au prince qui paraît lui préférer Mme de Sabran. Mais celle-ci a bientôt été supplantée par Mme de Fallari qui se fait appeler « duchesse » de Fallari. Ce titre a été donné par le pape à son mari, un aventurier qui l'abandonna pour fuir ceux qu'il avait volés. La jeune personne, fort jolie, lancée dans le monde par la duchesse d'Olonne, a été jetée dans les bras du Régent qui la trouve à son goût. Il paraît qu'elle est atteinte d'une maladie vénérienne. Le docteur Chirac a prévenu son maître qui lui a répondu : « Je ne m'en soucie guère : si elle me donne des pois, je lui donnerai des fèves. » Mme de Sabran, qui voulait en avoir le cœur net au sujet des relations de Philippe d'Orléans et de la Fallari, a écouté à la porte de la chambre du prince. Elle a entendu des paroles offensantes pour elle. Furieuse, elle a forcé la porte et lancé des imprécations contre les deux amants. Le Régent l'interrompit : « Tout ce que j'ai dit de toi est vrai, lui dit-il, et il y en aura encore cent fois davantage que je dirai si tu veux retourner écouter à la porte[1]. » On a vu depuis

1. Mathieu Marais, *Mémoires*, t. II, p. 9, 6 décembre 1720.

lors le prince assister à la comédie avec la Fallari, mais Mme de Parabère partage de nouveau ses faveurs.

On apprend que le duc de Richelieu vient d'être reçu à l'Académie française à la place de M. Dangeau. On se demande bien pour quelle raison. Il a fallu trois écrivains, Fontenelle, Destouches et Campistron, pour pondre son discours.

L'inquiétude règne en cette fin d'année 1720. L'avocat Barbier dit que Paris risque de tomber dans la misère. Law a quitté Paris et s'est réfugié à Bruxelles. Le Régent a nommé M. Le Pelletier de La Houssaye contrôleur général des Finances et MM. Crozat et Samuel Bernard à la tête de la Compagnie des Indes. Les frères Pâris dirigeront la Ferme générale. Tous ces messieurs sont fort riches, mais parviendront-ils à sauver les finances et à rendre confiance aux Français ?

CHAPITRE V

Entre chiens et loups

L'oncle et le neveu

Le roi n'est plus un enfant. Un matin du mois de février 1721, il s'est plaint à son chirurgien d'un mal fort plaisant qui l'inquiétait. Le praticien lui a répondu que cette maladie-là était un signe de bonne santé et qu'il ne devait surtout pas s'en plaindre. La nouvelle s'est aussitôt répandue et l'on parle en plaisantant du « mal du roi ». Le souverain vient de fêter ses onze ans. Le Régent l'initie à la politique. S.M. a présidé son premier conseil il y a tout juste un an. Le prince lui avait dit qu'il pouvait quitter la réunion quand il le désirerait, mais il resta. Il assiste désormais à tous les conseils. Il ne dit mot, mais réfléchit sur ce qu'il a entendu. Le duc d'Orléans lui explique tête à tête ce qu'il veut mieux comprendre, lui expose les raisons des nominations qu'il impose et des récompenses qu'il accorde. « Appelez-moi mon oncle », a-t-il demandé à son neveu qui l'appelait jusque-là « Monsieur ». Le régent ajouta que naguère Louis XIV, en s'adressant à lui, disait « mon neveu ». Ce lien familial affiché a resserré leur intimité. Une véritable affection les unit.

Le jeune monarque passe le plus clair de son temps avec le duc de Villeroy, son gouverneur et Mgr de Fleury, son précepteur. Âgé de soixante-quatorze ans, fidèle compagnon de Louis XIV, médiocre stratège, mais fidèle entre les fidèles, le duc de Villeroy ne présente aucune qualité personnelle pour former un prince à ses devoirs de roi. Vieux mannequin de l'ancienne cour, fin connaisseur de l'étiquette, son intelligence se hausse à distinguer un prince du sang d'un duc et pair. Il se targue de l'ancienneté de ses aïeux dans la charge de gouverneur des rois. Son père fut celui de Louis XIV et son grand-père celui de Louis XIII. Bon sang ne saurait mentir. Imbu de l'importance de son ministère auprès de Louis XV, il veille sur lui avec des attentions de vieillard tatillon. Ses fonctions l'obligent à coucher dans la chambre de son protégé. Le moindre éternuement de celui-ci éveille son inquiétude. Il fait goûter ses plats et garde ses couverts dans une armoire dont il conserve la clé sur lui. Il ne comprend pas les foucades et les colères de l'adolescent. Il ne sait répondre que par des sentences préparées d'avance. S'il était seul à le diriger, le jeune roi deviendrait une marionnette entre ses mains. Le dressage qu'il lui impose n'a pas manqué de surprendre l'ambassadeur du sultan de passage pour quelques semaines à Paris.

« Que dites-vous de la beauté de mon roi ?, lui dit-il.

– Que Dieu soit loué et qu'il le préserve du *cativochio* [le mauvais œil], répondit l'envoyé du sultan.

– Il n'a que onze ans et quatre mois. Sa taille n'est-elle pas proportionnée ? Remarquez surtout que ce sont ses propres cheveux. »

À ce moment, le gouverneur fit tourner le roi dont la chevelure descendant jusqu'à la taille brillait au soleil.

« Sa démarche est aussi fort belle », reprit-il. S'adressant au roi il lui dit :

« Marchez de manière que l'on vous voie. »

Le souverain, « avec la démarche majestueuse de la perdrix », s'avança jusqu'au milieu de la salle et revint sur ses pas.

« Marchez avec plus de vitesse pour faire voir votre liberté à courir », ordonna le gouverneur. Aussitôt le jeune homme s'élança avec précipitation.

Le duc de Villeroy, satisfait de l'exhibition qu'il avait offerte au diplomate, attendit les félicitations qui ne manquèrent pas.

On comprend mieux ainsi que le roi ait un jour osé frapper son gouverneur. Des sous-gouverneurs assistent le maréchal de Villeroy. Les gentilshommes de la manche (ils ne peuvent toucher le roi qu'à la manche de son habit) lui servent de garde rapprochée et ne doivent jamais le quitter.

Fort heureusement, sa formation intellectuelle et spirituelle est confiée à un homme intelligent, son précepteur Hercule de Fleury, évêque de Fréjus. Ce prélat de modeste origine à l'esprit subtil a fait carrière dans l'Église. Il passe pour un prêtre politique. Aumônier de la reine Marie-Thérèse en 1675, il a connu la cour du Roi-Soleil dans sa splendeur. Il a rencontré Bossuet et Fénelon. Mondain, très bel homme, il ne se préoccupait pas de vivre « selon son état », entretenant plusieurs liaisons avec de grandes dames parmi lesquelles figure Mme de Villeroy. Le duc n'a jamais connu son infortune, mais lui-même avait pour maîtresse la duchesse de Ventadour... Nommé évêque de Fréjus en 1697, Fleury donna sa démission en décembre 1714, refusa l'évêché d'Arles et revint à Paris. Partisan de la bulle qu'il avait adoptée dans son diocèse, il fit alors une cour assidue à Mme de Maintenon et à ses dévotes amies. Grâce à leur insistance, Louis XIV le désigna comme précepteur du futur roi.

Lorsque l'enfant est « passé aux hommes » en 1717, il savait déjà lire, écrire, compter et avait acquis les bases d'une éducation religieuse. Fleury est chargé d'en faire un prince accompli pour sa majorité fixée à treize ans. Il veut qu'il devienne le zélé propagateur de la foi catholique. Aussi lui a-t-il aussitôt donné pour exemple Saint Louis, son lointain ancêtre, dont la vie a toujours été inspirée par un catholicisme rigoureux. Ses vertus chrétiennes l'ont incliné à la justice et à l'horreur de la guerre. Les versions latines choisies pour Louis XV sont le plus souvent tirées de la vie de ce monarque. Il connaîtra sans doute mieux le latin d'Église que le latin classique. Mais n'est-il pas préférable pour Sa Majesté Très Chrétienne de prendre modèle sur un souverain dont la sainteté a été reconnue que sur quelque conquérant de l'Antiquité ? C'est ce que pense Mgr de Fleury. Le précepteur apprend également l'histoire à son royal élève en exaltant le principe de l'absolutisme fondé sur le droit divin donc justifié par lui.

D'autres maîtres soigneusement choisis pour leurs compétences enseignent au jeune homme la généalogie, l'héraldisme, la géographie, l'arithmétique, l'art des fortifications, la navigation, l'optique... sans parler de la danse qu'avaient tant aimée Louis XIII et Louis XIV. Louis XV n'y prend aucun plaisir. Est-ce parce que son gouverneur tient à développer ainsi son maintien ? Il l'a obligé à se produire devant un public restreint dans son antichambre pour son dixième anniversaire. Le 30 décembre 1720, et le 9 janvier 1721, le roi a dansé au Louvre devant la Cour un intermède des *Folies de Cardenio*, au milieu de jeunes seigneurs mais aussi de filles d'Opéra, ce qui n'a pas manqué d'élever quelques protestations. Tous les spectateurs ont remarqué son manque de vivacité et son air ennuyé. Il n'éprouvera pas la même passion que son bisaïeul pour les ballets.

Le Régent apprécie les compétences et le caractère de M. de Fleury que le roi aime bien. Cet ecclésiastique qui pourrait être son grand-père (il a soixante-quatre ans) le comprend et le dirige avec autant de souplesse que d'autorité. Le duc d'Orléans a permis à M. de Fleury de monter dans le carrosse du roi, privilège insigne dont le prélat est fort satisfait, mais il supporte de plus en plus mal le duc de Villeroy, suppôt de la vieille cour. Dans les entretiens avec son neveu, il lui vante le sens politique de l'abbé Dubois ou plutôt de Mgr Dubois, puisqu'il vient d'obtenir son élévation au cardinalat. Le cardinal fait une cour assidue au roi, au grand mécontentement de Villeroy qui voit chez ce parvenu l'incarnation de tous les vices.

Le roi, dont on surveille toujours la santé avec une attention soutenue, vient de donner des angoisses à ses sujets. Une fièvre violente l'a attaqué le 31 juillet pendant la messe. On l'a saigné au bras, mais la fièvre ayant redoublé, un jeune médecin nommé Helvétius a convaincu ses collègues de le saigner au pied et de lui donner de l'émétique. Le roi se sentait très mal. Mais après qu'il eut ce que l'avocat Barbier a appelé une « évacuation charmante », il s'est senti mieux. Le lendemain, il était sur pied. On n'imagine pas la joie qui s'est emparée des Parisiens lorsqu'on apprit qu'il était sauvé. Pour fêter sa guérison on a célébré plusieurs *Te Deum*, on a chanté et dansé dans les rues. Les poissonnières ont porté au Louvre un esturgeon de huit pieds de long, les bouchers un mouton. Partout on a bu à la santé de S.M.

Turc et turqueries

Pendant que le roi et le Régent reçoivent fastueusement l'ambassadeur du sultan, on se passionne dans les salons pour une autre turquerie. C'est un roman anonyme intitulé *Lettres persanes*, mais l'on sait de bonne source que Charles Louis de Secondat, baron de La Brède et de Montesquieu, en est l'auteur. Ce magistrat (il est conseiller au parlement de Bordeaux) a l'esprit plus facétieux qu'on aurait pu le croire. Il noue une intrigue orientale que l'on suit grâce à un savant échange de lettres entre des Persans qui voyagent en Europe et ceux qui sont restés à Ispahan. Les Parisiennes frissonnent en découvrant les mœurs des sérails. Cet Orient de pacotille éveille mieux l'imagination que les récits authentiques des voyageurs, mais les observations faussement naïves du Persan Uzbek sur les institutions et la société françaises font réfléchir. Ce Persan considère le roi de France comme « le prince plus puissant de l'Europe, un grand magicien qui exerce son empire sur l'esprit même de ses sujets[1] ». Il note en effet que « les Français changent de mœurs avec l'âge de leur roi. Le prince, dit-il, imprime le caractère de son esprit à la Cour ; la Cour à la ville ; la ville aux provinces. L'âme du souverain est un moule qui donne la forme à tous les autres[2] ». Personne ne s'étonnera de ces réflexions, mais d'autres observations sur certains sujets seront diversement appréciées. Il n'a pas une haute opinion des gentilshommes. « Le grand seigneur, dit-il, est un homme qui voit le roi, qui parle aux ministres, qui a des ancêtres, des dettes et des pensions. S'il peut avec cela cacher son oisiveté par un air empressé ou par un feint attachement pour les plaisirs, il croit être le plus heureux des hommes[3]. » Son jugement sur le pape, traité de « vieille idole qu'on encense par habitude », réjouira les jansénistes et fera rugir les constitutionnaires. De toute façon, à ses yeux, la religion des Français est plus une affaire de politique que de foi. Elle est, pense-t-il, « moins un sujet de sanctification qu'un sujet

1. Lettre XXIV.
2. Lettre XCIX.
3. Lettre LXXXVIII.

de dispute qui appartient à tout le monde : les gens de cour, les gens de guerre, les femmes mêmes s'élèvent contre les ecclésiastiques et leur demandent de leur prouver ce qu'ils sont résolus de ne pas croire[1] ».

Le pouvoir des femmes le surprend. Il n'hésite pas à croire qu'elles gouvernent et « se partagent l'autorité ». Il imagine « qu'il n'y a personne qui ait quelque emploi à la Cour, dans Paris ou dans les provinces, qui n'ait une femme par les mains desquelles passent toutes les grâces et quelquefois les injustices qu'il peut faire. Ces femmes ont toutes des relations les unes avec les autres et forment une espèce de république dont les membres toujours actifs se secourent et se servent mutuellement : c'est comme un nouvel État dans l'État ; et celui qui voit agir des ministres, des magistrats, des prélats, s'il ne connaît les femmes qui les gouvernent, est comme un homme qui voit bien une machine qui joue, mais qui n'en connaît pas les ressorts[2] ». Il semble croire que la fidélité n'est pas leur principale qualité puisqu'il prétend que les Français ne parlent jamais de leur épouse de peur d'en « parler devant des gens qui les connaissent mieux qu'eux[3] ». Il se moque des snobs qui parlent pour ne rien dire et « trouvent mille petits traits ingénieux dans les choses les plus communes[4] ».

Il décrit Paris comme « la ville du monde la plus sensuelle où l'on raffine le plus sur les plaisirs mais où l'on mène la vie la plus dure. Pour qu'un homme vive délicieusement, il faut que cent autres travaillent sans relâche[5] ». Partant de cette constatation, notre Persan fait l'éloge de l'artisanat et de l'industrie qui permettent l'enrichissement général et contribuent à la puissance des États. Il constate d'ailleurs que « les Français ont un air de contentement » à tous les niveaux de la société. Les *Lettres persanes* fourmillent de détails savoureux, souvent irrévérencieux sur la société. Mais au-delà de la satire, on découvre un nouvel auteur qui semble à la recherche d'un monde fondé sur la nature et la raison. Ce livre connaît un tel succès de librairie qu'on le réédite

1. Lettre LXXV.
2. Lettre CVII.
3. Lettre LV.
4. Lettre LXXXII.
5. Lettre CVI.

déjà. Montesquieu, fêté dans tous les salons parisiens, mène une vie mondaine très active, mais relativement sage comparée à celle de certains de ces grands qu'il épingle.

Petite chronique scandaleuse

Le Régent, qui a entendu parler des *Lettres persanes* et qui s'en moque, est revenu à Mme de Parabère, mais l'étoile de Mme de Fallari semble vouloir de nouveau briller. Ce sont des maîtresses « alternatives et consécutives » à ce qu'on dit. Cependant, au début du mois de janvier 1721, les relations du prince avec Mme de Parabère ont pris un tour sordide. La dame a refusé de coucher avec lui parce qu'il fréquentait des filles d'Opéra peut-être atteintes de la vérole. Furieux, le prince a voulu la battre mais elle s'est échappée. Le surlendemain, sans se faire annoncer, il est allé chez elle et l'a trouvée avec quatre charmants jeunes gens. Pris d'une véritable folie, il l'a rouée de coups ; elle s'est relevée pour l'injurier. Revenu honteux et confus au Palais-Royal, il a demandé à Nocé d'aller plaider sa cause. Les amants terribles se sont réconciliés. On les a vus ensemble à plusieurs reprises, mais le 6 juin, tout s'est gâté à cause de la duchesse d'Orléans. Elle s'est pourtant toujours montrée compréhensive. Elle n'a pas fait de crise de jalousie comme on aurait pu s'y attendre. Elle a pleuré parce que Mme de Parabère s'est moquée… de ses pots de chambre qu'elle a vus dans sa garde-robe et dans son petit jardin ! On croit rêver… La princesse voulait même se retirer à l'abbaye de Montmartre. Elle n'en fit rien. On dit que, sur ces entrefaites, Mme de Parabère a quitté Paris. Est-ce le Régent qui lui a donné son congé ou est-ce sa maîtresse qui l'a quitté ? On ne sait. Il paraît qu'elle a été très malade. Elle s'est remise, et file depuis lors le parfait amour avec le chevalier de Beringhem !

Privé de favorite, le duc d'Orléans a jeté son dévolu sur Mme d'Averne, l'épouse d'un officier aux gardes, lequel en éprouve une joie sans mélange. Il va partout conter la bonne fortune de sa femme dont il se réjouit. Le Régent a couvert d'or et de pierreries sa nouvelle conquête et n'a pas oublié le cocu. Il s'affiche avec sa jolie maîtresse, qui a dû quitter son amant, M. d'Alincourt. Elle avait pourtant juré ses grands dieux qu'elle ne tomberait jamais dans les bras de Philippe d'Orléans, mais elle n'a pas su résister à ses largesses. Au mois d'août, le maréchal d'Estrées les a invités dans sa petite maison de Bagatelle à l'orée du bois de Boulogne. Ils arrivèrent dans une voiture découverte et sans garde. Avant le souper, ils se promenèrent sur l'eau tandis que jouait un orchestre. Tard dans la nuit, ils se retirèrent à Saint-Cloud, dans une demeure louée pour Mme d'Averne, très proche du château princier. Peu de temps après, le Régent donna une fête chez sa maîtresse ; il invita douze homme et douze femmes. Pendant le magnifique souper, on remarqua surtout Mme d'Averne ainsi qu'une jeune personne de beaucoup d'esprit, Mme du Deffand. Elle a couché, elle aussi, avec le prince mais l'aventure n'a pas duré ; ils sont restés bons amis. Après le souper, on flâna dans les jardins illuminés par des lampions accrochés aux arbres et déposés dans des terrines. À minuit, on tira un feu d'artifice sur l'eau et l'on dansa jusqu'à cinq heures du matin. Cette nuit-là, la nouvelle élue offrit un ceinturon à son amant auquel elle récita des vers composés par Arouet. Ce dernier, après avoir passé près d'un an à la Bastille, a renoncé à exercer son talent satirique à l'égard du prince. Ami de Brancas et de Richelieu, il s'est mué en poète courtisan et se fait appeler M. de Voltaire. Il faut cependant reconnaître qu'il fait preuve d'un esprit très supérieur à ceux qui s'adonnent à ce genre littéraire. Mme d'Averne joua fort bien son rôle d'amoureuse auprès du maître du royaume, cependant elle avait invité le duc de Richelieu qui ne laisse aucune femme insensible. Elle lui donne des rendez-vous secrets qu'il accepte, ce qui ne l'empêche pas de faire la cour à Mme de Mailly.

Cette fête brillante célébrant un double adultère dans ce moment de débâcle financière a choqué les Parisiens. « Voilà une action des Indes qui part », s'écriaient les spectateurs à chaque fois qu'une fusée était lancée. Le lendemain, les paysans de Saint-Cloud portèrent un mémoire au prince récapitulant les dégâts causés par l'affluence des curieux qui s'étaient installés aux abords de la colline de Saint-Cloud.

Pendant cet été très ensoleillé, le Régent profite des plaisirs de la capitale. On le rencontre souvent au jardin des Tuileries, la promenade à la mode. C'est là que parade le régiment des jeunes seigneurs de la Cour qui monte et descend la garde, le soir, sur la terrasse du palais. Tout ce que Paris compte d'élégantes et de séduisants gentilshommes s'y retrouve. Les petites maîtresses bien mises, elles aussi, ne manqueraient pour rien au monde de se pavaner sous les ombrages. Dames de petite vertu et grandes dames (dont la vertu n'est pas toujours à la hauteur de leur naissance) ont coupé leurs cheveux qu'elles frisent sur la nuque en un *tignon (sic)*. Elles portent de longues robes « battantes » et point troussées qu'elles appellent un sac et se mettent « le cul en panier ». Il s'agit d'une sorte de vertugadin placé sous leurs jupes pour les rendre plus arrondies et moins plates. Ces robes sont ornées de nœuds et de pierreries (ou de verroterie). Depuis que les arrêts qui les prohibaient ont été levés, les diamants sont sortis de leurs écrins. Parées comme des châsses, les femmes rivalisent de fantaisie et elles font porter aux hommes des habits rehaussés de nœuds de soie brodés.

À la tombée de la nuit, le duc d'Orléans se joint aux promeneurs avec sa favorite et ses roués qui rivalisent de mots d'esprit. Un soir, trois hommes surgirent d'un bosquet pour l'injurier ainsi que sa maîtresse. M. de Biron voulut les poursuivre, mais ils le menacèrent avec une telle violence qu'il revint auprès du prince tandis que les autres filaient dans la nuit sombre. Depuis cet incident, la porte du jardin est fermée à dix heures.

Le Régent poursuit sa liaison avec Mme d'Averne qui s'ennuie en sa compagnie et ne s'en cache pas. Le prince continue de voir aussi des filles d'Opéra et sa maîtresse, quelques beaux consolateurs. Philippe d'Orléans paraît bien fatigué. Il grossit, ses joues tombent, son regard faiblit. Le docteur Chirac le surveille et s'inquiète, mais le prince tourne tout en raillerie. Il continue de gouverner et ne perd pas de vue les intérêts du royaume... tout en restant soucieux des siens.

Le duc de Chartres, son fils unique, a suivi l'exemple paternel, mais sa maîtresse, une comédienne de talent, Mlle Quinault, lui a donné une chaude-pisse qui l'a fait beaucoup souffrir. Il s'en est remis, et il a renvoyé la demoiselle en la gratifiant d'une rente, au demeurant assez modeste. Très pieux, il ne reste pas insensible aux thèses des jansénistes. Il risque de tourner à la dévotion.

Les écarts de la haute noblesse ont alimenté la chronique des mariages rompus. La séparation du prince Charles de Lorraine, grand écuyer de France, d'avec Mlle de Noailles a fait grand bruit.

Après six mois de mariage, Charles de Lorraine, grand chasseur et grand buveur devant l'Éternel et qui a près de quarante ans, a décidé de rompre avec son épouse tout juste âgée de seize ans. Le 17 février 1721, au matin, il s'est fait annoncer chez le duc de Noailles :

« Beau-père, lui dit-il, je vais vous dire une chose qui ne vous plaira peut-être pas ; j'ai retranché depuis peu ma maison et plusieurs domestiques parce que je ne me trouve plus en état de soutenir une aussi grosse dépense et vous me feriez le plaisir de reprendre votre fille chez vous.

– Vous voulez rire mon gendre ?, dit le duc.

– Nullement », répliqua le prince, qui sortit sans ajouter un mot.

Le lendemain, le prince demanda à son épouse si elle avait vu son père. Comme elle lui répondit que non, il lui répéta ce qu'il avait déclaré au duc de Noailles la veille. La princesse émue proposa de réduire sérieusement son train de vie, mais il lui repartit :

« J'ai tort de parler de la dépense ; nous ne nous convenons point d'humeur vous et moi ; nous aurions souvent des différends ensemble et je n'en veux point ; ainsi vous n'avez qu'à retourner chez votre père.

– Dans l'état où je suis, la maison de mon père n'est plus la mienne. Si vous parlez sérieusement c'est le couvent qu'il me faut[1]. »

La jeune princesse s'est retirée au couvent de la Visitation-Sainte-Marie.

Les uns prétendent que le mari a voulu se venger de son beau-père qui lui avait versé la dot de sa femme en billets de banque ; les autres laissent entendre que Mlle de Noailles n'aurait pas été un bonne épouse. Il est bien difficile de démêler la vérité. Cependant, l'exemple paraît contagieux. M. de Lautrec, gendre du premier président du Parlement, M. de Mesmes, a renvoyé sa femme et M. d'Estaing a quitté la sienne après trente ans de mariage.

On n'en finirait pas de conter tous les scandales de la capitale. Citons cependant l'affaire de Mme de Saint-Sulpice. Cette jeune veuve, tutrice de ses enfants, a participé aux parties de débauche des princes. Un soir de cet hiver alors qu'elle avait beaucoup bu au souper donné par le comte de Charolais et M. le Duc [2], elle

1. Buvat, *Journal de la Régence.*, Paris, 1865, t. II, p. 212-213.
2. Le duc de Bourbon, prince de Condé.

eut le fondement affreusement brûlé par deux pétards posés sur un sofa. Cette délicate attention venait de ses hôtes. Elle eut le ventre brûlé et un grand trou à la cuisse. La Peyronie, chirurgien du roi, la soigna et la sauva, mais elle faillit mourir. Cette aventure courut dans tout Paris. On voulut faire croire que le feu avait pris à son panier, mais la réalité était beaucoup plus horrible. Les chansonniers toujours avides de sujet scabreux ont composé quelques vers à ce propos :

Le grand portail de Saint-Sulpice
Où l'on a tant fait le service,
Est sapé jusqu'au fondement.
On est surpris que par ce caprice
Les Condé aient si follement
Renversé ce grand édifice[1].

Une fiancée à la bavette

On pense déjà au mariage de Louis XV. Un tel projet n'a rien de surprenant chez les princes : les alliances matrimoniales consolident les alliances politiques. C'est l'affaire de Dubois, qui mène des négociations secrètes pour sceller la réconciliation des Bourbons plus solidement que le traité conclu au mois de mars à Madrid. À cette occasion, Philippe V et Louis XV ont reconnu chacun leurs possessions ; ils ont promis de se défendre mutuellement en cas d'agression et l'Angleterre est entrée dans l'alliance. La paix semble de nouveau assurée en Europe. Cependant, le bruit courait que Philippe V allait marier ses fils aux filles de l'empereur. Agissant dans l'ombre, Dubois a manipulé avec une habileté diabolique l'entourage du roi d'Espagne et fait échouer le projet. Aussi le Régent vient-il d'apprendre que le roi d'Espagne demande la main de Mlle de Montpensier, l'une de ses filles, pour le prince des Asturies, l'héritier du trône, et propose de donner sa fille unique, Marie-Anne-Victoire, à Louis XV.

Mlle de Montpensier, reine d'Espagne, quelle gloire pour Philippe d'Orléans ! Elle a douze ans et le prince quatorze. On pourra

1. Barbier, *Chronique de la Régence et du règne de Louis XV (1718-1763) ou Journal de Barbier*, Paris, 1866, t. I, p. 114-115.

célébrer les noces d'ici deux ans, mais la future épouse de Louis XV, l'infante Marie-Anne-Victoire, n'a que... trois ans. Cet engagement est-il raisonnable ? La reine-infante ne pourra pas donner un héritier au royaume avant treize ou quatorze ans ! Cette longue attente favorise le Régent, qui restera ainsi longtemps auprès du jeune monarque. Et si par malheur ce dernier venait à mourir, la couronne de France passerait à Philippe d'Orléans et à ses descendants... Le Régent ne se tient plus de joie. Les lettres qu'il échange avec le souverain espagnol restent encore secrètes. Les deux princes se font des protestations d'amitié et il est convenu qu'on annoncera le mariage du roi avant celui de Mlle de Montpensier. Philippe V exige que la promesse de mariage soit déclarée officiellement et tenue pour irrévocable. Dubois a aussitôt proposé que le Conseil de régence donne son approbation et il a ajouté que le consentement du roi était nécessaire.

Dire à une petite fille qu'elle sera reine comble ses vœux les plus secrets, mais annoncer à un adolescent qu'on le mariera à un bébé de trois ans est une autre affaire. Le Régent se rend compte de l'épreuve qu'il impose au monarque au nom duquel il gouverne. Il redoute sa réaction. Que faire s'il refuse d'épouser l'infante ? Cette union semblerait folle à ceux qui ignorent la diplomatie des cours et les enjeux des traités. Mais le jeune roi sait-il qu'il n'a pas le droit de disposer de sa vie, qu'il devra toujours se sacrifier au nom de la raison d'État et que son destin dépend de la politique ?

Au début du mois de septembre, le Régent se décide à franchir le Rubicon : il parlera au roi. Avant cette entrevue, il a préféré avertir le duc de Bourbon et M. de Fréjus. M. le Duc a semblé ravi, mais le précepteur a pris l'air sévère. Il a promis de se trouver à côté de son élève au moment fatidique.

Le 14 septembre, avant le Conseil de régence, le duc d'Orléans suivi par M. de Fleury entre dans la chambre de Louis XV où se trouve le duc de Villeroy. Sans autre préambule, il lui assène la nouvelle. Le jeune souverain est habitué aux annonces funestes, mais celle-ci est ahurissante, incroyable. Il ne peut retenir ses larmes. Imperturbable, son oncle poursuit le petit discours qu'il a préparé. Certes, l'infante est presque au berceau, mais le temps passe si vite. D'ailleurs, elle viendra en France où elle sera éduquée et formée à l'étiquette de la Cour. Elle deviendra la reine idéale pour le royaume. Il saura la guider et ce sera une épouse docile et aimante... Le roi pleure de plus en plus fort, tandis que M. le Duc approuve ce mariage si utile à la paix du royaume. « Allons mon maître, il faut faire la chose de bonne grâce », murmure le duc de Villeroy. Mais Louis ne dit mot. Le Régent et Dubois sont sur des charbons ardents. Le roi ne voit que des visages anxieux. Son avenir dépendrait-il de lui ? Il peut opposer un refus. Il a peur. Pendant un quart d'heure, M. de Fréjus parle à l'oreille de l'adolescent, dont il parvient à tirer enfin un consentement déchirant. Le Régent et Dubois respirent. Le supplice de Louis n'est pourtant pas terminé. Il faut maintenant qu'il donne devant le Conseil de régence ce consentement qu'il a fallu lui arracher. Il n'est pas prêt à affronter tous ces visages. « Le roi va venir, je crois que nous ferions bien de le laisser », déclare M. de Fréjus. « Rien ne presse », répond légèrement le Régent avant de traverser l'antichambre au milieu d'une foule de courtisans aux aguets.

En entrant dans le cabinet du Conseil, Philippe d'Orléans virevolte de l'un à l'autre, annonçant l'air radieux que le souverain ne va pas tarder. Quelques instants plus tard, il paraît, les yeux rouges et gonflés. Après un moment de silence, le Régent lui demande s'il veut bien faire part de son mariage au Conseil. Le roi répond par un oui sec à peine audible. Le Régent évoque alors l'importance de cette union appelée à resserrer les liens entre les deux branches des Bourbons et demande les avis des membres du Conseil, qui approuvent le projet. Le Régent achève son propos par l'annonce de la venue prochaine de l'infante. « Voilà donc, Sire, votre mariage approuvé et une grande et heureuse affaire faite », déclare-t-il en s'inclinant vers Louis XV qui reste muet.

À Paris, la vieille cour, qui a pourtant toujours soutenu l'Espagne, laisse maintenant exploser sa colère. Elle n'admet aucun des deux mariages. C'est à ses yeux une manœuvre du Régent pour faire de sa fille une reine d'Espagne et elle attribue au duc d'Orléans « la criminelle espérance qu'en retardant la postérité[1] » du roi, il puisse mourir sans donner un héritier au trône. Il régnerait alors à sa place, soutenu par l'allié espagnol.

1. Saint-Simon, *Mémoires*, t. XVIII, p. 225 (édition Chéruel).

À Madrid, au contraire, la nouvelle a suscité une explosion de joie. De part et d'autre on prépare les contrats. Philippe V a tenu à prévenir lui-même l'infante : « Je ne veux pas que vous appreniez par un autre que moi-même, ma très chère fille, que vous êtes reine de France », lui a-t-il solennellement déclaré. On prépare le voyage de l'infante-reine et celui de Mlle de Montpensier.

Le roi n'aime pas sa petite infante

Dès l'annonce des mariages espagnols, le duc de Saint-Simon a demandé au Régent de le nommer ambassadeur extraordinaire auprès de Philippe V, afin de signer le contrat de mariage du roi, ce privilège ne pouvant être dévolu qu'à un seigneur de haute naissance. Le prince lui a aussitôt accordé cet honneur. Le 23 octobre, M. de Saint-Simon est parti pour Madrid avec ses deux fils et une suite imposante. Mlle de Montpensier voyagera avec Mme de Ventadour et la princesse de Soubise qui la remettront à sa suite espagnole et reviendront à Paris avec l'infante. Avant son départ, Mlle de Montpensier a fait en toute hâte sa première communion et reçu la confirmation. À son arrivée à Madrid, on célébrera son mariage avec le prince des Asturies. Madame, mère du Régent, qui n'a jamais perdu son franc-parler, trouve que sa petite-fille est plutôt jolie avec de beaux yeux, une peau fine et blanche, mais qu'elle est insupportable, ayant été fort mal élevée. Personne ne la regrettera.

Le 15 novembre, en présence du Régent, de son épouse, de tous les princes et princesses du sang, de l'ambassadeur ordinaire et de l'ambassadeur extraordinaire d'Espagne, le contrat de la future reine d'Espagne a été signé. Louis XV est allé la saluer au Palais-Royal et l'a conduite à l'Opéra où il a assisté au spectacle pour la première fois. Après un brillant souper aux Tuileries, il est revenu au Palais-Royal et il a ouvert le bal avec l'héroïne du jour. La fête s'est poursuivie jusqu'à six heures du matin. Le 27 novembre, la jouvencelle royale partit pour sa nouvelle vie sans verser une larme et sans un mot aimable pour sa famille.

Pendant ce temps, le duc de Saint-Simon était arrivé à Madrid. Philippe V et son épouse Élisabeth Farnese[1] le reçurent avec effusion. Il lui fut difficile de reconnaître le fringant duc d'Anjou[2] dans ce vieillard courbé, rapetissé, mal assuré sur des genoux cagneux et dont l'air niais le frappa désagréablement. Le couple royal lui présenta le prince des Asturies, plutôt joli garçon, et la petite infante, qui lui parut « beaucoup au-dessus de ce qu'on en a écrit ». Elle dansa devant lui et la reine assura qu'elle apprenait le français et qu'elle oublierait bien vite l'espagnol. Dès lors, les cérémonies se succédèrent. Le roi et la reine étaient heureux et pressés de recevoir Mlle de Montpensier.

Le 6 janvier 1722, dans l'île des Faisans sur la Bidassoa, là même où Louis XIV avait accueilli l'infante Marie-Thérèse, tout est prêt pour l'échange des deux princesses, Mlle de Montpensier et l'infante Marie-Anne. Une belle maison de bois, bien meublée, comprenant deux appartements séparés par un salon central, doit recevoir les futures épouses. Comme dans un ballet bien réglé, l'une et l'autre descendent de carrosse en même temps et parviennent dans leur appartement par un large pont de bateaux devant une foule énorme qui attendait les cortèges sur chacune des deux rives. Après un moment de repos, les deux petites filles (elles sont si jeunes !) pénètrent dans le salon, chacune suivie de sa cour. Les politesses d'usage échangées, les princesses s'embrassent et changent d'appartement. Au moment de quitter sa gouvernante, l'infante éclate en sanglots ; son désespoir est tel qu'il est permis à sa « remueuse[3] » de l'accompagner. Mme de Ventadour la cajole, lui parle du roi et l'enfant se calme. Dans son carrosse l'attendent des jouets et des poupées. Commence pour elle une marche triomphale qui doit la conduire jusqu'à Paris. À chaque étape, on l'acclame, on l'amuse ; elle a même passé la milice en

1. Élisabeth Farnese, intrigante et rusée, était la seconde épouse de Philippe V. Elle était la mère de l'infante Marie-Anne et de l'infant don Carlos, tandis que le prince des Asturies était né du premier mariage du roi avec Marie-Louise Gabrielle de Savoie.

2. Le duc d'Anjou, second petit-fils de Louis XIV devenu roi d'Espagne en 1700, avait quitté la France alors qu'il n'avait que dix-sept ans. Il était le cadet du duc de Bourgogne, père de Louis XV, par conséquent l'infante et le roi étaient cousins germains.

3. La remueuse aidait la nourrice du prince à changer ses langes et à le laver.

revue ! Blonde, blanche et rose, assise dans le carrosse sur les genoux de Mme de Ventadour, elle agite ses petites mains, envoie des baisers et gazouille aimablement. Elle ne manque d'ailleurs pas d'humour. La princesse de Soubise l'ayant prévenue que le cardinal de Rohan venu la saluer à Chartres n'était pas beau, mais qu'il ne fallait rien dire, elle mit ses mains sur son visage en écartant les doigts et s'écria : « Il faudra donner le fouet à Mme de Soubise, parce qu'elle a menti. »

Le 1er mars, l'infante arriva à Berny, à trois lieues de Paris, où l'attendaient le Régent, son épouse, sa mère et ses enfants. Madame, dont on connaît les jugements péremptoires, fut aussitôt attendrie. Le lendemain, l'infante rencontra son fiancé venu au-devant d'elle à Bourg-la-Reine. Elle s'agenouilla devant lui ; il la releva, rougit et lui fit un bref compliment de circonstance avant de repartir pour Paris.

Depuis plusieurs jours la capitale prépare l'entrée de la future reine pour la plus grande joie des Parisiens que l'avocat Barbier juge bien sots en pensant que « c'est à toutes ces histoires-là que notre argent est employé[1] ». Les rues et les places sont décorées, le soir elles seront illuminées, des fontaines de vin sont installées sur des estrades où l'on dansera. La foule s'est massée sur le passage du cortège qui entrera par la porte Saint-Jacques. Le roi, les princes du sang, une partie des gens de sa maison ouvrent la marche, à cheval, suivis par les ambassadeurs d'Espagne, le gouverneur de Paris, les mousquetaires, les gendarmes, les chevau-légers, les gardes du corps, le guet, les archers de la Ville et les grenadiers, tous dans de somptueux équipages. Paraît alors le carrosse de l'infante, laquelle envoie des baisers à la foule tout le long du trajet jusqu'au Louvre où le roi l'accueille sur le perron. Elle veut se jeter à ses genoux, mais il l'en empêche, la relève et l'embrasse. À l'intérieur du palais, il lui fait visiter ses appartements avant de regagner les Tuileries. L'infante veut le reconduire chez lui, mais il se retourne pour l'en empêcher. « Madame, le roi vous prie de n'en pas faire davantage et il vous l'ordonne comme votre seigneur et maître. » Déçue, la princesse est restée au Louvre. Le soir, lorsqu'elle s'est couchée, elle a voulu laisser une place pour son mari en disant qu'il viendrait peut-être parce

1. Barbier, *op. cit.*, t. I, p. 191.

qu'elle savait que son père et sa mère dormaient toujours ensemble.

Depuis lors, les fêtes se succèdent. Le 8 mars, le roi a ouvert le bal de cérémonie au Louvre où les dames portaient la robe de cour et les hommes des habits de couleur à fleurs d'or. Le souverain semble triste et s'ennuie. Le 23 mars, le duc d'Ossone, ambassadeur extraordinaire de S.M.C., a fait tirer un feu d'artifice sur la Seine entre le Pont-Neuf et le Pont-Royal d'après un dessin de Berain. Louis XV et l'infante l'ont regardé depuis le Louvre. Plusieurs fois l'infante tira son futur époux par la manche parce qu'il ne lui parlait pas. « Monsieur, ne trouvez-vous pas que cela est beau ? », lui dit-elle. « Oui », a-t-il répondu d'un air las. Ravie, la petite princesse appela ceux qui étaient autour d'elle et clama : « Il m'a parlé ! Il m'a parlé ! » De toute évidence, le roi n'aime pas sa petite infante.

Cartouche et sa bande

Au cours des derniers mois, les Parisiens ont sans doute été plus préoccupés par leur sécurité que par le mariage du roi. La peur régnait sur la ville. Une bande de voleurs d'une audace incroyable perpétrait ses forfaits. On ne dormait plus tranquille. Toujours armés, les malfaiteurs passaient par la cheminée, par la porte, par la fenêtre, de jour comme de nuit. Leur chef s'appelait Cartouche. Leurs exploits criminels défrayaient la chronique. Plusieurs archers étaient tombés sous leurs coups et les malfaiteurs avaient toujours échappé à la vigilance de la police pourtant aux aguets. Une récompense était promise à celui qui dénoncerait Cartouche et défense était faite aux armuriers de vendre des pistolets. Cartouche et ses acolytes restaient introuvables. Le 22 juillet 1721, les brigands exercèrent leurs talents à l'Opéra, mais les grenadiers de la garde ne parvinrent pas à en saisir un seul. On attribuait à ces bandits tous les crimes de Paris. Pendant l'été, il y eut comme un répit. Les malfrats prenaient-ils quelque repos pour mieux jouir de leurs larcins ? On ne sait. Il faisait une chaleur incroyable et les fenêtres restaient fermées, mais il en aurait fallu davantage pour décourager ce genre de cambrioleurs. On les oublia. Les bourgeois reprenaient confiance.

Le 14 octobre, une nouvelle se répandit comme un éclair : Cartouche venait d'être arrêté. Jamais le lieutenant de police et ses hommes n'avaient abandonné leurs recherches. Un des proches de Cartouche, un bon gentilhomme nommé Du Chatêlet l'avait dénoncé et M. Le Blanc, secrétaire d'État à la Guerre, avait chargé une brigade de grenadiers et quatre exempts de s'en emparer mort ou vif. Dans le plus grand secret, ces hommes avaient cerné le cabaret de La Grande Motte à La Courtille et envahi les lieux où Cartouche dormait paisiblement sous la garde de ses complices. Ayant mis ces derniers hors d'état de nuire, ils s'emparèrent de leur chef, nu comme un ver. On le laissa revêtir une culotte et chausser ses pantoufles afin de le conduire chez M. Le Blanc et, de là, jusqu'à la prison du Châtelet, à pied, de façon que le peuple vît bien qu'on l'avait arrêté. Paris respira.

Une semaine plus tard, malgré les fers qui l'entravaient aux pieds, Cartouche s'évada avec un autre détenu. Au moyen d'une lime, ils avaient descellé une pierre et sauté au fond des lieux d'aisance, d'où ils rampèrent jusqu'à une fosse voisine ; ils poussèrent la pierre qui la fermait et parvinrent dans la cave d'une fruitière où une chienne allaitait ses petits. L'animal aboya, réveilla ses maîtres qui appelèrent le guet. Cartouche et son complice furent repris quelques minutes plus tard. On les menotta, ce qui n'empêcha pas le chef des voleurs de fanfaronner : il avait eu l'intention d'aller applaudir au théâtre une pièce inspirée par son épopée et qui faisait fureur. Intitulée *Cartouche ou les voleurs*, elle fait salle comble chaque soir et le héros voulait juger de la qualité du travail de son auteur, un certain Le Grand !

Cartouche a réintégré sa geôle où il est bien nourri sur ordre du Régent. Plusieurs grandes dames vont le voir et s'apitoient sur son sort en le voyant attaché sur sa paillasse. Il passe pour sorcier. On le croit doué de pouvoirs magiques. Il prétend s'appeler Jacques Bourguignon, natif de Bar-le-Duc. Depuis son arrestation, bien qu'il n'ait dénoncé âme qui vive, on a procédé à quantité d'arrestations. On a découvert cinq hommes de sa bande parmi les postulants de la Trappe ; il paraît que plusieurs autres en cavale ont suivi le cortège de Mlle de Montpensier vers l'Espagne… Qu'apprendra-t-on encore ?

Le 27 novembre, ses juges l'ont soumis à la question. Bien qu'on ait serré les brodequins de plus en plus fort, il n'a rien avoué. Condamné au supplice de la roue, on l'a livré à son confesseur, qui l'a prié de tout avouer s'il voulait recevoir l'absolution. Alors qu'on le conduisait vers la place de Grève pour être exécuté en présence d'un immense concours de peuple, il se tourna vers le prêtre et décida de parler. On le conduisit aussitôt à l'Hôtel de Ville où l'attendaient deux conseillers au Parlement et deux greffiers.

Il raconta son histoire. Fils d'un tonnelier de la rue du Pont-aux-Choux, il s'appelait bien Louis Dominique Cartouche. Renvoyé du collège Louis-le-Grand, il avait été chassé du domicile paternel et s'était affilié à une bande de voleurs qui exerçaient leurs talents en Normandie. Il était d'ailleurs familier dans ce genre de pratique depuis sa plus tendre enfance, éprouvant une extrême jouissance à chaparder montres, épées, pistolets, manteaux… bref tout ce qu'il trouvait sous sa main. Il quitta la Normandie ayant formé une bande de brigands dont il était le chef et qui opérait sous ses ordres. Au cours de ses expéditions, il disait n'avoir tué que ceux qui lui opposaient de la résistance ainsi que des traîtres ! Comme aucun de ses complices, manquant au serment qui les liait, n'était venu à son secours, il se décidait à les dénoncer. Il débita une longue liste de voleurs et de receleurs. Une quarantaine de personnes furent arrêtées pendant la nuit. Soudain, il nomma une jeune femme que l'on voulut confronter avec lui. C'était une très belle fille. Il déclara qu'elle était sa maîtresse et qu'il lui avait toujours caché ses agissements. À ces mots, elle tomba dans ses bras et ils restèrent étroitement embrassés en pleurant. Le prêtre lui dit qu'il fallait rompre cette liaison coupable au moment de paraître devant Dieu, mais Cartouche se défendit. Il n'était pas comme les nobles qui confondent amour et débauche ; il aimait réellement cette femme. Il fallut les séparer. Cartouche poursuivit le récit de ses méfaits avec un sang-froid qui étonna ceux qui l'écoutaient. Lorsqu'il eut achevé son histoire, les magistrats l'abandonnèrent à son confesseur. Avant de partir pour le lieu du supplice, on lui proposa du café au lait, mais il préféra un verre de vin. Il monta bravement sur l'échafaud et comme il le lui avait été promis en raison de ses aveux, le bourreau l'étrangla avant de le rouer. Un chirurgien acheta son corps, le maquilla, lui mit une perruque et le montra devant la foule pendant vingt-quatre heures. Cette exhibition macabre lui rapporta plus d'argent que ses opérations.

L'enseigne de Gersaint

Le peintre Watteau ne s'est pas embarqué pour Cythère ; Charon l'a emmené dans sa barque. Le metteur en scène des fêtes galantes a cessé de vivre à Nogent-sur-Marne, le 18 juillet 1721. Il a laissé son dernier chef-d'œuvre à l'un des marchands de tableaux du pont Notre-Dame, Edme François Gersaint, auquel il avait demandé l'hospitalité à son retour d'Angleterre l'année précédente. En guise de loyer et pour se « dégourdir les doigts », il lui proposa de peindre un *plafond* pour sa galerie du pont Notre-Dame (on appelle *plafond* ces tableaux qui ornent le dessus des portes des magasins et leur servent d'enseigne). Le marchand accepta la proposition tout en regrettant que son artiste préféré ne se livrât pas à un ouvrage plus intéressant, mais le résultat dépassa ses espérances. En une semaine, malgré la maladie qui l'épuisait, Watteau a peint une toile immense qui couvre entièrement la largeur de la porte et s'élève jusqu'au rebord du toit. Il représente l'intérieur d'une riche boutique dont les murs sont couverts de tableaux : un commis emballe un portrait, un autre décroche un miroir, un jeune homme élégant tend la main à une dame qui entre dans le magasin ; une cliente assise devant un comptoir admire un nécessaire de toilette, une femme vêtue de noir observe avec son face-à-main un portrait que lui présente le marchand tandis qu'un amateur agenouillé scrute attentivement des nus féminins.

Tous les peintres vinrent admirer l'enseigne. *Le Mercure de France* parla de chef-d'œuvre. Au bout de quinze jours, Gersaint jugea plus prudent de décrocher son *plafond* qui risquait d'être volé ou abîmé par les intempéries. Pour une fois, le mélancolique Watteau était satisfait de ce qu'il avait réalisé. Après six mois passés chez cet ami, sa santé devenant de plus en plus chancelante, il quitta le pont Notre-Dame et s'installa à Nogent-sur-Marne. Pressentant sa fin, il voulait rentrer à Valenciennes, sa ville natale, mais il n'en eut pas la force.

Gersaint, son exécuteur testamentaire, se vante de son amitié avec ce garçon fragile qui ne pensait qu'à son art, fuyait les mondanités et vivait comme l'oiseau sur la branche. Il rassemble toutes les informations qui lui permettront d'écrire sa biographie. Ce n'est pas tant par fidélité que par intérêt. Il veut vendre l'enseigne, et racheter au meilleur prix d'autres toiles. La cote de Watteau va monter et Gersaint en tirera d'excellents bénéfices. Il possède aussi des dessins de celui qui passe pour un maître depuis sa réception à l'Académie de peinture et de sculpture en 1718.

Le cardinal

Les vapeurs de l'encens n'ont pas grisé Dubois. La pourpre cardinalice aiguise encore son ambition. Il veut passer pour le digne successeur de Richelieu et de Mazarin. Il y a plusieurs cardinaux en France, mais maintenant lorsqu'on dit « le cardinal », c'est de lui qu'il s'agit, lui le fils d'un obscur apothicaire. Il est devenu le troisième personnage du royaume. Le Régent, de plus en plus fatigué, se décharge de tout sur ce vieux compagnon dont la santé n'est guère meilleure que la sienne. Malgré des maux difficiles à supporter, rien ne lui résiste. La passion du pouvoir le maintient en vie. Au Conseil de régence, il siège avant les ducs et les maréchaux. En un mot, il gouverne. Il a réuni aux Affaires étrangères la surintendance des Postes qui constitue un véritable service d'espionnage. Le contrôleur général des Finances, Le Pelletier de La Houssaye, est sa créature. Il surveille les frères Pâris qui remettent de l'ordre dans les finances grâce à l'opération du visa qui liquide le système de Law : un arrêt du Conseil du 26 janvier 1721 a ordonné de soumettre à l'examen de commissaires tous les contrats de rente, certificats de compte, billets, actions, en y joignant des renseignements détaillés sur la date, le prix, le mode d'achat. Tous ces papiers ont été détruits et en échange, leurs anciens possesseurs se partageront des rentes créées par l'État et le capital de la Compagnie des Indes a été réduit de moitié. Enfin, le contrôleur général des Finances a obtenu des receveurs généraux une avance de plusieurs millions qui lui permettra de parer aux dépenses les plus urgentes.

La paix extérieure retrouvée, les finances stabilisées, Dubois pourrait dormir sur ses lauriers et imposer ses vues sans plus de difficulté qu'auparavant, mais le titre de principal ministre a pour lui valeur de reconnaissance officielle de ce qu'il est déjà. Le temps presse. Louis XV atteindra sa majorité le 15 février 1723. Il n'aura que treize ans, mais il pourrait avoir le caprice de choisir un autre Premier ministre. Dubois craint de voir élever à cette fonction le duc de Villeroy, qui exerce une autorité incontestable sur son royal élève, même si celui-ci s'impatiente parfois de ses exigences tatillonnes.

Dubois redoute également les menées des roués, qui le méprisent et le jalousent. Nocé ne se prive pas de le desservir auprès du Régent. Il lui a dit mi-plaisant, mi-sérieux qu'il pouvait bien faire un cardinal d'un cuistre mais sûrement pas du cardinal Dubois un honnête homme. Il a ajouté qu'il le trahirait en faisant déclarer l'infant don Carlos héritier de la couronne de France au cas où Louis XV viendrait à mourir. Récemment, alors que le prince travaillait avec le cardinal, Nocé s'approcha d'eux. « Fait-il quelque maquerellage ? », ricana-t-il en regardant Dubois. « Tu n'en parles que par envie parce que je ne me sers plus de toi », répliqua le Régent sans se fâcher. Nocé partit furieux ; Dubois jubilait. Il déclara que de tels propos étaient intolérables ; que si Nocé se répandait ainsi en infamies à son égard, aucun ambassadeur n'accepterait plus de travailler avec lui. Le Régent, qui tient encore plus à Dubois qu'à Nocé, a résolu de l'exiler. Douloureusement surpris, le favori a dit à Philippe d'Orléans qu'il faisait une mauvaise action. « Peux-tu dire cela, toi qui me connais si bien ? », a rétorqué le prince. « C'est parce que je vous connais que je n'en doute point », a répondu Nocé. Le même jour 12 avril 1722, il a reçu son ordre d'exil[1].

Dubois poursuit une stratégie qu'on ne peut guère critiquer, même si elle sert avant tout ses intérêts. Il fait une cour assidue au roi et le met au courant des affaires de l'État. Il l'entretient dans l'idée du maintien de l'absolutisme qui lui semble le garant de la solidité de l'État. Il désire laisser au monarque un royaume soumis à sa volonté sur lequel ne pèsera aucune menace grave. Dubois est parfaitement conscient du discrédit qui frappe le Régent et, à cause de lui, le Palais-Royal et la capitale. Voilà qui risque de rejaillir sur son neveu. Il est temps de réinstaller le souverain dans le château de Versailles conçu par Louis XIV pour être le temple de la gloire monarchique. Loin des rumeurs de la capitale, il sera plus facile d'exercer son influence sur le roi et de l'éloigner de son gouverneur.

1. Marais, *op. cit.*, t. II, p. 272-274.

CHAPITRE VI

Vive le roi !

Retour à Versailles

« Mon oncle me fait aller à Saint-Cloud, à Vincennes. D'où vient qu'il ne me mène pas à Versailles, à Trianon, j'aime tant Trianon ? », a demandé le roi à son gouverneur. « Mon maître, dites-moi la vérité, cela vient-il de vous, quelqu'un vous le fait dire ? »

Le maréchal de Villeroy, toujours jaloux de son autorité sur le monarque, s'inquiète. Il lui décrit Versailles comme un lieu dangereux pour sa santé en raison des travaux de canalisation qu'on y effectue. « Bagatelle, bagatelle », réplique le souverain de plus en plus agacé par la pusillanimité de son gouverneur. Il a demandé au marquis de Calvière de lui acheter chez les marchands du Pont-Neuf toutes les estampes du château et de ses transformations récentes qu'il trouverait. On ne sait pas ce qui a provoqué cette passion. Caprice ? Souvenir de son enfance dans l'ombre du superbe aïeul ? Désir de changement ? La volonté de regagner la demeure royale dont rêvent tous les princes d'Europe et qui lui appartient à lui, Louis quinzième du nom ?

Le Régent fait grise mine mais Dubois jubile. Il a mis en garde Philippe d'Orléans contre les imprudences que peut commettre un roi qui sera déclaré majeur dans quelques mois. Ne risque-t-il pas de vouloir jouer au maître et de désigner un Premier ministre qui évincerait son oncle ? Ce Premier ministre serait sûrement le duc de Villeroy, cette tête pleine de vent et de morgue, ce « personnage de carrousel dont le génie ne va pas au-delà de la fatuité », mais qui rêve de gouverner la France pour sauver son roi. Il a toujours agi comme s'il voulait le protéger contre les entreprises du Régent. On ignore les sottises qu'il a pu lui mettre dans la tête. À Versailles, l'isolement relatif de la Cour permettra de le soustraire plus facilement à son influence et de mieux le préparer à régner. Le Régent s'est rendu à ces arguments.

Dès le mois d'avril 1722, on a fait courir le bruit que Louis XV voulait retourner à Versailles. On laisse croire aux Parisiens qu'il s'agit là d'une simple fantaisie et qu'il reviendra passer l'hiver aux Tuileries. Certains voient dans ce départ une manœuvre susceptible de le rapprocher de la reine infante à laquelle il ne parle toujours pas. Le départ de S.M. est prévu pour le 15 juin et le sacre à Reims le 20 octobre. Depuis lors, les maîtres des cérémonies sont sur le qui-vive. Ils se réfèrent aux actes du sacre de Louis XIV en 1654. Les tailleurs, les brodeurs, les tapissiers et tous les autres artisans concernés par ces préparatifs sont déjà à l'ouvrage. Il appartiendra au Régent d'arbitrer les querelles d'étiquette qui éclateront immanquablement entre les grands officiers de la Couronne, les princes, les ducs, les pairs et tous les autres assistants…

En attendant, branle-bas de combat. Il faut distribuer les appartements du château, faire en sorte qu'ils puissent accueillir dignement leurs occupants. Ceux qui n'y habiteront pas cherchent des logements en ville. Les Versaillais sont en liesse. Depuis sept ans les affaires ont périclité, beaucoup de commerces ont fermé. La présence du roi annonce le retour de l'opulence.

Le 13 juin, Louis XV reçoit les adieux des cours souveraines. Les Parisiens sont venus l'acclamer sous ses fenêtres. Le surlendemain, à trois heures de l'après-midi, son carrosse se fraie un chemin au milieu d'une foule en délire, mais le jeune homme a tellement hâte d'arriver à Versailles qu'il fait avancer ses chevaux au galop dès le Cours-la-Reine. Le Régent, son fils le duc de Chartres, le duc de Bourbon, le maréchal de Villeroy, l'évêque de Fréjus se tiennent avec lui dans sa voiture où il fait une chaleur incroyable, mais le roi s'en moque.

Dès son arrivée au château, Louis ne se tient plus de joie : il est chez lui et bien chez lui. Après s'être recueilli dans la chapelle où le saint sacrement est exposé, il veut tout voir. Avec l'enthousiasme et la vivacité de son âge, il court dans les jardins, explore tous les bosquets, accompagné par le Régent et par son gouverneur qui le suivent avec peine. Il se précipite ensuite jusque dans la galerie des Glaces où il s'allonge par terre pour admirer le plafond. Il galope à cheval dans le parc, visite et revisite le château. Il est d'une humeur charmante, d'autant que le duc de Villeroy ne peut pas le suivre à ce rythme-là. L'adolescent ne supporte plus les radotages du vieux compagnon de Louis XIV. Le matin, à huit heures, il y a plus de monde à son lever qu'à celui du feu roi. Cependant, il est encore trop jeune pour être le véritable maître de la Cour. À neuf heures moins le quart, on ne sait plus que faire, hormis jouer gros jeu et faire l'amour dans les appartements, dans les combles, dans les bosquets...

Libertins, libertines et... arracheurs de palissades

Le Régent ne va qu'une fois par semaine à Paris où il se promène publiquement aux Tuileries avec Mme d'Averne. Le reste du temps, il profite d'autres plaisirs au château, mais il travaille avec Dubois et entretient son pupille des affaires du royaume. Le crédit du cardinal ne cesse d'augmenter, ce qui exaspère le duc de Villeroy, lequel se pavane et affiche un mépris cinglant à l'égard de son ennemi. Le 20 juillet, Dubois ayant demandé d'entrer au Conseil des finances traditionnellement présidé par les Villeroy, une vive algarade a éclaté entre eux. « Vous voulez tout gouverner, Monsieur, mais je ne le souffrirai pas », a rugi le maréchal après avoir traité le cardinal de « vieille idole devant qui tout le monde pliait le genou ». Sans perdre son calme, Dubois a répliqué que ce n'était pas à lui qu'il fallait s'en prendre mais au Régent et au roi. Sur ces entrefaites, Villeroy a couru raconter l'affaire au duc d'Orléans qui lui a répondu qu'il avait eu tort de s'en prendre au cardinal. Villeroy est furieux. Les courtisans comptent les points. Ils s'intéressent aussi à la dispute survenue entre Mme de Pléneuf, maîtresse de M. Le Blanc, secrétaire d'État à la Guerre, et sa fille Mme de Prie, maîtresse du duc de Bourbon. Mme de Prie voulait trucider sa mère et son amant. Querelle entre deux putains prétend l'avocat Marais[1]...

1. Marais *op. cit.*, t. II, p. 316-317.

Il y a mieux (ou pire). Madame, mère du Régent, qui a connu tous les scandales de la cour du grand roi, n'en croit pas ses oreilles. Elle n'a pas osé donner tous les détails de l'histoire à sa tante la raugrave Louise, de peur de la choquer. Et pourtant que ne lui a-t-elle pas déjà raconté ! Afin de séduire le duc de Richelieu, la duchesse de Retz a soupé nue avec lui et ses meilleurs amis. On imagine la suite... Elle a également essayé de séduire le roi et porté ses mains sur lui dans des endroits très cachés, mais elle n'est pas allée plus loin (où était donc le duc de Villeroy ?, mais passons). Peu de temps après elle s'est jetée à la tête de Riom, l'ancien amant de la duchesse de Berry ; elle ne s'en est pas contentée et s'est attaquée également à son beau-frère, le chevalier d'Aydie. Comme Riom lui en faisait le reproche, elle lui répondit qu'avec son tempérament, elle ne pouvait se contenter de lui seul et qu'il avait bien de la chance qu'elle le gardât, car elle ne peut s'endormir que si elle a été baisée huit fois de suite. Elle est revenue sans tarder à Richelieu, mais pour pimenter l'affaire ce beau seigneur a exigé qu'elle lui livre sa belle-sœur, la marquise d'Alincourt, qui passe pour très vertueuse. Ils ont convenu d'une partie carrée. Très émoustillée à cette idée, la duchesse a arrangé un rendez-vous dans les jardins du château, sans prévenir Mme d'Alincourt.

Un beau soir du mois de juillet, les deux belle-sœurs se promenaient tranquillement dans un bosquet lorsque surgirent Richelieu et Riom. En riant, la duchesse saisit aussitôt les mains de la marquise qui se débattit et se mit à hurler. Ses cris empêchèrent les deux compères de poursuivre leur entreprise. Mme d'Alincourt se réfugia chez sa mère Mme de Boufflers, qui la conduisit aussitôt chez le duc de Villeroy... grand-père de la duchesse de Retz et aussi celui de la marquise d'Alincourt !

Mais que faisaient donc le duc de Retz et le marquis d'Alincourt ? Ces messieurs qui ont à peine vingt ans participaient à une orgie d'un style différent dans un autre bosquet en compagnie du marquis de Rambure récemment marié, du marquis de Mesmes qui accuse bien ses quarante ans et du jeune Boufflers. Ce dernier voulut d'abord violer Rambure, mais n'en put venir à bout. D'Alincourt dit qu'il voulait prendre la revanche de son beau-frère Boufflers. Rambure ne s'en défendit point et en passa doucement par là... Et la fête se poursuivit.

Le duc de Villeroy est atterré. Deux de ses petits-fils et deux de ses petites-filles compromis dans un pareil scandale, il y aurait de quoi se suicider si le maréchal-duc n'était pas si dévot. Il a aussitôt demandé au Régent des lettres de cachet contre ses petits-enfants. M. d'Alincourt est exilé à Joigny et Boufflers en Picardie où leurs femmes doivent les rejoindre. La duchesse de Retz, surnommée « Mme de Fiche-le-moi » est expédiée au couvent et son mari, dans son gouvernement. Rambure est envoyé à la Bastille.

Le roi a demandé la raison de tous ces ordres d'exil. On lui a répondu que ces jeunes gens avaient arraché des palissades. Depuis lors on se gausse en parlant des « arracheurs de palissades » ! Le roi croit-il un mensonge aussi ridicule ? Le triste visage de son gouverneur doit l'intriguer. Sait-il que lorsqu'on se rend chez le vieux gentilhomme, son suisse demande : « Est-ce pour la porte de devant ou pour la porte de derrière ? » La rumeur court à Versailles : on se demande si l'affaire des palissades n'a pas été organisée pour donner au roi le goût des hommes. La duchesse de La Ferté ne se prive pas de décliner les rois de France avec leurs goûts : Henri II et Charles IX aimaient les femmes, Henri III les mignons, Henri IV les femmes, Louis XIII les hommes, Louis XIV les femmes. La duchesse prédit que le temps des mignons devrait revenir…

Arrestation de Villeroy et apothéose de Dubois

Cette affaire cause beaucoup de bruit et ternit la gloire du gouverneur de S.M. De plus en plus malheureux, ce vieillard de quatre-vingts ans fait pitié. Aussi le cardinal de Bissy a-t-il résolu de le réconcilier avec Dubois, lequel a accepté de les recevoir tous deux. Le 4 août, jour d'audience des ambassadeurs, le duc de Villeroy et le cardinal de Bissy se présentent dans l'antichambre du ministre. Dubois vient au-devant d'eux le sourire aux lèvres et introduit ses visiteurs dans son cabinet. La conversation prend tout d'abord un tour agréable ; soudain le gouverneur du roi perd son calme, profère injures et menaces contre Dubois. Ses vociférations se font entendre jusque dans l'antichambre. Incapable de mettre un frein à ce torrent de folies, le cardinal de Bissy attrape le maréchal par les épaules, le tire jusqu'à la porte qu'il ouvre devant les ambassadeurs stupéfiés.

Laissant patienter les ministres étrangers, Dubois, comme un tourbillon, les yeux hors de la tête, se précipite chez le duc d'Orléans en criant : « Je suis perdu ! Je suis perdu ! » Il n'y avait là que Saint-Simon ; le prince était à la garde-robe. Dubois y court. Le Régent l'écoute, sidéré par la violence des propos qu'il lui rapporte. En bégayant, Dubois met le prince en demeure de choisir entre lui et Villeroy. Le prince consulte Saint-Simon, qui prend d'emblée le parti de Dubois. Cependant, on ne peut pas renvoyer le gouverneur du roi comme on congédie un domestique. Vieux compagnon de Louis XIV, désigné par lui pour veiller sur son arrière-petit-fils, c'est un personnage trop important pour être exilé sans motif grave. Son altercation avec Dubois relève d'un simple différend avec un ministre. Bien décidé à se débarrasser du gouverneur, le Régent rassure le cardinal, lui dit qu'il doit avertir M. le Duc et qu'on trouvera une solution.

Le lendemain M. le Duc déclara que si le maréchal de Villeroy restait en place, « il n'y avait plus qu'à mettre la clé sous la porte ». Saint-Simon renchérit à dessein. S'attaquer à la politique de Dubois, « c'était l'épée tirée contre le Régent lui-même ». Autrement dit, vieille rengaine, à la majorité du roi, il deviendrait Premier ministre, rendrait au Parlement toute son autorité et bouleverserait la politique extérieure. Le Régent, M. le Duc, Saint-Simon, Le Blanc et Dubois préparèrent le piège qui devait perdre le gouverneur. L'exécution du plan fut fixée au 10 août.

Le maréchal-duc de Villeroy semble avoir retrouvé son calme. Le Régent ne lui a fait aucune allusion à la scène qui l'a opposé à Dubois. La plupart des courtisans éprouvent de la compassion à son égard en raison du scandale familial qui l'a frappé. C'est un homme apparemment serein qui se tient auprès du roi lorsque le Régent vient travailler chez son neveu au retour de sa promenade, le 9 août. Le Régent s'entretient avec Louis XV des nominations et des distributions d'emplois auxquelles il procédera en donnant les raisons de ses choix. Ce travail effectué, le prince demande à Louis de bien vouloir passer avec lui dans un autre cabinet afin de lui parler en tête à tête. Le duc de Villeroy proteste aussitôt : sa fonction lui interdit de quitter le monarque. Le Régent lui répond avec douceur qu'étant dépositaire de l'autorité souveraine, il y a désormais des sujets sur lesquels il doit s'entretenir sans témoin avec son maître. Le Régent ajoute qu'il regrette de ne pas l'avoir fait plus tôt et que seule la déférence qu'il a pour la personne du gouverneur l'en a empêché.

S'énervant et secouant sa perruque, le maréchal-duc insiste lourdement. Il ne souffrira pas que le Régent parle en particulier au roi parce qu'il doit entendre tout ce qui lui est dit et ne pas perdre de vue un seul instant S.M. Le Régent fixe alors M. de Villeroy d'un regard impérieux et lui dit qu'il s'oublie, qu'il devrait songer à qui il parle et que seule la présence du roi l'oblige à ne pas lui répondre comme il le mériterait et à poursuivre cet entretien. Le Régent fait une profonde révérence au roi resté muet. Marmonnant et gesticulant derrière le duc d'Orléans, le gouverneur le raccompagne jusqu'à la porte tandis que M. de Fréjus rit tout bas dans sa barbe.

Le duc de Villeroy se vanta auprès de ses amis de ce qu'il avait fait pour remplir son précieux devoir, ajoutant toutefois qu'il ne voulait pas que le prince pût croire qu'il lui avait manqué de respect. Il déclara qu'il irait le voir le lendemain matin.

Le 10 août vers midi, le gouverneur fait une entrée théâtrale dans l'antichambre du Régent où attendent plusieurs courtisans. Il demande avec autorité ce que fait S.A.R. On lui répond que le prince travaille. Il élève le ton, dit qu'il doit absolument entrer et qu'il faut prévenir le prince sans tarder. Comme personne ne bouge, il s'avance pour ouvrir la porte du cabinet princier. À cet instant, La Fare, le capitaine des gardes du Régent, l'arrête et lui demande son épée. Le maréchal se met à crier, vacille sur ses jambes tandis que des gardes le poussent dans une chaise à porteurs tenue cachée. En un clin d'œil, il est emporté par l'une des portes-fenêtres sous la garde de La Fare et de D'Artagnan, suivis par une escouade de mousquetaires et de chevau-légers. L'étrange équipage traverse les jardins à toute allure, descend l'escalier de l'orangerie, trouve la grille ouverte devant un carrosse à six chevaux. On y installe le maréchal qui continue de protester. D'Artagnan s'assied à côté de lui et fouette cocher ! En route pour le domaine de Villeroy, avant Lyon dont le duc est gouverneur.

L'arrestation fut exécutée avec une telle rapidité que la nouvelle ne parvint à la Cour que quelques heures plus tard. On ignorait la cause de cet enlèvement précipité que l'on attribuait à Dubois.

Une tâche ingrate revenait au Régent. Il devait avertir le roi de l'exil de son gouverneur et justifier cette mesure. On ne sait ce qu'il lui dit, mais Louis rougit et cacha son visage contre le dos d'un fauteuil sans dire un mot. Il ne voulut ni sortir ni jouer de l'après-midi. D'après son sous-gouverneur, qui passa la nuit dans sa chambre, le roi ne parvint pas à dormir. Afin de ne pas être taxé de despotisme, le Régent fit insérer un communiqué dans *Le Mercure de France* précisant les causes de l'éloignement de la Cour du maréchal de Villeroy, lequel était assez populaire à Paris. Louis XV reprit ses occupations habituelles. Le 15 août, il reçut sa première communion après avoir été confirmé par le cardinal de Rohan. Le duc de Charost, fort lié avec les Jésuites, succèdera au duc de Villeroy auprès du monarque.

Tout semblait rentré dans l'ordre lorsque le 17 août, un vent de panique souffla dans l'entourage royal : M. de Fleury avait disparu. Le roi pleurait à chaudes larmes et réclamait son précepteur. Le Régent et Dubois étaient dans l'embarras. On avait dépêché un coursier jusqu'à Villeroy au cas où le précepteur aurait rejoint le gouverneur. Il n'y était pas. On envoya un messager à la Trappe. Le plus grand désarroi régnait chez le duc d'Orléans où tout le monde parlait à la fois. Soudain quelqu'un cria : « On l'a trouvé ! On l'a trouvé ! » M. de Fleury était tout simplement parti coucher à Basville[1] chez le président de Lamoignon. Le précepteur avait écrit à son royal élève qu'un violent mal de tête l'y avait retenu et qu'il avait besoin de se reposer. On respira. M. le Duc pria l'évêque de revenir séance tenante et le roi lui adressa ce bref billet : « Vous vous êtes assez reposé ; j'ai besoin de vous ; revenez donc au plus tôt. » Le soir même, Fleury était à Versailles, son mal de tête oublié. Le Régent lui réserva le meilleur accueil et le roi s'endormit tranquillement.

Fleury n'avait pas manqué d'habileté : après la disgrâce de Villeroy, ne risquait-il pas de subir le même sort ? Dans ce cas, il valait mieux se retirer discrètement, comme il l'avait fait. Cependant, il se doutait que son absence après le limogeage du gouverneur bouleverserait le roi. Il espérait bien apparaître comme l'homme providentiel et c'est ce qui arriva. Fleury n'avait pas pris beaucoup de risques et il revenait en sauveur.

1. Le château de Basville était situé entre Dourdan et Arpajon.

Dubois exulte. Il a triomphé des roués dont il a obtenu l'exil en quelques semaines ; le duc de Noailles, qui aurait pu lui faire de l'ombre, a été lui aussi éloigné de la Cour. Enfin il vient d'éliminer son plus dangereux ennemi, le duc de Villeroy. Il s'apprête à réaliser son rêve : devenir Premier ministre. Cette consécration dépend de son ancien élève et compagnon de débauche, dont il est devenu en quelque sorte l'associé à la tête de l'État, le duc d'Orléans, régent de France. Afin de mieux convaincre le prince, Dubois dicte lui-même à un secrétaire un long mémoire récapitulant ses hauts faits qu'il confie au garde des Sceaux qui lui est tout dévoué afin de le remettre au Régent.

Philippe d'Orléans est bien convaincu des qualités de Dubois dont il connaît aussi les faiblesses. Il a trop besoin de lui pour refuser sa demande. Et au fond, il l'aime bien. Avant de prendre sa décision, il consulte M. le Duc qui risquerait de s'opposer à l'élévation d'un homme de basse extraction à un si haut rang. Dubois, toujours prévoyant, a couvert d'or Mme de Prie, la maîtresse de M. le Duc, lequel donne son approbation à la nomination du cardinal. Le 22 août, le Régent présente Dubois au roi en qualité de principal ministre.

Compliments, harangues, dépêches de félicitations arrivent de toutes parts chez Dubois, mais il n'en a cure. Le temps est désormais le seul bien qu'il désire, pour lui et pour le royaume. Il est malade, souffre nuit et jour de douleurs abdominales. Seul un travail intensif parvient à le calmer. Debout chaque matin à cinq heures, il dépouille ses dossiers, se présente au lever du roi à huit heures. Il reçoit ensuite les ministres, donne des audiences, signe les dépêches, assiste aux conseils et se consacre aussi à l'éducation de Louis XV.

L'apprentissage d'un métier délicieux

Le métier de roi sera-t-il pour Louis XV comme pour Louis XIV un métier délicieux ? Son successeur ne manifeste pas encore le goût du pouvoir. Ce très beau garçon qui sera sûrement un monarque imposant a la réputation d'être impénétrable. Le duc de Villeroy lui a donné le goût du secret et la plupart de ceux qui le rencontrent sont surpris par son mutisme. Il évite le monde et recherche la solitude. En société, il fait des remarques déroutantes qui ne dénotent ni bonté ni subtilité. Certains se demandent si ce n'est pas un signe de sottise.

Dubois, qui fut le précepteur du Régent, a repris à son intention les leçons qu'il donnait naguère à son maître. Il veut initier le souverain à la politique comme Mazarin l'avait fait avec Louis XIV. Il fait rédiger par les meilleurs collaborateurs des ministres des rapports détaillés sur la situation diplomatique de l'Europe, sur l'administration militaire, les revenus de l'État. Chaque matin, Louis XV s'assied sur un fauteuil devant sa table ayant à sa droite le duc d'Orléans, à sa gauche le duc de Bourbon, en face de lui le Premier ministre entouré par le duc de Charost et par M. de Fleury. C'est Dubois qui parle. Si l'on en croit le duc de Saint-Simon, il manifeste trop de familiarité à l'égard du souverain qu'il aurait tendance à traiter en enfant. Parfois le duc d'Orléans ajoute quelques précisions avec grâce mais en marquant beaucoup de respect à son neveu. Si le jeune homme émet un avis qui lui semble malheureux, le Régent le reprend doucement en lui disant : « Je ne suis ici que pour vous rendre compte, vous proposer, recevoir vos ordres et les exécuter. »

La leçon quotidienne de Dubois n'exclut pas celles de M. de Fleury, qui continue de lui enseigner l'histoire et qui charge des spécialistes de le former dans les mathématiques, les sciences, l'astronomie, l'art de la guerre... Le roi se montre assez docile ; il aime les causeries de M. de Fleury qui exerce sur lui une influence certaine. Il n'est pas facile de distraire le monarque. Il ne se plaît ni au théâtre, ni à l'Opéra, ni au bal. Enfant, aux Tuileries, il aimait jouer à la guerre et il découvrit avec bonheur le cabinet de curiosités de Pajot d'Ons-en-Bray rempli d'instruments scientifiques ainsi que celui d'Alexandre Robert d'Hermant encore plus riche. Il renferme des objets d'art de toutes sortes, mais aussi des instruments de mathématique et d'astronomie parmi lesquels se trouvent six sphères célestes qui ont fasciné Louis XV. Il a observé avec passion l'éclipse partielle du Soleil au mois de juillet 1721 aux côtés de l'astronome Cassini qui lui commentait le phénomène et il attend avec impatience celle qui aura lieu au mois de décembre.

Afin de le distraire selon son rang et de répondre à ses goûts, ses maîtres ont eu l'idée de simuler un véritable siège. Entre Versailles et Montreuil, on a aménagé un camp, appelé camp de Porchefontaine, et construit un fort. Les hommes du régiment du roi sont répartis en deux groupes. Les uns revêtus d'habits bleus à l'intérieur du fort seront les assiégés, les autres dans leurs uniformes habituels seront les assiégeants. Samedi 19 septembre, on a investi la place. Le colonel du régiment tient table ouverte soir et matin pour une centaine de personnes. Les princes et le cardinal y ont soupé. Tous les après-midi, tantôt à pied, tantôt à cheval, le roi comme un général en chef vient sur une hauteur pour inspecter ses troupes et voir l'évolution du siège. Ce divertissement initiatique est un sujet d'étonnement pour les Parisiens. Ils se rendent en foule à ce siège fictif pour lequel on respecte toutes les règles de l'art militaire et dont ils se font expliquer les moindres détails. On assiste ainsi à des attaques, à des sorties ; des mines de carton explosent ; les « morts » et les « blessés » s'effondrent ; des brancardiers les emportent sous la « mitraille » ; des soldats regagnent leurs camarades en boitant. Un soir, le roi, très assuré, a parcouru les lignes et les batteries tandis que les canons tiraient et que des « bombes » explosaient. Le 29, le fort a capitulé, le roi y est entré et la garnison est sortie avec armes et bagages. Le soir, Louis XV a présidé un somptueux dîner.

Il est temps pour le souverain de songer au sacre qui scellera son alliance avec ses peuples et fera de lui le lieutenant de Dieu sur la terre. M. de Fleury le prépare à cette solennité suprême qui l'élèvera au-dessus de tous ses sujets par l'effet de la grâce divine. Le roi s'est longuement renseigné sur l'histoire de la sainte ampoule apportée par une colombe pour le baptême de Clovis et qui contient le sang du christ coagulé que le cardinal-archevêque de Reims, Mgr de Rohan, mêlera au saint chrême pour procéder aux onctions sur le front, la poitrine et les épaules de S.M. Louis XV étudie attentivement toutes les estampes représentant le sacre de ses prédécesseurs. À quelques détails près, on observera la même liturgie que pour Louis XIV. On ne connaît pas hélas les sentiments qu'éprouve le jeune roi.

Le 16 octobre 1722, entouré par le Régent et les princes du sang, le roi quitte Versailles dans un carrosse garni d'un velours à ramage brodé de points d'Espagne au fil d'or. Il se rend tout d'abord à Paris, escorté par les gendarmes, chevau-légers, mousquetaires, gardes du corps et les officiers qui constituent le vol du cabinet[1]. Suit un important cortège de carrosses sur plusieurs lieues.

Le lendemain, le monarque fait étape à Villers-Cotterêts dans le château des ducs d'Orléans, le surlendemain à Soissons à l'évêché, où il reçoit les harangues du clergé ; Fismes est la dernière halte avant Reims. Sur la route depuis Versailles, une foule énorme attend le passage de la suite royale, acclamant frénétiquement ce garçon au visage régulier, aux joues encore éclairées du rose de l'enfance et qui semble l'incarnation de l'Amour. Pas un instant il ne s'est départi de son sérieux sauf à Soissons, où – entorse au protocole – il s'est faufilé par la porte étroite d'un clocher ; il a grimpé quatre à quatre les marches menant aux cloches. « Gare les gras ! » s'esclaffait-il en riant, car seuls les plus jeunes et les plus sveltes de sa suite purent le suivre.

Le 22 octobre, avant l'entrée dans Reims l'attend un impressionnant corps de troupe qui le précède dans la ville. Au milieu d'une foule dense, avide de voir son roi, le carrosse passe sous des arcs de triomphe célébrant le renouveau, l'abondance, l'innocence, la justice, la prudence, la vérité, la gloire et le triomphe de la paix. Arrivé au terme de son voyage, le roi pénètre dans la cathédrale tendue des plus belles tapisseries de la Couronne pour assister à un *Te Deum*. Le maître-autel est garni de drap d'argent galonné d'or brodé aux armes de France et de Navarre, le sol couvert de tapis et devant l'autel, sur une estrade couverte de drap semé de lis d'or brodés, sont disposés un prie-Dieu et un fauteuil surmontés d'un dais.

La journée du 23 est consacrée à diverses réceptions ; le 24 sont célébrées messe et vêpres solennelles à la cathédrale. Enfin se lève l'aube du grand jour. Dès six heures, le clergé, les maréchaux, les ministres, les ambassadeurs, les conseillers d'État, les maîtres des requêtes et enfin les princes du sang prennent place dans des tenues toutes plus splendides les unes que les autres. On distingue les capes cardinalices au rouge profond, les capes violettes des évêques, les tuniques de drap d'or et le manteau ducal violet bordé d'hermine des pairs laïcs dont le chef est orné d'un bonnet de satin violet surmonté d'une couronne. Dans la tribune, on remarque Madame, mère du Régent, en robe de cour, sa fille la

1. Il s'agit des officiers en charge des chiens de la Chambre du roi.

duchesse de Lorraine ainsi que plusieurs autres dames richement parées. Il ne manque plus que le héros. Comme le veut la coutume, deux évêques se rendent jusqu'à la chambre du roi à l'archevêché.

Le chantre frappe à la porte de son bâton d'argent.

« Que demandez-vous ?, demande le grand chambellan.

– Louis XV, dit l'évêque de Laon.

– Le roi dort », répond le grand chambellan.

L'évêque répète la même demande et s'attire la même réponse.

La troisième fois l'évêque précise sa réponse : « Louis XV que Dieu nous a donné pour roi. »

À cet instant, les portes s'ouvrent et les deux évêques s'avancent jusqu'au lit de parade où est allongé le jeune homme dans une longue robe de drap d'argent recouvrant une camisole de satin cramoisi. Il porte sur la tête une toque de velours noir garnie de plumes blanches. Les deux ecclésiastiques le soulèvent par les épaules, lui mettent ses mules de drap d'argent et le conduisent jusqu'à la cathédrale.

Commence alors la très longue cérémonie au cours de laquelle le roi prête tout d'abord plusieurs serments ; on lui enlève ensuite sa robe et sa toque pour recevoir les onctions sacrées, après quoi, revêtu de la tunique, de la dalmatique et du manteau royal de velours violet fleurdelisé d'or, l'archevêque le conduit sur son trône, lui remet le sceptre et la main de justice avant de poser sur sa tête l'énorme couronne de Charlemagne que maintiennent les pairs tant elle est lourde. L'archevêque récite les prières de l'intronisation, s'incline devant le roi et s'écrie : *« Vivat Rex in aeternum ! »* On ouvre alors les portes de l'église au peuple qui s'y engouffre, mêlant ses cris au roulement des tambours et au son des hautbois. Des vivats s'élèvent de toutes parts tandis qu'on ouvre des paniers d'où s'échappent des pigeons affolés tournoyant sous la nef avant de sortir de la basilique. Les cloches sonnent à toute volée pendant longtemps avant que la messe ne commence. Une longue messe chantée à la fin de laquelle le roi communie sous les deux espèces. Coiffé de sa petite couronne, le roi est conduit jusqu'au palais archiépiscopal où il se change avant le festin du sacre.

Pendant près de six heures, sans paraître fatigué un instant, refusant le bouillon chaud préparé à son intention qui demeurait caché dans un endroit pratiqué exprès dans le jubé, il demeura stoïque. Le dressage que lui avait imposé le duc de Villeroy a sans aucun doute porté ses fruits en ce jour de glorieuse représentation.

Les jours suivants, il y eut messe dans l'abbaye de Saint-Remi, la réception du roi comme grand maître dans l'ordre du Saint-Esprit, une revue des troupes et enfin la cérémonie du toucher des écrouelles. Selon l'antique coutume assurant que le roi ayant reçu l'onction sacrée devenait capable de guérir les incurables, Louis XV se plia à ce rituel très éprouvant. Plus de deux mille malades affreux à voir et qui dégageaient une odeur pestilentielle étaient rangés dans le parc de l'abbaye attendant leur guérison du lieutenant de Dieu. Une véritable cour des miracles. Surmontant son dégoût, le monarque se pencha gracieusement sur chacun de ces malheureux dont la tête était tenue par le premier médecin de S.M. et les mains jointes par le duc d'Harcourt, capitaine des gardes. De sa main droite, Louis les toucha tous au visage en disant : « Dieu te guérisse, le roi te touche. » Cette épreuve achevée, il s'essuya longuement les mains avec des serviettes imbibées de vinaigre et d'autres parfumées à l'eau de fleur d'oranger. Enfin, avant son départ, le roi gracia six cents prisonniers qui vinrent l'acclamer sous ses fenêtres.

Le retour à Versailles fut grandiose, marqué par deux jours de fêtes à Villers-Cotterêts chez le Régent et deux jours à Chantilly chez le duc de Bourbon. Ces princes avaient rivalisé d'invention pour distraire le souverain. En se dirigeant vers la capitale, qui tenait aussi à manifester sa joie, Louis XV s'arrêta à Saint-Denis pour se recueillir devant le tombeau de Louis XIV et la châsse de Saint Louis. Le 10 novembre, il retrouva le château de son aïeul. Le voyage avait duré trois semaines.

À Paris comme à Versailles, le roi n'a pas prêté la moindre attention à l'infante-reine, qui n'a pas été autorisée à se rendre à Reims. Cette enfant fait la joie de tous ceux qui la voient. Elle a tenu à faire son compliment aux ambassadeurs, mais avant de parler, en se frappant le front, elle dit à Mme de Ventadour : « Je voudrais bien leur dire quelque chose, mais il ne me vient rien. »

Le jeune homme et les vieillards

Au milieu de la joie générale, le Régent nourrit de sombres pensées. Dubois lui a fait la leçon. À la veille de la majorité officielle du roi, il faut qu'il mène une vie privée exemplaire ! Il y aurait de quoi rire si le Régent n'était pas aussi triste. Ses orgies, ses excès ont ruiné sa santé. À quarante-neuf ans, c'est un homme usé qui traîne péniblement son corps alourdi par la graisse. Il n'a plus le teint fleuri mais une mine plombée. Sa vue faiblit. Le duc de Saint-Simon, qui l'aime, ose lui dire que sa conduite privée et ses scandaleuses soirées lui font beaucoup de tort dans le public. Le prince écoute son ami, mais lui répond qu'il ne peut changer ; il lui avoue piteusement qu'il n'a plus envie de femmes et que le vin l'écœure. « Mais avec ce dégoût du vin et cette mort de Vénus, lui demande Saint-Simon, quel plaisir peut vous attacher à ces soirées, à ces soupers, sinon du bruit et des gueulées qui feraient boucher toute autre oreille que la vôtre et qui n'est plus que le déplorable partage d'un vieux débauché qui n'en peut plus, qui soutient son anéantissement par les misérables souvenirs que réveillent les ordures qu'il écoute[1] ? »

Le Régent cède. Il prie Mme d'Averne de quitter Versailles en lui disant qu'ils pourraient toujours se voir à Paris. Elle se console avec le duc de Richelieu et d'autres jeunes gens. Le duc d'Orléans est retourné chez sa femme ! Ils partagent au moins une satisfaction, celle de marier leur fille, Mlle de Beaujolais, avec don Carlos infant d'Espagne. La princesse est fort jolie et jouit d'un caractère aimable, ce qui n'est pas le cas de sa sœur aînée la princesse des Asturies qu'elle va retrouver à Madrid. Avant de quitter Versailles, Mlle de Beaujolais est allée dire adieu à sa grand-mère, Madame Palatine. Cette bonne grosse Allemande au caractère solidement trempé, toujours si digne, est aujourd'hui très malade. On a cru qu'elle allait mourir pendant le voyage du sacre qui lui a permis de voir sa fille, la duchesse de Lorraine, et ses petits-enfants. Les médecins se pressent aujourd'hui à son chevet et elle les traite de charlatans. Son fils vient la voir plusieurs fois par jour. « Pourquoi pleurez-vous ? Ne faut-il pas mourir ? », lui dit-

1. Saint-Simon, *op. cit.*, t. VIII, p. 504-505 (éd. de la Pléiade).

elle. Elle a cessé de vivre le 8 décembre, à trois heures du matin, dans le château de Saint-Cloud qu'elle aimait tant. Le prince pleure amèrement auprès de M. de Saint-Simon.

Dubois, qui a prêché le sérieux à son maître, a, paraît-il, des plaisirs secrets. La nuit, on conduit chez lui des filles de joie qu'il contente comme il peut, ce qui n'empêche pas sa maîtresse Mme de Tencin, la religieuse défroquée qui tient l'un des meilleurs salons de la capitale, de passer une partie de ses nuits avec lui. On ne sait comment Dubois malade et drogué de travail parvient encore à faire la noce.

Le roi en sait sûrement beaucoup plus long qu'on ne l'imagine sur les débauches de son oncle et de son principal ministre. Il n'en dit rien, à son habitude. Son caprice ou sa colère froide s'abattent sur ceux qui ne s'y attendent pas. Son valet de chambre Bontemps en a fait les frais. Ayant appris que ce monsieur avait reçu sa maîtresse à Versailles et qu'il avait dîné avec elle, le roi lui a ordonné de renvoyer la dame et de ne pas paraître devant lui. Dans cette cour dépravée, M. de Fleury a soigné l'éducation morale et religieuse de son élève, mais on peut se demander si cette mesure n'a pas été plutôt inspirée par le désir de s'affirmer comme le maître que par souci de moralité.

Depuis son sacre, Louis se montre capricieux. L'étude l'ennuie ; il aime à dire que la volonté du roi est la loi. Il s'est moqué de son gouverneur et il a mis M. de Fleury à la porte de son cabinet. Enfantillage ou sottise ?

Le 15 février 1723, Louis XV a eu treize ans accomplis. Dès le matin, le Régent est venu à son réveil lui déclarer qu'il lui remettait le soin de l'État et l'assurer qu'il était désormais le maître absolu. Le monarque ne répondit rien, se leva et passa dans son cabinet. Comme il se plaignait d'une puce qui le piquait, son précepteur lui dit : « Sire, vous êtes majeur, vous pouvez ordonner sa punition. » « Qu'on la pende », répondit-il en riant. Ainsi commence le règne effectif de S.M. Louis XV, par la pendaison d'une puce !

Le plus sérieusement du monde, le roi est allé le 20 février assister à la messe à la Sainte-Chapelle avant de tenir le lit de justice d'intronisation. Au soulagement général, il a maintenu le duc d'Orléans à la tête de l'administration et reconduit Dubois dans ses fonctions de Premier ministre. À la place du Conseil de régence, il y aura désormais un Conseil royal présidé par le roi, composé du duc d'Orléans, de son fils le duc de Chartres, de M. le Duc, du cardinal Dubois et de M. de Fleury.

La fin d'un monde

Bien que le duc d'Orléans et Dubois soient toujours très critiqués, leur maintien à la tête de l'État a rassuré les élites et les souverains européens. Cependant, leur pouvoir est plus fragile qu'on ne pense. Ils sont tous deux malades. Des douleurs de plus en plus violentes tenaillent le cardinal, qui se décharne chaque jour davantage, et le prince sombre souvent dans une torpeur inquiétante. Brûlé par une fièvre continuelle, purgé, saigné, drogué, le cardinal s'accroche au timon des affaires avec frénésie. Il veut faire rendre gorge aux traitants, étudie une refonte du système fiscal, se préoccupe du rétablissement des relations commerciales rompues depuis la peste de Marseille et poursuit son œuvre diplomatique. Il ne fait pas bon être sous ses ordres ; il crie, il jure, il tempête. Il se plaît à dire des grossièretés aux dames de la Cour. Il a traité de putain la marquise de Feuquières, crié à la princesse d'Auvergne d'aller se faire foutre... Il ne se tient tranquille qu'à l'Académie française où il a été reçu par Fontenelle le 3 décembre 1722, mais il n'y va pas souvent.

Au mois d'avril, lorsqu'on le voit tomber de cheval à la revue des troupes de la maison du roi, on pressent qu'il est condamné à brève échéance. On commence de penser à sa succession tandis qu'on fouille dans son passé. Il paraît qu'il a voulu étouffer un scandale susceptible de nuire définitivement à sa postérité : son mariage à Brive-la-Gaillarde du temps de sa jeunesse. On dit que le marquis de Breteuil, intendant de Limoges, est allé soustraire cet acte sur les registres de la paroisse. Pour le remercier, le cardinal l'aurait nommé ministre de la Guerre à la place de Le Blanc, accusé de malversations. Est-ce bien vrai ? Tant de rumeurs ont couru sur cette romanesque existence qu'on est toujours prêt à croire une nouvelle fable. On ne peut s'empêcher d'être saisi d'étonnement lorsqu'on sait que le pape Innocent XIII se met à prier pour qu'il vive encore longtemps. « Je tomberais de bien haut, a-t-il dit à l'abbé de Tencin, si je venais à le perdre[1]. » Quand on pense que ce prêtre est le frère d'Alexandrine de Tencin, maîtresse de Dubois et de bien d'autres encore, il y a de quoi douter de la sainteté de l'Église…

Dubois va de plus en plus mal mais garde un esprit toujours aussi clair. Le 4 août, il n'a pu se lever, mais il a reçu le président Hénault à quatre heures de l'après-midi en présence de Mme de Tencin. Jusqu'à huit heures il devisa avec une telle verve que le président pensa qu'il gardait le lit pour quelque raison politique inconnue de lui. Ils parlèrent ensemble du cardinal de Richelieu, de Mazarin, de la cour de Rome et Dubois lui déclara avec un à-propos désarmant : « Les mœurs ont changé. Rome n'est composé que de gens occupés de leur intérêt particulier et dont la religion doit faire la fortune. Pas un d'eux n'est dévot, mais nul ne se le confie et l'un pour l'autre, ils affectent une rigidité qui ne permet pas au chef le moindre relâchement[2]. » Plus tard, ils s'entretinrent de littérature. Pas un seul instant le cardinal ne montra qu'il souffrait.

Le 6 août, le duc d'Orléans fit tenir le Conseil dans la chambre du cardinal. Le lendemain, Dubois rédigea des dépêches à l'intention de Vienne. Le médecin du roi écrivit à Nocé que la vessie du cardinal était percée en plusieurs endroits. « Vous ne me ferez pas croire que les vessies sont des lanternes », répondit le roué. Le 8 août, les médecins avouèrent au malade qu'il était perdu s'il ne se faisait pas opérer de la vessie. Le cardinal demanda à être transporté de Meudon où il se trouvait jusqu'à Versailles. On l'installa dans une litière du roi qui avança au pas soutenue sur les côtés par quatre domestiques afin d'éviter les secousses. Suivaient trois carrosses à six chevaux, l'un avec les aumôniers, le deuxième avec les médecins, le troisième avec les chirurgiens. Arrivé dans son appartement au château, les médecins lui proposèrent de recevoir les sacrements avant l'opération. Dubois se confessa en moins de dix minutes. Comme il refusait l'opération de la dernière chance, il fallut que le duc d'Orléans vînt lui dire : « Vous n'avez guère de courage ! » « J'en ai contre toute autre

1. A.A.E. Rome, t. 649, fol. 121, cité par Dom Leclerq, *Histoire de la Régence pendant la minorité de Louis XV*, Paris, E. Champion, 1921, t. III, p. 420.

2. Le président Hénault, *Le Président Hénault et Mme du Deffand*, Paris, Calmann-Lévy, 1893, p. 125-128.

chose, lui répondit-il, mais je ne saurais me déterminer à ce qu'ils veulent me faire. » La Peyronie confia au prince qu'il ne répondait de rien. Très ému, il ne put s'empêcher de pleurer et supplia Dubois de consentir à l'opération. Le cardinal céda à ses instances.

Les chirurgiens se disposèrent à intervenir. Quatre aides s'emparèrent du malheureux qui criait. L'opération ne dura que quatre minutes. Le duc d'Orléans marchait de long en large dans la galerie. Lorsqu'il apprit que le cardinal se reposait, il ne voulut pas le fatiguer. Il en reçut des nouvelles toutes les heures. L'état du malade s'aggrava. Il mourut le lendemain 10 août 1723.

Le duc d'Orléans se rendit chez le roi.

« Sire, M. le cardinal est mort, dit-il.

– J'en suis fâché, répondit le roi.

– Sire, je ne vois personne qui soit plus en état que moi pour rendre service à S.M. en qualité de Premier ministre. »

Le roi ne répondit rien, le duc d'Orléans en conclut que ce silence était un acquiescement.

Le prince a aussitôt demandé à ses roués de revenir auprès de lui. Nocé est arrivé le premier. Les autres ne vont pas tarder. Ils feront connaissance avec la nouvelle maîtresse de Son Altesse, une jouvencelle de seize ans, Mlle Houel, une Provençale qui allait entrer au couvent et que sa tante Mme de Sabran a conduite auprès de son ancien amant. Elle est grande, bien faite, et elle a de belles dents. Naïve et sotte, elle lui donne les plaisirs qu'on accorde aux vieillards, mais il ne tarde pas à s'ennuyer avec elle. Il l'a couverte de bijoux et lui a offert un somptueux trousseau. Le duc d'Orléans a satisfait un autre goût en se faisant offrir par le chapitre de Reims un Titien et un Correge qu'il avait admirés dans la cathédrale.

Le prince travaille avec le roi et les ministres ; le soir il a repris ses folles habitudes mais le cœur n'y est plus. La mort rôde autour de ces fins de partie. Saint-Simon, qui redoute sa fin prochaine, est allé trouver M. de Fleury et lui a conseillé de prendre ses dispositions avec le roi afin qu'il pût devenir Premier ministre. L'évêque lui a répondu que seul un prince du sang pouvait succéder au duc d'Orléans. Il pense à M. le Duc auquel M. de Saint-Simon prête « une bêtise presque stupide, une opiniâtreté indomptable, une fermeté inflexible, un intérêt insatiable et des entours aussi intéressés que lui ». Il n'a sans doute pas tort et M. de Fleury partage probablement son avis sans oser le dire. Il est même parvenu à lui faire l'éloge du prince. Que de finesse chez ce prélat !

Philippe d'Orléans est mort à la sourdine

Après un été caniculaire accompagné d'une sécheresse qui laissait présager des récoltes médiocres, un troupeau en partie décimé par manque d'eau et de foin, la misère était générale. Les puits de Paris étaient desséchés et la petite vérole multipliait les victimes dans la capitale. Malgré son état déliquescent, le duc d'Orléans travaillait avec la même régularité qu'auparavant. Cependant les mauvaises langues prétendaient qu'à certains moments on pouvait lui faire signer n'importe quoi. Il sombrait dans une sorte d'hébétude.

Le 2 décembre, il dit à son épouse qu'il se sentait la tête fort chargée et qu'il avait mal à l'estomac. Il reprit ses activités pendant l'après-midi. Prenant un peu de temps pour se reposer avant de se rendre chez le roi, il demanda s'il y avait quelque femme capable de le divertir un moment. Le valet de chambre lui répondit que la marquise de Prie et la duchesse de Fallari se trouvaient là. Il fit entrer la duchesse et s'assit à côté d'elle devant la cheminée.

« Crois-tu de bonne foi, demanda-t-il, qu'il y ait un Dieu, qu'il y ait un enfer et un paradis après cette vie ?

– Oui, mon prince, je le crois certainement, dit-elle.

– Si cela est comme tu le dis, reprit-il, tu es donc bien malheureuse de mener la vie que tu mènes.

– J'espère cependant, ajouta-t-elle, que Dieu me fera miséricorde[1]. »

Le prince se plaignit de lourdeur à l'estomac. Il s'assit dans un fauteuil, appuya ses bras sur les accoudoirs et sa tête soudain se pencha fort en avant. Comme Mme de Fallari s'approchait de lui, il se renversa sur le dossier et tomba sur le parquet. Il suffoquait. La duchesse appela au secours, on accourut. C'était une attaque d'apoplexie. M. Chirac le fit aussitôt saigner mais ce fut inutile.

1. Buvat, *op. cit.*, t. II, p. 461.

Il ne reprit pas connaissance et mourut à sept heures du soir sans avoir prononcé une parole.

M. le Duc alla aussitôt annoncer la nouvelle au roi, qui pleura. Le prince ne laissa pas le temps au souverain de revenir de sa douloureuse surprise. Il lui demanda la succession du duc d'Orléans en tant que Premier ministre. Louis XV accepta et M. le Duc prêta serment entre les mains de S.M.

CHAPITRE VII

Une régence prolongée

Incertitudes

À Versailles, on ne pleure guère Philippe d'Orléans, même si certains se plaisent à louer sa bienveillance, son immense culture et son intelligence. L'hypocrisie l'emporte chez la plupart des courtisans. Louer un impie aux mœurs dissolues n'est pas de bon ton. La Cour porte le deuil de circonstance sans tristesse. La vie privée du prince, son mépris de la religion ont trop scandalisé les dévots – partisans des Jésuites ou jansénistes – pour qu'ils éprouvent la moindre compassion. Ils ont tous poussé un soupir de soulagement ! Les parlementaires se réjouissent de la disparition d'un régent qui a mis des bornes à leur autorité. Les Français lui reprochent ses richesses mal acquises, la ruine de trop de monde et la hausse des prix. Seuls les souverains d'Europe regrettent l'artisan de la paix.

M. le Duc qui lui succède ne jouit d'aucun prestige et n'est pas aimé. Sans le prendre pour un parfait imbécile comme le pense Saint-Simon, tout laisse à penser que ses compétences sont faibles. On peut craindre que la marquise de Prie, sa maîtresse, veuille gouverner à sa place. Fille de Berthelot de Pléneuf, un traitant fort riche, assez habile pour s'être allié aux familles les plus distinguées de la robe, elle a épousé à quinze ans le marquis de Prie. Elle a tout ce qui séduit un homme : une taille élégante, un visage fin et plein de douceur, beaucoup de distinction, une voix légère et de l'esprit. Cette jeune femme n'a pourtant rien d'une évaporée. Elle s'intéresse à la politique et s'est initiée aux affaires dès son mariage lorsque son mari fut nommé ambassadeur à Turin. Trois ans plus tard, en 1718, il l'envoya solliciter une pension du Régent ! Ils savaient tous deux ce que cela signifiait. Elle ne laissa pas le duc d'Orléans insensible. Il coucha avec elle, mais ne la garda pas auprès de lui. Il avait compris qu'une grande ambition animait ce joli corps et qu'elle voulait bien plus qu'elle ne sollicitait. Philippe d'Orléans ne tenait pas à mêler les affaires de sexe avec celles de l'État. Il ne souhaitait que des compagnes de plaisir et fuyait les femmes d'influence.

Mme de Prie ne se laissa pas impressionner par cet échec. Elle se tourna vers M. le Duc et le rendit fou amoureux d'elle. Quand elle se vit sur le point de devenir la maîtresse en titre de ce prince borgne, au visage grêlé, aux jambes maigres comme celles d'un héron, elle eut un haut-le-cœur. Son ambition allait-elle l'entraîner à supporter un homme qui la dégoûtait ? Il faut dire qu'entre-temps, elle avait cédé au marquis d'Alincourt qui lui plaisait bien davantage. M. d'Alincourt, on le voit, s'était reconverti aux amours avec le sexe féminin[1]. Elle le sacrifia en pleurant et céda au premier prince du sang… qui s'émerveille encore d'avoir une telle maîtresse. Elle l'engagea à s'intéresser sérieusement aux affaires de l'État, l'instruisit de tout ce que l'on colportait contre le Régent et fit de son nouvel amant un personnage dont le duc d'Orléans finit par se méfier tout en redoutant davantage sa maîtresse. Mme de Prie a gagné beaucoup d'argent grâce au système de Law et elle est maintenant au mieux avec Pâris-Duverney sur lequel elle a fondé de grands espoirs.

Mme de Prie a préparé l'élévation du premier prince du sang afin de réaliser ses ambitions personnelles, mais elle n'a pas compté avec M. de Fleury. Il ne quitte pas le roi dont il est le maître à penser. Le jeune homme l'écoute ; sans doute éprouve-t-il de l'affection pour ce prêtre qui s'est investi dans un rôle paternel. Cette intimité avec Louis XV, sa participation au Conseil et sa connaissance des affaires lui donnent une force considérable. On se souvient de sa réponse à Saint-Simon venu le sonder sur

1. Cf. *supra*, p. 124-125.

ses intentions quelques semaines plus tôt[1]. Il se trouve aujourd'hui dans la situation qu'il avait prévue. M. le Duc gardera les apparences d'un pouvoir qui sera sans doute trop lourd à assumer et M. de Fleury attendra son heure. Modeste, respectueux sans obséquiosité, il s'assied à côté du roi pendant le Conseil. Dès les premiers jours du nouveau ministère, il a manœuvré de telle sorte que M. le Duc ne peut rien proposer que de concert avec lui. Les ministres recherchent sa protection et lui soumettent en secret leurs dossiers.

Depuis la mort de son oncle, le roi se sent ivre de liberté. Il s'en remet à M. de Fleury pour les décisions politiques et se conduit le reste du temps comme un adolescent fougueux. Grand et fort, il paraît plus que son âge. Tous ceux qui le voient sont frappés par la beauté de son visage aux traits réguliers, par son regard velouté et la grâce qui inspire tous ses mouvements. Qu'il fasse beau ou qu'il pleuve, il s'adonne à la chasse avec fureur. Rien ne l'arrête. Il aime aller à Rambouillet chez le comte de Toulouse où il reste parfois coucher, à Chantilly chez M. le Duc trop heureux de le recevoir. Sur le chemin du retour, il fait halte dans des auberges avec ses compagnons de chasse. Au cours de ces collations, on ne parle que de « rentrée », de « sorties », de « rembûchés » et autres exploits de vénerie. Le roi a prévu de remettre en état le château de Fontainebleau pour y passer plusieurs semaines en automne. Il se couche fort tard, réunit parfois le Conseil à la nuit tombée et on ne sait jamais à quelle heure il se lèvera. Il se livre à de curieuses fantaisies : il s'amuse à couper les cravates ou les chemises des courtisans, arrache leurs perruques et leurs cannes et s'enfuit en riant. Récemment il a rasé les sourcils de trois écuyers et de quelques autres chasseurs. Où a-t-il donc la tête ?

Son entourage immédiat s'inquiète. On vient de découvrir qu'il entretenait une amitié particulière avec le jeune duc de La Trémoille, premier gentilhomme de la chambre. Cette liaison secrète bientôt connue de toute la Cour laisse de nouveau supposer que le temps des mignons va revenir. Il paraît que le petit La Trémoille « avait fait un complot avec M. le comte de Clermont de se rendre tous deux les maîtres des chausses de Louis XV et de

1. Cf. *supra*, p. 142.

ne souffrir qu'aucun autre courtisan ne partage leur bonne fortune[1] ». On a envoyé le duc à l'Académie avec son gouverneur pour y régler ses mœurs et sa famille a décidé de le marier. « C'est bien fait ! », a dit sèchement le roi. Curieuse remarque en vérité.

M. de Duc a décidé de lui donner le goût du sexe féminin afin de le ramener dans le droit chemin. Aussi a-t-il organisé un séjour de plusieurs semaines à Chantilly. Le roi s'adonnera tout naturellement à sa passion cynégétique, mais un escadron de dix-sept jolies femmes est chargé de le charmer et l'une d'elles devra obtenir son pucelage. Elles chasseront le chasseur. En attendant le départ, elles font de folles dépenses en toilettes.

Déception ! Toutes les belles en furent pour leurs frais ; le monarque est resté de marbre. Il a passé ses journées à la chasse, ses soirées à table et ses nuits au jeu. Un drame a achevé d'assombrir les fêtes : le duc de Melun a été tué par un cerf. Le roi a regagné Versailles le 1er août 1724. Il s'ennuie et rêve de Fontainebleau. Seuls les chansonniers sont heureux. Ils rimaillent à plaisir sur le voyage de Chantilly :

> Que fait-on de ces gueuses
> Qu'on mène à Chantilly ?
> Quoi pour un pucelage,
> Fallait-il tout ce train
> De dix-sept putains ?

Il faut marier le roi

M. le Duc roule de sombres pensées. Le duc de Chartres, devenu duc d'Orléans à la mort de son père, vient de se marier. C'est un garçon effacé aux idées bizarres et qui déteste M. le Duc. Son épouse, une charmante princesse de Bade, est déjà enceinte. Si Louis XV venait à mourir sans postérité, c'est à Louis d'Orléans que reviendrait la couronne. M. le Duc ne jouerait plus aucun rôle et deviendrait le sujet de ce cousin qu'il méprise.

1. Voltaire à la marquise de Bernières vers le 10 juillet 1724, *Correspondance*, t. I (1704-1738), Paris, Gallimard, « Bibliothèque de la Pléiade », p. 123.

Mme de Prie partage les angoisses de son amant. Elle a d'ailleurs un autre sujet d'anxiété : M. le Duc, qui est veuf, doit se remarier. Que deviendrait-elle s'il s'éprenait d'une nouvelle épouse ? Elle s'est mis à la recherche de la perle rare et pense l'avoir trouvée en la personne d'une princesse de modeste naissance, Marie Leszczynska, dont le père fut un éphémère roi de Pologne. Elle a vingt et un ans et vit pauvrement auprès de ses parents en exil à Wissembourg. Si elle épouse M. le Duc, elle sera soumise à celle qui aura été la bonne fée de ce mariage inespéré. Des pourparlers secrets sont déjà engagés avec Stanislas Leszczynski, le roi déchu, trop content de marier sa fille sans dot. Mme de Prie a envoyé le peintre Gobert faire le portrait de celle qui sera la génitrice des Condés.

Cependant, M. le Duc est plus pressé de marier le roi que de se remettre la corde au cou. Sa puissance tient à la vie de Louis XV. Il tremble à la moindre incommodité du jeune souverain qui a été pris d'une grosse fièvre accompagnée de symptômes inquiétants. On l'a saigné deux fois le 20 février 1725. Il s'est rétabli par miracle. Pendant cette courte et violente indisposition, M. le Duc ne vivait plus ; il s'était installé dans l'appartement situé au-dessous du sien. Une nuit, entendant un remue-ménage inhabituel, il se leva précipitamment, monta chez le roi en robe de chambre où le reçut Maréchal, premier chirurgien de S.M. M. le Duc bégaya : « J'ai entendu du bruit... le roi est malade... Que deviendrai-je ? » Maréchal, surpris, tenta de le rassurer. En le raccompagnant, il l'entendit murmurer comme un fou : « Je n'y serai pas repris... S'il en revient, il faut le marier[1]. »

Cependant le roi aujourd'hui capable de procréer est promis à l'infante-reine qui n'a pas encore huit ans. Elle ne pourra pas donner un héritier au trône avant huit ans ! Louis n'a jamais pu imaginer qu'elle deviendrait un jour son épouse. Si le Régent vivait encore, il défendrait ce mariage avec passion. La réconciliation avec l'Espagne, qui était son œuvre et celle de Dubois, se trouvait scellée par cette alliance et celles qu'il avait contractées pour ses filles, Mlle de Montpensier avec le prince des Asturies et Mlle de

1. Charles Duclos, *Mémoires secrets*, vol. II : *La régence du duc d'Orléans (1715-1720)*, Paris, 1829, p. 34-35.

Beaujolais avec don Carlos. Le renvoi de l'infante ne risquerait-il pas d'être la cause d'un nouveau conflit ?

Cependant, depuis un an, bien des changements ont eu lieu de l'autre côté des Pyrénées. Au mois de janvier 1724, Philippe V très dépressif a abdiqué en faveur de son fils, le prince des Asturies, et s'est retiré avec la reine et quelques prêtres dans le château de Saint-Ildefonse afin de préparer son salut. La fantasque princesse des Asturies, épouse de Louis Ier, est ainsi devenue reine d'Espagne. On jasait beaucoup sur son compte. Elle se plaisait à aller pieds nus, ce qui est un grand crime dans ce royaume où une femme doit cacher ses pieds comme la partie la plus secrète de son corps. Le roi Philippe l'a sermonnée, mais elle s'est moquée de ses recommandations, si bien qu'elle a été enfermée dans sa chambre sans pouvoir en sortir, mais en y continuant ses excentricités. Les mauvaises langues disent qu'elle se mettait dans le plus simple appareil avec quelques dames de sa cour pour recevoir de jeunes et galants seigneurs. Son époux n'aurait pas longtemps supporté son inconduite s'il n'avait succombé à la variole au mois d'août 1724. Philippe V a décidé de remonter sur le trône et d'expédier en France la veuve de son fils.

M. le Duc, Morville, le ministre des Affaires étrangères, les maréchaux de Villars et d'Huxelles ainsi que M. de Fleury ont discuté longuement du sort de l'infante. Le prince a tranché : la poupée espagnole retournera dans sa famille et il faudra trouver le plus tôt possible une épouse nubile pour le roi. M. de Fleury ne s'est pas opposé au renvoi de la princesse, mais il est le seul à ne pas vouloir marier le roi dans l'immédiat. On a aussitôt préparé le départ de la princesse.

Le 1er mars, un courrier partit pour Madrid annoncer à Philippe V la décision prise en Conseil. Louis XV se retira à Trianon pour éviter de faire ses adieux à l'infante. On fit croire à la petite fille que ses parents voulaient la voir et qu'elle reviendrait plus tard à Versailles. Elle s'en alla le 5 avril, persuadée qu'elle partait pour un voyage d'agrément. Lorsque Philippe V apprit le renvoi de sa fille, il exigea que l'on fît les paquets de sa bru et ceux de la fiancée de don Carlos. Les deux sœurs prirent sans tarder la route pour la France et les relations diplomatiques furent rompues entre les deux royaumes.

Pendant ce temps, M. le Duc a fait dresser une liste des princesses à marier. Il n'y en a pas moins de quatre-vingt-dix-neuf : vingt-cinq catholiques, trois anglicanes, treize calvinistes, cinquante-trois luthériennes et trois orthodoxes ! Pour chacune, on a noté son âge, ses qualités et ses défauts. Le prince et les membres du Conseil en ont éliminé d'emblée quatre-vingt-deux. Parmi elles se trouve Marie Leszczynska que Mme de Prie a choisie pour M. le Duc. Il est précisé que « son alliance ne convient pas » : elle n'appartient pas à une maison régnante et il serait à redouter d'avoir à abriter son père, sa mère et leur suite aux frais du roi de France[1].

Le prince a soumis au roi la liste des dix-sept épouses susceptibles de lui convenir. Mais il y a bien des réserves à faire sur la plupart d'entre elles. Les unes ont une mauvaise santé, les autres sont trop jeunes, certaines sont déjà engagées ; les Russes quoique jolies « sont élevées dans des coutumes éloignées de celles de la France » et leur mère est « de trop basse extraction ». Bref, il ne semble rester que Mlle de Vermandois, sœur de M. le Duc. Cette jeune fille de vingt et un ans est douée de toutes les qualités propres à devenir reine de France. M. le Duc rêve de cette union qui serait une apothéose pour lui et pour la maison de Condé. D'ailleurs, Mlle de Vermandois est une personne raisonnable, pieuse et plutôt jolie. Elle s'est retirée au couvent, mais n'a pas prononcé de vœux. Mme de Prie est allée lui faire visite pour s'assurer qu'elle lui serait reconnaissante d'avoir soutenu sa candidature auprès de M. le Duc, mais elle est revenue bien déçue. Mlle de Vermandois est une personne autoritaire qui n'a pas l'intention de se laisser mener par qui que ce soit. Mme de Prie a persuadé son amant qu'il risquait de se mettre dans la dépendance de la future reine. En outre, on a répété à M. le Duc que le roi ne pouvait épouser une de ses sujettes. Quant au principal intéressé, il ne manifeste aucune volonté dans cette affaire. Il s'en remet aux décisions de son Conseil. Au moins est-il sûr qu'on lui donnera une véritable femme et non une princesse jouant encore à la poupée !

Comment trouver l'épouse idéale ? C'est Mme de Prie qui la désigne. Elle la connaît mieux que quiconque puisqu'elle l'a choi-

1. « Mémoire adressé au duc de Bourbon, premier ministre », *Revue rétrospective*, Seconde série, t. X.

sie pour son amant : Marie Leszczynska, la fille de l'ex-roi de Pologne. M. le Duc et sa maîtresse ne peuvent douter de la reconnaissance d'une princesse difficile à marier qu'ils vont installer sur le plus beau trône d'Europe. Louis XV a consulté Fleury et accepté sans difficulté ce mariage qu'il annoncera officiellement lorsqu'on aura la réponse du roi Stanislas.

Cendrillon reine de France

Le 2 avril 1725, à Wissembourg, Stanislas Leszczynski sent battre son cœur plus rapidement que d'habitude lorsqu'il aperçoit un messager portant la livrée du duc de Bourbon. Il va enfin marier sa fille ! Son émotion redouble en lisant la lettre du prince. Ce n'est pas le duc de Bourbon qui demande la main de Marie, mais le roi de France, Louis XV en personne. Stanislas n'en croit pas ses yeux. Il court annoncer la nouvelle à sa femme et à la future reine, qui tombent à genoux pour rendre grâces à Dieu d'un tel miracle.

Fraîche et rose, de belle taille, on ne peut pas dire que la princesse soit belle, mais il se dégage de toute sa personne un air de dignité qui pourrait bien devenir de la majesté. Son regard profond n'est pas celui d'une sotte. À vingt-deux ans, Marie est une femme sérieuse, beaucoup plus savante que la plupart des autres princesses. Elle parle six langues dont le français ; elle a beaucoup lu et possède des connaissances en histoire et en théologie. Sa vie mondaine a beaucoup souffert des déboires familiaux, mais elle maîtrise les usages de la Cour. L'élection contestable de son père au trône de Pologne suivie par une série d'échecs rocambolesques l'ont contrainte à partager l'existence aventureuse de ses parents. Depuis que le Régent a permis aux Leszczynski ruinés de s'installer à Wissembourg[1] en 1719, ils habitent une maison patricienne de la ville et vivent d'une modeste pension versée par le roi. Stanislas voulait marier dignement sa fille. Des pourparlers avaient échoué avec Louis-Charles Le Tellier, petit-fils de Louvois, et avec le prince de Bade. M. le Duc était son dernier espoir… Mais le

1. Bourgade commerçante du nord de l'Alsace rattachée à la France depuis sa conquête en 1705.

ciel (!) en a décidé autrement. Marie ne cesse de remercier Dieu, mais elle est hantée de la crainte qu'une couronne terrestre lui fasse perdre celle du ciel. Douce et soumise, éblouie par cette union inattendue, elle ignore tout des ruses du sexe féminin et sera sans nul doute trop loyale pour se défendre contre les intrigues de Versailles.

La nouvelle a semé la consternation à la Cour comme à la Ville. On se serait cru un jour de deuil. Seul le roi paraissait content. Il partit chasser à Marly de sorte qu'il évita les compliments de circonstance. Depuis lors courent les plus folles rumeurs : la future reine aurait les doigts palmés, des humeurs froides, elle serait même épileptique. Pour en avoir le cœur net, on a envoyé des praticiens à Wissembourg. Leur verdict est tout à fait rassurant. La princesse jouit d'une parfaite santé et possède toutes les qualités propres à donner une belle progéniture à son époux. Quel soulagement !

On prépare les noces royales avec fébrilité. La future reine souhaiterait que le mariage fût célébré le jour de la Vierge, le 15 août. Personne ne songe à la contrarier, mais ce sera le mariage par procuration : Mgr de Rohan, évêque de Strasbourg, officiera, et le duc d'Orléans représentera le roi de France à cette occasion. Mme de Prie s'active. Avec M. le Duc, elle procède au choix des personnes qui composeront la maison de la reine, toutes des libertines qui lui sont dévouées. Elle veille aux apprêts du trousseau. On s'aperçoit à cette occasion que Marie n'a qu'une seule paire de souliers digne de ce nom ! Mme de Prie veut être près de la princesse lorsqu'elle arrivera à Strasbourg afin de bien la chapitrer et de la mettre en garde contre les pièges qui se trouveront sur son chemin. Mais elle tient surtout à placer la jeune femme sous sa protection, autrement dit sous son autorité. Personne n'est dupe de ses intentions. D'une longue parodie de *L'École des femmes* qu'on se passe sous le manteau on peut retenir ces quelques vers significatifs :

Marie, écoutez-moi : laissez là le rosaire,
Et regardez votre ange tutélaire.
Notre roi vous épouse, et cent fois la journée,
Vous devez bénir l'heur de votre destinée
Qui de l'état obscur de simple demoiselle

Sur le trône des lis par mon choix vous appelle.
Nous vous tiendrons toujours sous notre dépendance,
Et nous aurons toujours la suprême puissance.
Louis est un enfant qui n'est roi que de nom ;
Le véritable maître est le duc de Bourbon.
Mais si par un énorme et funeste attentat,
Vous vouliez nous ravir le timon de l'État,
Le renvoi de l'infante est la preuve certaine
Qu'à rompre un autre hymen on n'aura pas de peine,
Et nous aurons toujours de meilleures raisons
Pour vous faire revoir vos choux et vos dindons.

À Versailles on prépare le roi à son rôle d'époux. Louis ne se fait semble-t-il qu'une très vague idée du mariage et n'a toujours manifesté aucun goût pour le sexe féminin. Afin d'éveiller ses désirs, M. de Fleury (!) fait mettre sous ses yeux des images lascives. Son valet de chambre charge un artiste d'exécuter des dessins de la nature en action. On recherche des sculptures érotiques que le jeune prince pourra examiner et palper tout à loisir. Douze tableaux représentant les amours des patriarches sont accrochés dans sa chambre afin de lui suggérer des idées voluptueuses : c'est une succession de scènes décrivant les progrès de l'entreprise amoureuse.

Les sept sacrements

Avant son départ de Wissembourg, Stanislas remet à sa fille une longue « Instruction » qui l'exhorte à la piété, à la soumission et à la discrétion. Une princesse aussi vertueuse aurait besoin de conseils plus avisés. C'est une brebis candide qu'on mène à un adolescent ignorant…

Après un voyage pluvieux où les carrosses se sont plusieurs fois embourbés, la rencontre des deux époux a lieu à Froidefontaine (faudrait-il voir là quelque funeste présage ?) à quelques lieues de Fontainebleau. Cette rencontre obéit à un protocole savamment réglé d'avance. Le roi ne dit rien, mais dévore des yeux la princesse, dont le maintien modeste et gracieux surprend agréablement la Cour. Tout est prêt pour la cérémonie nuptiale qui doit se dérouler le lendemain, 5 septembre, dans la chapelle du château.

Le matin, la toilette de Marie dure trois heures, mettant à dure épreuve la patience de son mari, qui fait demander à plusieurs reprises quand la reine sera enfin prête. Il a l'air heureux lorsqu'elle paraît à la porte de son grand cabinet dans sa robe de velours violet constellée de diamants. Derrière elle, la duchesse douairière de Bourbon, la princesse de Conti et Mlle de Charolais soutiennent le lourd manteau royal bordé d'hermine. Dans son habit de brocart d'or recouvert d'un manteau brodé de points d'Espagne en fil d'or, le chef couvert d'un chapeau de velours noir où brille le fameux diamant appelé le Régent, le roi semble sorti d'un conte de fées. Son attitude surprend tout le monde ; tout au long de la journée, il se montre très empressé avec sa femme. Le soir, il écoute distraitement *Amphytrion* et *Le Médecin malgré lui* et trouve bien long souper et feu d'artifice. Après le coucher solennel à dix heures, il peut enfin laisser libre cours à ses ardeurs.

Les nouveaux époux ne se sont levés qu'à onze heures. Louis a aussitôt envoyé un homme de confiance annoncer au duc de Bourbon qu'il a été sept fois heureux. La nouvelle est bientôt connue de la Cour et de la Ville. Déçu que son *Divertissement* de circonstance n'ait pas été joué, Voltaire écrit à une amie : « On fait tout ce qu'on peut ici pour réjouir la reine. Le roi s'y prend très bien pour cela. Il s'est vanté de lui avoir donné sept sacrements pour la première nuit mais je n'en crois rien du tout. Les rois trompent toujours leurs peuples. »

Le mariage a transformé le roi. Toujours très assidu auprès de son épouse avec laquelle il passe toutes ses nuits, il a cessé de se livrer à ses plaisanteries douteuses avec son entourage. Il parle volontiers, devient aimable et il a fait couper ses longs cheveux pour porter une perruque. Il découvre avec plaisir que Marie est une excellente cavalière et qu'elle peut le suivre à la chasse. Les fêtes se succèdent à Fontainebleau où la reine attire tous les regards puisque le roi se montre amoureux d'elle. Il vient de lui causer un vif plaisir en permettant au roi Stanislas de s'installer au château de Chambord où il tiendra sa petite cour. Il n'aurait pas été décent de renvoyer à Wissembourg le beau-père du roi de France.

Tout va pour le mieux dans le ménage royal, mais Fleury s'inquiète pour la santé de Louis XV. Il voudrait lui imposer des nuits de « jeûne ». Les mariés ont protesté. Ne faut-il pas donner un dauphin le plus tôt possible au royaume ? Fleury se tait. À vrai dire, il est plus préoccupé par les manœuvres de Mme de Prie que par les amours de son maître. L'intrigante personne poursuit une stratégie qui vise à éloigner du roi son ancien précepteur en se servant de la reine qu'elle accapare tant qu'elle peut. Elle la cajole pour mieux la conseiller et Marie ne fait rien sans lui demander son avis. Elle n'ose pas parler au roi, qu'elle révère comme un dieu mais qui l'intimide : il est si beau, si puissant et elle se croit si peu de chose à côté de lui ! Elle préfère se confier à la maîtresse du duc de Bourbon qui se flatte d'avoir mis la femme du monarque sous sa tutelle. En dépit des formes protocolaires, Mme de Prie traite la reine en sujette et le roi ne s'en rend pas compte.

Au début du mois de décembre, la Cour est revenue à Versailles. Il faisait nuit lors de l'arrivée des souverains, mais le château était illuminé. Marie monta par l'escalier des Ambassadeurs brillant de mille feux et découvrit l'enfilade des appartements, la galerie des Glaces, avant de parvenir à ses appartements. Sous la « tutelle » de l'inévitable Mme de Prie, la reine commence à pénétrer le fascinant système aulique instauré par l'arrière-grand-père de son époux.

Le triomphe de Fleury

Le roi découvre les plaisirs de l'amour en accomplissant son devoir, mais son jeune âge l'oblige à laisser le timon des affaires à M. le Duc, lui-même gouverné par sa maîtresse dont l'autorité s'affirme chaque jour davantage. Le prince et Mme de Prie rêvent de se maintenir au pouvoir le plus longtemps possible. Aussi ont-ils l'intention de se débarrasser de Mgr de Fleury, qui reste le confident et le conseiller du monarque. Ils comptent bien que Marie servira leurs desseins. Le duc de Bourbon n'a pas de compétences pour diriger l'État ; depuis deux ans, il mène une politique impopulaire. Les frères Pâris, « le monstre à quatre têtes », ont imposé un dirigisme bureaucratique paralysant commerce intérieur et commerce extérieur. Les pluies diluviennes de l'été 1725 ont saccagé les récoltes. Le pain, nourriture de base des Français, vient parfois à manquer et son prix est toujours très élevé. Paris compte près de trente mille mendiants, mais on a jugé bon d'interdire la mendicité. Afin de renflouer les caisses de l'État, Pâris-Duverney a créé un nouvel impôt, le cinquantième, à prendre sur tous les biens du royaume. Tollé général aussi bien chez les parlementaires que dans le peuple. Les magistrats ont rédigé force remontrances qui ont été brisées par un lit de justice. Le roi, venu présider la séance, n'a pas été applaudi en traversant Paris. Plusieurs séditions ont éclaté. Le bruit courut que le lieutenant de police, M. d'Ombreval, défendait aux fermiers d'apporter des blés dans la capitale afin de faire vendre cher les grains emmagasinés par les frères Pâris et que les bénéfices se partageaient entre Mme de Prie et ses amis. Ou encore que d'Ombreval proclamait qu'on devait nourrir les enfants pauvres simplement avec du chou. M. le Duc a renvoyé le lieutenant de police, on a acheté des blés à l'étranger, mais le feu couve encore sous la cendre.

M. de Fleury est seul à dire la vérité au roi. Fort habilement, il essaie de l'amener à renvoyer ce couple infernal qui prépare – il en est sûr – sa propre disgrâce.

Le 18 décembre 1725, Mme de Prie dit à la reine que M. le Duc souhaitait parler tête à tête avec le roi et lui demanda si l'entrevue pouvait avoir lieu dans sa chambre afin d'éviter la présence de tiers. Marie ne put refuser cette faveur à ses bienfaiteurs. Elle envoya le marquis de Nangis, son chevalier d'honneur, prier le roi de la rejoindre chez elle lorsqu'il aurait fini de s'entretenir avec M. de Fleury. Louis XV arriva peu après chez sa femme où il eut la surprise de trouver M. le Duc. Marie voulut s'éclipser mais le prince la retint. Ce dernier commença par parler de quelques affaires sans grande importance. La conversation traînait en longueur. Le roi s'impatientait. Soudain, le duc de Bourbon se lança dans une acerbe critique de Fleury. Le roi ne dit mot. Le prince voulut savoir ce qu'il en pensait :

« Rien, répliqua froidement Louis XV.

– Votre Majesté ne donne-t-elle aucun ordre ?

– Que les choses demeurent comme elles sont.

– J'ai donc eu le malheur de déplaire à Votre Majesté !

– Oui.

– Votre Majesté n'a plus de bontés pour moi ?

– Non.

– M. de Fréjus a seul la confiance de Votre Majesté ?

– Oui. »

Décontenancé par la froideur du roi, le duc de Bourbon tomba à ses genoux et le supplia de lui pardonner. « Je vous pardonne », répondit sèchement Louis XV, qui tourna les talons sans jeter un regard à sa femme éperdue.

Pendant cette scène, Fleury, qui se doutait de quelque piège, était allé jusque chez la reine et avait demandé à entrer. Sur l'ordre du duc de Bourbon, la porte lui fut refusée. Subodorant quelque machination, il écrivit une lettre au roi le priant « de lui laisser finir ses jours dans la retraite et préparer son salut auprès des sulpiciens d'Issy », puisque ses services paraissaient désormais inutiles, et il partit aussitôt. Ayant regagné ses appartements, Louis XV fit demander M. de Fleury. Après avoir lu sa lettre, il se réfugia en pleurant dans sa garde-robe. Le duc de Mortemart n'hésita pas à rejoindre le monarque en ce lieu où personne jusqu'à ce jour ne l'avait dérangé ; Mortemart lui parla ; le roi l'écouta et donna l'ordre à M. de Fleury de revenir sans tarder à Versailles.

Le lendemain de cette mémorable scène, le duc de Bourbon confus offrit sa démission au roi, qui la refusa et poussa même la ruse jusqu'à rassurer son cousin. Mme de Prie et son amant se crurent sauvés. Les jours suivants, le roi ignora le duc de Bourbon, qui se plaignit auprès de Marie. La reine se désolait non seulement parce que ses bienfaiteurs semblaient en disgrâce, mais surtout parce que son époux ne lui parlait plus. Elle n'osait pas s'expliquer avec lui. Dans sa détresse, elle se confia au maréchal de Villars, qui la mit en garde contre toute tentative en faveur de M. le Duc auprès du roi. Elle ne devait jamais, lui dit-il, s'opposer à la volonté de son époux.

Elle a ensuite voulu plaider la cause de M. le Duc auprès de Fleury, qui l'intimide pourtant beaucoup et n'a jamais manifesté à son égard qu'une déférence polie, craignant qu'elle puisse exercer quelque influence sur le roi. Elle s'est heurtée à sa froide indifférence. Elle a de nouveau demandé conseil au maréchal de Villars : « Je crois, madame, le cœur du roi bien éloigné de ce qu'on appelle amour, lui dit-il ; vous n'êtes pas de même à son égard ; mais croyez-moi, ne laissez pas trop éclater votre passion. Qu'on ne s'aperçoive pas que vous craignez de la diminution dans ses sentiments, de peur que tant de beaux yeux qui le lorgnent continuellement ne mettent tout en jeu pour profiter de son changement. Au reste, il est plus heureux pour vous que le cœur du roi ne soit pas porté à la tendresse, parce qu'en cas de passion, la froideur naturelle est moins cruelle que l'infidélité[1] ».

Marie essaie de faire bonne figure à la Cour où elle tient parfaitement son rang. La vie conjugale a repris, mais le roi n'est plus le même avec elle. Elle redoute des changements. M. de Fleury a convaincu son maître de renvoyer Pâris-Duverney et Mme de Prie. Sur les instances des deux amants, Marie est encore intervenue auprès de Fleury :

« Quelle haine avez-vous donc contre eux pour insister si fort sur leur éloignement ?, lui demanda-t-elle.

– Je ne leur en veux point, mais si je presse M. le Duc, ce n'est qu'à cause du tort qu'ils lui font.

– Mais moi, j'avoue que la disgrâce de ces gens-là dont je suis très contente, me fera de la peine[2]. »

M. de Fleury ne répondit pas à la reine. Elle poursuivit la conversation en lui avouant sa tristesse devant le changement du roi à son égard. « Ce n'est pas ma faute », répondit sèchement l'abbé. La reine pleura. Quelques jours plus tard, Pâris-Duverney fut enfermé à la Bastille et Mme de Prie dut rejoindre son époux dans son château de Courbépine. Tout le monde comprit que le règne de M. de Fleury avait commencé.

Un cadavre chez Mme de Tencin

La rue Saint-Honoré est aujourd'hui l'artère la plus vivante et la plus élégante de la capitale. Elle commence dans le Marais et se poursuit jusqu'à la route qui mène à Versailles. Aux abords du Palais-Royal se sont installés les commerces de luxe qui présentent désormais leurs marchandises dans des vitrines. Les femmes s'attardent volontiers chez Dulac qui vend des mouches de toutes formes. Chez Crevon, elles respirent les senteurs qui viennent d'Italie. Non loin de là un autre parfumeur vend une

1. *Vie du maréchal duc de Villars, écrite par lui-même*, t. III, Paris, 1784, p. 214.
2. *Ibid.*, p. 215-216.

pâte miracle qui empêche les dents de se gâter et des herbes aux vertus diverses... Il y a aussi plusieurs marchands d'étoffes précieuses, des gantiers, des confiseurs, et un vendeur de tabac à l'enseigne de « La Civette ». Plusieurs cafés se sont récemment ouverts où s'attablent des nobles, des écrivains, des artistes, des comédiens, des comédiennes dans un joyeux laisser-aller. On y boit, on y mange et on y devise sans fin.

C'est dans cette rue, au couvent de la Conception, en face du couvent de l'Assomption, tout près de la place Vendôme, que Mme de Tencin s'est installée en 1717, alors qu'elle était la maîtresse de Dubois. Non qu'elle ait voulu retourner dans les ordres. Les couvents louent volontiers des appartements à des femmes seules qui vivent à l'abri de leurs murs dans la plus grande liberté. À cette époque, Dubois voyageait beaucoup et Alexandrine, qui ne lui avait pas juré fidélité, tomba amoureuse d'un beau chevalier nommé Destouches. Elle se trouva enceinte ; son amant voulut l'épouser, mais elle refusa. Il partit alors en mission à Saint-Domingue. Soucieuse de cacher une grossesse qui entravait sa liberté, elle décida de quitter l'hôtel de sa sœur, Mme de Ferriol, pour élire domicile dans un bel appartement du couvent de la Conception. Quelques mois plus tard, elle accoucha secrètement d'un fils rue de l'Arbre-Sec, chez le docteur Molin, un médecin du roi qui connaissait son histoire et qui accepta de faire déposer le nouveau-né sur les marches d'une église. Un domestique exécuta la mission. Il abandonna l'enfant devant la chapelle de Saint-Jean-le-Rond adossée à la cathédrale Notre-Dame.

Lorsque Destouches revint, il trouva sa maîtresse tenant salon rue Saint-Honoré. Douloureusement surpris qu'elle n'ait pas gardé l'enfant, il fit une enquête, retrouva son fils dont la santé inspirait de vives inquiétudes, le confia à une nourrice qui le sauva. Destouches se prit d'affection pour le petit garçon appelé Jean-le-Rond. Son intelligence le séduisit bientôt. En 1724, il a convaincu Mme de Tencin d'aller le voir, mais elle ne s'est pas attardée auprès de l'enfant, âgé de huit ans, dont elle ne veut rien savoir. Destouches l'a recommandé à sa famille, qui lui a donné le nom de D'Alembert ; il vient d'entrer comme gentilhomme au collège des Quatre-Nations.

Alexandrine a poursuivi son existence agitée dans les eaux du pouvoir, couchant toujours utile ! (Destouches est une exception dans sa carrière amoureuse.) Elle songe à l'avenir de son frère récemment nommé archevêque d'Embrun et qui rêve d'obtenir la pourpre cardinalice. Pourquoi n'en ferait-elle pas un Premier ministre ? Tout en soignant ses hautes relations, elle a pris du bon temps dans les bras d'un séduisant financier, le chevalier de La Fresnaye, conseiller au Grand Conseil, un homme qui en impose par sa taille très élevée et son air de grand seigneur. Alexandrine, qui s'est enrichie du temps de Law, espère faire encore fructifier sa fortune. Elle a confié des fonds à La Fresnaye et engagé son frère à en faire autant. Cependant, le chevalier n'était pas aussi habile ni aussi honnête qu'elle le croyait. Des opérations assez louches lui ont valu une condamnation et il doit aujourd'hui 28 000 livres à sa maîtresse et 20 000 livres à l'archevêque. Furieuse d'avoir été sa dupe, Alexandrine lui a fait des scènes violentes et a rompu avec lui. Ruiné, criblé de dettes, il a été contraint de vendre tous ses biens et se verrait réduit à la mendicité s'il n'était pas accueilli par quelques rares amis. Il n'ose plus se présenter chez son ancienne maîtresse.

Cependant, le matin du 6 avril 1726, La Fresnaye sonne à la porte de Mme de Tencin. Le domestique l'introduit dans le salon où se trouvent Alexandrine, sa sœur, la comtesse de Groslée, son neveu, le chevalier Jean-Louis et l'abbé Veyret. L'arrivée de La Fresnaye qui semble très agité jette un froid. Quelques instants plus tard, l'abbé Gaillande est annoncé. Comprenant qu'il se passe quelque chose d'insolite, ce dernier ne tarde pas à prendre congé. Après son départ, La Fresnaye demande à Mme de Tencin la permission de se retirer dans un boudoir servant à la fois de bureau et de cabinet de toilette. Sans un mot, elle lui fait signe de passer dans cette pièce. Surpris par cet étrange comportement, les quatre amis s'interrogent du regard. À peine ont-ils repris place qu'une détonation retentit dans le boudoir. L'abbé Veyret se précipite et pousse un cri : La Fresnaye gît dans une mare de sang, un pistolet à la main. Son jabot de dentelle qui a pris feu enflamme déjà les rideaux. Jean-Louis de Groslée éteint le début d'incendie devant les deux sœurs et l'abbé terrifiés.

Sans perdre une minute, Alexandrine envoie chercher son frère, qui accourt, ferme lui-même la porte cochère afin que les domestiques n'aillent pas clabauder au-dehors et tient rapidement conseil avec ses sœurs. Il faut à tout prix étouffer une affaire qui risque de leur porter préjudice à tous. L'archevêque fait appeler un avocat, maître Chevallier, qui arrive à midi. Ce dernier rappelle que La Fresnaye étant membre du Grand Conseil, l'affaire doit être remise entre les mains des magistrats de ce corps et qu'il faut faire pression pour qu'ils agissent le plus rapidement possible. Mgr de Tencin envoie un homme sûr auprès du procureur du Grand Conseil, lequel se rend sur les lieux du drame avec deux conseillers, un greffier et deux chirurgiens. Tandis que les magistrats interrogent les témoins, les chirurgiens procèdent à la « visite » du cadavre. Tous concluent à l'« homicide sur soi », autrement dit au suicide. Ces messieurs du Grand Conseil ont intérêt eux aussi à éviter un scandale qui rejaillirait sur leur juridiction tout entière, car le suicide est encore considéré comme un crime. Il faut agir le plus vite possible. Mais comment se débarrasser du corps ? Les dépouilles des suicidés doivent être promenées sur un tombereau à la vue de tous et ne sont pas enterrées en terre consacrée. Il est cinq heures. Épuisée, Mme de Tencin est allée se coucher pendant qu'on sert un dîner à ces convives inattendus dont l'anxiété va croissant.

Mgr de Tencin appelle le curé de la paroisse Saint-Roch et lui expose la situation, mais le prêtre redoute les foudres de l'archevêque de Paris, Mgr de Noailles. Mgr de Tencin lui explique longuement, preuves à l'appui, que La Fresnaye n'avait plus sa raison et le prêtre finit par céder. Il ne reste plus qu'à ensevelir le défunt, mais il est si grand qu'on ne trouve aucun cercueil à sa taille. Il faut en fabriquer un tout exprès pour lui. Enfin, vers deux heures du matin, munis d'un ordre du Grand Conseil, des porteurs enlèvent la bière et procèdent à l'inhumation au cimetière Saint-Roch. Et chacun d'essayer de trouver quelque repos.

À la Bastille

Malgré les précautions prises par Mgr de Tencin et ses proches, l'affaire était connue de tout Paris dès le lendemain matin. Le Châtelet, chargé des affaires criminelles ordinaires, fut persuadé que le Grand Conseil avait voulu le dessaisir d'une cause importante. Aussi envoya-t-il le 8 avril un commissaire pour interroger

Mme de Tencin et les témoins du drame. Le frère et la sœur ne s'inquiétèrent pas outre mesure de cette démarche qui semblait naturelle. Mais l'affaire ne faisait que commencer.

Le 9 avril, un avocat au Grand Conseil, M. de Sacy, déclara que La Fresnaye lui avait remis deux lettres cachetées à n'ouvrir qu'après sa mort en présence de ses créanciers. Il les remit à un notaire qui les déposa au greffe criminel du Châtelet puisque cette cour instruisait l'affaire. En présence du notaire, d'un commissaire et des Tencin, on ouvrit la première enveloppe que l'on prit pour un testament. Ce n'était qu'un abominable mémoire contre Alexandrine. La Fresnaye traitait son ancienne maîtresse de monstre vomi par les Enfers qu'on devait chasser de l'État. Il déclarait qu'elle l'avait souvent menacé de mort et que s'il venait à mourir, elle était coupable de son assassinat. Enfin il dénonçait ses mœurs dissolues : alors qu'il était son amant, elle couchait avec Fontenelle, avec son neveu d'Argental et bien d'autres encore. Quant aux reconnaissances de dettes qu'elle détenait, elles étaient fausses. En entendant de telles accusations, Mme de Tencin faillit s'évanouir.

Sans s'informer davantage, le Châtelet accusa de meurtre la malheureuse Alexandrine. Le 10 avril, à deux heures du matin, malgré la fièvre violente contre laquelle elle luttait depuis plusieurs jours, elle fut conduite dans la prison du Petit-Châtelet, une forteresse médiévale située au débouché du Petit-Pont sur la rive gauche de la Seine. On l'enferma dans une de ses cellules insalubres.

Pour la première fois de sa vie, Mme de Tencin sombra dans le désespoir. Heureusement, son frère se démena comme un diable, fit jouer ses hautes relations et, grâce au maréchal d'Huxelles, il obtint qu'elle fût transférée à la Bastille. Prison d'État de sinistre réputation, ce n'est pourtant pas une geôle comme les autres. À condition d'en avoir les moyens, on jouit d'une détention assez douce : un traiteur apporte les repas ; on peut faire venir son mobilier et, dans certains cas, les visites sont autorisées. Mme de Tencin bénéficie de ce traitement de faveur. Elle a obtenu que sa femme de chambre reste auprès d'elle. Néanmoins, la procédure judiciaire suit son cours. À plusieurs reprises, elle a été conduite chez La Fresnaye et chez elle pour assister aux perquisitions qui n'ont abouti à rien. On lui a réservé enfin un raffinement de cruauté difficilement soutenable : pendant sept heures, elle subit un interrogatoire devant le cadavre décomposé de La Fresnaye exhumé pour la circonstance !

Les magistrats du Châtelet s'acharnent sur elle comme s'ils voulaient la forcer à avouer le meurtre de son ancien amant et peut-être d'autres forfaits. Ils omettent volontairement de faire état de la seconde enveloppe laissée par le défunt à M. de Sacy. Il s'agit d'une lettre du défunt adressée à Mgr de Tencin par laquelle il reconnaît ses dettes et se dit acculé au suicide. Enfin ils ont retrouvé les reconnaissances de dettes. Alors pourquoi tant de haine ? Mme de Tencin n'est-elle pas en train de payer en sa personne tous les excès de la Régence qu'elle incarne parfaitement aux yeux de ces commissaires rigides et plutôt jansénistes ? Toutes ces épreuves l'ont rendue malade et elle sombre dans une mélancolie que ses amis ne parviennent pas à dissiper.

Miracle le 3 juin 1726 : le Conseil du roi a décidé de renvoyer au Grand Conseil l'instruction faite par le Châtelet. Mme de Tencin est sauvée. Innocentée mais épuisée, elle quitte la Bastille le 16 juin. Amaigrie, fiévreuse, elle n'est plus que l'ombre d'elle-même. Elle est partie se reposer dans le village de Passy réputé pour la douceur de ses sources, mais ses amis craignent pour sa vie tant elle semble faible.

« Nous ne nous baisions pas par la fente de la cloison »

Par le plus grand des hasards, Voltaire fut le voisin de prison de Mme Tencin du 18 avril au 1er mai. Un mur les séparait, mais ils ne pouvaient pas communiquer. Cette rencontre sans parole émoustilla le poète : « Nous étions comme Pyrame et Thisbé, mais nous ne nous baisions pas par la fente de la cloison[1] » écrivit-il à un ami lorsqu'il retrouva la liberté. Il n'éprouvait pas les mêmes angoisses que l'ancienne religieuse. Personne ne le soupçonnait de crime, pas même d'avoir commis des vers impardonnables. C'était son nom d'emprunt et son insolence qui l'avaient conduit sous les verrous.

1. Cité par René Pomeau, *Voltaire en son temps*, t. I, Paris, Fayard, 1995, p. 161.

M. de Voltaire est maintenant un homme de lettres confirmé. Son *Œdipe* joué sur la scène de la Comédie-Française en 1718 l'a consacré comme le plus grand dramaturge de ce temps. Il a dédié sa pièce imprimée à Madame, mère du Régent. Sa renommée dépasse les frontières du royaume. Il a envoyé cette même œuvre accompagnée d'une épître flatteuse au roi d'Angleterre qui lui a offert une montre en or pour le remercier. Il se prend pour le successeur de Corneille et de Racine. Ses deux dernières tragédies, *Artémise* et *Mariamne*, n'ont pas obtenu le même succès qu'*Œdipe*, mais la publication de son long poème épique à la gloire d'Henri IV, intitulé la *Henriade*, que l'on a déjà réédité, l'a couvert de gloire. Les grands recherchent sa compagnie et il passe sa vie de château en château. Tout en poursuivant une liaison avec Mlle Lecouvreur, il a pour maîtresses Mme de Bernières, l'épouse d'un président du Parlement, et Mme de Ruppelmonde. Il fait sa cour au duc de Bourbon et à Mme de Prie. Il a même obtenu que cette dame encore toute-puissante lui loue un appartement dans son hôtel à Fontainebleau pour assister au mariage du roi. Il s'est attiré les bonnes grâces de la reine et fait tout pour consolider sa situation à la Cour. Le nom de Voltaire qu'il s'est attribué lui donne, croit-il, un petit air d'élégance aristocratique qui lui manquerait s'il s'appelait encore Arouet. Il souffre de n'être pas né, mais la prétention nobiliaire qu'il affiche peut attirer le mépris de ceux qui sont nés. Aux yeux de certains, il n'est qu'un poète parvenu qu'on peut renvoyer d'une chiquenaude à sa roture originelle.

« Monsieur de Voltaire, Monsieur Arouet, comment vous appelez-vous ? », lui demande un soir à l'Opéra le chevalier de Rohan-Chabot, un cadet de l'illustre famille de Rohan et qui connaît l'écrivain depuis longtemps.

« Et vous, vous appelez-vous Rohan ou Chabot ? », réplique Voltaire[1].

Deux jours plus tard, ils se rencontrent au foyer de la Comédie-Française ; Rohan lui pose la même question en présence de Mlle Lecouvreur. « Je commence mon nom là où vous finissez le vôtre » répond Voltaire exaspéré par la sottise du chevalier. Ce dernier lève sa canne pour frapper l'insolent, mais se ravise aussitôt

1. *Ibid.*, p. 158-159.

en disant que cette provocation ne mérite que des coups de bâton. Mlle Lecouvreur feint alors de s'évanouir pour faire diversion.

Quelques jours plus tard, le chevalier de Rohan fait parvenir à Voltaire une invitation comme venant du duc de Sully. Voltaire s'y rend, s'aperçoit qu'il n'est pas invité, mais le maître de maison le retient à dîner. Pendant le repas, un laquais murmure à son oreille qu'on l'attend dehors. Voltaire se lève et sort de l'hôtel. À peine a-t-il franchi la porte cochère que quatre sbires se précipitent sur lui en lui assénant force coups de bâton. Assistant à la scène dans une boutique voisine, le chevalier de Rohan crie de ne pas toucher la tête de sa victime. Lorsqu'il estime que l'insolent a été suffisamment battu, il ordonne à ses laquais d'arrêter leur besogne.

Malgré le triste état dans lequel il se trouve, Voltaire rentre chez le duc de Sully, lui conte l'affaire, veut le convaincre que le guet-apens réservé à l'un de ses hôtes l'atteint lui-même, mais le duc se contente de trouver l'agissement de Rohan « violent et incivil ». Il refuse de porter plainte contre lui comme le souhaite Voltaire. Dépité, le malheureux se rend auprès de Mme de Prie, qui lui fait une réponse embarrassée. Sans se décourager, il obtient une audience de la reine, qui n'interviendra pas non plus.

Un Rohan a bastonné un poète. Un Rohan est intouchable. « Nous serions bien malheureux si les poètes n'avaient pas d'épaules », dit M. de Caumartin, évêque de Blois. Au président de Montesquieu, surpris que le chevalier de Rohan ne soit pas puni pour avoir contrevenu aux lois du royaume, le maréchal de Villars a répondu : « Mais c'est un poète. » Et M. de Montesquieu de riposter : « J'avais cru qu'un poète était un homme[1]. »

Ulcéré de se voir ainsi traité, Voltaire voulut provoquer en duel son agresseur. Le bruit courut qu'il préparait contre lui un mauvais coup. Le cardinal de Rohan demanda à M. le Duc de le faire mettre à la Bastille. Le roi signa une lettre de cachet et Voltaire fut arrêté ayant sur lui deux pistolets et 65 louis d'or. Une somme aussi importante laisse à penser qu'il avait l'intention de prendre la poudre d'escampette après un duel, ou une agression. Après deux semaines passées en prison, il s'est embarqué pour l'Angleterre, le 10 mai 1726, sur un *packet-boat*, le *Betty*. Le

1. *Ibid.*, p. 162.

public estime que tout le monde a eu tort : Voltaire d'avoir offensé le chevalier ; celui-ci d'avoir commis un crime en faisant bastonner celui qui avait osé lui répondre ; le gouvernement de ne pas avoir puni le chevalier et d'avoir emprisonné la victime pour tranquilliser l'agresseur !

Deschauffours sodomite et assassin

Il y avait évidemment bien d'autres prisonniers à la Bastille pendant que Mme de Tencin et Voltaire s'y trouvaient enfermés. L'un d'eux, le sieur Deschauffours, sortit peu après Voltaire et quelques jours avant Alexandrine, mais ce fut pour son dernier voyage. Un tombereau le conduisit jusqu'à la place de Grève où il fut brûlé vif... pour sodomie. L'homosexualité condamnée par l'Église est encore considérée comme un crime dans le royaume de France. Les enfants de Sodome pris en flagrant délit sont passibles du bûcher. Cependant, il y a longtemps que ces feux se sont éteints. On ne condamne plus à cette peine que ceux dont la sodomie se double de quelque autre crime, tel que viol, rapt ou assassinat. En pratique, seuls sont traduits devant le lieutenant de police les homosexuels pris en train de draguer ou de se faire draguer dans un lieu public ou qu'une dénonciation signale à l'attention du magistrat pour être arrêtés. Afin de débusquer les sodomites, la police utilise des jeunes gens, pour la plupart anciens prostitués, qu'on appelle des « mouches » et qui ont pour mission de draguer les infâmes et de les livrer à l'exempt dissimulé non loin de là au moyen d'un signal convenu. Suivant son rang social, le prévenu est immédiatement relâché ou bien conduit devant le lieutenant de police ou encore convoqué pour un jour à sa convenance. On fait preuve de beaucoup d'indulgence pour les grands seigneurs qui s'encanaillent (il y en a plus qu'on ne l'imagine) et pour les prêtres que l'on confie à leur évêque ; les autres risquent la prison. En 1725, les services de police ont fait établir un fichier des homosexuels connus à Paris. Les plus grands noms côtoient ceux des laquais.

Deschauffours n'était pas connu des services de police. L'homme était trop rusé pour se faire prendre. L'affaire éclata au mois de juillet 1725 lorsque Mme Finet, qui tenait un commerce d'horlogerie, vit revenir son fils en larmes, le visage blême, ses vêtements déchirés et tachés de sang. Elle l'aida à se déshabiller et lorsqu'elle voulut lui enlever sa culotte, il poussa des hurlements. Hilaire Finet, âgé de seize ans, apprenti horloger chez sa mère, avait été livrer une montre chez un nouveau client, particulièrement affable et qui avait tout l'air d'un gentilhomme. Celui-ci reçut le jeune homme et insista pour qu'il bût un verre de vin avec trois amis qui dînaient à sa table. Très intimidé, Finet n'osa pas refuser l'invitation. Mais dès qu'il eut avalé quelques gorgées, il sombra dans un profond sommeil. Lorsqu'il revint à lui, il était couché par terre, son habit et ses culottes déchirés et pleins de sang. Deschauffours, d'un air courroucé, l'accusa de s'être enivré et mal conduit avec ses amis. Il le chassa de chez lui. La pauvre Mme Finet n'en croyait pas ses oreilles. Elle fit venir un chirurgien qui déclara que Hilaire avait été violé et « connu charnellement contre nature ». Il rédigea un rapport de sa visite et conseilla à Mme Finet de porter plainte, ce qu'elle fit dès le lendemain.

L'information commença aussitôt et Deschauffours fut arrêté. Changeant de nom et d'adresse, il pratiquait le commerce de garçons depuis sept ou huit ans. Il tenait chez lui une véritable agence de placement pédérastique, mettant en rapport des garçons ramassés dans la rue ou appartenant à de très humbles milieux avec de grands seigneurs de toute l'Europe qui venaient se fournir en jolis petits Parisiens. Il en avait testé lui-même les aptitudes aux jeux du sexe ; si ce n'était lui, ses valets l'avaient remplacé. Des rencontres avaient lieu dans son appartement de la rue Poupée. Les clients venaient choisir et même essayer ceux qui conviendraient le mieux à leur plaisir. Ils fixaient le prix avec Deschauffours, qui en connaissait parfaitement la valeur. Cette « marchandise », car, pour Deschauffours, ces jeunes gens n'étaient que de la chair fraîche à consommer, cette « marchandise » coûtait cher parce qu'elle était rare. Il fallait que le garçon soit joli de sa personne, bien bâti et qu'il se laisse faire. Certains étaient vendus par leurs parents et se comportaient docilement ; il en allait de même pour ceux qui étaient attirés par l'appât du gain et par la perspective d'une vie qui leur semblait plus agréable que la leur. Que peuvent espérer les petits décrotteurs de souliers, les gagne-deniers, les ramoneurs ? Mais l'entreprise de Deschauffours ne pouvait être rentable que s'il offrait un large choix à ses clients. Il avait mis en place un réseau de traite d'enfants, dont son procès n'a révélé qu'un infime partie, et qui fut sans doute beaucoup plus important. Il enlevait même des enfants de sept ou huit ans qu'on ne retrouva jamais. Il tua l'un d'eux, en fit émasculer un autre qui succomba à une opération abominable pratiquée sur la table de sa cuisine.

Au nom du roi, M. le Duc avait dessaisi la justice ordinaire pour recourir à une procédure d'exception. Deschauffours et ses quatre complices furent traduits devant une commission spéciale composée du lieutenant de police, de quelques conseillers au Châtelet ainsi que du procureur du roi. Deschauffours commença par nier tous les crimes qu'on lui imputait. Il finit par se rétracter et ses juges le condamnèrent à la peine du bûcher pour sodomie le 24 mai 1726. Bien qu'officiellement condamné pour sodomie, ce fut en réalité pour ses « crimes abominables » qu'il fut exécuté et non pour ses mœurs. On a condamné l'assassin, mais brûlé le sodomite.

Les jours se suivent et ne se ressemblent pas

À Versailles, on se souciait peu de Mme de Tencin, de Voltaire et des turpitudes de Deschauffours. Soutenu par le roi, qui a toute confiance en ses lumières, M. de Fleury préparait son élévation au rang de Premier ministre sans en avoir le titre. Le plan du maître et de son royal élève était prêt depuis plusieurs semaines. Un secret si bien gardé étonna la Cour plus encore que le renvoi de M. le Duc. Tout se joua en vingt-quatre heures.

Le 11 juin 1726, Louis XV se montra particulièrement affable avec le prince. Il lui parla longuement et le pria de venir souper vers huit heures le lendemain à Rambouillet. Le 12 juin, vers sept heures du soir, le duc de Charost, capitaine des gardes du roi, se présenta chez M. le Duc prêt à partir rejoindre le roi et qui ne pouvait recevoir son visiteur. Ce dernier lui dit qu'il devait simplement lui remettre une lettre de S.M. Sans se troubler, M. le Duc prit le message, l'ouvrit et blêmit. Louis XV déclarait qu'il voulait désormais gouverner seul et qu'il supprimait la charge de Premier ministre. Il remerciait son cousin des soins qu'il lui avait apportés et lui ordonnait de se rendre sans tarder à Chantilly. Le premier moment de stupeur passé, le prince entra dans une formidable colère. « Et mes papiers ? », hurla-t-il. M. de Charost n'ayant reçu aucun ordre à ce sujet, M. le Duc fit un tri rapide, brûla quelques feuillets, en mit quelques-uns dans ses poches et le reste dans un cassette à l'intention du souverain. Il griffonna un message pour sa mère : « Tous les jours se suivent et ne se ressemblent pas ; hier j'étais César, aujourd'hui je suis Pompée, je vais à Chantilly ; je compte, belle maman, que vous me conserverez toujours vos bonnes grâces. » Il donna sa parole qu'il obéirait à l'ordre royal avant de saluer gracieusement les courtisans qui l'attendaient dans l'antichambre. Hors de leur portée, il cria au postillon : « À Chantilly ! » Un exempt des gardes du corps l'accompagna et vint rendre compte au roi que le duc de Bourbon était bien là où il l'avait ordonné.

Le même jour la reine reçut elle aussi un billet du roi qui ne ressemblait guère à une lettre d'amour : « Je vous prie, Madame, et s'il le faut je vous l'ordonne, de faire tout ce que M. de Fréjus vous dira de ma part comme si c'était moi-même[1]. » La pauvre Marie se prépare des jours amers. Elle tremblera devant son mari et devant l'archevêque !

Mme de Prie, qui avait rejoint son amant à Chantilly, a dû décamper. Le monarque ne veut plus en entendre parler et elle doit rompre avec M. le Duc. Il l'exile auprès de son mari dans son château de Courbépine en Normandie. Les célèbres frères Pâris subissent le même sort. Enfin le roi a fait part de sa volonté à son Conseil : « Il était temps que je prisse moi-même le gouvernement de mon État et que je me donnasse tout entier à l'amour que je dois à mes peuples pour leur marquer combien je suis touché de leur fidélité. »

1. *Ibid.*

CHAPITRE VIII

Une main de fer dans un gant de velours

Le roi et le cardinal

Dubois rêvait d'être le successeur de Richelieu et de Mazarin, mais cet honneur semble destiné à Mgr de Fleury. Il jouit seul de la confiance du roi sur lequel il veille depuis dix ans. Il l'a formé et dirige sa conduite tout en ménageant son orgueil. Il lui a dicté la déclaration qu'il devait faire au Conseil et au Parlement après le renvoi de M. le Duc qu'ils ont préparé ensemble : Louis XV suivra l'exemple de son grand-père en gouvernant sans Premier ministre. Traduisons : le souverain conservera toutes les apparences du pouvoir, mais son mentor orientera ses décisions. Le monarque n'a que dix-sept ans ; le laisser réellement gouverner serait pure folie. N'ayant pas encore manifesté de goût pour le pouvoir, quoiqu'il assiste régulièrement aux Conseils, il s'en remet à son paternel pédagogue. L'abbé Vittement, son ancien sous-précepteur, assure que la « toute-puissance du prélat durera autant que sa vie et que son règne sera sans mesure et sans trouble. Il a su lier le roi par des liens si forts qu'il ne pourra jamais les rompre ». Ce vieux prêtre qui s'est retiré chez les pères de la Doctrine chrétienne prétend connaître ce qui attache tant le prince à son mentor[1]. Le secret ne semble pas si difficile à per-

1. Guy Chaussinand-Nogaret, *Le Cardinal de Fleury*, Paris, Payot, 2002, p. 57-58.

cer. Avec sa douceur jésuitique, M. de Fleury a donné à son pupille une rigoureuse éducation religieuse. Dès qu'il fut sous sa tutelle, il fit entrevoir à l'enfant capricieux les foudres de l'enfer et l'assura que seule une vie exempte de péché le préserverait des tentations de Satan. Sans être son directeur de conscience, M. de Fleury est devenu son guide spirituel. Du spirituel, il est aisément passé au temporel. Porteur de la parole de Dieu au lieutenant de Dieu sur la terre qu'est le roi, il s'est imposé comme son berger en ce monde. Jaloux de son crédit auprès d'un prince encore adolescent, il l'a mis en garde contre le pouvoir des femmes et même de la sienne, qui est pourtant la vertu incarnée. Il n'a pas hésité à faire sentir à la reine le poids de son autorité. Elle se souvient amèrement du billet qu'elle a reçu de son époux. Depuis lors Louis la délaisse et elle ne sait pas comment le ramener vers elle. Sensible, pieuse, trop modeste, elle l'adore comme un exécuteur de la volonté divine, lui parle d'un ton soumis ; elle ne saura pas devenir la maîtresse dont il aurait besoin, ce dont Fleury se réjouit.

Le souverain semble indifférent à tout ce qui l'entoure. Il parle peu, se dérobe au regard des autres et n'aime guère le rituel de la Cour. Il manque d'enthousiasme excepté pour la chasse. Il peut courre le cerf jusqu'à onze heures du soir et se plaît aux longs soupers de chasseurs. M. de Fleury l'a encouragé dans ce passe-temps considéré comme la distraction royale par excellence, substitut de la guerre, mais il s'ennuie. Personne ne sait quel intérêt il porte aux affaires du royaume. Sur ce sujet, il se montre encore moins disert que sur le reste. Seul M. de Fleury peut avoir une idée de ses capacités réelles.

Lorsque le pape l'aura nommé cardinal – ce qui ne saurait tarder –, Mgr de Fleury pourra ès qualités présider le Conseil. En attendant, il reçoit les ministres dans son cabinet et le roi approuve ce qu'il décide. Aujourd'hui aucun prince ne peut gêner son action. Les Condés sont exilés et ce n'est pas le duc d'Orléans, pieux janséniste si différent de son père le Régent, qui risque de lui faire de l'ombre. Bien qu'il soit l'héritier du trône tant que la reine ne donnera pas un dauphin à la France, il ne briguera pas le pouvoir. Ni Richelieu ni Mazarin n'ont connu une aussi grande liberté.

Autrement dit l'avenir dépend de Mgr de Fleury qui a… soixante-treize ans. C'est un maître en casuistique ; il a l'esprit délié et sait présenter ses projets sous un jour aimable d'où le sérieux n'est jamais absent. Tout laisse à penser qu'il persuadera le jeune monarque de la justesse de ses idées pour le gouvernement du royaume. Mais seront-elles celles qu'il convient d'adopter ? Un prélat de son âge, très lié aux Jésuites et l'un des rares survivants actifs du règne précédent, n'est sûrement pas un esprit novateur. Aux yeux du monde, il apparaît comme un sage, un « honnête homme » comme on disait au siècle précédent. Son mépris des richesses et des honneurs lui attire le respect. Sa lente ascension depuis que Mme de Maintenon l'a soutenu jusqu'à la liquidation expéditive de M. le Duc montre qu'il sait attendre, ne jamais prendre de décision sans mûre réflexion.

Le vieillard au travail, le roi à la chasse et la reine au lit

La disgrâce de M. le Duc et l'exil des Pâris causa un immense plaisir aux Parisiens. Il fallut leur interdire d'allumer des feux de joie afin de ne pas troubler l'ordre public. Des polissons placardèrent des affiches sur lesquelles on pouvait lire : « Cent pistoles à gagner : Il a été perdu depuis peu sur le chemin de Chantilly, une grande jument de prix qui suivait un cheval borgne. » La ville en rit encore.

La liesse a redoublé lorsque Fleury a aboli l'impôt du cinquantième si décrié. Il a renvoyé presque tous les ministres de M. le Duc et les a remplacés par des hommes qui lui sont tout dévoués : les vieux maréchaux de Villars, d'Huxelles, de Tallard, parfaitement inoffensifs et plutôt hostiles aux changements ; des jeunes gens pleins d'avenir, Saint-Florentin et Maurepas, qui n'oseront jamais s'opposer à un vieillard revêtu de la pourpre romaine. Le futur cardinal a également appelé au Conseil le duc d'Orléans en raison de sa seule naissance. Les hommes forts du ministère sont Morville aux Affaires étrangères, Le Blanc à la Guerre et Le Pelletier des Forts, contrôleur général des Finances.

La nouvelle équipe bénéficie d'une conjoncture favorable. Aucune menace sérieuse ne pèse sur la paix du royaume. Fleury a assuré l'Angleterre des intentions pacifiques du roi. Les diplomates s'emploient à réconcilier la France et l'Espagne, et l'empereur n'a pas de raison de provoquer la France. À l'intérieur, la querelle religieuse s'est assoupie, mais il suffit de peu de chose pour la rallumer.

Quant à la situation financière, toujours préoccupante, elle s'est pourtant améliorée depuis l'effondrement de la banque de Law.

Paris est tranquille. Paris aime son joli roi. Aussi une vive inquiétude a-t-elle saisi la population à la fin du mois de juillet lorsqu'on a appris qu'il avait été deux fois saigné. Le Parlement a fait célébrer un *Te Deum* pour son rétablissement. Mais la reine est maintenant souffrante. Les médecins impuissants se perdent dans des digressions oiseuses. On a caché à Marie la mort de la duchesse d'Orléans qui n'a pas survécu à son dernier accouchement. Elle avait vingt-deux ans ! Toute la Cour, les grands corps de l'État, l'Université, les mendiants sont venus jeter de l'eau bénite sur son corps exposé au Palais-Royal. Marie allait si mal qu'elle a reçu les sacrements le 13 août. On a commencé à dire les prières des quarante heures à Notre-Dame et découvert la châsse de sainte Geneviève. En désespoir de cause, après avoir plusieurs fois saigné leur royale patiente, les médecins ont eu l'idée de lui donner de la poudre des Chartreux, une préparation à base d'antimoine qui a provoqué des évacuations salutaires. La reine est sauvée mais reste très faible.

À Chambord, le roi Stanislas fait preuve d'un incroyable optimisme. « Vous avez appris, écrit-il, les incommodités du roi et de la reine. Dieu merci qu'elles sont passées *(sic)* et qu'on se peut fâcher présentement contre tous les deux. Leur sympathie va jusqu'à ce qui leur cause des maladies qui est de trop manger, puisque c'est une indigestion violente qu'ils ont eue, la reine surtout après avoir mangé cent-quatre-vingts huîtres et bu quatre verres de bière là-dessus[1]. » Les huîtres n'étaient sans doute pas fraîches…

Stanislas est persuadé que le roi et la reine entretiennent les relations les plus tendres lorsqu'il ajoute à l'intention de son correspondant que les deux époux s'étaient donné une « touchante assistance mutuelle » pendant leur maladie. Les courtisans sont loin de partager cette opinion. Tout le monde a remarqué l'indifférence du roi à l'égard de sa femme.

Le 27 août, Louis XV est parti pour Fontainebleau où la Cour demeurera trois mois. Il est censé revenir le samedi à Versailles

1. Cité par Anne Muratori-Philip in *Marie Leszczynska, épouse de Louis XV*, Paris, Pygmalion, 2010, p. 88.

pour voir la reine et retourner le lundi à Fontainebleau. Peu après son départ, les Parisiens entendirent battre la générale et virent partir dare-dare le régiment des gardes suisses et celui des gardes françaises. Le bruit courait qu'une bande de brigands masqués avait voulu enlever le roi et que les gardes étaient parties pour le protéger ! Il n'en était rien. Le feu avait pris dans les bruyères et s'était propagé jusqu'à la forêt sans qu'on pût l'éteindre. Les troupes avaient été appelées pour combattre l'incendie. En creusant des tranchées pour couper le cours du feu, elles parvinrent à l'éteindre. Paris en fut quitte pour la peur.

À la fin du mois, la reine se sentit assez bien pour partir retrouver son époux, qui, on s'en doutait, n'est pas venu la voir. Il l'a bien accueillie. Le grand événement a été la remise de la barrette de cardinal à M. de Fleury qui a le triomphe modeste. Il a cependant institué un cérémonial irritant et ridicule, celui de son petit coucher. À l'heure dite, « toute la France, useurs de parquet ou gens affairés » attend à la porte. Son Éminence entre, passe dans son cabinet ; quelques instants plus tard on ouvre les portes et on voit ce beau vieillard enlever sa culotte qu'il plie soigneusement tandis que son valet lui passe sa chemise et une vieille robe de chambre ; il peigne alors ses cheveux blancs, raisonne et « débite quelques plaisanteries entrelardées de discours mielleux et communs[1] ».

L'abbé Polet, confesseur de Son Éminence, est désormais un personnage important. Dans son petit parloir froid et humide au rez-de-chaussée de l'église Saint-Nicolas-du Chardonnet, des femmes titrées, des ministres font antichambre : ils viennent solliciter des bénéfices ecclésiastiques pour leurs parents. Ce prêtre vertueux, mais grand ennemi des jansénistes, fier de son influence auprès du cardinal, facilite bien des nominations à l'intérieur de l'Église de France. Barjac, son valet de chambre, s'attribue lui aussi un rôle important. Il tient grand état de maison et le cardinal dit parfois lorsque sa table est trop pleine : « Allez donc dîner chez Barjac. » Celui-ci affecte un ton d'égalité avec les grands. On le supporte parce qu'il peut intervenir auprès de son maître. Les courtisans ne doivent pas ignorer ces deux nouvelles puissances.

1. René-Louis de Voyer, marquis d'Argenson, *Journal et mémoires*, t. I, p. 113.

Les sœurs rivales

Avec un cardinal ô combien respecté par le monarque, la Cour ne ressemble ni à celle du feu roi, ni à celle de la Régence. On y respire un air de vertu ennuyeuse malgré la jeunesse des souverains. Le service des Menus-Plaisirs organise des fêtes sans fantaisie. D'aucuns se prennent à espérer que le roi prendra une maîtresse pour réveiller le palais qui sommeille. Il n'y a pas de Belle au bois dormant mais le plus beau des rois que l'amour n'a pas encore touché. Louis reste sage. Il se plaît plus dans la société du comte et de la comtesse de Toulouse à Rambouillet qu'au milieu de ses courtisans. Auprès de ce prince légitimé dépourvu d'ambition et de son épouse Marie-Victoire de Noailles, veuve du marquis de Gondrin, il se sent parfaitement à son aise, on pourrait dire en famille. Les Toulouse, mariés tardivement après une discrète liaison, forment un ménage exemplaire. Ils ont vécu à l'écart de la cour du Régent et loin des intrigues de la cour de Sceaux. Les relations entre les deux frères ont toujours été distantes et la redoutable duchesse du Maine n'a jamais inspiré beaucoup d'amitié à son beau-frère. La comtesse de Toulouse, qui porte joliment ses quarante ans, reste une fort belle femme dont le profond regard brun attire d'emblée la confiance et la sympathie. Elle a toujours reçu avec grâce le royal adolescent qui lui a voué une affection toute filiale. Elle l'a initié aux belles manières et au beau langage. Elle a combattu sa timidité de jeune homme et il a acquis auprès d'elle l'aisance qui lui faisait défaut. Les journées qu'il passe à Rambouillet sont pour lui de véritables vacances. Il chasse tout l'après-midi, joue au trictrac ou au cavagnole le soir, et fait honneur à la table de la princesse avec son appétit bourbonien. Il se montre toujours sensible au génie du lieu, à ses plaisirs délicats et à ses galanteries paresseuses. Toute la société réunie à Rambouillet a parachevé son éducation faite uniquement par des hommes.

Cette cour dont la magnificence rappelle celle de Louis XIV est un refuge mondain qui ne ressemble pas à celle de Sceaux. On y respecte la religion sans bigoterie, on parle librement mais on ne fait pas assaut de bel esprit comme chez Mme du Maine. Jamais on ne se permet de tenir des propos trop lestes et Mme de Toulouse n'admettrait jamais chez elle le genre de parties qui se tenaient chez le Régent. Elle maintient la grande tradition aulique dépouillée de tout ce qu'elle pouvait avoir de contraignant. Malgré ses principes, elle reçoit volontiers Mlle de Charolais, l'une des sœurs de M. le Duc. Un vrai diable cette princesse et l'une des plus grandes libertines du royaume. Mme de Toulouse a pour elle beaucoup d'indulgence, mais Mlle de Charolais se tient bien à Rambouillet. Le roi se plaît à écouter ses récits légers pimentés de quelques traits licencieux sans pourtant s'écarter du bon ton. Rambouillet est jusqu'à maintenant la petite thébaïde du monarque. Il n'y conduit pas la reine.

Le cardinal n'a jamais éprouvé d'animosité à l'égard des légitimés. La faveur de Mme de Maintenon lui avait fait naguère embrasser leur parti à la mort du feu roi et il a toujours favorisé l'intimité de Louis XV avec les Toulouse. Le ménage du duc du Maine ne lui inspire pas d'inquiétude. Il sait bien que l'infernale duchesse ne se mêlera plus de conspiration. Son année de prison l'a calmée. Quant au prince, toujours plongé dans ses ouvrages érudits, il n'a jamais comploté. Seules les folies de son épouse lui ont valu une douloureuse incarcération. Lors de sa libération, il ne voulait pas retourner à Sceaux. Partager son existence avec Louise-Bénédicte lui paraissait impossible, mais elle fit un tel tapage qu'il s'est résigné. Une fois de plus. Il ne quitte guère ses appartements pour avoir la paix tandis que sa femme règne sur une nouvelle cour qu'elle a eu un peu de mal à reconstituer. Après sa retentissante disgrâce, ses fidèles s'étaient dispersés et ils n'avaient pas tous envie de ramer de nouveau dans les galères du bel esprit.

À près de cinquante ans, Mme du Maine reste coquette et désireuse de plaire. Elle mène la conversation avec un art consommé, mais ses interlocuteurs n'ont pas toujours assez de talent pour lui répondre. « J'aime beaucoup la société, dit-elle ; tout le monde m'écoute et je n'écoute personne. » Elle recherche avidement ceux qui peuvent lui donner la réplique en la faisant briller. Fontenelle est toujours un hôte assidu, mais il vieillit et devient sourd. Le fidèle Malézieu fatigue ses méninges à tourner des madrigaux à sa gloire mais il l'ennuie. Elle a ses souffre-douleur comme cette pauvre Mme Drouillet qui chante et dont tout le monde se moque sans que la malheureuse s'en rende compte. Enfin il y a pour le plus grand bonheur de la princesse le poète Houdart de La Motte et le président Hénault, lequel se partagea un temps entre Palais-Royal et Sceaux. Il disait en plaisantant qu'il avait « deux ateliers » : il « dogmatisait le matin et chantait le soir ». Cet homme à l'esprit fin sait aussi bien tourner une épigramme que déclamer des vers ou discourir sur n'importe quel sujet. Il fait la joie de Mme du Maine. Elle a trouvé en lui un partenaire à sa hauteur. La cour de Sceaux est avant tout le rendez-vous des beaux esprits. Les joutes oratoires et la conversation en sont les principales distractions. Le temps des fameuses « nuits de Sceaux » est révolu.

Lorsque son neveu, M. le Duc, fut disgracié, Mme du Maine, qui n'avait jamais voulu solliciter quoi que ce fût de ce prince, écrivit une lettre impérieuse à Mgr de Fleury. Jalouse de sa belle-sœur la comtesse de Toulouse qui jouit d'une pension de 50 000 livres comme toutes les princesses du sang, elle se plaint d'avoir été oubliée et surtout, elle réclame pour ses enfants le rang de prince du sang qui leur a été supprimé par lit de justice. Le cardinal s'est rendu à ses désirs. Elle bénéficiera de sa pension. Son mari et ses deux fils sont désormais reconnus comme princes du sang mais déclarés inaptes à la succession au trône. C'est une consolation, mais Louise-Bénédicte n'aura sûrement pas la joie de recevoir le roi. Son passé récent ne plaide pas en sa faveur et le jeune monarque ne goûte pas les jeux littéraires. Ils lui font peur.

Plus précieuse que jamais et même pédante, la princesse épuise ses hôtes. Elle renouvelle les plaisirs de sa société : il y a chaque jour de grands soupers, des chasses, des promenades sur l'eau si le temps le permet. Ses réveillons de Noël sont un divertissement qu'on apprécie beaucoup. Le soir du 24 décembre, on se rassemble dès huit heures du soir ; un orchestre joue une symphonie et entonne des noëls classiques qui sont suivis par de prétendus noëls inspirés par les événements du jour ou par les plaisanteries des familiers. Ils sont écrits par M. le duc du Maine (il veut bien se prêter à une telle bagatelle), par son épouse et souvent aussi par son ancienne femme de chambre devenue Mme de Staal. La marquise du Deffand cherche le moyen de faire partie des hôtes de Sceaux. Pour l'heure, elle partage l'exil de Mme de Prie, ce qui n'est pas une situation d'avenir. Elle est trop habile pour ne pas s'en rendre compte.

Silvia, Manon et les intermittences du cœur

La marquise de Lambert réunit toujours autour d'elle une société choisie. On y rencontre les auteurs nouveaux comme ce Pierre Carlet de Marivaux qui enchante les femmes par ses pièces de théâtre où il leur réserve le beau rôle. On ne peut être plus parisien que ce Normand ; il adore la capitale où il est arrivé en 1712 âgé de vingt-quatre ans. Bien élevé, spirituel, bel homme, bon causeur, sensible et riche de la fortune paternelle, il s'est lancé dans la vie littéraire avec la fougue de la jeunesse. Il a très vite fait la connaissance de Fontenelle, qui l'a introduit chez Mme de Lambert où il a rencontré Montesquieu, le président Hénault, Mme de Staal-Delaunay et bien d'autres encore... Mme de Tencin, dont il apprécie l'intelligence et la liberté de langage, l'a accueilli elle aussi parmi ses intimes. Le petit provincial a trouvé auprès de ces hôtes lettrés et raffinés l'atmosphère qui lui convient. « Ce ne fut point à force de leur trouver de l'esprit que j'appris à les distinguer, dit-il ; pourtant il est certain qu'ils en avaient plus que les autres et que je leur entendais dire d'excellentes choses ; mais ils les disaient avec si peu d'effort, ils y cherchaient si peu de façons, c'était un ton de conversation si aisé et si uni qu'il ne tenait qu'à moi de croire qu'ils disaient les choses les plus communes. Ce n'est point eux qui y mettaient de la finesse, c'était la finesse qui s'y rencontrait[1]. » Cependant, Marivaux n'est pas seulement un homme de salon ; il se mêle au petit peuple parisien qu'il regarde avec tendresse ; il se promène, il observe, il écoute ; il compare tous ces mondes qui forment la société française. Il s'apitoie sur la misère, sourit aux amours des gens honnêtes, fustige les vils séducteurs et découvre les artifices des grands. Ses premiers ouvrages, des romans parodiant l'*Astrée* de Mlle de Scudéry ou le *Don Quichotte* de Cervantès, n'ont pas eu beaucoup de succès, pas plus que sa tragédie *Annibal* jouée au Théâtre-Français. Il ne s'est pourtant pas découragé. Soutenu par la jeune femme qu'il a épousée en 1717, il a poursuivi la carrière qu'il s'est choisie, celle d'auteur, si jamais c'en est une. Il a ainsi publié

1. Marivaux prête ces réflexions à l'une de ses héroïnes, Marianne, dont le prénom est le titre du roman.

des essais remarqués dans *Le Mercure*. Aimé et amoureux, il a cru en son étoile et il a triomphé aux Italiens en 1720 avec *Arlequin poli par l'Amour*, en 1722 avec *La Surprise de l'Amour*, en 1723 avec *La Double Inconstance*. Depuis lors il vole de succès en succès malgré les deux malheurs qui l'ont accablé : la perte de sa fortune dans la débâcle de Law et la mort de sa femme en 1723. En 1724, *Le Prince travesti*, *La Fausse Suivante*, *Le Dénouement imprévu*, ont comblé les vœux des spectateurs et en 1725 *L'Île des esclaves* et *L'Héritier de Village* ont confirmé ses premiers succès. Il est enfin devenu un auteur à la mode.

On peut dire que Marivaux a sauvé les Italiens et que les Italiens eux aussi l'ont sauvé. On se souvient que le malheureux Riccoboni ne savait plus à quel saint se vouer pour attirer des spectateurs. Lorsqu'il décida de représenter des pièces en français où les comédiens conservaient leurs noms traditionnels de Lelio, Silvia, Flaminia, Mario, Arlequin avec tous les caractères attachés à leur emploi, il attira de nouveau du monde et il eut bientôt la chance de rencontrer Marivaux. Ses pièces sont légères comme des ballets, mais c'est le langage qui règle les figures. Marivaux est heureux avec les Italiens et surtout il est touché par la grâce de Silvia qui s'appelle en réalité Rosa-Zanetta Benozzi et qui a récemment épousé Mario, autrement dit Giuseppe-Antonio Balletti. Elle est l'incarnation de son idéal féminin. Il écrit pour elle. Certains prétendent qu'ils sont amants, mais l'on dit aussi que Silvia est sage et qu'elle aime son Mario… Qu'importe ! On peut être sûr qu'ils partagent les mêmes rêves, ceux de l'illusion théâtrale.

Dans le petit monde des lettres circule sous le manteau un manuscrit qui risque fort de faire scandale. C'est l'œuvre d'un certain abbé Prévost dont l'existence a été jusqu'ici assez cahotique. Destiné à l'Église, il s'est évadé à dix-neuf ans du noviciat des jésuites de La Flèche et s'est engagé dans les armées du roi. Mais l'année suivante, libéré de son service à la fin des opérations menées contre l'Espagne, il rentra comme novice chez les jésuites d'où il s'enfuit pour la Hollande où il vécut une passion qui le fit beaucoup souffrir. Brisé par ces aventures, il est entré en 1720 chez les bénédictins de Saint-Maur et il a prononcé ses vœux en 1721. Il passe son temps à faire des recherches à la bibliothèque du couvent. Ces travaux lui laissent des loisirs. Il a commencé à écrire une sorte de roman-fleuve, les *Mémoires et Aventures d'un homme de qualité*. D'après ce qu'on en dit, il ne s'agit pas d'un ouvrage édifiant, mais plutôt d'un livre scandaleux. L'œuvre n'est pas encore achevée, mais un épisode particulièrement émouvant, *L'Histoire du chevalier des Grieux et de Manon Lescaut*, semble directement inspiré par les aventures de cet étrange bénédictin : il raconte à la première personne la folle passion d'un jeune prêtre pour une prostituée envoyée à la Louisiane et qu'il suit dans ces terres inconnues où elle mourra d'épuisement. Bien que ce soit le chevalier des Grieux (Prévost) qui raconte son histoire, les lecteurs s'intéresseront davantage à Manon, cette fille perdue embarquée de force vers le Nouveau Monde. Personne n'a oublié les charrettes qui transportaient ces malheureuses jusqu'au Havre pour peupler le Mississippi.[1] Incapable de surmonter sa passion qu'il considère « comme un de ces coups particuliers du destin qui s'attache à la ruine d'un misérable », il ne condamne jamais son amour pour Manon, source de ses voluptés et de son malheur. C'est un coup d'œil cruel sur la société de la Régence que sublime Prévost par la force de son évocation.

Échos et ragots

Romans et joutes littéraires n'intéressent ni le roi ni le cardinal. L'un veut à tout prix donner un dauphin au royaume et l'autre tient fermement le timon des affaires.

À Versailles on s'est beaucoup ému du sort des légitimés. Le roi leur a rendu le statut de prince du sang pour eux et leurs descendants, mais ils restent écartés de la succession au trône. La paix est donc rétablie au sein de cette famille royale recomposée par des alliances bien compliquées. Cependant, la grande nouvelle qui agitait la Cour était assurément la grossesse de la reine qui fut annoncée au mois de mai 1727. On commençait à se demander si cette modeste Polonaise était capable de donner des héritiers au trône. L'heureuse nouvelle ravit les deux époux, qui se prirent à espérer la naissance d'un dauphin. L'accouchement était prévu pour la mi-septembre, mais le 13 août, après avoir mangé du

1. Cf. *supra*, p. 84.

melon glacé et des figues, la reine fut prise de vomissements. Son médecin crut qu'il s'agissait d'une indigestion, mais les douleurs de l'accouchement commencèrent le lendemain à l'aube. Rien n'était prêt pour cette naissance. On prévint le roi en toute hâte ; il accourut au chevet de son épouse et lui prit la main tandis qu'arrivaient dans la chambre les princes, les princesses, le cardinal et tous les courtisans qui avaient été prévenus, l'accouchement des reines étant public. Marie ayant tenu à ce qu'une messe fût célébrée dans sa chambre, on dressa un autel de fortune et des prêtres officièrent. À dix heures quinze, l'accoucheur mit au monde un enfant. Toute l'assistance attendait le cœur battant la révélation du sexe… C'était une fille. Déception ! Cependant, le praticien déclara qu'il y avait un autre enfant. À la surprise succéda une nouvelle désillusion. C'était une seconde fille. On n'attendait guère de jumeaux, encore moins des jumelles. Épuisée, Marie pleura de n'avoir pas donné un fils au royaume, mais le roi se déclara très heureux. Père de deux nouveau-nés à dix-sept ans, n'était-ce pas une performance, la reconnaissance de sa puissance virile ? Il a donné rendez-vous à l'accoucheur pour l'année prochaine et n'a pas décommandé les fêtes prévues pour la naissance d'un dauphin. Cependant, les médecins ont prié Louis XV de ne pas honorer son épouse avant plusieurs semaines afin qu'elle soit parfaitement apte à porter un nouvel enfant. Au mois d'octobre, la reine a envoyé au prieuré de Conflans-Sainte-Honorine près de Pontoise un corset et une chemise et fait dire une messe. Il y a en effet dans ce sanctuaire une grosse chaîne de fer emportée par la sainte lorsqu'elle fut délivrée de l'esclavage où elle se trouvait réduite. Les femmes qui veulent obtenir une heureuse délivrance viennent ceindre cette chaîne… Religion et superstition restent étroitement liées.

La nouvelle de la mort de Mme de Prie survenue le 6 octobre à Courbépine fait beaucoup jaser. Déjà avant la disgrâce de M. le Duc, on avait remarqué qu'elle maigrissait. Certains disaient même que ce n'était plus qu'une tête de femme sur un corps d'araignée. On attribuait cet état à l'anxiété qui la rongeait depuis que la situation de son amant semblait compromise, mais les méchantes langues prétendaient qu'elle était rongée par la syphilis. Quoi qu'il en soit, lorsqu'elle fut exilée elle annonça sa mort comme un prophète ; personne ne la crut ; elle organisa tous les plaisirs imaginables dans son château, des bals, des soupers fins, des réceptions ; elle joua même la comédie, récitant trois cents vers par cœur avec esprit et sensibilité. Elle avait pris pour amant le neveu de l'abbé d'Amfreville, un jeune et beau garçon, auquel elle annonça sa mort en lui en précisant même la date. Il ne la croyait pas tant elle paraissait heureuse de vivre. Deux jours avant le jour prévu, elle pria son amant de porter à une adresse tenue secrète pour 50 000 écus de diamants. À son retour de Rouen, il la trouva morte. Il paraît qu'elle a succombé dans d'horribles douleurs. La pointe de ses pieds s'était même retournée en arrière. On pense qu'elle s'est empoisonnée. Elle n'avait que vingt-neuf ans. M. le Duc, qui l'a aimée se console depuis un certain temps avec la comtesse d'Egmont. Il songe à se remarier car il n'a pas d'enfant de son premier mariage.

Haro sur les loups couverts de la peau des brebis

M. le cardinal préfère que la Cour s'occupe des potins plutôt que de la vie politique où il entend régner en maître. Ayant décidé d'étouffer le mouvement janséniste qui reste important dans les milieux parlementaires et dans le clergé du second ordre, il a pensé que Mgr de Tencin évêque d'Embrun le seconderait parfaitement. Il sait combien ce prélat mondain rêve d'obtenir la pourpre cardinalice. S'il lui confie une mission, il est à peu près sûr qu'il l'accomplira. La vie de Tencin n'est certes pas un modèle d'édification chrétienne et le suicide de La Fresnaye chez sa sœur a sali sa réputation, mais peu importe à Mgr de Fleury. Il se fie à l'habileté de cet homme rusé souvent inspiré par celle qu'on appelle encore « la nonne défroquée ». L'intention de Fleury est claire : il veut frapper l'un des plus sérieux opposants à la bulle lors d'un concile provincial. Il serait imprudent d'attaquer un évêque appartenant à une puissante famille comme Mgr Colbert de Croissy, évêque de Montpellier. La victime idéale est Jean Soanen, évêque de Senez en Haute-Provence. Son diocèse appartient à la province d'Embrun. Aussi demande-t-il à Tencin de présider le concile qui doit condamner Soanen s'il n'accepte pas la bulle.

Mgr Soanen est révéré dans son diocèse et même au-delà. C'est un croyant sincère dont les mœurs sont au-dessus de tout soupçon.

Modeste, vivant simplement, exaltant la pauvreté, il s'est naguère élevé contre le système de Law. Au mois de janvier de cette année 1727, il a publié une instruction pastorale dans laquelle il s'élève contre le Formulaire[1] et fait l'éloge du père Quesnel. On ne peut rêver plus belle profession de foi janséniste. Les arguments ne manqueront pas à Mgr de Tencin pour attaquer Mgr Soanen, mais ce vieillard (il a plus de quatre-vingts ans) passe pour un saint tandis que la réputation de Mgr de Tencin est plutôt sulfureuse : il a converti Law, il a obtenu le prieuré de Merlou[2] dans des conditions peu honnêtes et sa sœur a défrayé la chronique. Enfin, Tencin a la réputation d'un libertin à la foi suspecte. Il circule dans la petite ville d'Embrun un billet qu'il avait adressé naguère à la princesse Borghese se terminant par cette phrase étonnante sous la plume d'un ecclésiastique : « Adieu, ma chère princesse, je vous aimerai toute ma vie et par-delà, si tant est qu'il y ait un par-delà[3]. »

Les amis de Mgr Soanen, persuadés qu'il allait être condamné, l'ont supplié de ne pas partir pour Embrun, son grand âge lui assurant une dispense canonique, mais le vieux prêtre, sûr de sa bonne conscience, a suivi cahin-caha les chemins escarpés de la Provence. Avant d'arriver à Embrun, il a déposé chez un notaire un acte par lequel il déclare qu'il participera au concile uniquement pour délibérer des sujets de la compétence d'un concile provincial, auquel il ne reconnaît aucun droit pour juger son refus de la bulle. N'étant pas le seul « appelant[4] », l'appel contre la bulle concerne l'ensemble de l'Église, par conséquent

1. Tous les ecclésiastiques devaient souscrire à cette formule de doctrine qui condamnait les propositions de Jansenius.

2. Tencin avait été accusé du crime de « confidence » pour le prieuré de Merlou situé dans le diocèse de Beauvais qui était devenu vacant en 1717 et qu'il prétendait uni à son abbaye de Vézelay en vertu d'une bulle de sécularisation de janvier 1537. Il en avait pourvu son neveu, qualifié de clerc tonsuré. Or il en prit possession lui-même et en toucha les revenus. Son neveu servait donc de prête-nom, ce qui constitue ce que l'on appelle le crime de confidence, autrement dit la concession d'un bénéfice ecclésiastique à un tiers au profit du donateur. Si un membre du clergé en est reconnu coupable, il perd tout droit aux autres bénéfices. À l'issue de deux procès, Tencin, grâce à ses hautes relations, fut simplement condamné à une faible amende.

3. Cité par René Vaillot, in *Madame de Tencin et le Cardinal*, Éditions du Pavillon, p. 191.

4. Cf. *supra,* p. 63.

il en appelle au concile général. Le 11 août, dès son arrivée, il écrivit au roi qu'il récusait comme juges les évêques réunis à Embrun.

Le 16 août 1727, lors de la cérémonie d'ouverture, Mgr de Tencin prononce un discours menaçant pour les jansénistes : « Si des loups couverts de la peau des brebis viennent au troupeau, dit-il, il est de notre devoir de les discerner et de les éloigner. » Si on n'avait pas compris le sens de ses paroles, il ajoute qu'il « déposera les pasteurs » indignes. Le lendemain, il fait un sermon théâtral écrit en réalité par… Houdart de La Motte, mauvais auteur d'opéra, mais poète à la mode qui sait trouver des formules percutantes.

Dès la première séance du concile, le père Gaspard d'Hugues, recteur de la chapellenie de Saint-Joseph, attaque l'instruction pastorale de Soanen déclarant qu'elle contient « des principes monstrueux » et demande qu'il désavoue, condamne et rétracte cette somme hérétique. Dans un silence impressionnant, Soanen se lève, proteste contre cette sommation, maintient son instruction pastorale et la paraphe à chaque page. Le père d'Hugues réclame aussitôt que l'assemblée la condamne. Mais on lui fait remarquer qu'il convient auparavant d'examiner l'acte notarié établi par Soanen déniant au concile le droit de le condamner. Après un examen de pure forme, les prêtres déclarent l'acte « nul, abusif et frivole » et décident de procéder à l'examen de la pastorale. À ce moment, Soanen se lève à nouveau et récuse ses juges. Il commence par Tencin qu'il accuse de simonie à propos du prieuré de Merlou[1]. Ensuite, il s'adresse aux autres prélats en affirmant qu'ils sont venus là uniquement pour l'accuser et le juger. Après ces déclarations, le vieil évêque quitte la salle.

Le lendemain et les jours suivants, Tencin essaie de faire revenir Soanen, qui persiste dans son refus de participer au concile. Le 19 août, on lui porte un décret frappant de nullité son acte de récusation. Le concile, bien décidé à le juger, fait appel à de nouveaux prélats connus pour leur hostilité au jansénisme. En attendant leur arrivée, les routes de Provence n'étant pas les meilleures du royaume, Soanen a le temps d'envoyer une lettre à tous les évêques de France énumérant quatorze griefs contre le concile.

1. Cf. *supra*, n. 2 p. 184.

Le 7 septembre, les nouveaux évêques étant parvenus à Embrun, Mgr de Tencin fait célébrer un *Te Deum* auquel il défend à Soanen d'assister, sous prétexte que sa présence empêcherait plusieurs prêtres de s'y trouver ! Le lendemain, Soanen est sommé de comparaître devant le concile. N'ayant pas l'intention de se laisser intimider par une assemblée dont il ne reconnaît pas la compétence, il déclare hautement qu'il n'est pas venu pour être interrogé et jugé. Pour sa défense, il lit l'acte d'appel contre la bulle signé par lui en 1717 ! Sa lecture achevée, il quitte la salle.

L'assemblée indignée le laisse partir. Tencin, encouragé par une lettre du pape qui l'exhorte à la fermeté, fait sortir les membres du clergé du second ordre afin de délibérer avec les seuls évêques : déclarée séditieuse et contraire aux lois de l'État, l'instruction pastorale de Soanen est condamnée ; aucun fidèle ne pourra la lire sans encourir l'excommunication ; enfin l'évêque de Senez est suspendu, relevé de ses fonctions épiscopales et assigné à résidence dans l'abbaye de La Chaise-Dieu en Auvergne.

La révolte des brebis

On ne parle plus que du « brigandage d'Embrun » qui déchaîne l'opinion. Il n'y a que les évêques et les abbés de cour pour se ranger du côté des constitutionnaires. Tout le second ordre du clergé, la plus grande partie des bourgeois de Paris, les gens de robe et même les femmes du peuple se répandent en invectives contre les Jésuites. Soanen, victime immolée à la fureur de Tencin et des constitutionnaires, passe pour un saint martyr. Pamphlets, chansons, gravures hostiles aux Jésuites inondent Paris et les provinces. Sur l'une des estampes représentant l'assemblée du concile, on voit l'évêque de Senez en bas comme l'accusé, la tête nimbée d'une auréole. Derrière le cardinal de Tencin se tient un jésuite qui lui met des lunettes sur le nez pour lire un papier qu'il lui tend comme pour lui dire : « Voilà le jugement tel qu'il faut que vous le rendiez. » Sur les fauteuils de côté sont assis des jésuites tenant chacun un évêque sur leurs genoux.

De Londres où il se trouve encore, Voltaire a envoyé une ode fustigeant le concile et ses décisions. Enfin circule sous le manteau un nouveau journal bien informé, écrit dans un style mordant, *Les Nouvelles ecclésiastiques*. C'est l'organe des jansénistes, qui rencontre un extraordinaire succès bien qu'il soit interdit. Il bénéficie de complicités dans tous les milieux et sa diffusion surprend le cardinal de Fleury, qui ne s'attendait guère à de telles réactions. Une déclaration royale fait défense sous peine du carcan d'imprimer cette feuille, mais elle continue de paraître. Le débat dépasse le monde ecclésiastique dont le second ordre mené par les curés de la capitale était le fer de lance. Les robins, les bourgeois de Paris et même les petites gens se liguent contre cette offensive qualifiée de jésuitique.

Le 30 octobre 1727, cinquante avocats du barreau de Paris ont rédigé un mémoire fondé sur des textes juridiques pour établir la nullité du concile. C'est un véritable réquisitoire contre la bulle, contre la cour de Rome et aussi contre la politique de Fleury. Aussitôt interdit, ce mémoire circule clandestinement. Douze évêques jansénistes, les curés de Paris et cinq cents autres ecclésiastiques soutiennent les avocats. Ils ont adressé une lettre au roi où ils font l'éloge de Soanen, frappent de nullité le concile et exigent qu'on autorise l'évêque de Senez à faire appel comme d'abus au Parlement. Ils s'adressent en même temps au procureur général du Parlement pour qu'il s'oppose à l'enregistrement du concile d'Embrun.

Aussitôt, Fleury a réuni une conférence de cardinaux et d'évêques constitutionnaires qui ont condamné le mémoire des avocats accusés de préconiser la démocratie dans l'Église. Conforté par ce jugement, il a fait annuler la demande des ecclésiastiques jansénistes par le Conseil d'État. En même temps, le lieutenant de police a fait procéder à des perquisitions et des arrestations. La Bastille accueille chaque jour de nouveaux pensionnaires. Les exempts font la chasse aux colporteurs, brisent les presses susceptibles de publier des feuilles jansénistes. Cependant, en dépit de ces mesures, libelles et gravures fleurissent de toutes parts et *Les Nouvelles ecclésiastiques* continuent de paraître, attirant de plus en plus de lecteurs. Tous ces écrits tirent à boulets rouges contre les Tencin. Ils dénoncent la « religieuse » qui se livre à une intense activité de journaliste. De son appartement de la rue Saint-Honoré partent des textes qu'elle fait imprimer et distribuer à ses frais. Elle reçoit évêques et archevêques qui se concertent avec elle sur la conduite à tenir. Ce petit monde a le vent en poupe et chante déjà victoire.

Tandis que se poursuit la traque des réfractaires, Fleury met tout en œuvre pour obtenir la soumission de l'archevêque de Paris, Mgr de Noailles, lequel, on s'en souvient, est l'un des quatre appelants de 1717[1]. Si ce grand seigneur, chef prestigieux de la résistance à la bulle, finit par l'accepter, le cardinal de Fleury est persuadé qu'il aura écrasé l'hydre janséniste. À près de quatre-vingts ans, Mgr de Noailles est un vieillard fragile que sa famille exhorte à la soumission en lui faisant craindre l'excommunication. Il a cédé une première fois, mais il s'est rétracté ; il est ensuite revenu sur cette rétractation. De palinodie en palinodie, Fleury a obtenu ce qu'il voulait : Mgr de Noailles a finalement accepté la bulle le 11 octobre 1728. Sous la protection des archers de la ville, des colleurs d'affiches ont apposé un mandement de l'archevêque dès le matin sur toutes les portes des églises de Paris. Ce revirement indigne les ouailles de Mgr de Noailles. Les uns disent qu'il a été manipulé par les Jésuites, les autres l'accusent de pusillanimité et on rappelle que la grande persécution des jansénistes avait commencé avec la destruction du couvent de Port-Royal auquel il avait personnellement consenti en 1709.

Fleury a suspendu les docteurs en Sorbonne hostiles à la bulle et interdit à trois cents prêtres parisiens de célébrer le service divin ; on les accuse de gâter l'esprit des fidèles. Désormais privés de revenus, ils sont nourris et entretenus par des particuliers jansénistes. Certains émigrent en Hollande. Le pouvoir prévoit des peines contre toute publication critique à l'encontre de la bulle. Cependant, malgré ces persécutions, le jansénisme n'est pas mort. L'autoritarisme du cardinal sécrète une opposition qui n'est plus seulement une opposition religieuse, mais une opposition politique mettant en cause l'autorité du pouvoir monarchique. Elle regroupe les parlementaires, le clergé du second ordre, suivis par la majorité de la population parisienne. Les adversaires les plus résolus se trouvent chez les magistrats, qui ne veulent pas faire le jeu de l'ultramontanisme et soumettre le pouvoir du roi de France à celui du pape. Fleury ayant l'intention de faire déclarer la bulle loi de l'Église et de l'État, il risque de se trouver dans

1. Cf. *supra*, p. 63.

une situation difficile car l'enregistrement par le Parlement sera nécessaire. Aussi a-t-il décidé de faire tenir au roi un lit de justice pour forcer l'enregistrement. C'est chose faite depuis le 3 avril 1730. Lorsque Louis XV est sorti du palais de justice, pour la première fois on n'a pas entendu crier « Vive le roi ! ».

Fleury encourage ainsi les évêques constitutionnaires à considérer les appelants comme des hérétiques, mais en précisant que la bulle n'est pas une « règle de foi », il encourage les parlements à considérer ces évêques comme fauteurs de troubles. Ainsi, le jansénisme religieux risque bien de devenir un jansénisme judiciaire et de dériver vers une opposition politique à la monarchie. D'ailleurs, l'opinion évolue. Les rapports de police montrent que le peuple de Paris se détache du jeune monarque qui l'a abandonné. À leurs yeux, il n'est plus que « Louis le chasseur ». On le croit paresseux et irresponsable, incapable de s'affirmer devant le cardinal de Fleury auquel il a abandonné son pouvoir. On accuse le prélat d'avoir subjugué son royal élève et de lui avoir inculqué des préjugés qui risquent d'être fatals à son règne. Un agent de police rapporte que « quand le roi ferait agir son autorité pour soutenir tout ce qui sera émané de sa part contre les jansénistes, S.M. ne pourra empêcher les habitants de se révolter contre cette autorité[1]. »

Un dauphin

Ces questions politico-religieuses affectent peu la Cour. Les modes nouvelles, les intrigues et les grossesses de la reine la préoccupent davantage. On sait que le souverain accomplit régulièrement son devoir conjugal. Après la naissance des jumelles, la reine a accouché d'une troisième princesse au mois de juillet 1728. Désespérée de ne pas donner d'héritier au trône, elle a voulu implorer la Vierge à Notre-Dame de Paris et faire une neuvaine à sainte Geneviève. En pleine offensive antijanséniste, le moment était mal choisi. Beaucoup de Parisiens traitaient de mômeries de telles démonstrations religieuses et reprochaient au roi de ne pas

1. B.A., mss. 10159, fol. 277-278, 13 août 1729, *in* Dale K. van Kley, *Les Origines religieuses de la Révolution française, 1580-1791*, Paris, Seuil, 2002, p. 205.

avoir organisé l'entrée de son épouse dans la capitale comme le voulait la coutume. Cependant, après avoir consulté le cardinal, Louis XV se rendit aux vœux de la reine qui lui demanda, en outre, de faire ordonner les prières des quarante heures pour que Dieu accorde un dauphin au royaume.

Le 4 octobre, le cortège de Marie quitta Versailles pour Paris avec le même apparat que lors de n'importe quelle sortie, c'est-à-dire avec quatre carrosses à huit chevaux accompagnés de vingt gardes à cheval, de pages et d'une douzaine de valets de pied. Une foule immense bordait la route sur tout le trajet, tant les habitants étaient curieux de voir cette reine polonaise et de jouir d'un fastueux spectacle. Marie portait une robe de cour festonnée de couleur chair, constellée de diamants. Dans ses cheveux resplendissait le Sancy, l'un des plus beaux joyaux de la Couronne. À Notre-Dame, elle pria longtemps et fit ensuite un long tour dans la ville. L'avocat Barbier, qui la contempla pendant quelques instants, la trouva « petite, plus maigre que grasse, point jolie sans être désagréable, l'air bon et doux ce qui ne donne pas la majesté requise à une reine ». Il ajoute assez perfidement que la capitale qu'elle découvrait était bien « différente de Wissembourg où elle résidait ».

Deux jours plus tard, la reine partit rejoindre son mari à Fontainebleau. Les prières royales et les assauts du représentant de Dieu sur la terre furent enfin couronnés de succès. La reine accoucha d'un fils le 3 septembre 1729. Pendant quelques jours, les Parisiens oublièrent leurs ressentiments à l'égard du cardinal et du roi. Dans les rues pavoisées, les boutiques fermèrent leur devanture, des feux de joie flambaient, les cloches sonnaient et du vin coulait des tonneaux installés aux carrefours. Le roi vint assister à un *Te Deum* célébré à Notre-Dame par le nouvel archevêque de Paris, Mgr du Luc de Vintimille, Mgr de Noailles étant mort depuis peu. Tous les représentants des grands corps de l'État étaient présents. Le souverain se rendit ensuite à l'Hôtel de Ville avec toute sa cour. À la nuit tombée, il admira un feu d'artifice avant de présider un souper. Il quitta la ville à onze heures et demie en faisant le tour de la place Vendôme éclairée par des centaines de bougies et repartit pour Versailles par la rue Saint-Honoré suivi par de simples détachements de troupe.

La reine était heureuse : on n'avait pas célébré la naissance d'un dauphin depuis soixante-huit ans ! C'est elle, l'« Étoile du Nord », qui venait de le donner à la France. Le roi rayonnait de bonheur. Il offrit un somptueux nécessaire de toilette à son épouse et songea à lui donner Trianon.

Le médecin de la reine exigea que les époux vécussent séparés pendant trois mois de façon que la reine fût capable de donner un autre héritier au royaume. Cette fois encore, les vœux royaux furent comblés. Le 30 août 1730, la reine mit au monde un second prince, Philippe, titré duc d'Anjou. À vingt ans, Louis XV est déjà père de cinq enfants. Il a commandé au peintre Simon Belle un portrait de la reine tenant le dauphin sur ses genoux.

Marie incarne désormais la maternité, mais à vingt-six ans elle a perdu l'éclat de la jeunesse. Les médecins, toujours soucieux pour sa santé, ne veulent pas qu'elle participe aux bals et aux chasses ; elle ne suit plus son mari lors de ses séjours à Fontainebleau ou à Compiègne. D'ailleurs, cet époux qui semble béni des dieux ne s'amuse guère en sa compagnie bien que la reine soit beaucoup plus subtile que la plupart des femmes de la Cour. Elle ne craint pas d'afficher les plus rares vertus au risque de les voir tournées en dérision. D'un esprit droit, comprenant beaucoup, devinant plus encore, douée d'un tact naturel qui la sauve des situations les plus délicates, elle se tient volontairement à l'écart des affaires. Marie a renoncé à conquérir le cœur de son époux dont elle ne parvient pas à se faire aimer. Louis XV subit impatiemment le joug du mariage qu'un fond de religion l'empêche de rompre. La Cour s'en rend compte. Désormais, les spéculations vont bon train sur l'avenir du couple royal.

CHAPITRE IX

Convulsions

Le mausolée de Melpomène

L'hiver 1729-1730 a été particulièrement rude. Les Parisiens grelottaient et se distrayaient en regardant les courses de traîneaux auxquels se livraient les jeunes gens fortunés sur le Cours-la-Reine. Emmitouflées dans leurs fourrures, les femmes riaient et se prenaient à jouer les Russes ou les Polonaises. On admira la fête donnée par le prince de Carignan à la nouvelle épouse du duc de Bourbon, Caroline de Hesse-Rheinfels : il y avait huit traîneaux tirés par un seul cheval et dans le neuvième des musiciens donnaient la sérénade. Cependant, le froid, la neige et le verglas ont causé bien des malheurs. Des vagabonds sont morts gelés malgré les feux qui brûlaient au coin des carrefours et les plus fragiles des habitants n'ont pas survécu à la misère du temps malgré la vente du bois à prix réduit sur ordre de la Ville. Chaque hiver, beaucoup de malheureux succombent à la mauvaise saison, mais celle-ci a été pire que les autres à cause d'une épidémie venue du Nord de l'Europe et qui ressemble à une aggravation de rhume.

Le 20 mars 1730, Adrienne Lecouvreur, la plus belle et la plus talentueuse des comédiennes du Théâtre-Français, est morte à trente-cinq ans après quatre jours de souffrance. Elle jouait Jocaste de l'*Œdipe* de Voltaire quand elle fut prise de malaise. On la transporta dans son hôtel où elle mourut dans de violentes convulsions après une crise de dysenterie. Cela ressemblait fort à un empoisonnement. On prétendait que la duchesse de Bouillon, folle d'amour pour Tribou, un acteur de l'Opéra, avait voulu empoisonner sa rivale ! La rumeur était telle que Voltaire exigea une autopsie qui ne prouva rien sinon que les entrailles de la comédienne étaient gangrenées. La santé de la pauvre Adrienne se délabrait d'ailleurs depuis un certain temps, mais la calomnie a toujours la vie dure !

Mlle Lecouvreur était une personne intelligente et sensible qui savait parler de tout. Elle ne laissait jamais les hommes indifférents. Sa liaison avec Maurice de Saxe, fils naturel du roi de Pologne, était connue de tout Paris. Pour lui, elle avait mis en gage ses diamants et sa vaisselle d'argent afin qu'il eût les moyens d'obtenir la principauté de Courlande ! Plus tard, il jeta son dévolu sur la petite Carton de l'Opéra, tout en continuant de voir Adrienne. Lui et Voltaire, un autre ancien soupirant, étaient présents à ses derniers moments.

Ses amis voulurent lui rendre les derniers devoirs et l'enterrer religieusement. Mais la France est le seul de tous les royaumes catholiques où les comédiens sont frappés d'excommunication. Il s'agit là, paraît-il, d'une prérogative de l'Église gallicane, qui ne s'applique pourtant pas aux acteurs italiens. Lorsqu'ils revinrent en France à la demande du Régent, ils avaient mis comme condition à leur retour la conservation de leurs droits religieux comme en Italie. On pouvait penser que l'Église accepterait de réintégrer dans son sein les comédiens qui en feraient la demande. C'était sans doute trop lui demander. On vient de s'en rendre compte. M. Languet de Gergy, curé de Saint-Sulpice, dont Mlle Lecouvreur était la paroissienne et à laquelle elle léguait 2 000 livres par testament, refusa de la faire inhumer dans le cimetière de son église. Il fallut se résoudre à l'enterrer, sur ordre du lieutenant de police, dans un terrain vague au coin de la rue de Grenelle et de la rue de Bourgogne, à même la terre, sans la moindre cérémonie et sans aucun monument pour marquer l'emplacement de sa tombe.

Indigné par le sort réservé à son amie pour la seule raison qu'elle exerçait la profession d'actrice, Voltaire alla voir les comédiens et les supplia de se mettre en grève afin de faire cesser une situation aussi barbare à leur égard. Mais ceux-ci étaient persuadés que le public ne les soutiendrait pas. Ils ont continué de jouer et restent excommuniés. Le scandale et le chagrin ont inspiré au poète ces quelques vers à la mémoire de son amie :

Que contraste frappe mes yeux !
Melpomène ici désolée,
Élève avec l'aveu des dieux
Un magnifique mausolée !
Ici la superstition
Distinguant jusqu'à la poussière,
Fait un point de religion
D'en couvrir une ombre légère !
Ombre illustre ! console-toi !
En tous lieux, la terre est égale,
Et lorsque la Parque fatale
Nous fait subir sa triste loi,
Peu nous importe où notre cendre
Doive reposer pour attendre
Ce temps où tous les préjugés
Seront à la fin abrogés !
Ces lieux cessent d'être profanes
En contenant d'illustres mânes.
Son tombeau sera respecté ;
S'il n'est pas souvent fréquenté
Par les diseurs de patenôtres,
Sans doute, il le sera par d'autres,
Dont l'hommage plus naturel
Rendra ton mérite plus immortel !

Scènes étranges au cimetière de Saint-Médard

Une véritable folie mystique s'est emparée du peuple parisien. Depuis plusieurs mois, une foule de fidèles se rend sur la tombe du diacre Paris au cimetière de l'église Saint-Médard où auraient eu lieu plusieurs guérisons miraculeuses. L'enclos de cette paroisse située dans un faubourg déshérité de la ville est devenu le lieu de pèlerinage le plus fréquenté de la capitale, envahi jour et nuit par une foule très excitée. Des hommes et de femmes se couchent sur ou sous la pierre tombale qui est posée sur quatre hauts supports de marbre, et invoquent l'âme du défunt afin de les délivrer des maux dont ils sont accablés. Le premier *miracle* se serait produit le jour même des obsèques de celui qu'on appelle désormais « le bienheureux Paris », le 3 mai 1727. Il s'agissait d'une veuve de soixante-deux ans paralysée d'un bras depuis vingt-cinq ans qui avait retrouvé soudain l'usage de ce membre parce qu'elle avait touché le cercueil du défunt.

François Paris n'était pas un inconnu dans la paroisse de Saint-Médard. Fils d'un conseiller au parlement de Paris, il étonnait aussi bien les prêtres que les fidèles qui l'approchaient par la vie érémitique qu'il menait. Licencié en droit, il avait voulu entrer dans les ordres contre la volonté paternelle. Ordonné sous-diacre en 1718 et diacre en 1720, il se jugeait indigne d'accéder à la prêtrise. Obsédé par l'austérité, il soutint les démarches des appelants, mais refusant de se mêler aux querelles séculières, il se retira dans une cabane de planches grossièrement assemblées dans une cour de la rue des Bourguignons, au milieu des pauvres. Il y menait l'existence de ces ermites des temps les plus reculés, se nourrissant de brouets répugnants, portant un cilice, ne se lavant jamais, marchant pieds nus l'été comme l'hiver et recherchant toutes les mortifications imaginables. Épuisé par ce régime, il avait été pris de convulsions pendant le carême de 1724 et il avait fallu l'intervention d'un supérieur hiérarchique pour l'obliger à s'installer dans un domicile plus décent et à se nourrir davantage. Cependant, trois ans plus tard, il tomba dans un état de faiblesse tel qu'il mourut en quelques jours après avoir fait une profession de foi janséniste dépourvue de la moindre ambiguïté. Il avait trente-sept ans.

Après ses obsèques qui attirèrent un monde incroyable, la foule partagea ses misérables effets comme des reliques. Cet homme simple de cœur et d'esprit, rongé de scrupules, est devenu en quelques semaines le saint des jansénistes. La réputation de thaumaturge qu'il s'est acquise depuis la guérison de cette femme le jour de son enterrement attire ainsi tous les boiteux, bossus, paralytiques, épileptiques, et autres déshérités qui implorent son intercession pour recouvrer la santé. Et les *miracle*s se multiplient. Au mois de juin 1728, Mgr de Noailles, très troublé par ces étranges manifestations, avait demandé à l'abbé Thomassin de faire une enquête. Ce prêtre lui communiqua un rapport secret dans lequel il constatait cinq cas de guérison, mais Mgr de Noailles mourut sans avoir pris parti sur ce sujet. Le 13 août 1731, vingt-cinq curés de la capitale ont adressé une requête au nouvel archevêque afin qu'il se prononçât. Après mûres réflexions, Mgr de Vintimille dénonça les cas de guérison qui lui avaient été soumis et fit fermer la maison du diacre qui continuait d'être un lieu de pèlerinage. Il adressa en outre une sévère mise en garde aux curés. Il déclarait que le diacre Pâris était mort schismatique ; de ce fait il défendait qu'on l'honorât comme un saint et réfutait tous les prétendus *miracle*s qu'on lui attribuait. C'était frapper de nouveau le jansénisme.

Les déclarations de l'archevêque n'ont guère impressionné les fidèles. De toutes parts, ils continuent de se presser vers le cimetière Saint-Médard où il se passe des choses de plus en plus surprenantes. Ceux qui implorent une guérison sont pris de transes comme des possédés : ils se mordent, poussent des hurlements, sautent, se lacèrent le corps... Parmi les femmes, on distingue « les sauteuses, les aboyeuses, les miaulantes ». Pour tous ces dévots, les convulsions sont le signe de la présence divine. L'assistance émerveillée chante et prie. Après un moment plus ou moins long, les convulsionnaires retrouvent le calme et l'on crie au *miracle*. D'autres courent comme des fous autour des tombes ; une jeune fille qu'on dit « pulmonique » fait de grands pas les yeux bandés suivie par un garçon qui tient le bas de sa robe ; une femme appelle le diacre Pâris à son secours en hurlant : « Mon bras brûle et je n'ai plus de dents. » Ces scènes de psychose collective se reproduisent tous les jours. Hérault, le lieutenant de police, a envoyé des exempts qui lui remettent régulièrement des rapports sur cette foire aux *miracle*s. Ils regardent avec stupeur toutes ces folies et s'insurgent surtout de voir des filles jeunes et jolies rester deux ou trois heures les seins nus et les jambes en l'air, laissant voir « tout ce qu'une femme doit cacher ».

Ce spectacle permanent attire les voleurs à la tire mais aussi des spectateurs qui viennent là comme au théâtre. Des carrosses encombrent les rues adjacentes : on a vu ceux de la princesse de Rohan, de la duchesse de Montbazon, de la duchesse d'Antin et bien d'autres encore. Des magistrats, des avocats, des professeurs accourent eux aussi. Quant aux médecins, ils se relaient dans la sacristie pour observer des phénomènes qu'ils essaient de comprendre. Ils constatent l'état des malades et enregistrent parfois des guérisons qui les surprennent. L'un d'eux a noté qu'une femme a laissé en ex-voto ses béquilles après avoir fait vérifier le *miracle* opéré sur elle. L'abbé Bécheran de La Motte, un prêtre affligé d'une jambe plus courte que l'autre, fait figure de vedette. Dès qu'il paraît, on lui fait place ; il traverse la foule qu'il salue gracieusement. Suivi de son laquais et de quelques ecclésiastiques à la mine grave, il vient régulièrement se coucher sur la tombe où l'on place deux coussins. Son domestique desserre le col de son maître et délie ses jarretières. Après que l'on a psalmodié quelques instants, l'abbé s'agite ; il est bientôt pris de sursauts, se tord dans tous les sens et fait mille extravagances comme de dire l'alphabet à l'envers. « Miracle ! Miracle ! » s'écrie l'assemblée. Cependant, sa jambe ne s'est pas rallongée et il repart en claudiquant comme devant. La princesse de Conti douairière, aveugle depuis quatre ou cinq ans, est venue faire des neuvaines sur la célèbre tombe, mais ses prières n'ont pas attiré, semble-t-il, quelque grâce d'en haut.

Les *miracle*s seraient-ils réservés aux seules petites gens ? Eh bien non ! Le 7 septembre 1731, un conseiller au Parlement, M. Carré de Montgeron, athée, bien connu pour ses débauches, est venu en curieux comme tant d'autres. Il avait bien l'intention de se moquer de toutes ces mômeries. Il est entré en fanfaronnant, mais ému par l'atmosphère de dévotion qui régnait ce jour-là, il s'est agenouillé et s'est abîmé plusieurs heures dans la prière. Il s'est relevé converti. Depuis lors, il confesse partout sa foi nouvelle. Un véritable *miracle* !

Un autre cas jugé intéressant est celui du chevalier de Folard, auteur célèbre d'une *Histoire de Polybe* assortie de commentaires sur les devoirs des officiers et sur la guerre dont six volumes ont déjà paru. Ce respectable militaire âgé de plus de soixante ans et qui est sourd depuis une quinzaine d'années n'est pas particulièrement dévot. Il est allé à Saint-Médard où il a été pris de convulsions, mais il n'a pas retrouvé l'ouïe. Plusieurs personnes de distinction qui font partie de ses amis lui ont fait visite chez lui, rue Saint-Honoré, pour constater qu'il était régulièrement repris par ces mêmes transes. Le ministre de la Guerre l'a menacé de lui supprimer sa pension s'il continuait à se laisser aller à de telles indécences. On ne peut cependant pas accuser M. de Folard d'être un simulateur.

On a été obligé de noter aussi un contre-*miracle*. En plein mois d'août 1731, une vilaine femme de soixante ans contrefaisant la boiteuse est venue se mettre sur la tombe pour se divertir. Au bout d'un quart d'heure, elle se mit à pousser des cris affreux et demanda pardon à Dieu ; sa bouche se retourna : elle était paralysée du côté droit. La foule s'émerveilla, mais les médecins demandèrent qu'elle fût transportée à l'Hôtel-Dieu. Un grand concours de peuple suivit le brancard jusqu'à l'hôpital. Aussitôt arrivée, elle réclama un confesseur et avoua qu'elle était allé à Saint-Médard par dérision, mais sur la tombe, elle avait été saisie d'un engourdissement de tout le côté droit. Le prêtre exigea d'elle une déclaration devant notaire, ce qui fut aussitôt fait et l'acte fut contresigné par vingt-six personnes.

Un commerce lucratif s'est développé autour de Saint-Médard. Malgré les interdictions de l'archevêque, on vend sous le manteau des portraits du diacre Paris ; trois ouvrages racontant sa vie, imprimés clandestinement, se répandent parmi ses fidèles. Quelques petits malins vendent des sachets de terre du cimetière et des fioles remplies d'eau du puits de la maison du feu diacre. Les cabarets des environs font des affaires d'or. Les convulsionnaires viennent y boire chopine pour reprendre des forces après les séances d'extase ; les curieux et les exempts ont remarqué que leurs propos sont bien éloignés de la spiritualité.

Cependant, les miraculés ne sont pas tous des simulateurs, comme semblent le croire les inspecteurs de police. La plupart des malades témoignent d'une foi profonde : ils ne demandent pas seulement le soulagement de leurs maux corporels, mais aussi l'élévation de leur âme ; ils veulent être touchés par la grâce qui leur permettra de supporter leurs infirmités. La plupart d'entre eux, désespérant de la médecine, s'abandonnent à l'unique Sauveur, Dieu lui-même, par l'intercession du bienheureux Paris. Curieusement, les convulsions sont apparues juste après que Mgr de Vintimille eut dénoncé les cas de guérison comme pour prouver l'action divine sur les corps souffrants. Certains théologiens jansénistes voient dans ces manifestations le signe annonciateur d'événements importants. Les spasmes s'accompagnent souvent de discours hostiles à la bulle et ces théologiens les interprètent comme le symbole des persécutions de la véritable Église et l'endurance des convulsionnaires comme la préfiguration du triomphe de la vérité.

Tous ces désordres inquiètent l'archevêque de Paris et le lieutenant de police, qui se sont tous deux adressés au cardinal de Fleury. Une décision a été prise : le 29 janvier 1732, à quatre heures du matin, le guet à cheval était dans le faubourg Saint-Marcel et à chaque corps de garde du faubourg, vingt soldats avaient leurs armes chargées. Aux premières lueurs du jour, le cimetière a été fermé en vertu d'une ordonnance royale qui traite de superstition abusant la crédulité populaire les scènes qui s'y sont déroulées. Dès le lendemain, on pouvait lire sur une affiche collée sur le mur sous l'ordonnance royale ces deux vers sortis de la plume d'un esprit facétieux :

De par le roi, défense à Dieu
De faire miracle en ce lieu.

Le diable au corps

Alors que les miracles de Saint-Médard alimentent la chronique parisienne, une affaire récemment portée devant le parlement d'Aix suscite aussi beaucoup d'émotion et de commentaires. Le public suit attentivement cette histoire mettant en cause un jésuite et l'une de ses pénitentes. Il sera sans doute impossible de découvrir la vérité, mais l'intérêt de ce fait divers retentissant réside surtout dans l'interprétation qu'on en donnera dans le climat de crise religieuse déchirant le royaume.

Au mois de janvier 1731, un long article des *Nouvelles ecclésiastiques* a révélé les troublantes relations de Catherine Cadière avec son confesseur, le révérend père Girard de la Compagnie de Jésus. Recteur du séminaire royal des aumôniers de la Marine, ce prêtre dont les sermons étaient écoutés avec ferveur par ses ouailles aixoises est arrivé à Toulon en 1728. Son charisme attira vers lui beaucoup de femmes parmi lesquelles se trouvait Catherine Cadière, âgée de dix-huit ans. Elle vivait chez sa mère, veuve d'un marchand de la ville. Très pieuse, voire mystique, elle voulait entrer au couvent, ses deux frères étant eux-mêmes dans les ordres. En 1730, le père Girard, son confesseur depuis deux ans, aurait alors soufflé dans sa bouche pour lui transmettre une effluve divine ; il lui prédit qu'elle aurait des visions et des extases. Elle lui avoua aussitôt la passion qu'elle éprouvait pour lui. « L'amour que vous avez pour moi, lui dit-il, ne doit vous faire aucune peine. Le bon Dieu veut que nous soyons unis tous les deux. » Peu de temps après cet entretien à l'abri du confessionnal, la jeune fille eut chez elle de violentes convulsions, et se mit à blasphémer. « J'ai le diable au corps », hurlait-elle. Les stigmates du Christ apparurent sur sa peau. Ses frères, fort inquiets, firent venir le père Girard qui s'enferma dans la chambre de sa pénitente et la calma. Il lui dit que c'était la volonté de Dieu et qu'elle ne devait pas s'en inquiéter. Il revint ainsi presque chaque jour pour apaiser ces crises qui alarmaient sa famille.

À chacune de ses visites, il restait des heures avec elle, défendant qu'on vînt les déranger. « Est-il possible mon père que j'ai une si grande passion pour vous, l'amour de Dieu produit-il une pareille chose ?, lui disait-elle. Il lui répondait que le bon Dieu l'avait unie à lui, qu'elle n'était plus qu'un même cœur avec lui et l'âme de son âme ; que cet amour ne devait lui faire aucune peine[1]… » Lorsqu'il se trouvait dans sa chambre, « il lui maniait la gorge et lui suçait la plaie qui était en dessous. Il lui faisait souvent des attouchements sur ses parties ; elle se sentait mouillée ; elle avait des pamoisons et ne savait pas ce que cela voulait dire. Quand elle en faisait des reproches au père Girard, il se mettait à rire[2] ». Parfois, il la fouettait avant de la sodomiser. Catherine Cadière raconta aux autres pénitentes du père Girard ce qui se passait entre elle et lui. Ses amies lui dirent qu'il prenait les mêmes libertés avec elles.

Pendant la Semaine sainte de l'année 1730, elle resta en extase du jeudi au samedi. Le père Girard s'enferma longtemps avec elle. Lorsque Catherine Cadière révéla au père Girard que ses règles avaient cessé depuis trois mois, il lui tâta le ventre et lui fit prendre pendant huit jours certains remèdes de couleur rouge, ce qui lui provoqua un avortement. « Elle évacua une masse de chair avec une perte de sang qui dura huit jours[3]. » Mme Cadière voulut faire

1. *Mémoire instructif pour Demoiselle Catherine Cadière contre le père Jean-Baptiste Girard*, Aix, 1731, p. 36-37.
2. *Ibid.*
3. *Ibid.*, p. 40-41.

examiner sa fille par des médecins, mais le père Girard lui répondit qu'il s'agissait là de maux divins qui n'étaient pas du ressort de la médecine.

Le jésuite inquiet persuada Catherine de devenir religieuse et la fit entrer au couvent de Sainte-Claire d'Ollioules. Il pria la mère supérieure de déroger à la règle afin qu'il pût voir librement sa pénitente. Les extases et les stigmates de la nouvelle pensionnaire devinrent bien vite un sujet d'émerveillement dans la communauté où elle passait pour une sainte. À ce moment, le père Girard voulut l'envoyer dans la chartreuse de Notre-Dame-de-La Salette près de Lyon, mais l'évêque de Toulon venu voir la stigmatisée conçut quelques soupçons et s'opposa à son départ. Il fit installer la jeune fille dans une bastide où on lui donna un nouveau confesseur, le père Nicolas. Séparée du père Girard, elle sombra dans le désespoir et tenta de s'enfuir pour le retrouver. Le père Nicolas l'interrogea sur ses relations avec le père Girard. Comme ce dernier l'avait persuadée que ces relations étaient parfaitement pures et innocentes, elle raconta ingénument toute son histoire à son nouveau confesseur !

Le père Nicolas avertit aussitôt l'évêque, qui interrogea à son tour la jeune fille et l'exorcisa pour la délivrer de ses obsessions. Les frères de Catherine furent mis au courant des crimes du père Girard, mais tous, à commencer par la victime, souhaitaient que l'affaire fût étouffée. Cependant, le père Nicolas parvint à convaincre l'évêque que le père Girard devait être remis à la juridiction ecclésiastique. Il fut emprisonné et l'Official vint interroger Catherine Cadière. Elle commençait à comprendre que son cher confesseur avait gravement abusé d'elle. Se voyant déshonorée, elle porta officiellement plainte devant le lieutenant criminel de Toulon, le 18 novembre 1730.

Le diable dans le bénitier

Dès le début de l'instruction, Catherine Cadière fut enfermée dans le couvent des ursulines de Toulon, dirigé par des jésuites et dont la mère supérieure était une pénitente du père Girard. Les interrogatoires de l'Official et du lieutenant de police se succédaient. D'après l'avocat de la demoiselle Cadière, les témoins cités par le greffier du lieutenant de police et par ceux de l'Official étaient choisis pour justifier le père Girard. C'étaient pour la plupart ses anciennes paroissiennes.

Le scandale était si grave que le roi attribua à la Grand-Chambre du Parlement la connaissance de cette affaire. Par un arrêt du 16 février 1731, deux conseillers de cette cour furent envoyés à Toulon afin de poursuivre l'information et de faire ensuite le procès extraordinaire à la requête du procureur général. D'après l'avocat de Catherine Cadière, ces messieurs n'auditionnèrent que 24 témoins sur les 112 qui étaient cités. Ils entendirent le père Girard et la plaignante, qui répéta ce qu'elle avait déjà dit. Cependant elle se rétracta. Les magistrats procédèrent ensuite à la confrontation de l'accusé avec la plaignante. Le jésuite et sa pénitente affirmèrent qu'il ne s'était rien passé que de très pur entre eux. Le père Girard assura qu'il regardait Catherine Cadière comme une très sainte fille.

Cependant, le 20 mars, Catherine Cadière revint sur sa rétractation en affirmant qu'elle avait parlé précédemment sous l'effet de menaces et après avoir bu une boisson donnée par son confesseur qui l'avait enivrée. Ses nouvelles déclarations furent enregistrées et bien qu'elle se soit présentée comme plaignante et victime, on la conduisit *manu militari* dans le monastère de la Visitation d'Aix-en-Provence en attendant le procès. Elle ne pouvait voir que sa mère et ses frères.

De son côté, le père Girard se défendait. Il avait cru découvrir en Mlle Cadière une âme privilégiée, inspirée par le Christ et qui se croyait appelée par Dieu. Elle avait lu toutes les vies de saintes du début de l'ère chrétienne et voulait se faire passer « pour une fille à miracles ». Un jour, elle lui confia que Satan l'habitait et l'empêchait de prier. Ses tourments augmentèrent, elle fut prise de convulsions qui alarmèrent sa famille et les stigmates de Jésus apparurent sur son corps. Enfin elle entrait en extase pendant des heures. Les frères de Catherine avaient appelé son confesseur afin de les aider. Le père Girard estima qu'elle avait la rage de passer pour une sainte. Il reconnaissait qu'elle lui avait montré un pot de chambre plein de sang, mais que c'était là une de ces folles actions dont elle était coutumière. Bien qu'il la considérât désormais comme une extravagante, il accepta qu'elle partît au couvent d'Ollioules où il allait la voir.

Certaines lettres du père Girard adressées à sa pénitente et produites au cours du procès laissaient supposer que le comportement du jésuite n'était pas aussi clair qu'il espérait le laisser croire. Que voulait-il dire lorsqu'il écrivait à la jeune Cadière : « J'ai une grande faim de vous revoir et de tout voir ; vous savez que je ne demande que mon bien et qu'il y a longtemps que je n'ai rien vu qu'à demi » ? S'agissait-il des stigmates ? Toutes les interprétations sont possibles.

L'instruction terminée, le père Girard fut accusé de sorcellerie : les juges mettant sur le compte de la magie tous les faits extraordinaires arrivés à sa pénitente, il était considéré comme l'esclave du démon. C'est le malin qui lui aurait fait commettre les crimes d'inceste spirituel et d'avortement.

Depuis des mois, les factums des avocats circulaient dans toute la France. On les lisait à la Cour, à la Ville, dans les cloîtres, dans les familles. Les interrogatoires de la plaignante et ceux de l'inculpé faisaient les délices des amateurs de romans érotiques. L'avocat parisien Mathieu Marais écrivit à son ami le président Bouhier[1] que le factum de Catherine Cadière faisait concurrence à *Aloysia*, le dernier chef-d'œuvre de la littérature pornographique. Il ne comprenait pas « l'imbécillité de cette fille qui récite toutes ses ordures de sang-froid ».

Au mois d'août 1731, alors que l'instruction s'achevait, toute la ville d'Aix était en émoi ; dans la cour du couvent des jésuites on avait élevé pendant la nuit une potence avec un écriteau désignant le prêtre impie. Le peuple brûlait en effigie le père Girard au coin des rues. Le bruit courut qu'il était mort dans sa prison, ce qui aurait bien arrangé les magistrats. Il n'en était rien. Catherine Cadière, enfermée comme une criminelle au quatrième étage de sa prison, vit sa captivité renforcée. Sa porte cadenassée fut gardée par un archer et l'on mit des grilles à sa fenêtre ! Elle demandait vainement à voir sa mère et ses frères. L'opinion montée contre les Jésuites voyait en elle la brebis victime de leur perfidie. On parlait de complot des Jésuites.

La France et même l'Europe attendaient le verdict de ce procès qui traînait en longueur. On sait de bonne source que les magis-

1. Jean Bouhier (1773-1746), président au Parlement de Bourgogne, était membre de l'Académie française.

trats n'étaient pas du même avis. Les uns penchaient pour la culpabilité du père Girard et voulaient le condamner aux galères ; les autres croyaient que Catherine Cadière avait inventé toute cette histoire et qu'il fallait la pendre après lui avoir fait subir la question afin qu'elle dénonçât ses complices. L'attente se poursuivait. Enfin, le 10 septembre, le verdict tomba : le père Girard fut déchargé des accusations portées contre lui et on renvoya la demoiselle Cadière chez sa mère. On apprit que onze juges avaient voulu condamner le jésuite, onze autres la jeune fille. Ils décidèrent finalement de les mettre tous deux hors de cause. Ainsi dans cette affaire retentissante, il y eut des crimes, mais pas de criminels !

À Paris, on s'indigne de savoir que le père Girard n'est pas pendu. Mais pour les partisans des Jésuites comme l'avocat Barbier, le parlement d'Aix s'est déshonoré par ce jugement. Il accuse les jansénistes d'avoir acheté les juges. « C'eût été pour eux une grande fête de voir pendre un jésuite[1] », dit-il grinçant des dents.

Qui l'eût dit ? Ce procès a inspiré un opéra-comique intitulé *Le Nouveau Tarquin* ; Lucrèce est Catherine Cadière, le père Girard, Tarquin et Brutus, le juge. Les avocats plaident en vers, en prose et en chansons et lorsque le juge a tout entendu, il renvoie les parties dos à dos !

État de crise

Le jansénisme menace toujours de diviser l'Église et devient peu à peu un mouvement politique hostile à la monarchie. Toute opposition à la bulle *Unigenitus*, désormais loi d'État et symbole de l'autorité royale, est considérée comme une attaque dirigée contre l'absolutisme et justifie la répression. Fleury poursuit son combat contre les prêtres jansénistes : plus de trois cents d'entre eux sont suspendus de leurs fonctions ; le principal et les régents du collège Sainte-Barbe, suspectés de répandre la doctrine, ont été remplacés par des ecclésiastiques issus du séminaire de Saint-Sulpice ; des lettres de cachet frappent les appelants. Enfin les convulsions de Saint-Médard sont considérées comme un défi à

1. Barbier, *op. cit.*, t. II, p. 203.

l'épiscopat et la monarchie. La fermeture de la maison du diacre Paris et celle du cimetière sont des actes politiques destinés à mettre fin à des désordres et à éradiquer un mouvement dangereux pour la paix intérieure du royaume.

Cependant, malgré les recherches et les poursuites, *Les Nouvelles ecclésiastiques* continuent de paraître et lancent des appels au public afin qu'il prenne parti dans ces querelles dépassant de loin les interprétations théologiques. Elles dénoncent le despotisme de l'Église et aussi celui de l'État. Fustigeant les Jésuites et le lieutenant de police, cette presse clandestine exalte le rôle du Parlement dont les magistrats démontrent juridiquement que certaines initiatives épiscopales ou ministérielles menacent leurs droits. Le pouvoir se heurte maintenant au monde judiciaire qui prend le relais du clergé.

Hors du Parlement, mais en rapport direct avec lui, les avocats continuent de politiser le discours janséniste. Ne détenant pas d'office, ils échappent au contrôle direct du Parlement et à celui du pouvoir royal. Ils ont ainsi le droit de publier des consultations juridiques sans être soumis à une censure préalable. On se souvient de leur réaction à l'issue du concile d'Embrun ; ils atteignent désormais un public de plus en plus large. Partant de considérations concernant l'Église, ils attaquent les institutions du royaume. Le mémoire de l'avocat François de Mairemberg comparant la structure de l'Église avec celle de l'État monarchique inquiète le pouvoir. Il affirme que le Christ communique son autorité spirituelle à l'Église universelle (évêques, curés, prêtres et fidèles). Cela implique que toute décision du pape devrait être soumise à une discussion générale. Après un certain nombre de démonstrations appuyées sur d'anciens textes juridiques, il en conclut que la nation est une entité distincte du roi, capable de dialoguer avec lui d'égal à égal et il voit dans le Parlement « le sénat de la nation ». De ce fait, les lois sont des conventions entre gouvernants et gouvernés. Mairemberg ajoute même que les ordonnances émanant des états généraux sont supérieures à celle du souverain. Ce texte révolutionnaire a aussitôt été condamné par le Conseil du roi et les avocats ont été contraints de désavouer cette lecture antiabsolutiste, même s'ils l'approuvent sans oser le proclamer.

Le Parlement n'a pas l'intention de rester inactif. Au mois de novembre 1731, les magistrats ont voulu faire part de leurs protestations au roi. La bulle, on le sait, avait été enregistrée par lit de justice en 1720 sans qu'ils aient pu faire la moindre observation. Non seulement les querelles d'interprétation des textes religieux sont désormais interdites, mais la bulle érigée en loi empêche le Parlement de recevoir les appels comme d'abus introduits par les ecclésiastiques contre leurs supérieurs hiérarchiques. Les parlementaires n'admettent pas cette limitation de leurs compétences. À la rentrée judiciaire de novembre 1731, ils ont voulu porter leurs doléances au roi qui se trouvait à Marly avec la Cour, mais ils ne trouvèrent ni S.M., ni le cardinal, pas même un ministre ; ils durent s'en retourner à Paris. Fort dépités par cette rebuffade, ils exigèrent que le premier président demande officiellement audience à Louis XV. Le monarque le reçut brièvement, refusa de l'écouter et lui fit part très sèchement de son mécontentement. Les magistrats revinrent à la charge afin d'être reçus en groupe. Le souverain accepta d'accueillir les présidents et les doyens des conseillers. Cependant, on les prévint qu'ils ne pourraient pas prendre la parole après le roi.

Le roi et le cardinal étaient bien décidés à briser net leurs prétentions. Les magistrats furent conduits solennellement dans la chambre de parade du feu roi. Entouré par le cardinal et d'Aguesseau, le garde des Sceaux, Louis XV, la mine sévère, leur manifesta une fois encore son mécontentement avant de laisser la parole à son chancelier : « Le pouvoir de faire les lois et de les interpréter est essentiellement et uniquement réservé au roi. Le Parlement n'est chargé que de leur exécution ; il doit se renfermer exactement dans les bornes de l'autorité qu'il plaît à S.M. de lui confier pour l'administration de la justice. Le roi connaît toute l'étendue des droits de sa suprême puissance et il n'a pas besoin d'être excité à maintenir les maximes du royaume. Il a toujours empêché et empêchera toujours qu'elles ne souffrent la moindre atteinte. Mais la plus inviolable des maximes qui regardent l'autorité royale est qu'il n'est jamais permis de manquer à l'obéissance qui lui est due. Le devoir le plus essentiel et le plus indispensable des magistrats est d'en donner l'exemple aux autres sujets du roi et de prouver leur soumission personnelle par les effets beaucoup plus que par les paroles. »

Le roi congédia ces messieurs en ajoutant que telle était sa volonté et il leur déclara : « Ne me forcez pas à vous faire sentir que je suis votre maître. »

On ne pouvait rêver plus belle affirmation de l'absolutisme, mais ces messieurs, outragés par un tel discours, étaient prêts à réagir à la première occasion. Elle ne tarda pas. Mgr de Vintimille fit un mandement pour déclarer hérétiques les auteurs des *Nouvelles ecclésiastiques* et frapper d'excommunication ses lecteurs. Vingt curés de Paris refusèrent de monter en chaire pour le lire aux fidèles et se pourvurent au Parlement. C'en était trop. Aussitôt, le Conseil du roi interdit aux parlementaires d'examiner un appel « concernant l'Église » et fit arrêter deux conseillers jugés trop virulents. En signe de protestation, les magistrats se mirent en grève, mais une lettre de cachet les obligea à reprendre leurs fonctions. Ils obtempérèrent à l'ordre royal en lançant un défi au souverain : ils reçurent l'appel comme d'abus des curés contre le mandement de Mgr de Vintimille. Quelques jours plus tard, le 15 juin, le Conseil du roi arrêta quatre nouveaux magistrats et annula l'appel du Parlement. Dans un élan presque unanime, ces messieurs donnèrent leur démission, ce que l'avocat Barbier considéra comme « le plus grand événement que l'on ait vu depuis le début de la monarchie ». Il semble avoir la mémoire courte !

La première émotion passée, les parlementaires menacés de perdre leur office, autrement dit l'abandon de leur statut et d'une partie non négligeable de leur fortune, reprirent le chemin du Palais de Justice. Convoqués à Versailles pour un lit de justice, ils durent enregistrer sous la contrainte une déclaration disciplinaire rendant toute déclaration royale applicable avec ou sans les remontrances du Parlement. Les remontrances se trouvant ainsi interdites, les magistrats reprirent leur grève, bien persuadés que Louis XV finirait par céder. Le Conseil du roi ne s'avoua pas vaincu. Il exila cent trente-neuf magistrats dans les provinces. La crise dura tout l'été. Ces messieurs, qui se morfondaient dans leur exil, savaient que le cardinal aurait besoin d'eux pour voter les subsides pour une guerre qui se préparait à propos de la Pologne. Mgr de Fleury les a en effet rappelés au début du mois de novembre 1732. Afin d'être sûr de les amadouer, la cardinal a suspendu la déclaration disciplinaire de l'été. En revanche, il est parvenu à convaincre les parlementaires d'approuver la bulle *Unigenitus* comme loi de l'État.

L'absolutisme triomphe malgré la résistance des magistrats et des avocats qui semble matée.

Les rendez-vous des gens les plus aimables de Paris

Les querelles politico-religieuses ne passionnent pas les mondains, qui ont d'autres préoccupations et des héros plus discrets. À Paris, l'étoile de Marivaux brille toujours davantage. Et pourtant cet élégant poète de la vie quotidienne reste discret. Les femmes l'adorent tant il est épris de leur grâce et de leur esprit. Il connaît les ressorts secrets du cœur et ne croit guère à l'alliance du désir et de la raison. Ses héros sont anxieux ; ils se masquent pour mieux se démasquer, se trompent pour n'être pas trompés et se trompent eux-mêmes. Avec lui, le désir se cache à lui-même et les amants ne maîtrisent pas leur histoire. Il vient de livrer au public *Le Jeu de l'amour et du hasard* que Paris applaudit ainsi que le premier volume d'un roman, *La Vie de Marianne*, qui fait concurrence au *Manon Lescaut* de l'abbé Prévost. Marianne ne ressemble guère à Manon. C'est une jeune fille vertueuse, une enfant trouvée recueillie par une noble dame qui l'élève comme sa fille, mais sa naissance obscure l'empêchera d'être reconnue dans la société. La critique est sensible quoique discrète. Marivaux n'a rien d'un révolutionnaire, mais ce qu'il fait dire à ses personnages a tout l'air d'un constat mélancolique sur les mœurs du temps. Il s'insurge doucement contre cette cascade de mépris qui marque les relations humaines dans la société française.

Il est depuis longtemps le familier du palais lambertin où il triomphe, dissertant joliment de la morale et des intermittences du cœur. La marquise de Lambert continue de recevoir chez elle l'élite des lettres françaises, mais elle vieillit. Ses hôtes se retrouvent souvent chez Mme de Tencin qui s'est refait une virginité depuis le concile d'Embrun. Son engagement dans la cause des Jésuites a donné un sens nouveau à sa vie, cependant elle ne parle guère de religion. Pour l'heure, elle ne songe plus à gouverner la France ; elle est tout à sa passion pour la littérature. D'ailleurs, elle écrit un roman. Elle en parle avec ses amis. Certains se retrouvent dès le matin, dans sa ruelle ou dans son boudoir, là même où La Fresnaye s'est suicidé. Elle a changé mais reste belle : la maturité lui va bien. Elle reçoit ses hôtes habillée simplement, coiffée d'un voile bleu qui retombe nonchalamment sur sa gorge. Elle aime mieux qu'on pense bien de son intelligence que de ses charmes dont elle a tout lieu d'être sûre. « Ordinairement son esprit n'a pas de sexe, dit Marivaux, et en même temps ce doit être de tous les esprits de femme le plus aimable quand elle le veut. »

Tous les mardis à midi se réunissent autour de la table de sa salle à manger « les sept sages ». Fontenelle n'a que la rue à traverser pour venir dans ce qu'il appelle « sa maison de plaisance » ; Marivaux ne manquerait pour rien au monde cette visite ; le physicien Mairan, le philosophe Mirabaud, Boze, un numismate de renom, Astruc, le médecin à la mode complètent le groupe auquel il faut ajouter Duclos qui n'a pas encore trouvé sa voie. Mme de Tencin la lui montrera : c'est son nouvel amant... mais leur liaison reste discrète. L'activité littéraire pour ne pas dire l'invention littéraire est à l'ordre du jour. On discute des œuvres, on improvise des maximes, des apologues, des contes ; on disserte à l'infini sur la problématique de l'amour. On correspond avec des auteurs étrangers et Mme de Tencin écrit régulièrement à Montesquieu qui ne manque jamais de rejoindre le groupe des sages lorsqu'il est à Paris : « Si vous saviez combien nous vous aimons ici, lui dit-elle. Quand je dis nous, c'est que un peu de retenue me prend à la gorge et que je n'ose pas mettre toujours le je, qui serait pourtant plus vrai que le nous, car quoique vous ayez beaucoup d'amis, vous n'en avez aucun qui vous soit si véritablement attaché que moi. Je suis même persuadée que malgré tout leur génie, ils ne vous connaissent pas si bien. Ce n'est pas assurément que j'aie l'impertinence de mettre mes lumières au-dessus des leurs. C'est seulement que mon esprit éclaire mon cœur[1]. »

Les autres jours, Mme de Tencin reçoit dans son salon des diplomates, des savants étrangers, des ecclésiastiques et quelques femmes telles que Mme Dupin, la fille du banquier Samuel Bernard, Mme Geoffrin, la très riche épouse du propriétaire de la

1. Montesquieu, *Correspondance inédite*, éditée par René Pomeau, Paris, Armand Colin, 1982, p. 1-263, cité par J. Hellgouarc'h, *L'Esprit de société, Cercles et salons parisiens au XVIIIe siècle*, Paris, Garnier, 2000, p. 70.

Manufacture des glaces, la jeune marquise du Châtelet, mondaine et savante, Mme de Mimeure, qui vient d'introduire dans ce cercle Alexis Piron, un Bourguignon à l'esprit gaulois, un rien vulgaire mais boute-en-train, expert en épigrammes scabreuses. Mlle Quinault, une grande actrice du Français, essaie en vain de le civiliser. Son laisser-aller ne choque pas la maîtresse de maison qui aurait mauvaise grâce à jouer les bégueules. Le ton est libre, très libre chez elle, surtout pendant les dîners où l'on cesse de parler de littérature, de science ou de philosophie. La chère est excellente. Les plaisanteries, les anecdotes, les bons mots fusent de toutes parts. On admet toutes les opinions. Cette proximité des intelligences qui se complètent rend heureux tous les invités.

Citant Saint-Évremond, Mme Tencin a déclaré à Montesquieu : « Il n'y a de séjour pour les gens d'un certain mérite que les capitales et les capitales selon lui se réduisent à Paris, Londres et Rome et selon moi à Paris seulement. L'envie n'a pas tant de prise ici qu'en province ; on y est plus confondu et moins à portée de se comparer ; d'ailleurs on peut choisir ses sociétés et ses amis et être assuré qu'on est presque inconnu du reste du monde[1]. »

Le reste du monde n'est pas aussi indifférent à Mme de Tencin qu'elle veut le laisser croire. De l'autre côté de la Seine, rue de Beaune, s'est installée la marquise du Deffand qui pourrait bien devenir une rivale. Elle reçoit Voltaire, le président Hénault, d'Argental et Pont-de-Veyle, les deux neveux des Tencin... Oubliées les folies de jeunesse de cette dame, ses nuits agitées dans le cercle du Régent, ses aventures galantes en compagnie de Mme de Prie. Après la mort de cette amie, à laquelle elle est restée fidèle jusqu'à la fin, elle a été bien accueillie à Sceaux grâce au président Hénault, un fidèle de la duchesse du Maine. *Ludovise* règne sur son royaume avec la même autorité princière que naguère, offre des fêtes à ses thuriféraires, se passionne toujours pour les sciences, les lettres et les arts, mais les frivolités l'occupent avec autant de plaisir. Elle a trouvé en cette égérie décriée de la Régence un esprit à sa mesure et file avec elle une amitié de femme de lettres, assez tyrannique pour celle qu'elle honore. « Je n'ai souvent pas une seule demi-heure de libre, avoue la marquise du Deffand. La société des princesses n'est pas comme celle des

1. *Ibid.*

autres gens ; on ne peut être leur amie et conserver sa liberté, j'en regrette souvent la perte mais il faut soutenir les partis qu'on a pris quand d'ailleurs ils sont accompagnés de solidité et d'agréments[1]. » De vingt ans la cadette de la duchesse du Maine, Mme du Deffand appartient à une génération moins influencée par le Grand Siècle. Elle fuit la préciosité, recherche la simplicité, et refuse de briller aux dépens de la justesse et du naturel. Elle excelle dans l'art des portraits avec une plume incisive qu'on admire et qu'on redoute. Nouvel astre de Sceaux, elle achève d'apprendre auprès de l'irascible « mouche à miel » l'art de recevoir, de tenir en haleine des invités toujours divers, toujours nouveaux, de les distraire, et de garder ce ton inimitable de la cour du feu roi qui se perpétue en se modernisant avec mille nuances.

Personne ne met en doute l'intelligence et le talent littéraire de cette femme séduisante, surtout pas son discret amant, le président Hénault, dont elle parle avec une lucidité qui ne ressemble guère à la passion. Mme du Deffand a l'esprit pénétrant mais le cœur sec : « Toutes les qualités de M. le président Hénault et même tous ses défauts sont à l'avantage de la société, dit-elle ; sa vanité lui donne un extrême désir de plaire, sa facilité lui concilie tous les différents caractères et sa faiblesse semble n'ôter à ses vertus que ce qu'elles ont de rude et de sauvage dans les autres [...]. On serait tenté quelquefois de croire qu'il ne fait que penser ce qu'il imagine sentir... » Leur liaison est celle de deux mondains qui poursuivent la perfection d'un art de vivre en société. Hénault a également introduit sa maîtresse chez les Brancas où se retrouvent les Maurepas, les Mirepoix, les La Vallière, le duc de Nivernais. Ils appartiennent tous à la Cour, mais leur cercle privé est un foyer du bon ton et du raffinement intellectuel. Mme du Deffand s'y trouve à son aise. Ambitieuse, elle ne souhaite pourtant pas être présentée à la Cour. Elle aurait trop peur de s'ennuyer. Le cardinal y règne en censeur, le roi manque de curiosité et la reine, confite en dévotion, ne pense qu'à ses devoirs. Il faudrait une fée pour réveiller Versailles, mais ce n'est pas un rôle qui la tente. D'ailleurs, aux yeux de Fleury, elle passe pour une aventurière de la haute société.

1. Lettre du 28 septembre 1740 à son beau-frère, citée par Benedetta Craveri, *Madame du Deffand et son monde*, Paris, Seuil, 1986, p. 42.

Et Voltaire ? Insaisissable. Il disparaît, revient, se fait aduler, critiquer, rit de tout, souffre en silence et travaille comme un fou. Il adore la bonne compagnie, « un petit troupeau séparé, qui étant riche, bien élevé, instruit, poli est comme la fleur du genre humain ». Il en a goûté les délices au Temple chez le duc de Vendôme, à Sceaux et dans quelques châteaux. Le fils du notaire Arouet a parfaitement intégré le système complexe des bienséances de la vie de société la plus raffinée, mais la réussite mondaine n'est pas pour lui une fin en soi. Depuis le mois de décembre 1731, il s'est installé chez la baronne de Fontaine-Martel, qui lui loue un appartement sous les toits dans son hôtel de la rue des Bons-Enfants, à côté du Palais-Royal. Cette dame à l'esprit fort et aux mœurs faciles pendant sa jeunesse n'a pas besoin d'argent, mais elle choisit des pensionnaires susceptibles de la distraire, à condition qu'ils n'aient pas de maîtresse. Elle ne cherche pas de consolations libertines et n'aspire plus qu'aux joies de l'esprit. Chaque dimanche, elle donne un dîner dont les convives forment une petite académie où brille Voltaire, qui s'est institué son maître en divertissement. Passionnée de théâtre, la « très singulière Martel » accepte que son poète favori joue ses tragédies chez elle avec des comédiens amateurs. Il y a donné *Ériphyle*, *Brutus* et *L'Indiscret.* Si on pu applaudir ces pièces en petit comité, elles se sont soldées par des échecs en public. Chez Mme de Tencin, on estime qu'il ferait mieux de renoncer au théâtre. Mais peu importe au poète les propos négatifs qu'on lui rapporte. Il continuera d'écrire des tragédies. En attendant, il remporte un grand succès de librairie avec son *Histoire de Charles XII*, la biographie de « l'un des personnages les plus singuliers qui eussent paru depuis des siècles, un être d'exception parmi les princes ».

CHAPITRE X

Passions

Le roi s'émancipe

Il y a longtemps que le roi n'est plus amoureux de la reine, mais il accomplit son devoir conjugal auquel Marie se soumet maintenant à regret. Elle ne ressemble plus à la fraîche Polonaise qui a fait découvrir de nouveaux plaisirs à l'adolescent impétueux. Fatiguée par des grossesses difficiles, elle manque d'entrain aux jeux de l'amour et fait tout ce qu'elle peut pour les éviter : elle laisse croire à son mari que ses périodes durent très longtemps ; lorsqu'il est dans son lit, enfouie sous une montagne d'édredons, elle se plaint qu'il sent le vin de Champagne et elle n'en finit pas de réciter ses prières… Une telle intimité est-elle supportable pour un homme de vingt-trois ans ? Dans les premiers temps de leur union, si l'on faisait remarquer au monarque la beauté d'une dame, il répondait invariablement que la reine était plus belle et détournait les yeux. Cette timidité à l'égard du beau sexe est révolue. Lors du voyage de Fontainebleau, en revenant de la chasse, il a remarqué Mme de Brou et Mme de Fieubet qui n'ont pas encore vingt ans et il en a parlé toute la soirée. Cependant il ne s'est pas déclaré.

Toute la Cour espère qu'il va prendre une maîtresse. Ses compagnons de chasse l'en pressent. Quelle est celle qui l'emportera ? Les paris sont ouverts, mais le roi toujours impassible déconcerte les courtisans les plus avertis. Une grande pudeur, beaucoup de religion, la crainte de Dieu ne contribuent guère à l'émanciper.

Certains murmurent que la comtesse de Toulouse lui aurait cédé. Pure calomnie. Mme de Toulouse est la tendre amie confidente. Mlle de Charolais s'est permis quelques privautés avec lui : on ne peut trouver meilleure initiatrice à l'érotisme. Le roi passe des soirées et parfois même la nuit dans son château de Madrid, à l'orée du bois de Boulogne, où l'atmosphère est légère comme nulle part ailleurs. Mlle de Charolais l'a convaincu de prendre une maîtresse, mais elle ne veut pas assumer ce rôle. Elle aliénerait une liberté à laquelle elle est trop attachée.

Bachelier et Le Bel, les deux valets de chambre du roi, conduisent auprès de lui quelques frétillantes beautés qui repartent et qu'on ne revoie pas. Passades sans importance. Il n'y a pas de quoi jaser. Les femmes de la Cour se désespèrent. Comment peut-il rester insensible à tant de charmes ? Grand chasseur devant l'Éternel, Louis XV attend que ses rabatteurs lui apportent celle qu'il élira pour favorite. On imagine l'inquiétude de Fleury. Si son maître s'éprend d'une intrigante dévorée par la passion du pouvoir, il n'aura plus qu'à finir ses jours dans sa modeste demeure d'Issy. Grave dilemme pour le cardinal. Non seulement il doit admettre l'adultère de celui qu'il a toujours mis en garde contre le péché de la chair, mais il lui faut aussi trouver la partenaire idéale pour contrevenir à la morale chrétienne et qui ne risque pas de bouleverser sa politique ! Afin d'éviter que les amis du roi ne choisisse pour lui quelque dangereuse créature, le pieux cardinal a désigné la favorite et chargé Le Bel et Bachelier d'assurer la mise en scène permettant à Louis de succomber.

C'est Louise Julie de Nesle, comtesse de Mailly, fille du marquis de Nesle, de noblesse immémoriale, épouse séparée de Louis Alexandre de Mailly. Elle ne compte pas parmi les plus belles femmes de la Cour. Son sourire aux dents éclatantes fait oublier un nez un peu trop long et son extrême élégance met en valeur un corps qui ne manque pas de grâce. Qualité essentielle aux yeux de Fleury, Mme de Mailly, dame du palais de la reine, ne se mêle pas d'intrigue et n'entend rien à la politique. Douce, soumise et gaie, elle a l'âge du roi. Elle se meurt d'amour pour lui et ne pense qu'à rendre heureux un amant auquel elle n'aurait jamais osé prétendre. Le roi la rencontre en cachette au château de Madrid ou à La Muette. À Versailles, Bachelier la fait entrer dans les petits cabinets par des portes donnant sur les cours intérieures. Le secret des amours royales reste bien gardé.

La reine est malheureuse. Enceinte encore une fois, elle se doute de la trahison de son époux et pleure la mort de deux de ses enfants. Au mois de février 1733, Madame Troisième, très enrhumée, saignée quatre fois par le médecin des enfants de France, est morte d'épuisement en quelques heures ! Elle avait cinq ans. Deux mois plus tard, le duc d'Anjou tomba malade ; on le changea d'appartement pour le rapprocher de sa mère dont l'inquiétude grandissait au fil des heures. La nuit du 7 avril, prise d'un funeste pressentiment alors qu'elle était couchée avec le roi, Marie se leva pour ouvrir une fenêtre donnant sur celle du petit prince. « Comment se porte le duc d'Anjou ? », cria-t-elle à un crocheteur qui se trouvait là. « Il est mort », répondit placidement le bonhomme. Elle poussa un cri, le roi sortit du lit, la soutint et ils fondirent tous deux en larmes.

Le dernier mois de la grossesse royale fut difficile. Le 11 mai, Marie accoucha... d'une fille, Marie-Victoire. Cette naissance a ravivé la tristesse des époux. L'innocente reine se culpabilise d'avoir mis au monde tant de filles alors qu'elle n'a donné que deux fils à la monarchie. Heureusement, le dauphin se porte bien. Marie sait qu'elle se reposera trois mois avant de porter un autre enfant, les médecins exigeant ce temps d'abstinence entre chaque grossesse. « Toujours coucher, toujours grosse, toujours accoucher », aurait-elle dit. C'est du moins ce que raconte le marquis d'Argenson. Et tant de femmes rêveraient d'être à sa place !

Stanislas s'en va-t-en guerre

Marie reste intimement liée avec ses parents qui vivent à Chambord d'une pension souvent rognée par le cardinal, soucieux de faire des économies. Fleury méprise les Leszczynski. Stanislas n'est qu'un noble polonais élu et chassé par une assemblée de hobereaux turbulents. Mêler ce sang à celui des Bourbons a toujours semblé un péché contre la monarchie à cet ecclésiastique issu du peuple. La pauvre Marie continue d'en faire les frais. Fleury lui fait sentir son insignifiance. Elle souffre en silence et ne peut s'épancher que dans le cœur de son « chérissime papa » auquel elle écrit régulièrement.

Elle lui confie ses doutes sur la fidélité de son mari. Stanislas tente de la rassurer. Elle n'a pas le droit de se plaindre. N'est-elle pas reine de France, mère du dauphin ? Reine elle demeurera. Qu'elle se souvienne d'où elle vient. Et Marie, comme à son habitude, prie et se soumet… à la volonté divine exprimée par un père qui l'a élevée dans le respect de la religion catholique.

En réalité, les pleurs de sa fille affectent moins Stanislas qu'ils ne l'auraient fait quelques mois plus tôt. L'ex-roi de Pologne est un personnage romanesque venu d'un monde sauvage, où s'affrontent des clans nobiliaires dont la fortune instable se fonde sur des terres immenses et pauvres. État aux frontières mal définies, royaume électif ingouvernable en proie à des querelles incessantes entre palatins, la Pologne est convoitée par la Russie et par l'Autriche, qui voient en elle une proie facile à dépecer. En 1704, Stanislas Leszczynsky avait été élu grâce à l'appui de Charles XII de Suède, lequel avait envahi la Pologne pour venir à bout d'une coalition menée contre lui par Auguste II et le tsar. Battu par les Russes à la bataille de la Poltava en 1709, Charles XII fut fait prisonnier et Stanislas s'enfuit en Suède tandis qu'Auguste II de Saxe remontait sur le trône de Pologne. N'abandonnant pas son bienfaiteur dans le malheur, Stanislas le rejoignit en Bessarabie où il était détenu. Stanislas resta lui-même en résidence surveillée à Bender jusqu'en 1714. Il put alors s'installer avec sa famille dans le duché des Deux-Ponts, possession de Charles XII en Allemagne. En 1718, à la mort du roi de Suède, il se réfugia à Wissembourg où il demeura jusqu'au mariage providentiel de sa fille.

Stanislas est tout le contraire d'un reître. Les circonstances ont fait de ce gentilhomme cultivé un roi errant dans l'Europe des monarchies absolues, une sorte d'aventurier sympathique et baroque, simple dans ses mœurs, capable de s'adapter aux situations les plus imprévues. C'est un prince philosophe, un original qui n'a pas abandonné son vieux rêve polonais. La sinécure toute relative de Chambord ne fait pas son bonheur. Il s'ennuie au milieu des brumes de l'Orléanais, oublié dans un château qui ressemble à celui de la Belle au bois dormant. À cinquante-six ans, il aspire à de nouvelles aventures. Le 3 février 1733, la mort du roi de Pologne Auguste II, son rival qu'il a toujours considéré comme un usurpateur, lui a donné un fol espoir. Les magnats vont procéder à l'élection d'un nouveau monarque. Il veut se porter candidat. Le temps est venu de prendre sa revanche, mais il a besoin d'appuis. Son meilleur allié, Chauvelin, le ministre des Affaires étrangères[1], est aussitôt entré en relation avec lui. Il souhaite que la France soutienne son élection au trône de Pologne. Les rois de France ont besoin d'alliés susceptibles de prendre à revers la puissante maison d'Autriche. En outre, des liens d'amitié unissent traditionnellement la France et la Pologne. En 1697, il avait été question de faire du prince de Conti un roi de Pologne.

Cependant, le dessein de Chauvelin déplaît à Fleury. Il redoute tout ce qui pourrait mettre en danger le fragile équilibre européen. Pour l'heure, il s'inquiète du projet de mariage entre l'archiduchesse Marie-Thérèse d'Autriche, héritière de son père l'empereur Charles VI, avec le duc François de Lorraine qui vit à Vienne depuis dix ans. Si ce mariage se fait, François de Lorraine deviendra empereur, et la Lorraine enclavée dans le royaume de France, et ô combien convoitée, sera rattachée à l'Autriche. Le cardinal mesure le danger que représentent les Autrichiens installés en Lorraine. Ce n'est pas le moment de soutenir Stanislas pour un trône hypothétique. À moins qu'on ne puisse lier les deux affaires au bénéfice de la France ? Le cardinal ne cesse d'y penser.

Depuis le mois de février, Stanislas se tient au courant du mieux qu'il peut des événements de Varsovie. L'Autriche et la Russie, les puissances voisines de la Pologne, soutiennent la candidature d'Auguste de Saxe, fils du défunt roi, et ne veulent pas entendre parler de l'ex-roi Stanislas. Cependant, un parti pro-français s'est formé autour de l'ambassadeur de France, le marquis de Monti. En France existe un courant favorable à Stanislas. Si le père de la reine montait enfin sur ce trône qui lui a échappé, Marie serait sans doute mieux considérée et Louis XV éprouverait moins de hauteur à l'égard des Leszczynski. Finalement, après de longs entretiens avec le cardinal, le roi a décidé d'aider Stanislas pour la plus grande gloire de Marie, laquelle s'abîme en prières pour la réussite de son père. Un plan secret est préparé.

Le 19 août 1733, la reine accueille ses parents à Trianon où ils s'installent lors de leurs visites à Versailles. Douces retrouvailles en famille où l'on parle à cœur ouvert. Louis XV, qui est à Com-

1. De 1727 à 1737, Chauvelin, ministre d'État, a cumulé la charge de garde des Sceaux et celle de ministre des Affaires étrangères.

piègne, ne fera qu'un saut de quelques heures à Versailles pour donner les dernières instructions à son beau-père. Avant de quitter ce trop beau gendre, Stanislas lui recommande les siens. On ne connaît pas la réponse du roi aussitôt reparti pour La Muette au grand désespoir de Marie. Ses parents ont essayé de la consoler. L'étrange situation de son père lui permet de garder avec sa famille un lien dont aucune souveraine, aucune princesse n'a pu jouir jusqu'alors. Ces relations entretenues dans la plus grande simplicité donnent une certaine douceur à son existence. Cependant, en ce moment décisif Stanislas ne pense qu'à sa revanche et à sa gloire. Tout fringant, avant son grand voyage, il est allé à Meudon embrasser ses petits-enfants qui profitent là d'un air jugé meilleur que celui de Versailles.

Une nouvelle aventure commence pour ce roi en quête d'un royaume.

Le 26 août, coiffé d'une perruque brune, revêtu d'un vilain habit de drap noir, Stanislas endosse le rôle d'un commis accompagnant un marchand allemand jusqu'en Pologne. Le prétendu marchand n'est autre que son ami, le comte d'Andlau. Et fouette cocher dans une berline très ordinaire à travers les plaines d'Allemagne. De la discrétion, de la discrétion…

Le même jour, un sosie de Stanislas, le commandeur de Thianges, embarque à Brest sur un navire de guerre qui se dirige vers le port de Dantzig. En apprenant cette nouvelle, les Russes ont mis leur flotte en alerte sur la Baltique afin de couper la route au prétendu-prétendant.

Le 8 septembre, Stanislas pénètre dans le plus grand secret à l'ambassade de France à Varsovie. Le marquis de Monti transmet aussitôt des messages à ses partisans afin de préparer l'élection le plus vite possible. Deux jours plus tard, très ému, Stanislas franchit le seuil de l'église Sainte-Croix bondée de monde. Les nobles se précipitent pour lui baiser la main avant la messe solennelle célébrée par le primat de Pologne, Mgr Potocki, qui adjure ses ouailles de ne pas se laisser intimider par les menaces des puissances voisines. Stanislas pressent la victoire.

Après bien des tractations, le 12 septembre, la diète d'élection se prononce en sa faveur. Élu roi de Pologne pour la deuxième fois, Stanislas savoure son bonheur pendant le *Te Deum* dans la cathédrale. Le jour même, il reçoit la noblesse au palais royal.

Justice et gloire lui sont rendues. L'ambassadeur de France envoie aussitôt un courrier à Versailles qui arrive le 20 dans la soirée. Louis XV, qui s'était déjà retiré dans ses appartements, ouvre le paquet, se rend chez la reine et l'embrasse. On ne pouvait rêver meilleure nouvelle.

Le couple royal se congratule, mais il ignore que le pouvoir du nouveau souverain est déjà gravement menacé. Son règne risque d'être encore plus éphémère que le précédent. Dès le lendemain de son élection, plusieurs seigneurs réunis de l'autre côté de la Vistule ont jugé son pouvoir illégal et désigné Auguste de Saxe, fils d'Auguste II, comme souverain. Sans doute ont-ils été achetés par l'or des Saxons, mais tout laisse à penser que les pressions des Autrichiens et des Russes désireux de mettre en tutelle cet État indiscipliné ont déterminé cette noblesse insolente à se rallier à Auguste III. Les Russes ont aussitôt envoyé une armée et les partisans de Stanislas se sont éparpillés comme une volée de moineaux. Persuadé qu'il va être soutenu par la France, le 22 septembre le beau-père de Louis XV a pris la route de Dantzig où il est arrivé sain et sauf. Le 5 octobre 1733, Auguste III a été proclamé roi de Pologne.

Mourir pour Dantzig ?

À Versailles, Marie pleure, le roi s'interroge sur la conduite à tenir et Fleury n'a pas l'intention d'entraîner la France dans la défense d'une cause hasardeuse. Aucune déclaration française en faveur de Stanislas n'a été faite jusque-là. Le navire sur lequel avait embarqué le faux prétendant a reçu l'ordre de rebrousser chemin sans qu'un seul coup de canon eût été tiré. Cependant, Fleury ne reste pas inactif. Il s'assure de la neutralité anglo-hollandaise, signe une alliance avec la Sardaigne et une autre avec l'Espagne, ces deux puissances ayant des comptes à régler avec l'Autriche. Enfin le 10 octobre, Louis XV, ne pouvant porter les armes contre les Russes, déclare la guerre à leur allié l'empereur Charles VI, prétextant qu'il ne peut pas rester insensible à « l'injure » faite à son beau-père. Une armée sous le commandement du maréchal de Berwick envahit la Lorraine, passe en Alsace qui est française et met le siège devant Philipsbourg. Une autre armée, sous le commandement du maréchal de Villars, franchit le Mont-Cenis, rallie les Sardes, s'empare de Novare et de Pavie, entre dans Milan et livre la Lombardie autrichienne au roi de Sardaigne. Les Français sont partout victorieux des Autrichiens.

Pendant ce temps, Stanislas attend sa délivrance. Les Russes ayant mis le siège devant Dantzig au mois de février 1734, il eût été malséant de ne pas se porter au secours du père de la reine de France. Aussi Fleury juge-t-il à propos d'envoyer une petite flotte avec 1 500 hommes qui n'a en réalité aucune chance de l'emporter. Les troupes françaises, très mal équipées, se font mitrailler par les Russes qui en même temps pilonnent Dantzig. Auguste III, couronné à Varsovie, rallie l'armée russe devant Dantzig. Épuisé, souffrant d'hémorroïdes, Stanislas refuse de se rendre et s'enfuit le 27 juin vers l'ouest habillé en paysan. Le 3 juillet, il trouve asile en Prusse où le roi Frédéric-Guillaume le reçoit et l'héberge au château de Königsberg. Le 9 juillet, Dantzig capitule.

Fleury est satisfait. Il n'a jamais cru au succès de Leszczynski mais cette guerre rapide, assez peu coûteuse en vies humaines et en argent, va lui permettre de négocier pour obtenir la Lorraine. Il est prêt à reconnaître la pragmatique sanction qui fait de l'archiduchesse Marie-Thérèse l'unique héritière de l'empereur pour recevoir cette province plusieurs fois occupée, mais jamais acquise. Quant à Stanislas, ce perpétuel vaincu, on pourrait lui offrir un gouvernement purement honorifique à la tête de cette province qui reviendrait au royaume à sa mort. Son honneur serait sauf et la Lorraine deviendrait en quelque sorte la dot de la reine. Tel est le projet de Fleury. Il va falloir négocier habilement avec les représentants des puissances engagées dans cette guerre.

À Versailles, Marie se désole. Fleury la traite toujours avec la même hauteur polie sans lui donner d'informations précises. Il a cependant eu la délicatesse de faire imprimer à son intention une fausse gazette pendant le siège de Dantzig pour la ménager durant sa nouvelle grossesse. Elle correspond avec son père, qui lui fait part de ses doutes et de sa tristesse tout en essayant de la rassurer. Marie a pleuré en apprenant que le jeune comte de Plélo, ambassadeur de France à Copenhague, a réuni quelques volontaires et s'est jeté dans le combat qui a décimé la petite flotte française venue au secours de Stanislas. Les Russes ont rendu le corps du gentilhomme breton percé de coups de baïonnette pour défendre une cause perdue d'avance. La reine a pleuré aussi en apprenant la mort de son confident, le vieux maréchal de Villars, qui s'est éteint à Turin, épuisé par l'âge et la maladie. Le 27 juillet, elle a accouché d'une fille, Madame Sixième. Le roi, déçu, a décommandé les fêtes prévues au cas où un fils serait né. D'ici quelques mois on apprendra sans doute que la reine est de nouveau enceinte.

La divine Émilie

Stanislas avait raconté à Voltaire son épopée aux côtés du roi de Suède, lorsque le poète écrivait sa biographie de Charles XII. L'ex-roi de Pologne est d'ailleurs l'un des héros de ce livre qui l'a rendu populaire en France. Cependant, aujourd'hui, Voltaire ne se passionne plus pour ses aventures ; il a le cœur en fête comme un jeune homme. À près de quarante ans, il ne croyait plus à l'amour, mais il est tombé sous le charme puissant d'une femme d'exception. Aucune maîtresse n'a ému son cœur et ses sens comme Émilie de Breteuil, marquise du Chatêlet. Ils se sont rencontrés à l'Opéra au mois de mai 1733, présentés l'un à l'autre par un ami commun. Coup de foudre entre ces deux êtres d'essence supérieure. Quelques jours plus tard ils étaient amants. « Je vous adore, ma chère Uranie ! Pourquoi si tard m'avez-vous enflammé ? », lui déclara-t-il. Libre de toute autre attache, il se dit « enivré de bonheur et d'amour » et s'extasie « sur les plaisirs qu'il goûte dans ses bras ». Grande, sculpturale, pleine de vie, Mme du Chatêlet se donne avec passion. Elle a trouvé celui qu'elle attendait. Avec lui, elle n'a pas besoin de jouer le rôle que la société lui impose. Fête des corps et de l'intelligence où l'un est l'autre.

En réalité, Émilie connaît Voltaire depuis son enfance. Alors qu'il n'était que François Marie Arouet, un jeune homme à l'esprit flamboyant, il avait été remarqué par le baron de Breteuil, le père d'Émilie, qui l'avait admis parmi les familiers de son hôtel, place Royale, où il recevait les beaux esprits de la Régence. Il l'invitait même en Touraine dans son château de Preuilly pendant la belle saison. Gabrielle Émilie n'était alors qu'une petite fille pour laquelle son père manifestait beaucoup d'affection. Dépourvu des préjugés habituels concernant l'éducation des filles, marié sur le tard, il a refusé de la mettre au couvent comme le veut l'usage pour les jeunes personnes de son milieu. Elle participait à la vie mondaine de ses parents ; aussi avait-elle maintes fois écouté Voltaire. Le baron de Breteuil, introducteur des ambassadeurs à la cour de Louis XIV, voulut faire suivre à sa fille les mêmes études qu'à ses fils. Elle se révéla exceptionnellement douée. Excellente latiniste, elle peut réciter par cœur les plus beaux morceaux d'Horace, de Virgile, de Lucrèce, mais elle a toujours été plus attirée par les sciences et la métaphysique.

Mariée depuis huit ans à un parfait gentilhomme, le marquis du Chatêlet, gouverneur de Semur-en-Auxois, elle a passé auprès de lui quelques années dans cette petite ville de province où elle s'est vite ennuyée. Après deux maternités, son époux lui a permis de retourner à Paris en lui laissant la liberté de vivre à sa guise à condition de respecter les apparences. Émilie s'est alors jetée dans un tourbillon de plaisirs. On l'a beaucoup vue à l'Opéra, dans les salons, dans les bals. Elle a joué, perdu beaucoup d'argent et vécu sérieusement une brève histoire amoureuse avec le comte de Guébriant, un aimable bellâtre qui a mis rapidement fin à leur liaison. On dit que désespérée par cette rupture, elle voulut s'empoisonner en avalant une forte dose d'opium. C'était semble-t-il une mise en scène préparée à l'intention de l'infidèle. Elle s'est bientôt consolée avec le plus grand des séducteurs, le duc de Richelieu, qui n'a pas exercé à son égard les cruautés habituelles du libertin. Elle a retrouvé sa joie de vivre. En 1732, elle est retournée à Semur. Au début de 1733, son mari a rejoint son régiment mobilisé pour la guerre de Succession de Pologne. Émilie enceinte de plusieurs mois a achevé sa grossesse à Paris où elle a repris une vie mondaine assez endiablée malgré son état. Elle est très liée avec la duchesse de Brancas et la duchesse de Saint-Pierre qu'accompagne un jeune amant, le comte de Forcalquier. Le 11 avril, peu avant sa rencontre avec Voltaire, elle accouche d'un garçon aussitôt mis en nourrice.

Il ne faudrait pas croire que seuls les plaisirs mondains occupent la vie de Mme du Chatêlet. L'étude tient une place essentielle dans sa vie, mais elle est trop brillante, trop fine pour avoir l'air d'une femme savante en société. Sa conversation est si variée, son goût pour le théâtre et pour le chant si évident que personne ne pourrait imaginer qu'elle passe des heures à l'étude des mathématiques et de la physique. Voltaire s'émerveille de la voir diviser jusqu'à neuf chiffres par neuf autres chiffres, de tête et sans aucun secours. Avec lui, elle n'a pas besoin de feindre. Il aime et admire la femme de science qui peut aussi parler de philosophie ou de littérature. Ils vivent tous deux à la même hauteur.

Mme du Chatêlet habite l'appartement de son mari, rue Traversière-Saint-Honoré, mais elle rejoint son amant chez lui, rue de Longpont, à côté de l'église Saint-Gervais. Cette nouvelle résidence de Voltaire dans un quartier démodé au milieu des couvents a l'avantage d'être discret. Mais la belle Émilie ne prend pas la précaution de cacher son bonheur tout neuf. On l'a vue embrasser Voltaire sur la bouche en public. Elle commet des imprudences qui excitent les réflexions vipérines de ses amies. Elle s'en attriste et il a composé pour elle une épître *Sur la calomnie* pour la défendre et la consoler :

Écoutez-moi, respectable Émilie,
Vous êtes belle ; ainsi donc la moitié
Du genre humain sera votre ennemie.
Vous possédez un sublime génie,
On vous craindra ; votre tendre amitié
Est confiante, et vous serez trahie.
Votre vertu, dans sa démarche unie,
Simple et sans fard, n'a point sacrifié
À nos dévots, craignez la calomnie.

À vingt-sept ans, loin de son époux, Émilie fait fi des conventions et s'affiche avec son amant dont l'inspiration ne tarit pas. Il a achevé sa nouvelle tragédie, *Adélaïde Du Guesclin*, il vient de publier *Le Temple du goût* et il songe au livret d'un opéra, *Tanis et Zélide*. Certains soirs, Émilie, la duchesse de Saint-Pierre et le charmant Forcalquier débarquent chez lui et l'entraînent déguster une fricassée de poulet aux chandelles dans le village de Charonne. La vie est belle… Au mois de juillet, les deux tourtereaux ont fait un petit voyage jusqu'à Cirey-sur-Blaise en Champagne où le marquis du Chatêlet possède un château, hélas en piteux état. Ils ont peut-être l'intention de s'y installer… un jour.

Savants et philosophes

Au mois de septembre, Voltaire est tombé malade au grand désespoir de l'ardente Émilie. Elle s'est alors jetée à corps perdu dans l'étude auprès de Maupertuis, un mathématicien de génie qui vient de publier un texte *Sur les lois de l'attraction* ainsi qu'un *Discours sur la figure des astres*. Il appartient à la nouvelle génération de savants qui s'inspirent des découvertes faites par les Anglais, lesquels ont pris la tête de la recherche scientifique. Après un séjour à Londres, il a été convaincu par la théorie de la gravitation universelle de Newton contredisant le système cartésien. Il est ensuite parti pour Bâle travailler sous la direction de Bernouilli auprès duquel il a appris les applications du calcul intégral à la physique. Revenu en France, sa défense du principe newtonien qui bouleverse les données fondamentales de la physique lui a valu une critique de Fontenelle à l'Académie des sciences. Désormais, le monde scientifique se partage entre les tenants de l'ancienne et de la nouvelle école. Maupertuis est parvenu à convaincre Voltaire, qui s'est déclaré « son prosélyte », tandis qu'Émilie l'a élu pour maître. Cependant, le poète n'a pas tardé à déchanter : Émilie a ressenti une telle attirance pour son mathématicien qu'elle lui a cédé sans tarder. La passion de l'abstraction n'a pas éteint chez Maupertuis un impérieux désir de conquête. Il se conduit en séducteur, souvent assez mufle, laissant ses victimes vivre au gré de ses caprices. Il ne répond pas à leurs lettres, oublie leurs invitations et s'affiche volontiers avec d'autres femmes qui tombent facilement sous son charme. Parfois, Émilie l'attend vainement pour ses leçons. Voltaire a préféré fermer les yeux sur l'infidélité de sa maîtresse, qui fait maintenant des équations avec l'un des émules de Maupertuis, le petit Clairaut, autre mathématicien prodige, mais qui ne sait parler que de géométrie. Les mauvaises langues diraient qu'il est sot tant il est maladroit dans le monde, mais Émilie l'aime bien.

Elle écoute également La Condamine revenu d'un voyage au Levant dont il a rapporté diverses plantes nouvelles. Il devrait partir prochainement pour le Pérou mesurer un degré de méridien. La Condamine, Maupertuis et Clairaut se retrouvent deux fois par semaine à la Société des Arts qui réunit plusieurs jeunes savants auxquels s'est joint récemment Georges Louis Leclerc de Buffon qui abandonne les mathématiques pour les sciences de la vie. Dans sa propriété de Montbard en Bourgogne, il a créé une pépinière et se passionne pour la flore. Ces messieurs se retrouvent aussi dans les cafés et affectionnent particulièrement le Gradot, quai du Louvre, où Émilie n'hésite pas à les rejoindre, ce qu'aucune femme de son rang n'oserait faire. Mais Émilie se moque du qu'en dira-t-on.

Mme du Chatêlet est cependant inquiète ; une fois encore, Voltaire risque la prison avec la publication de ses *Lettres philosophiques*. Lors de son séjour en Angleterre en 1728, il avait été séduit par les mœurs de ce royaume si différent de la France. Ses conversations avec les savants et les philosophes britanniques lui inspirèrent des réflexions qu'il écrivit directement dans la langue de Shakespeare sous forme de lettres, comme pour faire écho aux célèbres *Lettres provinciales* de Pascal. En 1732, il les traduisit en français. Son œuvre achevée a vu le jour à Londres et à Paris en ce printemps de 1734. Voltaire vulgarise la philosophie de Locke sur l'existence de Dieu et les propositions de Newton sur la science. Il veut faire réfléchir ses contemporains sur les défauts des institutions du royaume ; il plaide pour la tolérance, condamne le fanatisme, souhaite la liberté de pensée et d'expression, et fait l'apologie du régime parlementaire. Il manifeste sa confiance dans un futur éclairé par la raison, flambeau au milieu des ténèbres, et définit la philosophie comme la pratique de la méthode expérimentale. Le bon usage de la raison consiste à se soumettre à l'expérience en morale, en politique et en pédagogie. Le philosophe est un être éclairé par la raison et qui veut faire partager à ses contemporains les fruits de sa sagesse. Il considère que Pascal a fait un usage pervers de la raison et du raisonnement scientifique pour démontrer la vérité du christianisme et pour livrer l'homme à l'angoisse de sa condition malheureuse et le réduire à la contemplation et à la prière. Voltaire se fait le porte-parole d'une époque optimiste, sûre d'elle-même, éprise de bonheur, étrangère à l'expérience religieuse des *Pensées*. Il admire les Anglais, gens libres, actifs, qui ne s'embarrassent d'aucun préjugé et qui ont fait la « révolution dans l'esprit » qu'exige la vie moderne. S'inspirant de Locke, il montre le lien qui existe entre leur prospérité et leur philosophie.

Best-seller salué par la critique outre-Manche, l'ouvrage indigne ici le clergé, les magistrats et le cardinal de Fleury, qui veut interdire le livre et châtier son auteur. La plupart de ses lecteurs reprochent à Voltaire de se prendre pour un philosophe alors qu'on le considère comme un poète. De quoi se mêle-t-il donc ? Aux yeux de ses détracteurs ironiques, il passe pour un polygraphe qui n'avait pas à s'occuper d'interpréter Locke ou Newton et qui a l'outrecuidance de s'en prendre à Pascal. On retient surtout ce dernier point, car la compréhension de l'univers scientifique échappe à la plupart de ses lecteurs. « Tous les honnêtes gens sont révoltés contre ces *Lettres philosophiques*. On n'a jamais rien vu de si audacieux, ni de si indécent », fulmine le président Bouhier auprès de son ami l'avocat Marais, qui trouve le texte « abominable ». Tous deux fustigent l'insolence du poète « tombé dans une irréligion continuelle[1] ».

Bientôt condamné par le Parlement, l'ouvrage a été lacéré et jeté au feu tandis qu'une lettre de cachet était envoyée à Voltaire qui avait prudemment quitté Paris juste avant la sortie de son brûlot. Il était parti avec Émilie assister au mariage du duc de Richelieu près d'Autun. Le séducteur s'est laissé convaincre d'épouser Élisabeth de Guise, une jeune fille belle, intelligente et sage, pour assurer sa descendance. Richelieu était veuf, mais peu de monde s'en souvenait, Louis XIV l'ayant forcé à épouser en 1711 Anne-Catherine de Noailles, un redoutable laideron avec laquelle il refusa de consommer son union. Elle mourut sans bruit en 1716. Mme du Chatêlet, qui a mené ce nouveau mariage comme une intrigue de comédie, était invitée ainsi que Voltaire. Dès qu'il apprit la condamnation qui le frappait, Voltaire a pris en toute hâte des routes peu fréquentées jusqu'au château de Cirey. Émilie se désole et entretient ses amis de sa tristesse. « Je l'ai perdu dans le temps où je sentais le plus de bonheur de le posséder », écrit-elle à l'abbé de Sade.

1. *Correspondance littéraire du président Bouhier*, n° 13, Paris, mai 1734, p. 94, 96.

Sociétés secrètes

Les controverses philosophiques ne retiennent guère l'attention du roi. On se demande d'ailleurs ce qui l'intéresse en dehors de la chasse et des soupers à La Muette ou au château de Madrid. À Versailles pendant le carême de 1734, un jésuite, le père Teinturier, a prononcé devant lui un sermon sur le thème de la *vie molle*. Il déclara qu'un monarque devait être l'âme et la lumière de son Conseil ; qu'il devait inspirer l'action de ses ministres dont il était responsable et se mettre à la tête de ses armées. Pendant cette homélie, aucun courtisan n'osait lever les yeux. Le roi resta impassible et ne manqua dès lors aucune prédication de ce jésuite. Il n'a pourtant rien changé à ses habitudes et sa popularité diminue. Les Parisiens lui en veulent d'avoir abandonné la capitale où on ne le voit guère. Ils lui reprochent de laisser le pouvoir au cardinal, qui va bientôt atteindre ses quatre-vingt-dix ans. Louis sera-t-il capable de gouverner lorsqu'il perdra son mentor ? Les rapports de police destinés à sonder l'opinion publique sont accablants et répètent inlassablement qu'il est « naturellement bête et timide, et qu'il est naturel à S.M. de suivre les préjugés de son enfance qui lui ont été suggérés par son précepteur[1] ».

La politique antijanséniste menée par le cardinal ternit le prestige de la monarchie. La fermeture du cimetière de Saint-Médard a profondément heurté le petit peuple parisien qui croyait aux miracles du bienheureux Paris. Il ne pardonne pas au cardinal d'avoir révoqué ses curés et de les avoir remplacés par des jésuites ou des prêtres soumis à leurs idées. Accusés de tous les maux, suspectés d'être les mauvais conseillers du roi et du cardinal, les Jésuites risquent d'entraîner la monarchie dans le même opprobre si le souverain ne réagit pas.

Mais que faire sinon sévir lorsqu'on sait à quelles folies se livrent aujourd'hui les jansénistes fanatiques ? Certains s'abandonnent à d'inquiétantes dérives. De plus en plus spectaculaires, les convulsions se poursuivent clandestinement. Se prenant pour des martyrs, les convulsionnaires organisent des liturgies sauvages

1. B.A. AB, ms. 10161, fol. 171-172, cité par Dale K. van Kley, *Les Origines religieuses de la Révolution française, op. cit.*, p. 201.

au cours desquelles ils demandent à recevoir des coups afin d'attester que leur corps est insensible à la douleur. Ils ont formé de véritables sectes qui se regroupent autour d'un « élu », lequel prêche, bénit et prétend obtenir des miracles. Ainsi Pierre Vaillant, prêtre du diocèse de Troyes, affirme que le prophète Élie est ressuscité et reparaît sur terre pour convertir les Juifs et la cour de Rome. Cet illuminé avait déjà été enfermé à la Bastille et ses nouvelles élucubrations l'ont à nouveau conduit en prison. On ne sait s'il en sortira. Il n'est pas le seul « prophète » de son espèce. François Causse, sacristain aux Cordeliers, se fait appeler frère Augustin et se proclame « l'Élu de Dieu ». Il affirme recevoir ses conseils du seul Tout-Puissant, ne parler que par son esprit et de ce fait se déclare au-dessus des lois. Il n'hésite pas à se prétendre l'annonciateur d'Élie. Cet homme exerce un puissant magnétisme sur ses disciples, des âmes pieuses et naïves. Leurs réunions se tiennent assez discrètement dans les habitations des membres de la secte afin d'échapper aux sbires de M. Hérault. Le lieutenant de police lâche en effet beaucoup d'indicateurs de police, les fameuses « mouches », dans ces milieux afin d'éviter tout désordre grave et de mettre la main sur des réseaux entiers.

Après l'arrestation et les interrogatoires d'un bon nombre de ces exaltés, il ressort que les convulsions ne sont pour eux que les moyens dont se sert le Tout-Puissant pour mettre les élus en état de recevoir et d'annoncer la vérité. Ils se croient porteurs d'un message divin, investis d'une mission de l'au-delà. Ils contribuent ainsi à créer un climat d'angoisse et d'espoir, laissant entrevoir l'imminence d'un bouleversement faisant écho aux inquiétantes déclarations de Mgr Colbert, évêque de Montpellier, lequel osait dire : « Tout nous annonce que l'univers est prêt à enfanter quelque chose d'extraordinaire. Nous sommes à la veille des plus grands événements. Le mystère d'iniquité s'avance horriblement. Bientôt tout sera consommé. »

L'esprit janséniste demeure dans le peuple, au Parlement et chez certains prélats irréductibles comme Mgr Colbert, l'un des quatre appelants et dont l'instruction pastorale reconnaissait les miracles du diacre Paris. Malgré la condamnation de Mgr de Tencin et du pape, Mgr Colbert a réaffirmé ses dires, suscitant ainsi le trouble chez les fidèles et chez les appelants. Ces derniers restent sur leurs positions mais refusent de cautionner les aberrations les plus folles. Ils s'appuient sur le monde judiciaire, aujourd'hui majoritairement janséniste. Le cardinal les considère comme des hérétiques menaçant l'unité du royaume à l'instar des protestants privés d'état civil depuis la révocation de l'édit de Nantes par Louis XIV. Malgré tous les efforts du principal ministre et du lieutenant de police, le jansénisme n'est pas mort.

Fleury s'inquiète de toute assemblée ou association échappant à son contrôle. En 1731, il a supprimé une petite académie influente réunissant quelques personnes distinguées qui échangeaient leurs réflexions sur les principales questions agitant le royaume et les États européens. Ces messieurs traitaient de droit, de politique, d'économie. Parmi eux se distinguaient le marquis de Balleroy, le duc de Coigny, le marquis de Matignon, l'abbé de Pomponne, ambassadeur à Venise, le comte de Plélo, ambassadeur à Copenhague, l'abbé de Saint-Pierre de l'Académie française, MM. de Saint-Contest, l'un naguère plénipotentiaire à Bade, l'autre maître des requêtes, l'abbé de Bragelonne, le marquis d'Argenson, M. de Ramsay, écossais… Leurs assemblées se tenaient place Vendôme, à l'hôtel du président Hénault, dans l'entresol occupé par l'abbé Alary, d'où son appellation de club de l'Entresol. Elles avaient lieu tous les samedis à cinq heures. Pendant une heure, ces messieurs discutaient des nouvelles publiques recensées dans la *Gazette de Hollande* par le marquis d'Argenson. Les réflexions les plus intéressantes venaient des anciens ambassadeurs composant la société. L'heure suivante était consacrée aux commentaires sur les affaires du royaume et la troisième heure à la lecture des ouvrages importants sur les sujets dont on avait parlé précédemment. Les membres de l'Entresol échangeaient librement leurs points de vue. Certains de ces messieurs racontaient ce qui se disait lors des réunions. Aussi demandait-on le samedi soir dans la plupart des bonnes maisons de Paris : « Quelle nouvelle ? Car vous venez bien de l'Entresol. » On se lâchait, on raisonnait et l'Entresol devenait le baromètre de l'opinion éclairée. Chauvelin, le garde des Sceaux, se plaignait que l'on se mêlât de trop de choses dans ces assemblées et Fleury a demandé aux membres de l'Entresol de mettre fin à leurs activités. « Je vois Monsieur, écrivit le cardinal à l'abbé de Saint-Pierre, que vous vous proposiez dans vos assemblées de traiter des ouvrages de politique. Comme ces sortes de matière conduisent ordinairement plus loin qu'on ne voudrait, il ne convient pas qu'elle en fasse le sujet. »

Avant la dispersion de cette petite académie, une société secrète venue d'Angleterre est la nouvelle tocade de la Cour. Elle passe pour un ordre de chevalerie dans lequel on entre par cooptation. Le nouvel impétrant est soumis à des rites initiatiques et promet de ne jamais révéler les secrets de l'ordre dit des *free-masons*, autrement dit, en français, des francs-maçons. Entre eux, les initiés s'appellent « frères » et promettent de se soutenir. La maçonnerie française se règle sur les Constitutions de la Grande Loge de Londres. Les premiers articles du règlement condamnent « l'athée stupide », « le libertin sans religion » et affirment que le maçon est « un paisible sujet des puissances civiles ». Les adeptes se regroupent en loges et tiennent des assemblées clandestines. Le chevalier Ramsay, l'un des fidèles de l'Entresol, en est l'historien et le philosophe ; il fait remonter les origines de l'ordre à l'Ancien Testament. Il a demandé à Fleury de devenir le protecteur de la maçonnerie. « Daignez Monseigneur, soutenir la société des *free-masons* dans les grandes vues qu'elle se propose et Votre Éminence rendra son nom bien plus glorieux par cette protection que Richelieu ne fit le sien par la fondation de l'Académie française », lui écrivit-il. Pour toute réponse, le cardinal a interdit la tenue des assemblées et ordonné la dissolution de la société. Il s'est cependant bien vite aperçu que plusieurs ministres en étaient membres ainsi que de nombreux seigneurs de la Cour, tels que Maurepas, ministre de la Marine, Saint-Florentin, ministre de la Maison du roi, les ducs de Chaulnes, d'Aumont, de Villeroy, le marquis de Mailly et la plupart des familiers du roi. Louis XV lui-même a été sollicité d'entrer dans cette société et l'on croit qu'il s'en est abstenu sur les instances du cardinal. Le prélat, qui n'imaginait pas les ramifications de la secte, a chargé Hérault de procéder à des arrestations. Défense est faite aux traiteurs de recevoir des maçons pour leurs réunions. Mais celles-ci se poursuivent dans les hôtels aristocratiques et l'ordre ne cesse de faire de nouveaux adeptes. Il sera bien difficile d'agir contre de si hauts personnages. En attendant, le secret qui entoure la confrérie fait courir les bruits les plus fous sur leurs assemblées.

La dot de la reine de France

Pendant ce temps, Stanislas se morfond à Königsberg malgré le train princier que lui assure Frédéric-Guillaume. Le fol espoir de remonter sur le trône de Pologne le tenaille toujours. Il donne régulièrement des nouvelles à sa fille : « La grande science est d'attendre cette fin avec patience, en quoi je me rends plus parfait de jour en jour. Enfin ma chère et unique Marie, il faut que la chèvre broute où elle est attachée. » Il s'imagine que la guerre victorieuse menée par la France couronnera ses vœux. En attendant, il philosophe et rédige un texte justifiant la politique française à l'égard de la Pologne, persuadé que le roi de France, son gendre, se bat pour lui rendre son royaume. Il en écrit un autre dénonçant les conflits internes de ses compatriotes qui intriguaient contre lui. Des réfugiés polonais l'ont rejoint et flattent ses espérances. Il est ainsi tombé amoureux de la comtesse Ossolinski, ce qui met un peu de piquant dans sa morne existence... Il ignore tout des négociations engagées par Fleury dès le printemps de 1735.

Contrairement à ce que croit Stanislas, les armées françaises ne se sont pas battues pour le trône de Pologne, mais pour obtenir la Lorraine. Le moment est venu pour Fleury d'exécuter son plan. En effet, après les défaites de ses troupes en Allemagne et en Italie, l'empereur est las de la guerre et Auguste III, son candidat au trône de Pologne, se maintient au pouvoir. Les Russes ayant obtenu ce qu'ils souhaitaient n'ont aucun intérêt à poursuivre le conflit. Profitant de cette conjoncture favorable, Fleury a envoyé un émissaire à Stanislas pour le prier de renoncer à son rêve polonais. En même temps, une mission diplomatique est arrivée à Vienne afin d'entamer les négociations d'une paix avantageuse pour la France. Le 3 octobre 1735, les préliminaires ont été signés à Vienne : Stanislas renoncera au trône de Pologne mais conservera le titre de roi. Tel est le subterfuge inventé par les diplomates pour sauver l'honneur de Marie Leszczynska, qui reste fille de roi. Stanislas perd un royaume mais il obtient la Lorraine et le duché de Bar qui reviendront à la France lors de sa mort. François III duc de Lorraine, qui doit épouser l'archiduchesse Marie-Thérèse, n'a guère été ménagé : il n'est pas au courant de ce marchandage qui le dépossède de ses États pour lui donner en échange le duché de Toscane à la mort de Jean Gaston de Médicis, le dernier de sa lignée. En contrepartie, Louis XV reconnaît la pragmatique sanction qui fait de Marie-Thérèse l'héritière de son père l'empereur Charles VI. Très satisfaits, Louis XV et Fleury se soucient peu des états d'âme de Stanislas et de Marie. Lorsque le cardinal a expliqué à la reine que le trône de Lorraine valait bien celui de Pologne, elle lui a répliqué avec hauteur : « Oui à peu près comme un tapis de gazon vaut mieux qu'une cascade de marbre », faisant allusion à l'escalier d'eau de Marly transformé en pelouse par mesure d'économie.

Lorsque Stanislas accueillit l'émissaire de Louis XV, il le crut porteur de la grande nouvelle qu'il espérait. Hélas ! il lui annonçait les dispositions du traité de paix et le priait de rédiger un acte d'abdication. Stanislas eut peine à garder son sang-froid. Il dut cependant s'exécuter. Le 27 janvier 1736, il data cette abdication de la troisième année de son règne. Pendant ce temps, les négociations entre la France et l'Autriche se poursuivaient dans le plus grand secret. Le mariage du duc de Lorraine François III avec l'archiduchesse Marie-Thérèse fut célébré le 12 février sans que les nouveaux époux eussent été avertis des dispositions concernant la Lorraine.

Le 5 mai, escorté par cinquante cuirassiers, Stanislas a quitté Königsberg sous le nom de comte de Lingen pour retrouver la France. Le 4 juin, il est arrivé au château de Meudon préparé pour le recevoir. Louis XV a laissé Marie jouir de ces moments d'intimité familiale qu'elle attendait depuis si longtemps. La reine Catherine Opalinska a quitté Saint-Cyr où elle s'était pieusement retirée. Marie savoure la joie de ces retrouvailles ; elle conduit ses enfants auprès de leur grand-père qui fait connaissance avec ses deux dernières petites-filles et constate les progrès des aînés. Le dauphin est un enfant autoritaire, imbu de son rang et déjà passionné par l'histoire de ses ancêtres ; les jumelles, du haut de leurs neuf ans, sont déjà de jeunes personnes dressées à l'étiquette de la cour de France et les deux cadettes suivent l'exemple de leurs aînées. Ce grand-père si original leur apportera peut-être la fantaisie et la chaleur qui manquent à leur éducation bien stricte.

Le roi et la reine de Pologne ont rendu une visite protocolaire à leur gendre, qui les a reçus cérémonieusement. Louis XV manifeste toujours la même hauteur à leur égard, laissant son épouse témoigner sa tendresse à ses parents dans leurs réunions privées et hors de sa présence. Le bonheur de Stanislas a été sérieusement refroidi lorsqu'on l'a obligé de signer la « convention de Meudon » qui le réduit au rôle de figurant dans son duché de Lorraine. Le roi tient à se conduire en maître de cette province, aussi dénie-t-il tout pouvoir au futur souverain de la Lorraine. Un chancelier nommé par Louis XV administrera le duché comme les intendants dans les provinces de S.M. Stanislas recevra une pension annuelle de 2 millions de livres ; il pourra s'entourer d'une cour, disposera d'une garde et conservera son titre royal. Stanislas ressent une vive humiliation et Marie ne cache pas sa rancœur à l'égard du cardinal. C'est pourtant elle qui apporte la plus belle dot qu'une reine ait donné au royaume depuis des siècles.

CHAPITRE XI

« Le bon temps que ce siècle de fer[1] »

Le roi s'amuse

Le 5 mars 1737, le roi s'échappe de Versailles et se rend au bal de l'Opéra sous un domino. Quelques intimes l'accompagnent. On parle d'une intrigue secrète, mais deux gardes entrent dans la salle et le reconnaissent. Se voyant démasqué, il sort en trombe, gagne à pied la rue Saint-Nicaise toute proche et repart aussitôt. Le roi aime ces escapades nocturnes où ses valets redoublent d'ingéniosité pour lui présenter quelque jolie femme.

Par une chaude nuit de juillet, Louis XV, Mlle de Charolais, le duc de Villeroy, son capitaine des gardes, et quelques autres, tous déguisés, partent courir la gueuse dans Versailles. Un mois plus tard, nouvelle virée avec la même équipe. À deux heures du matin, ils croisent deux femmes dont ils ne connaissent ni l'âge ni la figure et qui se pressent en les entendant. Comme les hommes risqueraient de leur faire peur, c'est Mlle de Charolais qui fait les avances. Elle apprend ainsi qu'il s'agit de la belle Mme Paulmier, hôtesse du Cheval rouge, rue des Récollets, escortée de sa servante. Elles cherchent la patrouille du guet pour régler une dispute entre deux clients. Le roi s'approche de la maîtresse et la serre de très près sans se faire reconnaître, l'assurant qu'il pourrait lui rendre service s'il y avait le feu à sa maison. Villeroy, de son côté,

1. Voltaire, *Le Mondain*.

tente de culbuter la soubrette tandis que Mlle de Charolais se pâme de rire. L'hôtelière tâche de se dégager de l'étreinte de son galant. « Je suis femme d'honneur !, lance-t-elle en se débattant. Lâchez-moi ou je crie de toutes mes forces au voleur et à l'assassin ! » Désarçonné par la menace, le roi lâche prise tandis que la dame rajuste sa coiffe et se plaint haut et fort de l'impéritie du roi et de sa police incapables d'assurer la sécurité des femmes, même aux portes du château !

L'anecdote fut bientôt connue de la Cour qui en fit des gorges chaudes. Quelques semaines plus tôt, la reine avait accouché d'une huitième fille. Bien qu'il ait consolé son épouse ne pas lui avoir donné un fils, le roi aurait dit : « Madame Huitième ! Madame Dernière. » Cette boutade rapportée ou inventée par le marquis d'Argenson courut de Versailles à Paris. Les Français « s'alarment de n'avoir qu'un dauphin bien jeune et un roi qui fatigue beaucoup son tempérament », note l'avocat Barbier. Les expéditions nocturnes du souverain inquiètent également son entourage. Ne risque-t-il pas d'être reconnu ou pis encore d'attraper quelque « galanterie » dangereuse pour sa santé ? En quelques mois, le roi est passé d'une extrême réserve avec les femmes au libertinage le plus effréné. À Versailles, les plus roués s'étonnent de voir un mari qui s'était si longtemps donné le ridicule de la fidélité verser brusquement dans des amours si diverses. Mais la Cour a l'habitude des retournements de situation, elle les encourage même car cela nourrit les conversations.

La favorite, Mme de Mailly, logée dans un appartement mansardé de trois pièces au deuxième étage, au-dessus du salon de la Guerre, emploie ses talents à distraire son amant et parvient souvent à le tirer de sa morosité coutumière. Avec la comtesse de Toulouse et Mlle de Charolais, elle organise des soupers fins servis dans des réduits délicieux accessibles aux seuls confidents qu'on appelle les petits cabinets. Louis XV, qui aime les douceurs de l'intimité, n'avait pas l'intention de vivre en perpétuelle représentation comme son brillant aïeul. Il s'est ainsi réservé un domaine secret à l'abri des regards indiscrets. Déjà Louis XIV avait aménagé un appartement intérieur qui doublait le grand appartement ; Louis XV l'a transformé. « Le petit degré », un escalier donnant sur une cour, dessert cette retraite. Le roi peut également y pénétrer depuis le cabinet du Conseil et celui des Perruques, lequel communique avec sa nouvelle chambre, une pièce au plafond relativement bas, décorée avec luxe et raffinement dans le goût du jour. Le souverain ne pouvait supporter de dormir dans la chambre du feu roi aménagée voilà plus de cinquante ans dans un décor impressionnant par sa grandeur. Respectueux des usages, il maintient pourtant dans ce sanctuaire de la monarchie les cérémonies du lever et du coucher telles que les a instituées le Roi-Soleil. Le matin, il se réveille tranquillement chez lui, fait sa toilette aidé de ses valets et va se recoucher dans la chambre de parade pour le grand lever ; le soir après le grand coucher, il file dans sa chambre ou dans celle de sa maîtresse, et parfois chez la reine, ce qui l'oblige à traverser en tenue de nuit le salon de l'Œil-de-Bœuf encore rempli de courtisans. Mais ses visites à Marie se font de plus en plus rares. Lorsqu'il s'endort chez lui derrière ses rideaux tirés, un valet de chambre couche sur un lit de camp.

Dans ses petits appartements, le souverain a voulu se doter des commodités les plus récentes. Une somptueuse pièce des bains a été aménagée ainsi que plusieurs cabinets de garde-robe avec des chaises de commodité à l'anglaise. En ces lieux, le roi est enfin seul ; il s'y réfugie parfois assez longtemps. Autre nouveauté, deux salles à manger, une pour l'été au troisième étage donnant sur une cour intérieure, dite cour des Cerfs, entourée de balcons et de terrasses, une autre pour l'hiver à l'angle de la cour de Marbre et de la cour royale. Le roi y expose *Le Déjeuner de jambon* du peintre Lancret et *Le Déjeuner d'huîtres* dû à De Troy. On dispose plusieurs tables servantes dont les plateaux, les tiroirs à couverts et les caissons d'étain pour les bouteilles réduisent le service. Tapissé de damas rouge, le cabinet intérieur appelé parfois cabinet des tableaux est sans doute la pièce la plus luxueuse des petits appartements. Le roi y travaille et peut observer le va-et-vient des cours du château. Plusieurs autres cabinets se suivent au gré d'une architecture compliquée qui contribue à leur donner du charme : le cabinet des jeux, le cabinet de la bibliothèque qui comprend outre des livres, des souvenirs historiques et aussi des cartes chronologiques et géographiques enroulées sur des rouleaux à ressorts ; dans le cabinet du tour, le monarque se plaît à tourner l'ivoire mais on ne sait pas exactement ce qu'il fait dans le cabinet de distillation. Depuis le cabinet des oiseaux, une douzaine de marches mènent à l'appartement de Mme de Mailly. Au deuxième étage existe maintenant une petite galerie éclairée de quatre lucarnes sur les murs de laquelle on peut admirer des scènes de chasse. Elle sert de salon après les soupers des retours de chasse. Au-delà des cabinets se trouvent des laboratoires pour que le souverain puisse se livrer à des expériences de physique et de chimie. Des cuisines avec rôtisserie, fourneaux, lavoirs, réservoirs, resserre et pâtisserie ont pris place au troisième étage, mais le roi a sa cuisine personnelle dans laquelle il s'amuse à confectionner des petits plats, protégé par un tablier avec poches et bavettes. *Le Nouveau Cuisinier royal et bourgeois* figure dans sa bibliothèque.

En été, après souper, Louis XV monte sur les toits du château et se promène avec ses hôtes de la soirée jusqu'à l'aile des Princes. Les nouveaux venus découvrent un véritable jardin suspendu avec des fleurs grimpant sur des treillages, des rocailles et des fontaines, des volières, un pigeonnier et un poulailler ! Partout les architectes et les décorateurs ont épuisé leur art pour la commodité des distributions, l'élégance de l'ameublement et les raffinements les plus recherchés du luxe. Les visites dans ces appartements privés sont réservées à de rares élus.

La reine n'est jamais invitée aux soupers des petits cabinets, mais le roi vient parfois dîner chez elle tête à tête. On pénètre dans l'appartement de Marie par l'escalier dit de la Reine, qui mène dans la grande salle des gardes du corps encombrée de tables, de chaises et de paravents, où se tiennent gardes et valets. C'est là que le roi reçoit son parlement à l'occasion des lits de justice. Dans de telles circonstances, on procède à un sérieux rangement et à un aménagement bien différent. Suit une antichambre conduisant au grand cabinet où la reine donne ses audiences publiques ; où Leurs Majestés dînent en grand couvert. De là on passe dans la chambre de la reine décorée « à la moderne » dès l'arrivée de Marie en France. Depuis lors, plusieurs améliorations ont été apportées. Un peintre de renom, Boucher, et un autre nommé Lemaire ont assuré une partie du décor. Cette chambre somptueuse vient de recevoir des soieries neuves en brocart cramoisi brodé de fleurs d'or. Le salon de la Paix, sur lequel s'ouvre cette pièce, fait désormais partie de l'appartement de S.M. Il a reçu les mêmes rideaux que ceux de la chambre. C'est là que joue la reine qui raffole du cavagnole, une sorte de loto, où elle perd d'ailleurs d'importantes sommes d'argent remboursées très libéralement par son époux. Pour complaire à sa femme, Louis XV lui a fait aménager des bains à l'entresol et des cabinets intérieurs. La reine y passe beaucoup de temps à lire ses poètes favoris, à peindre ou dessiner lorsqu'elle ne prie pas dans son oratoire devant ses tableaux de dévotion. Ses prières lui ont attiré la grâce qu'elle espérait. Le soir de Noël, le roi est venu coucher chez elle. On apprendra sans doute bientôt une nouvelle grossesse.

Promenade dans Paris

Louis XV règne à Versailles ; il s'est soustrait aux hommages de la ville sans renouer avec les fastes de la monarchie louis-quatorzienne. Ce souverain invisible déçoit ses sujets, qui lui vouent encore beaucoup d'amour. Les ordres royaux comme les ragots de la Cour sont très vite connus à Paris, mais les revendications populaires ne semblent pas parvenir jusqu'au monarque. « Si seulement le roi savait... », dit-on souvent. On croit que ses ministres ne veulent pas l'informer et on les tient pour responsables de ce qui va mal. Eux-mêmes habitent le château où l'on prend les décisions. Cependant, si le gouvernement est à Versailles, les services administratifs et une partie importante des bureaux ministériels se trouvent à Paris. Les hommes d'affaires y vivent aussi. Paris conserve bien son rôle de capitale et jouit d'un prestige extraordinaire dans toute l'Europe, où l'on vante l'art de vivre à la française.

Le peuple de Paris est à l'affût de la moindre nouvelle qui se répand aussitôt comme une traînée de poudre. Il ne se fie guère à l'officielle *Gazette de France*. Il ne faudrait pas lui faire prendre des vessies pour des lanternes ! Faute de presse digne de ce nom, il est prêt à croire parfois les anecdotes les plus graveleuses sur les grands. On se passe sous le manteau des bulletins imprimés ou manuscrits qui diffusent des informations sur la Cour, les décisions des ministres, la politique européenne... Les unes sont tirées de la *Gazette d'Utrecht* bien informée, les autres de ragots rapportés ici et là. Il est bien difficile au simple Parisien de démêler le vrai du faux. C'est ainsi que se font et se défont les réputations. Le lieutenant de police envoie ses observateurs acheter ces gazetins qu'il transmet aux ministres concernés. Ses « mouches » lui rapportent également les conversations des cafés, lesquels ne désemplissent jamais. Ceux de la rue de la Tonnellerie accueillent les spécialistes des finances. Au Procope, en face de la Comédie-Française, chez Laurent, rue Dauphine, ou au Parnasse, quai de l'École, on monte les cabales qui visent les pièces de théâtre. Dans les deux cafés du pont Saint-Michel, les vieux officiers commentent les opérations militaires. Les artisans et les ouvriers se réunissent au cloître des Grands Cordeliers dans le quartier Saint-André-des-Arts où ils tiennent des propos subversifs dans une langue imagée.

Sous la Régence venaient des visiteurs étrangers avides de lire des ouvrages rares et des manuscrits précieux à la Bibliothèque royale ou dans les établissements religieux ouverts au public. Ils repartaient sans avoir vu les beautés de la ville. Aujourd'hui, des voyageurs de plus en plus nombreux veulent connaître cette cité mythique. Outre les grands seigneurs fortunés qui savent où descendre, on compte beaucoup de touristes modestes, des marchands, des artistes, des artisans, des intellectuels à la recherche d'un gîte… Dès leur arrivée, ils se font souvent arnaquer par des cohortes d'aubergistes en mal de clients qui leur vantent les bienfaits de leur établissement. Les naïfs se laissent prendre et sont obligés de passer au moins une nuit dans une vilaine chambre sans confort, au quatrième ou au cinquième étage d'un immeuble vétuste. Sans trop de difficultés, ils trouvent le lendemain un logement plus convenable et peuvent enfin découvrir ce qu'ils cherchent. Rien n'altère le bonheur de celui qui part le nez au vent savourer la mouvante poésie de la capitale offerte aux regards. Plus de neuf cents rues, quais, ponts, carrefours se cherchent et se croisent. Le centre porte encore la trace de ce que les architectes appellent la « barbarie gothique ». Détruira-t-on jamais ce labyrinthe de ruelles tortueuses autour de Notre-Dame et les baraquements à l'intérieur de la Cour carrée du Louvre qui abritent quelques veuves d'artistes ? Les berges de la Seine resteront-elles encore longtemps des ports où les immeubles s'élèvent au bord de l'eau ? Les maisons construites sur les ponts seront-elles un jour abattues ?

Certains architectes regrettent même qu'un incendie n'ait pas ravagé Paris comme Londres en 1666. On aurait ainsi reconstruit une ville moderne adaptée aux besoins du siècle. Ils vantent la beauté de la capitale anglaise, ses larges avenues, ses places, sa propreté, son port, oubliant tout le reste qui n'est guère glorieux. En cette année 1737, les « vœux » des architectes ont été en partie exaucés : deux incendies ont détruit à Paris l'Hôtel-Dieu et la Cour des comptes. Celui de l'Hôtel-Dieu prit dans la lingerie vers neuf heures du soir le jeudi 2 août. À minuit, le feu s'était propagé jusqu'aux bâtiments de l'archevêché. On a transporté les malades dans Notre-Dame et dans les rues ; des charrettes ont conduit les plus gravement atteints jusqu'à l'hôpital Saint-Louis pendant que le guet, les soldats aux gardes, des passants réquisitionnés et même les magistrats prêtaient main-forte aux pompiers. Le feu n'était pas encore éteint le vendredi dans la soirée. L'archevêque de Paris a fait distribuer du bouillon à tous les sinistrés et donner à dîner aux religieuses. Il va falloir reconstruire cet hôpital qui abrite trois mille personnes. Les habitants du quartier souhaiteraient qu'il ne soit plus édifié au même endroit en raison des lessives continuelles qui aggravent la pollution de la Seine.

En attendant, du Pont-Neuf au Pont-Royal, le quai a été réaménagé en 1731, donnant ainsi beaucoup d'élégance aux abords des Tuileries. Le jardin qui se poursuit par les Champs-Élysées offre une promenade magnifique. On met une heure pour la parcourir et une autre heure pour revenir à son point de départ. C'est le rendez-vous des élégances. Grands seigneurs, femmes de qualité, bourgeois accompagnés de leurs épouses marchent sur des allées sablées entre des parterres fleuris où surgissent des statues de marbre. Ils goûtent la fraîcheur des cascades, des enfants font naviguer de frêles esquifs sur les bassins sous l'œil attentif de leurs gouvernantes. Des curieux pénètrent dans le Louvre qui n'est plus la demeure des rois, mais celle d'artistes privilégiés par le souverain. Ils logent dans des appartements et des ateliers curieusement aménagés dans ce qui fut jadis le centre du pouvoir ; l'Académie des sciences y tient aussi ses réunions. Un jour, un autodidacte de province, Pierre Prion, pénétra par hasard dans la salle où ces messieurs faisaient entre eux assaut de savoir. Ils s'interrompirent pour lui parler et lui firent voir une montre à ressort qu'on ne remonte qu'une fois par an.

Les terrains situés entre les Champs-Élysées et la rue du Rocher sont recherchés par les princes, les ministres et les courtisans. Du temps de sa splendeur, Law s'était constitué un important patrimoine de la place Vendôme à la rue de la

Bonne-Morue[1]. Ses héritiers le possèdent encore. Il sera sans doute racheté un jour. Au-delà, dans le faubourg Saint-Honoré habitaient Blouin, qui fut gouverneur de Versailles, et sa maîtresse, la comtesse de Feuquières, fille du peintre Mignard ; le chancelier d'Aguesseau, le duc de Charost, le comte d'Évreux, la duchesse de Rohan-Montbazon, le duc de Duras y demeurent encore. Les Fontanieu, de riche robins, investissent dans le quartier de la Madeleine, rue d'Anjou et rue de la Ville-l'Évêque.

Le faubourg Saint-Germain reste le quartier le plus élégant, celui de l'aristocratie dont les hôtels surgissent au milieu de jardins admirablement entretenus. En 1723, le duc de Valentinois, Jacques de Goyon-Matignon, a acheté l'hôtel de Tingry qui était encore en cours de construction. La rue de Varenne est bordée de magnifiques hôtels. Sur la rive gauche de la Seine, les architectes se livrent à une spéculation effrénée. Lassurance, Albert et Gabriel ont achevé en 1729 le Palais-Bourbon et l'hôtel de Lassay. Un banquier, Pierre Salles, a l'intention de construire une dizaine de maisons rue de Bourbon et rue de l'Université.

Les curés veulent moderniser leurs églises, mais ils manquent d'argent. C'est ainsi qu'à Saint-Sulpice, M. Languet de Gergy, celui-là même qui avait refusé d'enterrer religieusement Adrienne Lecouvreur, se livre à de lucratives affaires afin d'achever la façade de son église : il s'est lancé dans la production de mousseline et depuis 1732 il vend du beurre. Il s'est fait céder l'île aux Cygnes où il élève des vaches. Leur lait sert à la fabrication de petits pains de beurre marqués de la croix de Saint-Sulpice qu'il vend un écu. On prétend que les fileuses de ses ateliers jouent la comédie et quêtent à la fin du spectacle. Le clergé régulier, qui a lui aussi besoin d'argent, s'intéresse aux revenus locatifs. Les abbés de Saint-Germain-des-Prés ont aliéné les maisons à loyer et les boutiques à l'intérieur de l'enclos de l'abbaye.

Les embarras de Paris dont parlait déjà Boileau au siècle précédent sont toujours aussi impressionnants. Il y a longtemps qu'on ne circule plus en chaise à porteurs. Les pauvres vont à pied et les riches en carrosse dont les cochers sont d'une imprudence et d'une insolence insupportables. Ils causent souvent des accidents. Les jours de pluie, on est sali par la boue des ruisseaux qui

1. Aujourd'hui rue Boissy-d'Anglas.

écoulent les eaux sales au milieu de la rue. On comprend pourquoi il faut essayer de tenir le haut du pavé. Malgré ces inconvénients, les Parisiens sont généralement de bonne humeur. Ils parlent volontiers quelques instants à des inconnus, mais restent sur la réserve avec leurs voisins. Chaque individu se trouve confondu comme les grains de sable au bord de la mer. Beaucoup de gens s'habillent chez le fripier et ce n'est pas forcément l'habit qui fait le moine. On croise des laïques qui portent le petit collet pour se faire ouvrir beaucoup de portes tandis que des abbés frisés et poudrés se pavanent comme des petits maîtres... mais on reconnaît d'emblée les jansénistes à leurs vêtements austères.

À l'enseigne de Gersaint[1]

Tous les Parisiens vont et viennent à leurs affaires dans un mouvement perpétuel. Marchands et artisans travaillent sans relâche. Ateliers et commerces se diversifient. On sait que les boutiques de luxe se sont installées rue Saint-Honoré ; il y en a aussi rue du Roule et rue de la Monnaie. Les objets les plus rares voisinent avec « ces riens brillants, ces nobles bagatelles, qu'Hébert vend à crédit pour tromper tant de belles », dit Voltaire. Hébert, marchand mercier à l'enseigne du Roi de Siam, propose à sa clientèle des nécessaires combinant écritoire et boîte à ouvrage, des panneaux de laque de Chine et quantité d'objets dont raffolent les élégantes. Les marchands merciers, qui avaient autrefois pour vocation le commerce international des tissus précieux, achètent et vendent maintenant des meubles et des objets d'art. Ils ont habitué les artisans à adapter leur production aux exigences de la clientèle. On s'étonnera sans doute de voir figurer dans cette corporation Edme François Gersaint pour lequel Watteau peignit sa célèbre enseigne. Ce chef-d'œuvre donnait l'image d'un magasin rempli de tableaux mais, en réalité, les meubles représentent près de la moitié du fonds, les tableaux et les cadres un peu plus du

1. Toutes les informations concernant le commerce de Gersaint sont empruntées à la thèse de Guillaume Glorieux *À L'Enseigne de Gersaint* : *Edme-François Gersaint, marchand d'art sur le Pont Notre-Dame (1694-1750)*, préface de Daniel Roche, Champ Vallon, 2002.

tiers, le reste étant constitué par des objets décoratifs et des gravures.

Entrons dans cette boutique de la rue du Petit-Pont qui comprend plusieurs pièces sur deux étages. M. Gersaint ne se donne aucun mal pour présenter sa marchandise. Une dizaine d'armoires vitrées exposent des objets de toilette, des sujets décoratifs, des miroirs et des tableaux de petite taille. Les tableaux importants sont accrochés, les autres s'entassent à même le sol, la toile tournée vers le mur. Des meubles destinés à la vente sont disposés pêle-mêle. Dans chacune des pièces, des tables ou des comptoirs de chêne servent à présenter les articles aux clients comme l'a représenté Watteau.

Gersaint se fournit chez les ébénistes du faubourg Saint-Antoine, lesquels vendent aussi aux particuliers. Depuis le début du siècle, l'ameublement a beaucoup évolué. La mode a changé. Les commodes si rares du temps du feu roi sont maintenant des meubles indispensables. Les fauteuils et les chaises cannés à dossier droit ont fait leur apparition dans tous les bureaux ministériels et chez les particuliers. D'une façon générale, les sièges n'ont plus la raideur du temps de Louis XIV. Leurs dossiers et leurs accoudoirs chantournés sont recouverts de soie. On a besoin d'écritoires, de coiffeuses, de tables volantes à tirettes, à tiroirs, dont la fabrication excite l'imagination des créateurs. Tous ces meubles sont souvent ornés de sculptures et de bronzes. On fait donc appel aux sculpteurs sur bois, aux bronziers, aux doreurs... Des clients commandent parfois des meubles correspondant exactement à leurs désirs. On leur propose toutes sortes de modèles de pieds, de dossiers. Un meuble vendu chez Gersaint peut être transformé au gré de l'acheteur, ou simplement enjolivé dans son atelier qui comporte un outillage assez sophistiqué.

Il paraît qu'aujourd'hui personne ne peut se passer de tableaux. Les gens du peuple ont toujours une prédilection pour les sujets de dévotion. Gersaint en propose de toutes les tailles, assez bon marché. Les natures mortes, les paysages, les marines sont très prisés par des clients appartenant à toutes les classes de la société. Leur prix varie selon la qualité de la peinture. Les portraits et les scènes historiques s'adressent généralement à une société plus fortunée. Tous ces ouvrages sont exécutés par des artistes contemporains de plus ou moins grand talent et rémunérés à la pièce. De jeunes peintres débutent en travaillant pour Gersaint. On remarque ainsi Tocqué, qui exécute fort bien des portraits et qui en recopie d'autres dont les amateurs ne voient pas la différence avec les originaux. Beaucoup d'artistes reproduisent des œuvres de Watteau que les acheteurs s'arrachent. Le goût du public se porte de plus en plus vers les scènes de genre. Gersaint achète parfois des tableaux à d'autres marchands. S'il s'agit d'une pièce particulièrement importante, ils se mettent à plusieurs.

En 1734, Gersaint a fait un voyage en Hollande où il a pu admirer la peinture flamande, mais il a surtout rapporté un magnifique cabinet, un grand nombre de coquilles de formes et de couleurs différentes ainsi que des poissons de mer desséchés, des serpents, des crocodiles, des lézards. Il est reparti pour la Hollande en 1735, en 1736, en 1737. De chaque voyage il revient chargé de pierres précieuses, de bronzes antiques, de médailles, d'instruments de musique, de minéraux, et de fioles remplies d'animaux des Indes, d'insectes et de reptiles. Il a d'ailleurs l'intention de se réapprovisionner bientôt dans ce pays. Amsterdam est l'entrepôt de marchandises du monde entier et l'une des villes les plus riches du monde. Les curiosités naturelles excitent les amateurs qui collectionnent ces pièces rares achetées très cher. Avec un sens aigu des affaires, le marchand vend aussi des instruments scientifiques : microscopes pour détailler les insectes, télescopes et lunettes d'approche pour observer les astres.

Maintenant, Gersaint ouvre son commerce aux mondes lointains. Il achète en Hollande des porcelaines de Chine, des meubles et des panneaux de laque, des magots, des étoffes indiennes, des éventails, du thé. Il écoule sans aucun mal ces chinoiseries qui deviennent à la mode. Il y en a pour tous les goûts, à tous les prix.

En Hollande, Gersaint a également découvert la pratique des ventes aux enchères. Il en organise à Paris depuis 1733. Il remplit ainsi son rôle d'intermédiaire entre les œuvres et le public, engageant sa responsabilité dans l'expertise des marchandises. Il valorise par la publicité les objets mis sur le marché, la vente assurant la promotion d'œuvres jusque-là inconnues. Sa première vente publique avec catalogue était consacrée aux estampes, la seconde aux coquilles. Jusqu'à présent, elles ont eu lieu dans sa boutique et les autres au domicile des défunts dont les héritiers voulaient vendre les biens. La vente après le décès de l'abbé Haranger en 1735 a réservé bien des surprises. Petit-fils d'un épicier, ce tranquille chanoine de Saint-Germain-l'Auxerrois, traité de « ramasseur de guenilles » par le comte de Caylus, avait été l'ami de Watteau et de Rigaud, qui tous deux avaient fait son portrait. Il avait réuni une collection considérable de meubles, de bronzes, de porcelaines, de tableaux et de dessins : 163 dessins et plusieurs toiles de Watteau, des œuvres de Simon Vouet, de Poussin, de Van der Meulen, de Mignard, de Le Brun. Une vraie caverne d'Ali Baba.

Musées en devenir

Gersaint n'est pas le seul marchand mercier de Paris, mais il est le plus célèbre. Il connaît tous les créateurs, à commencer par les peintres qu'il traite comme des artisans. Ne dit-on pas « gueux comme un peintre » ? Malgré les commandes royales, malgré l'Académie de peinture fondée en 1648, on ne les considère pas comme de véritables artistes. Le duc d'Antin, directeur général des Bâtiments, les tutoie comme ses domestiques. Pourtant, la Cour et la Ville aiment et admirent la peinture. On s'en rend compte le jour de la Fête-Dieu. Selon une très ancienne tradition, des tapisseries, des tentures et des tableaux recouvrent les façades des maisons pendant que des messes sont célébrées en plein air. La paroisse Saint-Barthélemy dans l'île de la Cité attire un monde fou ce jour-là en raison du nombre et de la qualité des œuvres suspendues aux murs de la place Dauphine. Les Parisiens n'y vont pas pour suivre la procession mais pour voir cette exposition plutôt profane. Des membres de l'Académie n'hésitent pas à exposer leurs ouvrages, des collectionneurs en prêtent, et des débutants vendent les leurs souvent pour la première fois, le commerce n'étant pas interdit. En 1718, François Lemoyne a vendu un *Persée délivrant Andromède* ; en 1722, on remarqua une *Descente de croix* de Restout, plusieurs sujets galants de Lancret, des sujets animaliers d'Oudry… Une autre année, Rigaud exposa un portrait du cardinal Dubois ; les collectionneurs n'hésitent pas à présenter aussi des toiles de maîtres plus anciens. En 1724, pour des raisons inconnues, l'exposition n'eut pas lieu et le public s'en trouva très déçu. Cette manifestation annuelle associant amateurs, artistes officiels ou inconnus, marchands et simples curieux remporte un succès d'autant plus grand qu'il n'y a pas d'autre exposition régulière.

Depuis 1727, les amoureux de la peinture peuvent admirer la fabuleuse collection du Régent dans la galerie neuve du Palais-Royal. L'historiographe Dubois de Saint-Gelais a publié une *Description des tableaux du Palais-Royal* donnant de sérieux renseignements sur chaque œuvre et sur son auteur. Jusqu'alors, l'Académie royale de peinture et de sculpture a imposé ses critères esthétiques. Représentant une doctrine et une tradition, ses canons et ses codes doivent être transmis. En devenir membre est une consécration. On n'entre pas facilement dans ce saint des saints. L'impétrant doit montrer ses œuvres et en exécuter une nouvelle. Il appartient aux académiciens de le refuser ou de le recevoir parmi eux. L'élu est alors classé suivant une stricte hiérarchie – peintre d'histoire, portraitiste, peintre de scènes de genre, de paysages ou de natures mortes. Seuls ceux qui exécutent des sujets historiques mythologiques ou religieux, genre noble par excellence, ont le droit d'enseigner. Les commandes prestigieuses leur sont réservées, mais depuis le début du siècle les finances de l'État ne le permettaient pas. Cependant, en 1727, le duc d'Antin a organisé un concours pour choisir le peintre qui exécuterait le plafond du salon d'Hercule au château de Versailles. Plusieurs œuvres des académiciens furent exposées au Louvre dans la galerie d'Apollon ouverte au public, comme si le duc d'Antin avait voulu voir son choix ratifié par le plus grand nombre. François Lemoyne l'emporta malgré l'engouement des visiteurs pour Jean-François de Troy, Noël-Nicolas Coypel et Cazes. Quoi qu'il en soit, cette apothéose d'Hercule, qui s'élève dans un ciel riche en figures inspiré par une tradition italienne très différente de celle de Le Brun pour la galerie des Glaces, est unanimement saluée par les connaisseurs.

Le goût ne suit plus la hiérarchie des genres prônée par l'Académie. En 1725, les visiteurs de la place Dauphine portèrent aux nues les scènes animalières d'Oudry. Entré dans l'atelier de Lemoyne, très doué pour la décoration, il avait peint des dessus-de-porte pour le château de Fontainebleau. À vingt ans, lauréat du grand prix de peinture organisé par l'Académie, il partit pour Rome où il fit un séjour très profitable. À son retour à Paris, il se présenta à l'Académie comme peintre d'histoire afin de jouir de la considération de ses collègues, mais il se spécialisa bientôt dans ce qui lui plaisait le plus, la peinture animalière, considérée comme un genre mineur. Louis XV, très sensible aux sujets qu'il traitait, a nommé Oudry son peintre animalier et l'historiographe de son chenil. Il est devenu le « La Fontaine de la peinture ».

À partir de 1732, Chardin a supplanté Oudry dans le cœur des foules. Parisien, il a fait ses débuts dans l'atelier de Noël Nicolas Coypel. En 1728, à vingt-neuf ans, il a exposé *La Raie* place Dauphine. Rien de moins estimé par l'Académie que les thèmes qu'il affectionne, le gibier, les fruits, les ustensiles de cuisine. Il a été reçu dans ce cénacle comme « peintre des animaux et des fruits ». Il n'imite pas ses contemporains, ne s'intéresse pas aux sujets mythologiques ou historiques, mais à la vie quotidienne des gens du peuple et de la bourgeoisie, préférant représenter les femmes plutôt que les hommes. Il ne montre jamais la misère et la souffrance. Il donne de la noblesse aux occupations banales, saisit le sérieux d'un enfant qui joue, faisant toujours passer dans sa peinture les sentiments d'un monde attaché aux valeurs traditionnelles. Dans ses natures mortes, il mêle le gibier sur le point d'être plumé à des légumes et à des fruits, choisissant et mettant en scène les objets pour leurs formes et leurs couleurs.

François Boucher, un jeune peintre plein d'avenir, ancien élève de Lemoyne, a beaucoup travaillé pour le marché de l'estampe en exécutant des dessins d'après les maîtres anciens, en particulier en Italie où il fit un long séjour de 1728 à 1731 pour se familiariser avec les techniques picturales des artistes de la péninsule. À son retour à Paris, il a décoré l'hôtel de Soubise. L'année suivante, il est entré à l'Académie et la manufacture de Beauvais lui a commandé des cartons pour sa première série de tapisseries. Le roi lui a ensuite demandé de peindre le plafond de la chambre de la reine et deux scènes de chasse pour ses petits appartements.

Le mécène libertin pris au piège de Mme de Tencin

Les fermiers généraux, ces riches financiers qui collectent les impôts indirects affermés par le roi, sont devenus les protecteurs des arts et des lettres. Ils s'entourent d'écrivains et d'artistes ; les œuvres qu'ils accumulent prouvent leur culture et leur intelligence. Ce mécénat purifie leur argent de nouveaux riches méprisés par la noblesse, qui en a cependant bien besoin. N'ayant pas d'ancêtres dont ils puissent exposer les portraits sur leurs murs, ils font faire le leur, celui de leur femme et de leurs enfants par les mêmes peintres que les grands. Leur mobilier vient des meilleurs ébénistes, leur argenterie, leurs bijoux, leurs parures sont d'un luxe qu'on ne rencontre que dans l'entourage royal. Ils habitent de splendides hôtels à Paris ; beaucoup d'entre eux ont choisi le quartier Montmartre ; ils vivent rue Gaillon, rue Vivienne ou rue Neuve-des-Petits-Champs dans la paroisse Saint-Roch.

Antoine Le Riche de La Popelinière, le plus fastueux de ces financiers, est un esthète. En 1731, il a été bouleversé par la peinture flamande au cours d'un voyage aux Pays-Bas dont il a rapporté quantité d'objets de curiosité. À Paris, il protège et reçoit le pastelliste La Tour, le dessinateur et peintre Carle Van Loo, le mécanicien Vaucanson. Musicien averti, La Popelinière voue une amitié sincère et profonde à Jean-Philippe Rameau. C'est Piron qui le lui a présenté vers 1731. Peu séduisant au premier abord, long et maigre comme un jour sans pain, bougon, cassant, pédant, il s'exprime maladroitement avec une voix rauque. « Toute son âme et son esprit sont dans son clavecin ; quand il l'a fermé, il n'y a plus personne au logis », dit son ami Piron. Rameau, célèbre par ses traités sur l'harmonie, ses cantates et surtout ses pièces pour clavecin, n'est pas un jeune homme, il frise la cinquantaine. La Popelinière a reconnu son génie et lui a confié la direction de son orchestre privé. Il anime les fêtes de son hôtel et aussi celles de ses amis. En 1733, il a tenu les grandes orgues de Saint-Eustache pour le mariage de la fille de Samuel Bernard, Bonne-Félicité, avec Mathieu François Molé. En 1733, l'abbé Pellegrin, autre familier de La Popelinière, auteur de plusieurs livrets d'opéra, lui a proposé de mettre en musique une tragédie inspirée de *Phèdre* qu'il intitule *Hippolyte et Aricie*. Mettant en application les théories qu'il a soutenues, Rameau a composé une œuvre donnant une place importante aux chœurs, aux ballets et aux effets de machinerie. Cette tragédie musicale montée chez La Popelinière et peu après à l'Opéra a déconcerté les amateurs. Tout en se situant dans la tradition de Lully, la musique a surpris par sa modernité. Cependant André Campra, au soir de sa longue carrière de compositeur, déclara qu'il y avait « assez de musique dans cet opéra pour en faire dix » et prédit que Rameau éclipserait tous ses rivaux.

Voltaire, qui le trouvait ennuyeux, est finalement séduit et l'appelle « Euclide-Orphée ». Il lui a proposé de mettre en musique un de ses poèmes, mais n'est pas encore parvenu à l'écrire. Sans attendre davantage, Rameau a composé un opéra-ballet à grand spectacle inspiré par une intrigue de Louis Fuzelier située dans des Indes imaginaires. La danse, les costumes, les décors et la machinerie ajoutent à la magie du spectacle. L'œuvre ayant pour titre *Les Indes galantes*, créée à l'Opéra en 1735, connaît encore un immense succès. Le 24 octobre 1737, Rameau a donné une nouvelle tragédie lyrique, *Castor et Pollux*, sur un livret de Gentil-Bernard, poète familier de La Popelinière. La prédiction de Campra est en train de s'accomplir.

Amateur d'art et de bonne chère, La Popelinière a toujours fait profession de libertinage et se déclare très hostile au mariage. « Les appétits charnels ne sont point du tout des chimères, écrit-il dans son *Journal de voyage en Hollande* ; ils sont essentiels à notre constitution ; ils en résultent forcément comme la soif et la faim. Je ne parle pas du prétendu remède qu'on y applique lorsqu'on nous lie pour toute la vie à un même sujet ; ce remède n'est qu'une misère de plus puisqu'il impose un joug sous lequel un esprit libre ne peut fléchir, puisqu'il tend à fixer l'inconstance naturelle des goûts que jamais rien n'arrêtera. Orientaux, mes amis, ne serez-vous jamais nos modèles ? » Jusqu'alors rien n'a mis un frein à ses désirs. Il a naguère enlevé la maîtresse du prince de Carignan, ce qui lui a valu trois ans d'exil à Marseille où il a mené joyeuse vie. À Paris, il n'a guère de mal à trouver de jolies femmes pour ses plaisirs. Il y a tout juste trois ans, en 1734, il est tombé amoureux de Thérèse Deshayes, un tendron de vingt ans, comédienne au Théâtre-Français. Elle a de qui tenir. Petite-fille de l'auteur dramatique Dancourt, fille d'une comédienne embourgeoisée par son mariage avec un certain M. Boutinon Deshayes, elle est d'une beauté à faire damner un saint et douée d'une intelligence rare. De telles qualités ont attisé son ambition.

En cédant à la cour pressante de La Popelinière, elle a suivi l'exemple de sa tante qui est la maîtresse en titre de Samuel Bernard, le plus riche des banquiers. Thérèse rêve d'un destin comparable à celui de sa cousine germaine, la fille de Samuel Bernard, qui a épousé Claude Dupin de Francueil, et vit avec son époux au château de Passy chez le vieil homme d'affaires. Peu lui importe que son amant ait plus de quarante ans et qu'il ne brille pas par un physique exceptionnel. Il la comble de présents. Installée chez lui, adulée comme une reine, elle se passionne pour les théories musicales de Rameau, qui lui donne des leçons de clavecin ; elle se pique de philosophie et de chimie avec une telle ardeur que Voltaire lui-même l'admirait lorsqu'il était encore à Paris. « Ne m'oubliez pas auprès de la Muse-Deshayes et d'Orphée-Rameau », écrivit-il à son ami Thiriot en 1736. La Popelinière est fière de sa maîtresse que tout Paris surnomme la Muse.

La belle Thérèse a élargi son cercle de relations et Mme de Tencin l'a prise sous son aile. Sachant que cette libertine sur le retour a le génie de l'intrigue, Thérèse n'a pas hésité à lui confier qu'elle voulait se faire épouser et Mme de Tencin lui a promis le succès. L'ancienne nonne n'a rien à redouter de la donzelle, peut-être même en obtiendra-t-elle quelque avantage plus tard. Aussi mène-t-elle l'affaire avec son habileté habituelle. Et puis cela l'amuse tellement ! Nous voici donc en 1737, l'année du renouvellement du bail des fermiers généraux. Mme de Tencin prépare son plan. Elle écrit au cardinal de Fleury pour lui dénoncer la scandaleuse conduite de La Popelinière, vil séducteur d'une innocente comédienne avec laquelle il vit dans le péché. Elle fait appel au gardien des bonnes mœurs pour mettre fin à une situation aussi déshonorante.

Quelques jours plus tard, le cardinal reçoit La Popelinière venu solliciter le renouvellement de son bail. Avant d'aborder le sujet de l'entretien, le prélat demande à son visiteur qui est Mlle Deshayes :

« C'est une jeune personne dont j'ai pris soin », répond La Popelinière, qui lui fait l'éloge de son esprit, de ses talents et de sa bonne éducation.

« Je suis bien aise de tout le bien que vous m'en dites, reprend le cardinal. Tout le monde en parle de même et l'intention du roi est de donner votre place à celui qui l'épousera. Il est bien juste au moins qu'après l'avoir séduite vous lui laissiez pour dot l'état qu'elle avait le droit d'attendre de vous-même et que vous lui aviez promis. » La Popelinière essaie de se défendre, mais le cardinal insiste :

« Vous l'avez abusée et sans vous, elle aurait encore son innocence. Il faut réparer ce tort-là. C'est le conseil que je vous donne et ne tardez pas à le suivre, sans quoi je ne puis rien pour vous. »

L'alternative est on ne peut plus pressante. Le lendemain matin, La Popelinière réveille sa maîtresse :

« Levez-vous, lui dit-il, et avec votre mère, venez où je vais vous conduire. »

Quelques heures plus tard, ils signaient un contrat de mariage. La Muse et sa mère se sont jetées dans ses bras. C'est ainsi que la Muse est aujourd'hui Mme de La Popelinière. Elle saura admirablement tenir la maison de son époux. Mais gare aux amants !

Cirey, un paradis sur terre

Depuis près de trois ans maintenant, Voltaire réside à Cirey dans le château du marquis du Chatêlet, le mari d'Émilie, qui ne voit aucun inconvénient à laisser sa demeure familiale aux soins de l'amant de sa femme. D'ailleurs Voltaire, qui est fort riche, s'est lancé dans de grands travaux de rénovation et de construction avec la bénédiction du marquis. Dans les premiers temps de cet exil, Émilie n'était pas pressée de rejoindre son poète. Elle essayait de faire annuler la lettre de cachet qui le frappait, mais elle tenait surtout à rencontrer son cher Maupertruis avant son départ pour le Grand Nord. L'expédition scientifique qu'il dirige a pour but de prouver que la terre est aplatie aux pôles et non renflée à l'équateur comme le croit Cassini, le géographe favori du roi. Malgré toute la joie qu'elle éprouve à vivre aux côtés de Voltaire, la divine Émilie reste très éprise de Maupertuis. Voltaire ne se fait guère d'illusion sur la fidélité de celle qu'il n'hésite pas à désigner comme « sa femme ». Il en parle ainsi à ses amis auxquels il déclare qu'il « s'en remet à la providence et à la patience du cocu ». On ne peut se montrer plus clairvoyant ! Pour tromper son ennui, il écrit une nouvelle pièce, *Alzire*, qui est une condamnation de la colonisation. Au mois d'octobre 1734, Émilie a fait une apparition de quelques jours à Cirey. Voltaire avait poussé la « délicatesse » jusqu'à inviter Maupertuis, mais il n'est pas venu. Émilie est repartie avec le manuscrit d'*Alzire* que son auteur lui a dédié.

Le temps qui passe fait réfléchir les deux amants (mais le sont-ils encore ?). Le 30 mars Voltaire est venu à Paris pour mettre en demeure la belle Émilie de choisir entre sa vie dissipée à Paris et une existence vouée à l'étude en sa compagnie. Au lieu de rentrer à Cirey, il est allé se divertir à la cour de Lunéville en attendant la réponse de sa fantasque compagne. Émilie hésite longuement. Très lancée dans le monde, elle aime autant la société que l'étude. Maupertuis l'attire irrésistiblement, mais elle sait qu'elle ne pourra jamais le retenir. Le 21 mai, sa décision est prise. Elle rejoindra Voltaire. « Il y a de l'héroïsme, ou peut-être de la folie à moi de m'enfermer en tiers à Cirey : cependant le parti en est pris, écrit-elle à Richelieu. Je me crois encore plus maîtresse de détruire les soupçons de mon mari que d'arrêter l'imagination de Voltaire. À Paris, je le perdrais sans retour et sans remède : à Cirey, je puis espérer du moins que l'amour épaissira le voile qui devrait pour son bonheur et pour le nôtre couvrir les yeux de mon mari. Je vous demande de ne rien mander de cela à Voltaire ; la tête lui tournerait d'inquiétude et je ne crains tant que de l'affliger, surtout inutilement [...]. Je vais passer trois mois les plus heureux de ma vie. Mon esprit est accablé, mais mon âme nage dans la joie. L'espérance que cette démarche lui persuadera que je l'aime me cache toutes les autres idées et je ne vois que le bonheur extrême de guérir toutes ses craintes et de passer ma vie avec lui. »

Les retrouvailles sont charmantes. Les deux amants se promènent, vont à la chasse, montent à cheval, rencontrent leurs aimables voisines et s'occupent de la décoration du château encore en chantier. Ils sont heureux. Cependant, ils décident bientôt d'abandonner cette vie oisive afin de se livrer à l'étude. Ils s'imposent un emploi du temps assez strict. Le marquis du Chatêlet, qui passe quelques jours auprès d'eux, est impressionné par cette existence de bénédictins qui ne ressemble guère à la sienne faite d'obligations pratiques et de préoccupations militaires. Plus tard, Voltaire et sa compagne reçoivent Richelieu auquel Émilie avait prédit qu'il « viendrait voir le phénomène de deux personnes qui ont passé trois mois tête à tête et qui ne s'en aiment que mieux ».

Au printemps de 1736, Voltaire est parti seul pour Paris afin de régler trois procès. Il en a profité pour faire les achats les plus variés qu'on puisse imaginer. Ce n'est pas à Lunéville qu'on trouve les petites pinces de toilette que désire Émilie. Encore faut-il les acheter rue Saint-Honoré et pas quai de Gesvres. Émilie lui a commandé douze livres de poudre fine, un pot de pommade à la fleur d'oranger, de la pâte de chez Provost, des grandes boucles de soulier garnies de diamants, plusieurs dizaines de livres de poudre à perruque, du papier à lettres de Hollande de format in-quarto et aussi des bougies, du café, des oranges, des marrons glacés... Voltaire rapporte aussi des tableaux et des objets d'art. Il revient joyeux à Cirey ayant écrit un poème célébrant le luxe intitulé *Le Mondain*. Émilie le trouve plein d'esprit, s'en amuse et en envoie une copie à leur ami Cideville en le priant surtout de ne pas le diffuser.

Sous l'influence d'Émilie, Voltaire manifeste de plus en plus d'intérêt pour les sciences. Dans la grande galerie qui leur sert de salle à manger, ils installent des sphères, des miroirs concaves, des miroirs convexes, des creusets, un bâton ferré, un baromètre, un thermomètre. Parfois Voltaire se rend jusqu'aux forges du marquis du Chatêlet pour faire des expériences sur la fonte. En réalité, Mme du Châtelet et Voltaire, à l'insu l'un de l'autre, travaillent sur le feu et ont envoyé chacun à l'Académie des sciences un mémoire sur ce sujet.

Pendant que les solitaires de Cirey se livrent à leurs passions, *Le Mondain* circule sous le manteau à Paris. Les uns le trouvent merveilleux, d'autres s'offusquent au nom de la morale de tant de jouissances profanes ; beaucoup jalousent son auteur pour sa vie fastueuse ; dévots et jansénistes font cause commune pour s'offusquer de la description acidulée qu'il donne du paradis terrestre. Encore une fois Voltaire est accusé d'irréligion. Afin de prévenir toute mesure fâcheuse à son égard, il prend la route de la Hollande le 10 décembre 1736. Émilie l'accompagne jusqu'à Wassy ; très déprimée, elle l'a laissé partir, redoutant les fatigues du voyage pour sa santé fragile et les imprudences dont il est coutumier. À Cirey, elle regarde la terre couverte de neige et se demande comment elle pourra supporter l'absence de l'aimé, seule dans ce château isolé. Et puis elle redoute aussi qu'il s'en aille répondre à l'invitation du prince Frédéric de Prusse, très admiratif de son génie et qui lui écrit des lettres on ne peut plus flatteuses.

Arrivé à Amsterdam, Voltaire est fêté et admiré. On joue ses pièces. Il continue d'écrire au jeune Frédéric et vante dans ses lettres l'air de liberté qu'on respire en Hollande. Émilie le supplie de revenir. Elle est au comble de l'angoisse alors que tout semble paisible du côté du pouvoir. Elle a si peur qu'il l'abandonne ! Au mois de février 1737, il est enfin là !

Maupertuis et sa Lapone

Émilie n'a jamais cessé d'entretenir une active correspondance avec Maupertuis, bien que le courrier mette plusieurs semaines avant de parvenir à ses destinataires. Elle est piquée de savoir que la duchesse de Richelieu a reçu une lettre avant elle. « Elle ne désire vos lettres que pour s'en vanter ; moi je vous en demande pour savoir de vos nouvelles », lui écrit-elle aussitôt. Le héros du Grand Nord soigne sa publicité auprès de ses admiratrices auxquelles il donne des nouvelles excitantes que ces dames racontent dans les salons. Elles veulent connaître les moindres détails de l'expédition dont leur ami est le héros toujours vaillant, toujours aimable et ô combien sérieux en ce qui concerne la mission qu'il s'est assignée : mesurer le méridien terrestre le plus près possible du pôle afin de prouver que la terre est aplatie en ce point.

Partie le 29 avril 1736, l'expédition a dû subir plusieurs jours de tempête en mer du Nord avant d'arriver à Stockholm, trois semaines plus tard. Le roi de Suède, qui voulut rencontrer les savants, ne leur cacha pas l'inquiétude que lui inspiraient leurs pérégrinations à venir. Cependant Maupertuis était si sûr de son succès que pas un instant son courage ne faiblit. Au reste, l'entreprise ressembla parfois à une véritable odyssée. Maupertuis et ses compagnons subirent les rigueurs extrêmes du climat : six mois sans voir la nuit à lutter contre des nuées de moustiques et six autres mois dans le noir par un froid insupportable. Ils dormaient sur des peaux de rennes et mangeaient très mal ; il leur fallut abattre des arbres, franchir des torrents, protéger un matériel sophistiqué, se faire accepter par des populations aux mœurs parfois étranges et surtout rester pendant un an et demi au bout du monde dans la ville (c'est un euphémisme) de Tornea ou dans leur résidence d'été (!) de Pello. « Pendant ces froids qui durent encore ici, quoique nos jours commencent à être de vingt heures, nos Lapons ne daignent pas dresser leurs tentes et couchent à terre dans la cour de la maison d'où je vous écris, sans autre matelas que la neige, écrit-il à Mme de Vertillac le 6 avril 1737. Vous ne le croirez pas encore, Madame, mais il me semble que j'en ferais bien autant : les corps sont bien plus dociles que les esprits. [...] Les Lapons ont été aussi surpris de voir nos figures que nous les leurs... Ceux qui couchent dans notre cour, quand ils sont en joie ou qu'ils font quelque rêve agréable, se mettent à chanter, à quelque heure de la nuit que ce soit... tous la même chanson. Ils nous viennent souvent rendre visite ; ils entrent sans se faire annoncer et tout à coup nous voyons sans nous être aperçus, un Lapon ou une Lapone dans notre chambre... Dans la zone glacée, il y a des personnes fort bien faites et fort aimables[1] ».

En effet, dès l'été 1736, deux jolies Lapones avaient été reçues avec beaucoup de plaisir par les explorateurs, ce que Mme du Chatêlet avait appris par d'autres amies. « On dit que toutes les lettres que vous écrivez à Paris sont pleines des éloges de ces dernières[2] », lui écrit-elle plutôt pincée. En fait, ces deux jeunes filles n'ont rien de commun avec ces Lapons dont la figure est grotesque au dire de l'abbé Lemonnier et qui n'ont que trois ou quatre pieds de haut, de petites jambes, un gros ventre et « un visage qui diffère assez de la forme humaine[3] ». Les amies de Maupertuis sont deux belles Suédoises, Christine et Élisabeth Planström, filles d'un notable de Tornea venues voir les étrangers dans ces terres éloignées où l'on ne rencontre personne. Il semble que des promesses de mariage aient été faites un peu légèrement par Maupertuis et aussi par le dessinateur Herbelot avant leur départ.

1. Lettre de Maupertuis à Mme de Vertillac citée par É. Badinter in *Les Passions intellectuelles*, t. I, Paris, Fayard, 1999, p. 83-86.

2. Je remercie Mme Élisabeth Badinter qui m'a communiqué l'article d'Olivier Courcelle « Des fêtes du Pôle aux geôles et couvents de France : itinéraire de deux Lapones », in *Cahiers Voltaire*, n° 8.

3. Lettre citée par É. Badinter in *Les Passions intellectuelles, op. cit.*, p. 83.

À son arrivée en France, Maupertuis ne pense plus à sa Christine à laquelle il a dédié un charmant petit poème. Il est accueilli à Paris avec un extraordinaire enthousiasme. À Versailles, l'équipe est reçue par Maurepas, ministre de la Maison du roi, par le cardinal et par Louis XV lui-même. Le monarque, passionné de géographie, s'intéresse plus à l'expédition qu'au but même du voyage. Le 28 août, les aimables compagnons vont à l'Académie faire part de leurs calculs astronomiques. La nouvelle que la terre est aplatie aux pôles de répand en même temps dans les milieux scientifiques et dans les salons. Maupertuis croule sous les félicitations. Le 13 novembre, c'est un triomphe après son discours officiel devant l'Académie des sciences. Mme du Chatêlet participe au concert de louanges, mais se sent frustrée que le grand homme ne vienne pas lui rendre hommage : « Quelque doux que soit pour moi d'entendre tout le monde chanter vos louanges et vous rendre le tribut d'admiration que je vous ai payé depuis que je vous connais, j'avoue qu'il le serait encore davantage d'apprendre vos succès par vous-même[1]. »

1. *Ibid.*, p. 96.

CHAPITRE XII

Un pouvoir à bout de souffle

« Furieuse alarme pour le cardinal »

Le cardinal de Fleury a tout l'air de se prendre pour le Père Éternel. Les courtisans n'ont plus envie de l'appeler Votre Éminence, mais Votre Éternité. « Quand vous débarrasserez-vous de votre vieux précepteur ? N'avez-vous pas l'âge de gouverner vous-même ? Le feu roi commença à vingt et un ans, Votre majesté en a vingt-huit. Il est vrai qu'il laissa finir le cardinal Mazarin, mais il eut la bonté de finir à temps et celui-ci ne finit point et radote[1] ». Louis XV laisse dire ses familiers. Les ministres se livrent à de subtils calculs pour tirer au mieux leur épingle du jeu le jour où le vieux prélat partira pour un monde meilleur. On surveille ses moindres défaillances. Ses digestions sont difficiles ; il prend de l'opium pour dormir. Jouant de son grand âge, il dit qu'il ne passera pas l'hiver, mais il s'acharne à vivre sans adjurer le roi de se mettre à gouverner. Et pour cause : il écarte les ministres qui lui feraient du tort. Il s'est ainsi débarrassé de Chauvelin : « Il s'ennuyait de ce que je vivais trop longtemps, c'est un défaut dont je n'ai pas envie de me corriger sitôt », dit-il à sa chère amie Mme d'Ancezune[2]. Chauvelin, qui fut tout d'abord la créature du cardinal, agissait derrière son dos pour que le roi en fût dégoûté.

1. D'Argenson, *Journal*, *op. cit.*, t. I, p. 318-319.
2. Luynes, *Mémoires*, t. II, p. 283.

Il était au mieux avec les jeunes seigneurs qui entourent S.M. et aussi avec Mme de Mailly, à laquelle il donnait des conseils. Mgr de Fleury, assez bien renseigné sur ces agissements suspects, a convaincu le monarque que le ministre était un intrigant. Les Sceaux ont été rendus à d'Aguesseau et Jean-Jacques Amelot de Chaillou a obtenu les Affaires étrangères. L'homme n'a aucune expérience en ce domaine, ce qui fait l'affaire du cardinal et de Maurepas. Des six ministres qui composent le ministère, Maurepas joue en effet un rôle de plus en plus important. Il ménage l'avenir, comme s'il guignait la succession du prélat si le roi prenait un Premier ministre.

Le roi est-il capable d'exercer le pouvoir ? La question tourne à la rengaine : les uns l'accusent de paresse et d'insensibilité ; d'autres le disent fin, subtil, mais trop discret. On ne sait jamais ce qu'il veut et il s'en remet toujours à son mentor. Pendant cet hiver (1737-1738), il a souvent été malade et quelques courtisans ont eu l'imprudence de parler de régence à la reine. « Quel malheur si une telle perte arrivait », répétait la pauvre Marie, qui demandait tout bas si, isolée comme elle était à la Cour, on lui confierait la régence. Heureusement le roi a repris ses occupations habituelles, la chasse au moins quatre fois par semaine, les petits soupers, les sorties incognito avec ses familiers et les visites chez la comtesse de Toulouse. La mort du comte de Toulouse survenue le 30 décembre 1737 l'a beaucoup affecté. Il a perdu avec lui le dernier lien direct avec ses parents et le feu roi.

On vient d'avoir une nouvelle preuve de la soumission du souverain au vieux Fleury. Il ne s'est pas opposé à une décision concernant ses filles et il a mis la reine devant le fait accompli : il s'agit d'envoyer les princesses, à l'exception des deux aînées, à l'abbaye de Fontevrault en Anjou, sous le fallacieux prétexte que leur présence à Versailles coûterait trop cher et qu'on manque de place au château. Marie est frappée en plein cœur. Elle a toujours été très proche de ses enfants. Elle se promène avec eux dans le parc, s'intéresse à leurs progrès, surveille leur éducation religieuse et n'hésite pas à les gronder si elle le juge nécessaire. La fessée qu'elle a récemment donnée au dauphin a beaucoup étonné la Cour, mais Marie voit son fils tel qu'il est, c'est-à-dire tout simplement comme un enfant qui mérite d'être corrigé. Il restera à Versailles avec Madame Élisabeth et sa jumelle, Madame Henriette, qui depuis trois ans déjà participent aux fêtes de la Cour. À l'occasion du bal du Mardi gras, elles ont dansé jusqu'à l'aube et sont allées aussitôt après à la messe avec leur mère pour recevoir les cendres. Le départ de leurs sœurs les attriste. Les petites n'ont pas protesté à l'exception de la plus gaie, Madame Adélaïde, qui vient de fêter ses six ans. Elle s'est mise d'accord avec sa gouvernante, Mme de Tallard, pour demander au roi de rester au château. Il a cédé : elle ne partira pas avec les cadettes dont la dernière, Madame Louise, n'a pas encore un an...

Cette décision contraire à la tradition ne manque pas de surprendre. Aucune princesse n'a été élevée en dehors de la Cour et on s'étonne du choix de cette lointaine abbaye alors qu'il y a tant de couvents et de monastères proches de la capitale. Le roi ayant annoncé que les personnes attachées aux princesses continueraient de recevoir leurs appointements, on se demande s'il s'agit bien d'une mesure d'économie, d'autant qu'à Fontrevault il faudra pourvoir à l'entretien de Mesdames de France. Elles quitteront Versailles le 16 juin 1738, toutes les quatre dans le même carrosse suivi de sept voitures pour leur suite et une vingtaine de fourgons de bagages. Leur voyage durera treize jours.

Est-ce pour se faire pardonner par la reine ? Louis XV a couché deux fois avec elle au mois de juin et semblait fâché avec Mme de Mailly. Il n'est cependant pas revenu chez son épouse et s'est réconcilié avec sa maîtresse dont la faveur est à son comble alors que la Cour se prépare pour le voyage de Compiègne. Marie a décidé de rester à Versailles pour se reposer. Elle se croit de nouveau enceinte. Mme de Mailly, qui est « de semaine » auprès d'elle en tant que dame de son palais, ne cache pas son impatience de rejoindre le roi, lequel est déjà parti. Entre l'épouse et la maîtresse, l'atmosphère est toujours assez tendue lorsqu'elles se trouvent ensemble. La reine prend plaisir à exaspérer sa rivale par de subtiles et parfois perfides allusions. Cette fois, Mme de Mailly se venge en demandant à Marie de partir pour Compiègne sans achever son service auprès d'elle. « Faites, Madame, vous êtes la maîtresse », lui a rétorqué la souveraine.

Fin juillet, Marie a reçu confirmation de sa grossesse ; à trente-cinq ans, elle peut encore donner des héritiers au trône. Plus libre de ses mouvements que d'habitude puisque la plupart des courtisans se trouvent à Compiègne, elle est allée rendre visite à

Mme de Mazarin dans sa maison de Saint-Cloud. Il faisait beau, la reine s'est laissée tenter par une longue promenade dans les bois. En rentrant à Versailles, elle a fait une fausse couche et les médecins lui ont annoncé qu'elle ne porterait plus jamais d'enfants ; sa vie en dépend. Désespérée, Marie n'a pas osé avouer à son mari qu'elle n'aurait plus jamais l'espoir de mettre au monde un héritier.

Après trois semaines passées à Compiègne, le roi et la Cour ont regagné Versailles. Le cardinal baisse à tout point de vue : il n'entend plus rien et trottine les genoux fléchis. Il s'est trouvé mal en présence du roi mais il a repris son travail. Au mois d'août, il est arrivé ce qu'on attendait depuis longtemps : Mgr de Fleury était mourant. Il a reçu les sacrements. Le roi allait le voir deux fois par jour et restait seul avec lui. Il pleurait en revenant de ces visites. Heureusement, les divertissements de la Cour ne furent pas interrompus : concert le lundi et le mercredi, tragédie le mardi, comédie française le jeudi, comédie italienne le samedi, et jeu le vendredi et le dimanche. Soudain, un matin, le cardinal a ressuscité. Il est retourné se reposer à Issy. Serait-il immortel ? Le roi a aussitôt écrit à Maman Ventadour[1] : « Nous avons eu une furieuse alarme pour le cardinal ; heureusement elle est passée ; il faut qu'il ait un tempérament d'airain. Dieu veuille présentement que par sa conduite il ne nous y fasse pas retomber de sitôt ; il est bien fâcheux que certaines gens vieillissent. Je vous charge d'embrasser mes enfants de ma part ; elles m'ont écrit mais je ne leur ai pas répondu ; cela n'est pas trop bien à moi, mais j'ai autre chose à faire et cela viendra avec le temps. Je vous embrasse, maman, de tout mon cœur et attends le moment de vous revoir avec bien de l'impatience, quoique à vous dire vrai, je m'amuse beaucoup ici et m'y trouve par conséquent fort bien[2]. » Apparemment, tout est rentré dans d'ordre. Le cardinal gouverne et le roi s'incline devant ses volontés.

1. La duchesse de Ventadour était partie installer Mesdames à Fontevrault.
2. Lettre citée par le duc de Luynes, *Mémoires*, *op. cit.*, p. 281-282.

Les sœurs Nesle

Depuis que Mgr de Fleury est rétabli, le roi est d'une humeur charmante. Il a accordé à sa maîtresse la permission de recevoir sa sœur, Mlle de Nesle, à Versailles. Les courtisans ne manifestent pas d'empressement particulier à son égard, mais elle semble avoir fait forte impression sur le monarque. C'est une grande femme de vingt-six ans, sans grâce mais de beaucoup d'esprit. Elle distrait S.M., qui l'invite à tous les soupers. Mme de Mailly se réjouit de la voir aussi bien accueillie ; elle la croit sans ambition.

On a conseillé au monarque de se montrer dans la capitale où il paraît trop rarement au gré des Parisiens, qui se sentent délaissés. Aussi le 9 janvier est-il allé, entre hommes, à l'Opéra assister à la représentation d'*Atys* de Lully et le 23 à celle d'*Alceste* avec Mme de Mailly et les princesses, mais sans la reine. On n'avait délivré de billets au public que pour remplir le parterre et l'amphithéâtre. Au premier rang brillaient deux jeunes sœurs de Mme de Mailly, la marquise de Flavacourt qui vient de se marier et la marquise de La Tournelle.

Le souverain ne pouvant chasser à cause du froid, il a décidé de se promener en traîneau autour du canal. Il est allé tout d'abord chez Mme la Duchesse qui était à sa toilette et qui ne comptait pas sur une telle promenade ; il l'a pressée de s'habiller et l'a attendue ; lorsqu'elle a été prête, il a voulu l'emmener avec lui, mais elle a répondu qu'elle était trop vieille. La coquette en a été pour ses frais, elle est partie avec le duc de Villeroy tandis que le roi conduisait Mlle de Charolais. Les dix-sept traîneaux se sont alors lancés dans une course folle. La journée s'est poursuivie par un souper et le jeu. La neige qui tombe en abondance a favorisé une nouvelle course de ce genre suivie cette fois par un bal.

Le 26 janvier, le roi et la reine ont donné un bal rangé suivi d'un bal masqué pour inaugurer le salon d'Hercule. Le premier devait commencer à six heures et demie, mais tant de courtisans se pressaient déjà à quatre heures qu'on faillit transporter les fauteuils et les gradins du salon d'Hercule dans la galerie des Glaces. Vêtu d'un habit de velours bleu garni de boutons de diamants sous une veste d'étoffe d'or, le roi vint sur place se rendre compte de l'embarras ; il fit procéder à quelques arrangements et alla chercher la reine, très élégante dans une robe blanche brodée d'or dont le corsage était garni de pierreries. À son cou resplendissait un collier de diamants d'où pendait le fameux Sancy en forme de poire et sur ses cheveux étincelait le Régent, qui n'a pas son pareil en Europe. Le dauphin et Madame Élisabeth ouvrirent le bal. Vers onze heures, les masques commencèrent à paraître. La reine rentra se changer et revint sous un domino tandis que le roi ne parut qu'à deux heures du matin masqué en chauve-souris. Il resta au bal jusqu'à sept heures, jouissant pleinement de son incognito. Il virevoltait de l'un à l'autre, demandant où était le roi. Un garde du corps lui affirma qu'il n'était pas arrivé et lui donna un coup de coude pour le repousser. Louis XV dansa avec une inconnue et resta longtemps auprès de la maréchale de Villars qui n'était pas masquée sans oser lui parler.

Depuis ce bal, on parlait du mariage de Madame Élisabeth avec l'infant don Philippe. Ce n'était pas une fausse rumeur. Le 22 février, le roi annonça la nouvelle qui ne réjouit personne. La princesse pleurait à l'idée de quitter sa famille, Versailles, et tout ce qui l'attache ici. « Je suis bien fâchée du mariage de ma sœur », a déclaré Madame Adélaïde. La future mariée n'a pas encore douze ans et don Philippe, dix-neuf. Cadet du couple royal, il passe pour un garçon mélancolique dépourvu de charme et n'a aucune chance de régner, malgré les vœux de sa mère, Élisabeth Farnese, la seconde épouse de Philippe V, qui rêve de lui tailler un petit royaume en Italie. Cette union doit sceller la réconciliation définitive entre les deux royaumes et effacer l'affront du renvoi de l'infante-reine, jadis promise à Louis XV[1]. On murmure que le dauphin épouserait l'infante Marie-Thérèse-Raphaëlle.

Le samedi saint, à la surprise générale, S.M. a refusé de toucher les écrouelles comme c'était la coutume. Il a répondu un « non » très sec à M. le prévôt qui lui demandait à quelle heure il souhaitait que la cérémonie eût lieu. Pis encore, il n'a pas fait ses pâques. Ces résolutions ont fait grand bruit à Versailles et à Paris où les gens sages estiment qu'il est dangereux pour un roi de donner le mauvais exemple à ses peuples. En refusant de communier, le souverain prouve qu'il est en état de péché et rend ainsi officielle

1. Cf. *supra*, chap. VII, p. 150.

sa liaison avec Mme de Mailly. Cependant, il s'intéresse de plus en plus à Mlle de Nesle tandis que la Cour se préoccupe des préparatifs du mariage de la princesse Élisabeth prévu au mois d'août prochain (1739). On dépense un argent fou pour le trousseau de la future infante : le roi a obtenu que le cardinal desserre les cordons de la bourse.

Disette et fracture sociale

Le mariage princier ne réjouit pas les Français déjà exaspérés par le faste des fêtes célébrant la paix. Le 3 juin 1739, le président de la Cour des aides a prononcé une harangue assez brutale devant le roi à Versailles : « Sire, le bruit des trompettes annonce la paix à votre peuple, à ce peuple qui gémit dans la misère sans pain et sans argent, obligé de disputer la nourriture aux bêtes qui sont dans les champs pendant que le luxe immodéré des partisans et gens d'affaires semble encore insulter à la calamité publique. Un seul regard favorable de V.M. dissipera tous ces malheurs et rendra la paix, l'objet de la joie universelle. » Louis XV a paru surpris par l'audace de l'orateur considéré comme un homme sage dont les propos sont généralement mesurés. Il est vrai que la misère a augmenté depuis un an. Le roi ne peut l'ignorer. On dit que les pauvres sont réduits à manger de l'herbe en Touraine, dans le Maine et l'Anjou, le Haut-Poitou, le Périgord, le Berry et l'Orléanais. On veut persuader le cardinal que ce sont là des contes colportés par ses ennemis pour le discréditer. Pourtant, des soulèvements ont bien éclaté à Ruffec, à Chinon et à Caen au mois de mai ; des porteuses de pain ont été assassinées. Seule la faim a causé ces crimes, car le pain reste la nourriture de base des Français. Aujourd'hui on en fait avec n'importe quoi. Le duc d'Orléans a porté au Conseil un morceau de pain de fougère qu'il a mis sur la table du roi : « Sire, dit-il, voilà de quel pain se nourrissent aujourd'hui vos sujets ! » Le monarque est devenu blême mais n'a soufflé mot. Peu de temps après, au lever du souverain et au dîner de la reine, l'évêque de Chartres, Mgr de Mérinville, a évoqué la misère populaire et dénoncé une meurtrière famine. À la reine qui lui offrait 100 louis pour les plus malheureux de son diocèse, il a répondu : « Madame, gardez votre argent pour quand le roi, ses finances et moi nous serons épuisés. Alors V.M. assistera mes pauvres diocésains si elle a encore de l'argent. » À Paris le pain a été taxé afin d'éviter des troubles.

Au mois de juillet, des averses de grêle ont ravagé l'Anjou ; Angoulême a été la proie de séditions. Au mois d'août, les réserves d'avoine étaient épuisées à Paris. On a vu les cochers et les écuyers coucher sur le port pour tenter d'être servis à la prochaine livraison. Il fallait trouver des moyens de subsistance pour les chevaux, en attendant l'avoine nouvelle qui n'arriva qu'en septembre.

Cette disette qui affecte tout le royaume serait due à des exportations de blé trop importantes vers l'Espagne menacée de famine, le contrôleur général des Finances et les intendants des provinces ayant mal calculé les besoins de la France. Mais on soupçonne aussi des accapareurs d'avoir acheté du blé pour le revendre plus cher cette année. Comme beaucoup d'observateurs, l'avocat Barbier se demande qui sont les responsables de telles manœuvres. Les soupçons retombent sur Orry, le contrôleur général des Finances. Ce dernier aurait répondu au prévôt des marchands venu lui parler de l'état misérable du Limousin qu'il « ne pouvait être partout ». On l'accuse de laisser les financiers faire la loi et de pressurer les populations. Les fermiers généraux font haïr les droits du monarque. Cependant Orry se vante d'avoir équilibré le budget, ce qui doit être noté dans les annales car cela n'arrive pratiquement jamais... Le cardinal, inquiet des bruits qui courent sur ce ministre, aurait proposé au roi de le renvoyer, mais le monarque a refusé. La France gémit sous le joug d'une satrapie de parvenus.

Mariage princier et mariage de complaisance

Comme à son habitude, la Cour a passé deux mois à Compiègne pendant que les artistes, les artisans et les spécialistes de l'étiquette mettaient au point tout ce qu'exige une cérémonie aussi importante qu'un mariage princier. Dès son retour à Versailles, Madame Élisabeth, fille aînée de Leurs Majestés, a fêté ses douze ans. Cette princesse manque singulièrement de grâce, alors que sa jumelle, Madame Henriette, est jolie et fine. Avant la célébration des noces, les deux jeunes filles et le dauphin ont reçu le sacrement de confirmation et ont fait leur première communion. Le 25 août, dans le salon de l'Œil-de-Bœuf, Madame Élisabeth, très émue dans sa robe noir et or, sa longue mante brodée tenue par sa sœur Henriette, appose sa signature après celles de ses parents au bas du contrat qui la lie pour toujours à l'infant don Philippe dont elle porte la miniature sur un bracelet de diamants. Le lendemain, le mariage par procuration a eu lieu dans la chapelle, le duc d'Orléans représentant l'infant. Madame Infante (ainsi l'appelle-t-on désormais) a reçu les compliments de la Cour et la journée s'est achevée par un extraordinaire feu d'artifice tiré par les frères Slodtz venus exprès de Saxe où ils excellent dans cet art. Le lendemain, la famille royale a assisté du balcon du Louvre à une fête nautique sur la Seine et à un nouveau feu d'artifice.

Le 31 août, la reine s'entretint longuement tête à tête avec la jeune mariée et la quitta en sanglotant. Madame Infante alla dire adieu à ses sœurs et au dauphin qui fondirent tous en larmes ; ils s'étreignirent longuement en sanglotant : « C'est pour toujours... C'est pour toujours... » Il fallut bien se séparer. Le roi monta en carrosse à côté de sa fille et la conduisit jusqu'à Sceaux. Il l'embrassa tendrement, mêlant ses larmes aux siennes, mais sitôt le cortège princier parti, Louis XV fila vers Rambouillet rejoindre Mme de Mailly.

Il entend annoncer à sa favorite que sa sœur, Mlle de Nesle, épousera le marquis de Vintimille. Mlle de Charolais a trouvé l'époux idéal. C'est un cousin de l'archevêque de Paris, Mgr de Vintimille, lequel rêve d'obtenir la pourpre cardinalice. On lui a laissé espérer qu'il l'obtiendrait s'il voulait bien arranger cette union peu orthodoxe. Tout laisse à penser que la jeune personne est déjà la maîtresse du souverain, ce qui n'empêche pas celui-ci d'honorer aussi Mme de Mailly, laquelle n'ignore pas ce partage ! Louis prend un plaisir évident à ces noces.

Le 28 septembre, après la messe de mariage et le dîner qui eut lieu à l'archevêché, les nouveaux époux et leurs invités vinrent souper chez Mlle de Charolais, au château de Madrid. Plus tard dans la soirée parut le roi accompagné de quelques dames. Il joua au cavagnole et lorsque les mariés se retirèrent, il les accompagna dans leur chambre où il fit l'honneur (!) à M. de Vintimille de lui donner sa chemise, ce qu'il n'a jamais fait pour qui que ce soit. Le lendemain matin, il assista à la toilette de la mariée.

L'après-midi, la marquise de Vintimille se plia bien volontiers à la cérémonie de présentation au roi, ce qui lui permet désormais de faire officiellement sa cour au souverain, à son épouse et aux autres membres de la famille royale, le matin après la messe et le soir au jeu. Elle a le droit de monter dans les carrosses du roi et dans ceux de son épouse ; elle sera dès lors invitée aux soupers des petits appartements (elle en avait déjà le privilège) et conviée à tous les bals de la reine. La présentation à la reine eut lieu une semaine plus tard. Marie dut subir cette humiliation et Mme de Mailly accepter son infortune. Lors d'un petit souper, elle quitta brusquement la table au moment de l'entremets ; sa sœur parut inquiète, voulut se lever, mais Mlle de Charolais lui dit de ne pas la suivre. Mme de Mailly revint un quart d'heure plus tard. Personne ne sait ce qu'elle a fait. Pendant le jeu, elle est restée ostensiblement auprès du roi, qui est parti se coucher de bonne heure. Le marquis de Vintimille chasse tous les jours avec Louis XV, mais il n'apprécie guère sa femme. Il en parle comme d'une grande *halberda*[1] puant comme un diable[2].

Rien ne va plus

Louis XV n'a rien changé à son existence quotidienne. Il se consacre désormais à ses deux maîtresses. Mme de Mailly accepte douloureusement le caprice de son amant ; quant à la reine, elle semble s'être fait une raison. Son époux ayant cessé toute relation intime avec elle, elle ne pourra plus se plaindre d'être toujours grosse et de souffrir les douleurs de l'enfantement. À l'occasion du dernier Noël, le roi est, paraît-il, venu frapper sa porte. Elle ne lui a pas répondu et il en a conclu qu'elle se refusait désormais à lui. Il ne s'en est pas expliqué avec elle.

En ce printemps de 1740, la Cour s'étonne de le voir s'intéresser à l'histoire des rois fainéants qui ne gouvernaient pas leurs États. Les plus ironiques des courtisans disent qu'il se compare à ces lointains ancêtres, d'autres pensent qu'il veut s'affranchir du joug

1. Selon le dictionnaire de Trévoux : grande femme de basse condition et mal bâtie.
2. Cf. d'Argenson, *Journal*, *op. cit.*, t. II, p. 392.

de Fleury. On prétend qu'il a installé des écoutes dans toutes ses résidences. Il y aurait de fausses portes percées de glaces par lesquelles il voit et entend tout. La rumeur a été lancée par MM. de La Tournelle et de Flavacourt qui parlaient tranquillement de la probable disgrâce de leur belle-sœur Mme de Mailly et qui entendirent soudain une voix crier par la cheminée : « Non ! Il ne la quittera jamais[1]. » Ils avaient cru reconnaître le roi...

Au mois d'avril, le souverain a passé des journées entières dans un pavillon proche du château de Choisy qu'il vient d'acheter. D'une terrasse donnant sur le bac, il regardait les bateliers acheminant le vin et le poisson vers Paris et causait familièrement avec eux. Il a pris du plaisir à ces rencontres inhabituelles et envoyé ses officiers goûter le vin et acheter des carpes. Hélas, la température a baissé brutalement, un vent du nord-ouest a apporté des pluies glaciales et des averses de grêle sur l'Île-de-France. Il s'ensuivit une grave épidémie de rhume n'épargnant pas grand monde. Le roi lui-même en fut atteint ; on l'a saigné, purgé et mis à la diète. Du coup, il a « un air de dépérissement », mais on s'alarme trop vivement à sa moindre indisposition !

L'épidémie qui se poursuit est meurtrière, et elle s'ajoute à la disette. Le prix des vivres a encore augmenté. Il y a du tapage sur les marchés. Les Parisiens sont inquiets. On redoute la famine, car les intempéries ont détruit les blés et les fruits. Comme tous les États européens se trouvent dans la même situation, on s'indigne que des chariots de blé français aient franchi les frontières pour secourir les États autrichiens. Une nouvelle sédition a éclaté à Lille parce que l'intendant faisait sortir des blés de la châtellenie pour les porter ailleurs. Sa maison a été encerclée par la foule qui voulait le lyncher. Dans la plupart des villes, les autorités obligent chaque bourgeois à nourrir un ou deux pauvres. Malgré la misère, les receveurs des tailles ont exigé les contributions des particuliers avec une rigueur qui a causé une vive colère.

À Paris, les prières et les processions solennelles à Notre-Dame et à Saint-Germain-des-Prés ont été d'un faible secours. La moitié de la capitale manque de pain. On a fait venir 25 000 bœufs d'Irlande. Au duc de La Rochefoucauld qui lui faisait un triste tableau de l'état des provinces, le roi a répondu qu'il le savait et

1. *Ibid.*, p. 54.

le cardinal a réagi en s'en prenant au contrôleur général. Mais rien n'a été décidé.

Le mois de juillet est pire encore ; il fait très chaud dans la journée mais on meurt de froid le soir et la nuit. Tout est en léthargie, rien ne va, rien ne se fait. On ne comprend pas le roi. Il paraît se désintéresser de tout, toujours errant, ne lit plus et ne sait ce qu'il veut. Pendant ce temps, il y a des révoltes sur tous les marchés des environs de Paris. On ne fournit les halles que du blé du roi, c'est-à-dire celui qu'il fait acheter pour son compte et qu'il revend tantôt à perte, tantôt en faisant des bénéfices. Le 16 juillet, avant de partir pour Compiègne, la famille royale et le cardinal sont allés visiter à Paris les nouveaux égouts et le réservoir que vient de construire M. Turgot, le prévôt des marchands. Le cardinal s'est donné en spectacle devant les Parisiens curieux de voir ce prélat qui tient en lisière le roi de France. « Voilà un vieillard qui se porte bien ; il nous fera longtemps manger le pain bien cher », soupiraient-ils.

Début septembre, la foule recommence à gronder dans Paris. On travaille nuit et jour aux moulins de Belleville à remoudre de vieilles farines gâtées. Le peuple crie qu'on veut l'empoisonner ; on redoute des émeutes à Issy et à Choisy où se trouvent respectivement le cardinal et le roi. Pourtant, 2 000 muids de blé sont arrivés au Havre ; on en attend de Sicile et de Dantzig. On est pressé de recevoir ces cargaisons. Si la mauvaise saison arrive trop vite, les rivières devenant trop grosses et la mer trop haute, les boulangeries seront vides. Le 20 septembre, le pain a manqué dès sept heures du matin, entraînant une révolte à la halle. Les commissaires haranguèrent vainement la foule en disant que le contrôleur général était venu travailler le jour même avec le lieutenant de police, les émeutiers menaçaient de mettre le feu à l'hôtel de M. Orry. Le roi, qui passait faubourg Saint-Victor pour se rendre à Issy chez le cardinal, ne fut pas acclamé. « Misère ! Famine ! Du pain ! Du pain ! » hurlait la foule sur son passage. Traversant Paris le 23 septembre, le cardinal a été assailli par plus de deux cents femmes qui tenaient la bride de ses chevaux pour les empêcher d'avancer. Elles aussi réclamaient du pain. Mort de peur, Mgr de Fleury jeta quelques écus par la portière et parvint à se dégager.

Ce fut pire le lendemain. On retrancha la moitié de leur ration aux détenus de la prison de Bicêtre. N'ayant plus rien à perdre, ils se sont révoltés, ils ont bousculé les gardes et se sont répandus dans la ville. Le guet et la maréchaussée ont été aussitôt mis sur le pied de guerre et les ont combattus à coups de fusil et de sabre. Une quarantaine sont restés sur le carreau.

Cependant, le calme règne à Fontainebleau où la Cour passe son séjour d'automne habituel : le roi et le cardinal font comme s'ils n'avaient jamais vu de femmes leur demander du pain et comme si Paris ne manquait de rien… Lorsqu'on a dit au cardinal que le pain avait encore augmenté, il a répondu qu'il n'y comprenait rien. Quelques vaisseaux d'un blé acheté très cher en Hollande devraient arriver bientôt. Les vols de nourriture se multiplient et pour comble de malchance, il règne un froid très vif depuis le 4 octobre. Dans tout le royaume, on ne cesse d'accuser le contrôleur général d'être responsable de la misère. Et pendant ce temps le roi va le matin au rut des cerfs avec Mme de Mailly et Mme de Vintimille, « tout en billebaude » comme dit le marquis d'Argenson comparant la cour de Fontainebleau à celle du roi Pétau[1].

Affaires de famille

Les amours royales, les amours princières et les intrigues occupent plus les courtisans que les révoltes de la halle. L'idylle nouée entre Madame Henriette, fille du roi, et Mgr le duc de Chartres a été le sujet favori des conversations de l'été. Ce tendre roman encouragé par le roi et par le duc d'Orléans apportait quelque fraîcheur dans ce monde où chacun s'observe sans indulgence. Louis-Philippe, duc de Chartres, tout en rondeur, souriant, le visage épanoui, affiche un air de bonne santé gourmande. Sentimental et sensuel, docile, d'humeur aimable, il ne cache pas ses sentiments pour la sérieuse Henriette qui répond à sa flamme. Ce jeune homme ne ressemble ni à son grand-père, le Régent, et encore moins à son père le duc d'Orléans, le plus étrange des princes de la famille royale. On a parfois insinué qu'il pourrait succéder au

1. *Ibid.*, t. III, p. 195.

cardinal. Certains vantent ses qualités de sérieux et ses connaissances dans les domaines les plus variés.

Le duc d'Orléans est un homme de cabinet. Désespéré après la mort de son épouse en 1725, il n'a pas voulu se remarier et n'a pas manifesté le moindre désappointement à la naissance du dauphin qui le reléguait à la seconde place dans l'ordre de succession au trône. Il n'aspire pas au pouvoir. D'une piété austère, il fuit tous les plaisirs de ce monde. Le Palais-Royal donnant directement sur l'Opéra, il a fait fermer ses loges, refusant de voir les spectacles et empêchant ses officiers d'y assister. On croyait même qu'il voulait transformer la salle de l'Opéra en chapelle ! En 1731, à Pâques, il a fait retraite à l'abbaye de Sainte-Geneviève. Il y retourne régulièrement pour de longs séjours. Il prend ses repas au réfectoire avec les religieux et assiste à tous les offices sans page ni valet de pied. Le public admis dans le chœur vient voir un prince du sang se livrer à ses dévotions. Cette conduite surprend la Cour comme la Ville. La religion n'occupe pourtant pas tout le temps du duc d'Orléans. Il s'adonne à l'étude des lois, reçoit économistes et penseurs politiques, étudie leurs ouvrages, les annote, les commente. Il s'intéresse aux projets de l'abbé de Saint-Pierre, lequel préconise le développement des sciences politiques et souhaite que le souverain s'entoure des meilleurs spécialistes pour le conseiller. Il apprécie ses idées sur la réforme de l'enseignement privilégiant les langues vivantes au détriment des langues mortes. Sensible à son éloge du système anglais, il n'est pas loin de penser que Louis XIV a trop développé la vénalité des charges, privant ainsi de la réussite des hommes de mérite, mais de fortune trop médiocre. En évoquant Henri IV et son projet de diète européenne, l'abbé de Saint-Pierre lui a fait entrevoir une nouvelle conception de l'Europe. Le prince passe des heures à travailler sur des traités d'agriculture, d'urbanisme, de gestion financière, de médecine ou d'artillerie... Ses goûts, son éloignement pour les plaisirs font de lui l'être le plus original de la Cour de France.

Sa réputation de sage et de savant impressionne Louis XV. En 1737, il fut question de le mettre à la tête des affaires, mais le roi y renonça. Le duc d'Orléans fait seulement partie du Conseil en tant que premier prince du sang. Sa principale ambition consiste à voir la situation dynastique des Orléans clarifiée une fois pour toutes. C'est pourquoi le mariage de son fils unique avec Madame Henriette semble assurer la branche cadette (celle des Orléans) contre d'éventuelles prétentions espagnoles. En effet, le dauphin né en 1729 restera le fils unique du roi. En mariant le duc de Chartres à Madame Henriette, la maison d'Orléans se verrait, en quelque sorte, adoptée par la branche aînée. Si le dauphin venait à mourir, le duc de Chartres époux de Madame Henriette lui succèderait sans difficulté. Tout confit en dévotion qu'il est, Louis le Pieux n'oublie pas que lui ou ses descendants peuvent monter sur le trône de France. Il a d'ailleurs déclaré récemment que « si le dauphin, fils de Louis XV mourait de la rougeole et si l'Espagne tentait de lui disputer la couronne de France, il sortirait l'épée à la main et à cheval de l'abbaye de Sainte-Geneviève où il entre un chapelet à la main[1] ».

En attendant, le duc d'Orléans essaie de réaliser cette union qui ferait la joie des deux jeunes gens fort amoureux l'un de l'autre. Témoignant une affection toute paternelle au duc de Chartres, Louis XV l'a laissé folâtrer avec sa fille. Au début de l'été, on parlait même d'installer le futur ménage au Luxembourg après son mariage, mais le cardinal s'est opposé à cette union par haine de la maison d'Orléans. Il a fait miroiter au roi que la princesse pourrait épouser l'empereur, lorsque l'impératrice mourrait ! Louis XV se rendit à ses vues. Pressé de se retirer du monde, le duc d'Orléans veut marier son fils le plus tôt possible. Les atermoiements de Louis XV l'agacent. Il songe désormais à lui donner pour épouse une princesse de Bavière. Bouleversé par la nouvelle, le duc de Chartres voulut parler à Fleury. « Monsieur, lui dit-il, il y a un autre établissement ici qui ferait tous mes vœux et mes désirs. » Embarrassé, le cardinal rougit, resta quelques minutes sans répondre et feignant l'étonnement lui demanda : « Monseigneur, de quoi voulez-vous parler ? » Le prince reprit avec hauteur : « Monsieur, ce n'est pas répondre, c'est m'entendre. » « Mais Monseigneur, répondit le prélat, j'en ai parlé à M. le duc d'Orléans et le roi s'en est occupé. » Louis-Philippe voulut entendre le roi lui-même. Il se rapprocha de lui à la chasse : « Sire, lui dit-il tout bas, de cheval à cheval, j'avais eu une grande espé-

1. Jean-Louis Soulavie, *Mémoires historiques et politiques du règne de Louis XVI*, t. VI, Paris, p. 57.

rance, V.M. ne l'avait pas ôtée à mon père, c'était de trouver en V.M. un père aussi bien qu'un maître. Je contribuais au bonheur de Madame Henriette qui serait restée en France avec S.M. M'est-il permis encore d'espérer[1] ? » Le roi se pencha vers Louis-Philippe et lui serra la main tristement par deux fois, signifiant ainsi son refus. Le malheureux garçon s'éloigna, suffoqué par la douleur. La princesse est au désespoir, elle aussi. Le duc d'Orléans, très mortifié, pense emmener son fils voyager en Allemagne et en Italie.

Le cardinal continue d'exercer son influence sur le monarque. Seule la vie intime du souverain lui échappe. Il ne s'avise plus de lui faire la morale. Louis XV se plaît toujours autant avec les sœurs Nesle. Il laisse le duc de Richelieu faire la cour à Mme de Flavacourt, la plus belle des quatre sœurs, et il envie le duc d'Agenois, l'amant de Mme de La Tournelle. Le roi la trouve parfaitement à son goût, mais pour l'heure, il couche avec les deux aînées, Mme de Mailly et Mme de Vintimille. Cette dernière est enceinte. « Je ne sais qui a pu faire cet enfant, ce n'est certainement pas moi, clame le marquis, son époux ; c'est ou le roi, ou le duc d'Ayen, ou Forcalquier, ou mon laquais Saint-Jean qui l'a prise pour mon c…[2] » D'ici quelques mois, on en saura davantage.

Nuages sur le mont Pagnote

À Fontainebleau, la Cour est très excitée par les affaires européennes qui prennent un tour nouveau. Un conflit entre l'Espagne et l'Angleterre a ranimé l'espoir des foudres de guerre, la France ne pouvant rester longtemps neutre dans cette affaire. Il s'agit de rivalités coloniales aux Indes occidentales. Tout a commencé par la déclaration de guerre de l'Angleterre à l'Espagne le 19 octobre 1739. Philippe V a aussitôt tenté d'entraîner Louis XV à ses côtés sachant que la France et l'Angleterre alliées en Europe sont rivales outre-mer : les Antilles françaises font concurrence aux Antilles anglaises et le sucre français s'est imposé sur le marché européen ; en outre, la France a obtenu de nouvelles facilités commerciales

1. D'Argenson, *Journal*, *op. cit.*, t. III, p. 174.
2. *Ibid.*, p. 286.

en Orient, à Alep, à Smyrne, à Constantinople, au détriment des Anglais. La France, qui tient à conserver la Louisiane et le Canada, ne voudrait pas que les Anglais convoitent ces lointaines colonies. Jusqu'alors le roi et Fleury sont restés dans un attentisme prudent. Cependant, au mois de juillet 1740, le cardinal avertit les Britanniques que la France se manifesterait si l'Angleterre intervenait dans les Indes occidentales. En attendant, le cardinal a envoyé deux escadres rejoindre la flotte espagnole, en principe pour protéger le commerce et éviter tout dérapage, mais on a vite compris qu'on n'en resterait pas là et que l'alliance avec l'Angleterre conclue non sans mal par Dubois ne ferait plus long feu.

Alors qu'on s'interrogeait sur les conséquences de cette probable rupture, le 29 octobre 1740, l'annonce de la mort subite de l'empereur accrut les tensions. La pragmatique sanction reconnue par les souverains européens et qui fait de l'archiduchesse Marie-Thérèse le successeur de son père risque bien de passer pour un chiffon de papier. Une jeune femme sans expérience à la tête d'un État aussi puissant attisera les convoitises de ses voisins tant l'héritage du dernier Habsbourg est complexe. Les couronnes héréditaires de la dynastie comprennent les duchés de haute et de basse Autriche, le royaume de Bohême et celui de Hongrie ; en outre la couronne du Saint Empire romain germanique, en principe élective, est détenue depuis le XVIe siècle par les Habsbourg, de père en fils ou d'oncle en neveu. On imagine mal qu'une femme puisse la ceindre et même l'idée que ce puisse être son époux, François Étienne de Lorraine, ne manquera pas de révolter la plupart des princes du Saint Empire.

Depuis la mort de Louis XIV, le Régent et Dubois, ensuite Louis XV et Fleury se sont efforcés de préserver la paix. Le souverain français est prudent comme son mentor. « Je ne veux pas dans cette circonstance-ci, me mêler de rien, dit-il ; je demeurerai les mains dans les poches à moins que l'on ne voulût élire un protestant empereur. » Peu de temps après, il ajouta : « Nous n'avons qu'une chose à faire, c'est de rester sur le mont Pagnote. » (Sur cette butte de la forêt d'Halatte, le roi et ses proches ont l'habitude de regarder la curée.) Aurait-il l'intention d'assister à la curée de l'Empire sans intervenir ? À Versailles, un parti belliciste s'est formé. Un conflit armé ne déplairait pas aux gentilshommes français qui ne se sont pas illustrés sur les champs de bataille depuis longtemps. Ces messieurs parlent haut, surtout le comte de Belle-Isle qui tient des discours d'un autre temps en répétant que l'Autriche est l'ennemie héréditaire de la France.

Louis XV a commencé par rassurer l'ambassadeur d'Autriche en France et il a envoyé une lettre de condoléances émues à Marie-Thérèse. Le roi et le cardinal déclarent qu'ils respecteront la pragmatique sanction. Tollé général à la Cour. Louis XV et Fleury sont taxés de pusillanimité et le comte de Belle-Isle s'affirme comme le chef du parti antiautrichien. Amelot de Chaillou, le ministre des Affaires étrangères, ainsi que Maurepas, ministre de la Maison du roi, soutiennent les partisans de la guerre. L'occasion est trop belle pour abaisser la maison de Habsbourg. D'ailleurs plusieurs princes ont déjà déclaré qu'ils ne reconnaissent pas la pragmatique sanction. L'Électeur de Saxe et roi de Pologne, l'Électeur de Bavière, le roi de Prusse, le roi de Sardaigne et le roi d'Espagne revendiquent follement la succession entière de Charles VI. Ce ne sont là que rodomontades, mais ils espèrent tous obtenir une part de l'empire des Habsbourg : Auguste de Saxe veut la Moravie, Charles-Albert de Bavière la Bohême, Charles-Emmanuel de Savoie, le Milanais et Philippe V, Parme et Plaisance pour son fils don Philippe !

Louis XV a évité le piège. Il accepte que Marie-Thérèse règne sur les États héréditaires des Habsbourg, mais il souhaite que la couronne impériale revienne à Charles-Albert de Bavière. Il ne revendique rien pour la France, tout en convoitant les Pays-Bas autrichiens, car il pressent qu'un conflit armé sera bientôt inévitable. Il envoie le comte de Belle-Isle en qualité d'ambassadeur à Francfort, où doit avoir lieu l'élection impériale. Pour Louis XV, c'est une manière de gagner du temps avec le parti de la guerre.

Alors que les représentants de la diète ne s'étaient pas encore réunis à Francfort, Frédéric de Prusse, installé sur son trône depuis à peine six mois, et qu'on prenait pour un prince philosophe et ami des belles-lettres, s'est révélé d'un seul coup comme un chef d'armée : le 16 décembre il a envahi la Silésie sans déclaration de guerre à celle qu'on appelle « la reine de Bohême et de Hongrie ». Les Prussiens occupent la Silésie. On ne sait jusqu'où cette promenade militaire victorieuse entraînera l'Europe.

CHAPITRE XIII

« Le cardinal est mort, vive le roi »

Incertitudes

L'année 1741 commence bien mal à Paris : la capitale est sous les eaux. On n'a pas connu pareille inondation depuis 1711. Le port au blé n'est qu'un lac immense. L'eau engloutit les rues voisines où les bateaux entrent jusqu'aux escaliers des immeubles. Pas question de prendre des voitures rue de Seine et faubourg Saint-Germain : on circule en barque. On a fait sortir les habitants des maisons et des boutiques construites sur les ponts, la violence du fleuve risquant de tout engloutir. Seuls le Pont-Royal et le Pont-Neuf restent praticables, on monte la garde devant les autres afin que personne ne les traverse. Les habitants de l'île Notre-Dame ne sortent plus de chez eux. La rivière des Gobelins a déversé son trop-plein dans le faubourg Saint-Marcel. Partout des sinistrés déménagent leurs meubles tant bien que mal ; d'autres partent chercher des vivres ou vont à la messe au petit bonheur la chance. On ne peut plus secourir les malades. On a vu des prêtres porter les sacrements en barque, des archers monter par des échelles dans les étages pour descendre des corps sans vie. C'est une désolation générale. Et pourtant il y a toujours des gens qui ne pensent qu'à profiter de la misère des autres. Ainsi des bateliers exigent des prix exorbitants pour leurs services. Il a fallu taxer leurs courses. Heureusement, les réserves de blé sont suffisantes pour approvisionner la capitale.

Les jours se suivent et l'inondation ne diminue pas. La Ville a fait abattre de vieux bâtiments proches du Pont-Marie et sur le quai des Morfondus. Plusieurs maisons ont été détruites rue Saint-Dominique ainsi que devant le couvent de Bellechasse. Il y a eu des morts. Dans la plaine de Gonesse, tout est recouvert d'eau, même le moulin. La route qui mène à Versailles n'est pas épargnée. Devant l'ampleur de la catastrophe et la crainte de manquer de subsistances, le Parlement a rendu un arrêt interdisant de faire les gâteaux traditionnels pour la fête des Rois (!) ainsi qu'un règlement insensé concernant les pauvres : le Parlement ordonne à ceux qui viennent d'Île-de-France de sortir de Paris dans les six semaines à venir sous prétexte que la campagne manque de bras et qu'on se plaint du trop grand nombre de miséreux dans la ville. Étrange mesure en vérité. Comment ces gens vivant de la charité peuvent-ils sortir de la ville sans argent ? Où logeront-ils même s'ils retournent dans leur village natal ? Heureusement, les eaux commencent à se retirer.

À Versailles, rien ne change. Le roi s'étant pris d'intérêt pour la tapisserie, on a fait venir plusieurs métiers de Paris afin de satisfaire son nouveau caprice. Les conversations roulent sur la guerre qui semble de plus en plus probable.

Le roi de Prusse poursuit son avance en Silésie. Il prétend rentrer en possession de domaines dont la maison d'Autriche s'est emparé jadis, estimant plus simple de prendre ce qu'il juge lui appartenir au nom d'un droit contestable. Du coup, l'Électeur de Bavière rassemble des troupes pour attaquer la Bohême sur laquelle il prétend avoir des droits. Presque toute l'Europe est en armes, à l'exception de la France. Cependant un combat naval franco-anglais au large de Saint-Domingue laisse prévoir un conflit entre les deux États, d'autant que le roi d'Angleterre, également Électeur de Hanovre et allié de la Russie, a levé 25 000 hommes pour secourir Marie-Thérèse récemment couronnée reine de Hongrie. Pour l'heure, les Anglais se justifient en disant qu'ils avaient cru attaquer des navires espagnols.

Le retour du comte de Belle-Isle à Versailles cause un vif émoi. Promu diplomate par la volonté du roi, il a outrepassé ses ordres en signant un traité avec le roi de Prusse garantissant les conquêtes de celui-ci en Silésie. En contrepartie, Frédéric s'engage à voter pour l'Électeur de Bavière à Francfort. Enfin Belle-Isle a promis le soutien armé de la France au Bavarois. Cela revient à engager la France dans une guerre européenne. Pendant plusieurs jours, des discussions très vives se sont poursuivies entre Louis XV, Fleury et Belle-Isle. Finalement, le roi accepte d'envoyer deux armées en Allemagne, l'une en Westphalie sous le commandement du maréchal de Maillebois pour inquiéter et contenir l'Électeur de Hanovre, roi d'Angleterre, et l'autre aux ordres de Belle-Isle vers la Bavière. Le 17 juin, Belle-Isle, très satisfait, est reparti pour l'Allemagne qui sera le théâtre des opérations.

La Cour et la Ville attendent avec impatience les nouvelles de la guerre qui s'annonce. Au mois d'août, Belle-Isle a rejoint l'Électeur de Bavière qui s'est emparé de Linz et a été reconnu duc d'Autriche. Il va sans doute marcher sur Vienne. Frédéric II de Prusse, entré dans Breslau capitale de la Silésie, s'est fait proclamer duc de Silésie. La France a signé une alliance avec la Suède et le maréchal de Maillebois se dirige vers le Hanovre.

Mort d'une favorite

Le cardinal reste serein et le roi est toujours le même. Il ne passe jamais plus de huit jours de suite à Versailles, ce qui lui cause beaucoup de tort. On raconte qu'il a fait un rêve dans lequel il aurait vu quatre chats, l'un aveugle, l'autre borgne, le troisième maigre et le quatrième bien dodu. Il a demandé à Bachelier son valet de chambre la signification de cet étrange songe. Bachelier, peu familier avec ce genre de sujet, a consulté un soldat aux gardes françaises qui prétend expliquer les rêves. Celui-ci aurait dit que le chat aveugle était le roi lui-même qui ne voyait rien de ce qui se passait ; le borgne représentait le cardinal, lequel ne fait qu'entrevoir les réalités ; le maigre, le peuple et le gras, le contrôleur général... Il est vrai que la question des subsistances demeure à l'ordre du jour. À Paris, le pain est cher et le peuple toujours prêt à gronder. La misère ne diminue pas. Les visiteurs étrangers ne voient que le luxe de la capitale, les équipages splendides et l'élégance des vêtements. Les apparences sont trompeuses.

Au mois d'août, Louis XV a renoncé au voyage de Fontainebleau, Mme de Vintimille étant grosse de huit mois. Une fièvre persistante la tient alitée à Choisy. Mme de Mailly ne quitte pas sa sœur. La duchesse de Ruffec, la maréchale d'Estrées, Mme de

Saint-Germain, le duc d'Ayen, le comte de Meuse, les ducs de Gramont et de Richelieu leur tiennent compagnie. Le roi va voir sa maîtresse trois ou quatre fois par jour. Il a fait venir deux voitures, une litière et un vis-à-vis, qu'il a essayées lui-même pour savoir laquelle des deux conviendrait le mieux à Mme de Vintimille pour revenir à Versailles. Il a choisi le vis-à-vis où les deux sœurs ont pris place. Au château, il a installé la jeune femme dans l'appartement du cardinal de Rohan où elle accouchera. Il passe ses soirées auprès d'elle. Malgré tous les soins de son amant, la comtesse est de très mauvaise humeur. Lorsqu'il lui en demande la raison, elle répond qu'elle ne se sent pas dans son état normal. « Je sais bien, madame, le remède qu'il faudrait employer pour vous guérir, lui a-t-il déclaré ; ce serait de vous couper la tête. Cela ne vous siérait même pas mal, car vous avez le col assez long ; on vous ôterait tout votre sang et on mettrait à la place du sang d'agneau, cela ferait fort bien, car vous êtes aigre et méchante[1]. »

Cela n'empêche pas le souverain de faire porter ses dîners chez elle et de lui témoigner une attention qu'il n'a jusqu'alors manifestée à personne. La pauvre Mailly ne quitte pas sa sœur et prend ce qu'elle peut de la part de cet amant surprenant. La Cour se tait. Est-ce pour se faire pardonner ? Le roi a offert Trianon à la reine. Il lui avait laissé le choix entre Trianon, Meudon et Marly. Marie s'est décidée pour Trianon sur les conseils du cardinal. Elle pourra en faire ce qu'elle voudra.

Le samedi 2 septembre, Mme de Vintimille a accouché d'un garçon. Le roi a renoncé à la chasse et dîne chez elle. Il veille à tout pour qu'elle soit le mieux possible : il a fait arrêter les trois jets d'eau qui arrosent le jardin de l'aile neuve dont le bruit la gênait ; on a répandu du fumier dans l'escalier pour amortir les pas. Quant à l'enfant, ondoyé dès sa naissance, il a été porté dans les entresols au-dessus de l'appartement qu'occupera sa mère dès qu'elle sera rétablie. L'archevêque de Paris, Mgr de Vintimille, ainsi que le marquis du Luc, père de M. de Vintimille, sont venus voir la nouvelle accouchée, mais leur visite n'a pas duré longtemps… Le roi passe le plus de temps possible auprès d'elle. Le 8 septembre, s'inquiétant de la voir fiévreuse, il appela en consultation les meilleurs médecins qui décidèrent de la saigner au pied. À minuit, Louis assista à l'opé-

1. Luynes, *Correspondance*, *op. cit.*, t. III, p. 458.

ration qui sembla salutaire. Il resta près de la malade jusqu'à deux heures mais peu après son départ, la fièvre reprit. Mme de Vintimille demanda son confesseur. Il ne put lui donner la communion : elle était tombé dans le coma. À sept heures un quart, elle mourut. Mme de Mailly ne l'avait pas quittée

À dix heures, La Peyronie, le chirurgien du roi, est entré le premier auprès de S.M., qui lui a aussitôt demandé des nouvelles. « Mauvaises, Sire », répondit-il. Louis s'est retourné de l'autre côté et a demandé qu'on tire les rideaux de son lit. Il n'a laissé entrer chez lui ni la reine ni le cardinal et il a entendu la messe dans sa chambre, toujours caché par ses rideaux.

Le lendemain, un courrier est arrivé de Francfort ; le cardinal l'a reçu et l'a fait envoyer au roi par Barjac qui n'a pas pu le lui remettre. Toujours au lit, le souverain ne veut voir personne. Le surlendemain, Louis XV s'est levé et enfermé chez la comtesse de Toulouse avec Mme de Mailly. Accablé de tristesse, il est parti pour Saint-Léger où il chasse, mais refuse de manger. Mme de Mailly, la duchesse de Gramont, M. de Meuse restent auprès de lui. Il n'est revenu que le 16 septembre à Versailles sans voir la reine et il s'est couché de bonne heure. Il recommence à travailler mais paraît toujours accablé.

La comtesse de Vintimille, dont on avait transporté le corps à l'hôtel de Villeroy (on ne laisse jamais de cadavre à Versailles), a été ouverte selon la coutume et les chirurgiens ont trouvé un caillot de sang à la tête. Le duc de Luynes dit que sa dépouille une fois recousue fut longtemps abandonnée, nue, sans personne pour la recouvrir et la veiller[1]. Le lendemain, on l'inhuma dans la chapelle Saint-Louis à l'église des Récollets où Mme de Mailly se rend tous les jours.

Le roi, le visage las, a repris ses activités. Il affiche un air d'ennui à faire peur et s'énerve facilement. Il chasse accompagné par ses familiers et ne quitte guère Mme de Mailly, dont on remarque le maintien sérieux. Il dîne ou soupe dans le nouvel appartement de cette maîtresse, servi par deux de ses domestiques. La conversation manque d'entrain. Le roi laisse tomber quelques réflexions désabusées. Il va bientôt être grand-père et se croit déjà vieux. Il est retourné avec Mme de Mailly à Choisy où ils

1. *Ibid.*, p. 478, n. 2.

avaient passé beaucoup de temps avec Mme de Vintimille. Le roi s'occupe de l'avancement des travaux des nouveaux bâtiments et de l'aménagement des jardins. Il n'est jamais autant à son aise que dans cette résidence. Il veut que ses invités soient chez lui aussi bien que chez un particulier. Si S.M. retrouvait sa bonne santé morale, Choisy serait un véritable paradis. Le 29 novembre, après avoir chassé le daim au bois de Boulogne, il est allé faubourg du Roule voir la statue équestre que la ville de Bordeaux a commandée au sculpteur Lemoyne et dont il se dit très satisfait.

Une heureuse nouvelle a tiré la Cour de la morne torpeur où l'avait plongé la mort de Mme de Vintimille : Prague est tombée aux mains des Français le 26 novembre 1741. Alors que les troupes françaises avaient rejoint celles de l'Électeur de Bavière et s'approchaient de Vienne, elles se sont soudain repliées vers la Bohême afin de prendre sa capitale pour faire couronner roi de Bohême l'Électeur de Bavière. L'affaire a été menée rondement par le comte de Saxe, lieutenant général des troupes françaises, qui a reçu en renfort 20 000 Prussiens et 12 000 Polonais. Le siège d'une si grande ville risquait d'être long d'autant que la saison est fort avancée et l'hiver très rude. Il fut décidé secrètement entre les généraux alliés de prendre la ville par surprise, en escaladant les murailles. À une heure du matin, le comte de Saxe ordonna aux grenadiers et aux dragons de monter à l'assaut d'un bastion et de se rendre maîtres d'une porte. Un détachement de 2 000 hommes est entré dans un ordre parfait. La garnison, au reste très peu nombreuse, s'est rendue et a été faite prisonnière. La discipline des troupes a été parfaitement maintenue et il n'y a pas de pertes du côté français. Les officiers ont trouvé quantité de munitions dans la ville. Les troupes prussiennes et polonaises qui ont attaqué en d'autres points ont rencontré plus de difficultés mais les pertes sont minimes. L'Électeur de Bavière a été couronné dans la cathédrale le 7 décembre.

L'autre armée française sous les ordres du maréchal de Maillebois est en garnison dans les évêchés de Münster et d'Osnabrück. Les Espagnols ont débarqué en Italie et le roi de Sardaigne s'est emparé du Milanais et de Milan.

Ces nouvelles ont rasséréné le roi, qui n'a pas encore retrouvé son visage habituel. Il reste toujours confiné dans sa petite société dont Mme de Mailly est redevenue la reine, mais une reine sans éclat. Louis XV subit son sort, paraît aux bals de la Cour, chasse à perdre haleine et s'apprête à recevoir l'ambassadeur du sultan.

Un pacha à trois queues

La Cour et la Ville raffolent des visites des représentants ottomans : c'est un spectacle d'opéra qui se déploie partout où ils passent. La réception de l'ambassadeur de Perse avait donné lieu à la dernière grande fête du règne de Louis XIV et on se souvient encore de la visite de Mehemet Effendi qui rendit hommage à Louis XV enfant en 1721[1]. Aujourd'hui c'est le fils de ce diplomate qui vient en France, un homme de quarante-cinq ans fort distingué et qui parle parfaitement le français. Son titre de pacha à trois queues suscite bien des plaisanteries et aiguise la verve des chansonniers. Ce Turc arrivé à Paris à la fin du mois de décembre 1741 a tout d'abord été logé dans la maison de M. Titon, rue Saint-Antoine, avant de faire une entrée très attendue dans la capitale. Mais déjà beaucoup de seigneurs et de dames s'étaient rendus auprès de lui par simple curiosité. Le roi a envoyé cent dragons du régiment de Mailly pour monter la garde auprès de son Excellence.

Le 7 janvier 1742, l'entrée officielle eut lieu par un resplendissant soleil d'hiver. Pendant la nuit, le faubourg Saint-Antoine, avait été recouvert de fumier haché et les rues sablées afin que les chevaux ne glissent pas sur les pavés gelés. On voit rarement un aussi brillant déploiement de cavaliers en tenue de parade. Précédaient le cortège de l'ambassadeur, les troupes du guet en habit bleu galonné d'or, veste et parements écarlate, leurs montures recouvertes de housses écarlate et or ; venaient ensuite celles de la connétablie que suivaient le régiment des dragons de Mailly, le régiment de cavalerie de Beaucaire et les grenadiers à cheval. Montée sur des chevaux du roi s'avançait la suite de l'ambassadeur. Des esclaves, jambes nues, allaient à pied, chaussés de babouches. On admirait six pur-sang destinés à Louis XV, menés aussi par des esclaves. Un chariot surmonté d'une tente de somptueuse étoffe avançait solidement attelé :

1. Cf. *supra*, chap. V, p. 102.

il contenait d'autres présents pour S.M. Deux mulets trottinaient derrière la voiture exhibant des armes richement travaillées. Entouré par le maréchal de Noailles et M. de Verneuil, introducteur des ambassadeurs, paraissait Zaïd Effendi resplendissant dans un habit de son pays brodé de fils d'or. Parti du faubourg Saint-Antoine à onze heures, le diplomate arriva à trois heures à l'hôtel des Ambassadeurs extraordinaires, rue de Tournon, après être passé par le Pont-Neuf, le quai des Théatins, la rue de Condé et le long du palais du Luxembourg.

Le jeudi 11, Louis XV, assis sur un trône dans la galerie des Glaces, reçut cet hôte de passage en présence de la famille royale et d'une foule de courtisans installés dans des tribunes couvertes de peluche cramoisie. Selon un protocole assez compliqué, l'ambassadeur, accompagné de soixante-dix Turcs en costume de leur pays, fit ses révérences au roi et lui lut un compliment en langue mahométane que traduisit un secrétaire. On se félicita de la brièveté de la harangue : « Empereur des Français, dit-il, je ne viens pas ici de la part du grand Sultan mon maître pour te demander du secours contre ses ennemis. Juge de ses vertus, il m'envoie pour rendre hommage aux tiennes. » Le roi répondit et l'invita à dîner.

Les présents du sultan font l'admiration générale. La tente a été montée deux jours de suite dans la cour de Marbre. À l'intérieur se trouvent un sofa et des coussins, mais il fait malheureusement trop froid pour s'y installer. On a découvert que les mâts sont garnis de nacre et de perles. Les armes, très ornées, ne pourront pas servir. Les chevaux sont splendides et l'un des équipages est constellé de diamants, de rubis et d'émeraudes !

L'ambassadeur est revenu à Paris où il se plaît beaucoup. Il a été en cérémonie à l'Opéra et à la Comédie-Française dans la loge du roi ; il reçoit d'aimables compagnies, fréquente les autres diplomates. Lorsqu'il sort en carrosse, il y a toujours quantité de badauds pour l'acclamer et les dames fredonnent en cachette certains couplets qui font fureur tels que celui-ci :

Le héros le plus vertueux
Est un homme ordinaire ;
Mais une Excellence à trois queues
Est un Dieu sur la terre !

À moins qu'on ne préfère celui-là :

À mon mari je suis fidèle,
Mais je tremble pour mon honneur ;
J'ai jour et nuit dans la cervelle
Les trois queues de l'ambassadeur !

La visite de Zaïd Effendi a créé une agréable diversion pour les Parisiens et pour la Cour, car le vent a tourné pour les armées françaises dont les revers se succèdent. Les troupes de Marie-Thérèse ont repris Linz et pénétré dans Munich, capitale de la Bavière, au lendemain du couronnement de Charles VII ; plus grave encore, Frédéric de Prusse a signé un traité de paix séparé avec la reine de Hongrie, qui lui abandonne la Silésie[1]. Frédéric se déclare neutre désormais. Quelques mois plus tard, la Saxe a signé la paix, elle aussi. L'équilibre des forces est renversé. À Paris, la nouvelle a causé une stupeur indignée : les Français se croient jetés en pâture aux convoitises autrichiennes.

Le duc de Broglie, récemment promu maréchal, occupe le camp près de Prague et Belle-Isle, nouveau maréchal lui aussi, détient le commandement intérieur de la ville menacée maintenant par les Autrichiens. L'un et l'autre se méfient des partisans de Marie-Thérèse, peut-être plus nombreux qu'on ne l'imagine. Ils ont fait désarmer les habitants et enlevé toutes les richesses des nobles et des particuliers qui ont été déposées dans une église avec des étiquettes portant les noms des propriétaires. Ils ont annoncé qu'au moindre bruit de rébellion ou de conspiration, ils feraient tout brûler. L'armée du maréchal de Maillebois reste dans ses cantonnements pour contenir les troupes de l'Électeur de Hanovre et les Hollandais alliés des Anglais.

Belle-Isle, dans une entrevue secrète avec le maréchal Koeniseck, a proposé l'évacuation de la Bohême moyennant l'évacuation de la Bavière comme prélude à une paix générale, mais Marie-Thérèse a refusé ce marchandage : elle exigeait une capitulation sans condition. Découragé, Fleury écrivit à Koeniseck une lettre dans laquelle il disait regretter d'avoir soutenu le prétendant bavarois et aussi d'avoir écouté les pernicieux conseils de Belle-

1. Préliminaires de Breslau (11 juin) complétés par le traité de Berlin (28 juillet).

Isle. La reine de Hongrie fit aussitôt publier la lettre dans les gazettes hollandaises pour la plus grande honte de la France. De telles révélations ont semé la panique. On redoute que Marie-Thérèse ne réclame la Bavière et la restitution de l'Alsace et de la Lorraine.

Le roi ne manifeste cependant aucune inquiétude et le cardinal s'affaiblit de plus en plus. Il a fait entrer dans le ministère Mgr de Tencin, aujourd'hui cardinal-archevêque de Lyon, en tant que ministre d'État.

Heurs et malheurs de M. de Voltaire

Seul Voltaire se réjouit de la défection du roi de Prusse. Sa lettre de félicitations à Frédéric II circule dans Paris et fait scandale. « Vous n'êtes donc plus notre allié, Sire ? Mais vous serez celui du genre humain », lui a-t-il écrit. Les réactions sont vives. Le maréchal de Brancas espère une sanction et la maréchale de Luxembourg lui a fermé sa porte. Comment une lettre adressée au roi de Prusse a-t-elle pu être divulguée ? Ne serait-ce pas un faux diffusé par les ennemis de Voltaire afin de le perdre ? Frédéric l'aurait-il fabriquée et diffusée afin de recueillir le grand homme banni du royaume ? Voltaire semble le premier surpris et jure qu'il n'a jamais écrit ces lignes. Sans se troubler, il est resté à Paris où il se trouve avec Mme du Chatêlet depuis le mois de février 1742. Au Théâtre-Français, on joue son *Brutus* qui remporte un succès éclatant et les comédiens répètent sa dernière œuvre dramatique, *Mahomet*.

Le 9 août, représentation de *Mahomet*. Nouvel éclat. Le héros de cette tragédie est un imposteur, chef politique et chef de guerre qui lance les Arabes à la conquête du monde et fanatise ce peuple par une nouvelle religion dont il se prétend le chef. L'attaque virulente contre le prophète fondateur de l'islam semble une condamnation de toutes les religions par l'intermédiaire de celle-ci. On accuse Voltaire de taxer d'imposture le christianisme ; et comme il condamne les passions sectaires, les jansénistes se sentent visés eux aussi. Le procureur général du Parlement et le lieutenant de police Feydeau de Marville se sont émus. Ce dernier a convoqué Voltaire et la pièce est interdite.

Ulcérés, Voltaire et sa compagne ont pris le chemin de Bruxelles où Mme du Chatêlet attend le jugement d'un procès. Dès leur arrivée, Voltaire reçut une invitation du roi de Prusse pour le rejoindre à Aix-la-Chapelle. Émilie frémit, mais Voltaire lui a promis de ne pas s'attarder. Moins d'une semaine plus tard, il était de retour à Bruxelles. Émilie respire. « J'ai courageusement résisté aux belles promesses qu'il m'a faites. Il m'offre une belle maison à Berlin et une jolie terre, mais je préfère mon second étage dans la maison de Mme du Chatêlet », se vante-t-il auprès de ses amis[1]. Il profite de son entrevue avec Frédéric pour se disculper auprès de Fleury. Il lui apporte tout d'abord « la preuve » que la lettre incriminée est un faux honteusement fabriqué. Mais surtout, il apprend au cardinal qu'il a parlé de la France au roi de Prusse en termes fermes et élogieux et laisse entendre qu'il pourrait jouer un rôle diplomatique puisqu'il est devenu l'ami de ce souverain. Fleury lui a répondu qu'il avait lu sa lettre à Louis XV qui en était « fort content ». Et Voltaire d'écrire à nouveau au cardinal l'informant que « par tout ce que Frédéric lui a fait l'honneur de lui dire, il est aisé de juger que s'il nous eût cru plus puissants, il nous eût été plus fidèle[2] ».

Le séjour à Bruxelles se prolonge. Voltaire écrit une *Histoire de l'esprit humain* dont il envoie des chapitres au roi de Prusse tout en songeant à la prochaine élection de l'Académie dont il veut être membre. Enfin le couple regagne Paris en novembre. Tandis qu'Émilie présente à la Cour son futur gendre, le duc de Montenero-Caraffa, Voltaire brigue le fauteuil de l'abbé Houteville contre Marivaux, dont la gloire est moins éclatante que la sienne, mais la réputation sans tache. Le soutiennent Fontenelle et Mme de Tencin, laquelle reçoit la plupart des académiciens et soigne « les serviteurs de Dieu ». Élu à l'unanimité, Marivaux l'emporte. Une façon de fustiger Voltaire. La cabale tourne ce choix en ridicule. Son discours était, paraît-il, d'un mortel ennui et celui de Mgr Languet de Gergy qui le recevait presque insultant pour le nouvel académicien. Marivaux, très blessé par ce discours de réception, faillit demander publiquement justice à l'Académie.

N'éprouvant que mépris pour ce rival, Voltaire cache son dépit. Soudain s'abat sur lui et sur Émilie une avalanche de propos diffamatoires insérés dans les cinq volumes de ses œuvres publiées par le libraire Didot. Ce dernier avait acheté à un confrère mal-

1. Cité par R. Pomeau, *Voltaire en son temps*, *op. cit.*, t. I, p. 409.
2. *Ibid.*, p. 410.

honnête les deux tiers d'une édition tirée à deux mille exemplaires dans lesquels étaient insérées ces infamies. Marville a pris l'affaire au sérieux ; Didot est embastillé et relâché quelques jours plus tard après plusieurs interventions dont celle de Voltaire lui-même qui a compris d'où venait la manœuvre. Mais le mal est fait.

Naissance d'une étoile

Versailles se soucie peu de Voltaire et des élections à l'Académie. Les courtisans spéculent sur la succession de Fleury. Le comte d'Argenson et le cardinal de Tencin viennent d'entrer au Conseil comme ministres d'État. Sans doute Tencin sera-t-il appelé à jouer un rôle important. Maurepas, jaloux, se tient sur ses gardes. Les amours du roi tiennent la Cour en haleine. Mme de Mailly ne jouit plus de la même faveur. Accablée par la mort de Mme de Vintimille, elle ne parvient plus à distraire son amant perpétuellement déprimé. La malheureuse sent bien qu'il lui échappe.

Soudain, au mois de février 1742, Louis a retrouvé le goût de vivre. Il est tombé amoureux de Mme de La Tournelle, veuve depuis peu, et qui est revenue à Versailles le jour du Mardi gras, déguisée en chinoise. Il n'eut d'yeux que pour elle. « Dieu qu'elle est belle ! », s'exclama-t-il en la revoyant à Petit-Bourg chez le duc d'Antin. Elle surpasse en beauté les autres femmes. Grande et très bien proportionnée, elle offre aux regards un décolleté parfait. Deux yeux noirs pleins de feu illuminent son visage aux traits réguliers et son sourire découvre des dents parfaitement bien rangées. Consciente de l'attrait qu'elle exerce sur les hommes, intelligente et pleine d'esprit, très ambitieuse aussi, elle sait se faire désirer. Depuis peu, elle a cédé au duc d'Agenois qui l'aime comme un fou. Le roi le sait et ne fait rien pour la conquérir.

Le duc de Richelieu, dont les bonnes fortunes ne se comptent plus, adore nouer et dénouer les fils des intrigues amoureuses, les siennes comme celles des autres. Il a décidé que Mme de La Tournelle serait la maîtresse du roi. Ce n'est pas tant pour servir les goûts de son maître que pour assouvir ses ambitions personnelles, car cet incorrigible don Juan, promu maréchal de camp en 1738, rêve maintenant de jouer un rôle politique. Pour mener à bien son entreprise, il s'allie avec les Tencin. De vieilles connaissances les Tencin. Il a un peu couché avec Alexandrine ; ce n'était qu'une petite affaire de sexe sans conséquence. L'ancienne nonne était trop cynique pour s'attacher à un séducteur tel que lui, mais elle est devenue une amie très utile, voire nécessaire. Elle le tient au courant des moindres potins lorsqu'il s'absente de Versailles, le renseigne sur ses maîtresses, s'occupe de sa maison et espionne son intendant. À l'heure actuelle, ils ont besoin l'un de l'autre : Richelieu ami intime du roi, confident de ses amours, soutiendra le cardinal de Tencin auprès de Louis XV pour succéder à Fleury et Tencin pourra alors lui obtenir un ministère. Leurs intentions ne sont cependant pas aussi mesquines et intéressées qu'on pourrait le croire. Le duc et le cardinal déplorent tous deux le désordre qui règne au Conseil : Maurepas domine le roi en l'amusant par ses reparties mordantes et les ragots qu'il lui distille sans fin ; le maréchal de Noailles pontifie et d'Argenson ne pense qu'à ses enivrants soupers avec sa maîtresse. Trop impressionné par le roi, Tencin n'ose lui parler et préfère lui envoyer des billets pour exposer ses vues. Louis XV ne lui répond jamais. « C'est parler aux rochers ! Il n'est affecté de rien. Dans le conseil, il est d'une indifférence absolue et dans le travail particulier, il souscrit à tout ce qui lui est présenté », écrit-il à Richelieu. Quand les dossiers arrivent, les décisions sont déjà prises. Aussi les Tencin et le duc ont-ils décidé de gouverner le roi par l'intermédiaire de sa maîtresse. Le temps de Mme de Mailly est révolu et d'ailleurs cette aimable femme n'aurait pas été à la hauteur de leurs ambitions. Richelieu a convaincu ses amis de soutenir l'intrigue qui mettra Mme de La Tournelle dans les bras du roi.

Le plan présente quelques difficultés. La marquise aime le petit d'Agenois et le roi est inhibé devant les femmes d'une grande beauté. Richelieu et les Tencin multiplient les occasions de rencontre entre le souverain et celle qu'ils lui destinent. Mais Louis se contente d'admirer Mme de La Tournelle. Richelieu s'impatiente. Il fait expédier d'Agenois dans le Languedoc et demande à une femme qu'il avait naguère aimée à Montpellier de séduire l'esseulé, ce qui ne manque pas. D'Agenois envoie des lettres brûlantes à la belle Languedocienne qui les transmet à Richelieu, lequel les montre à Mme de La Tournelle passablement dépitée. La chance sourit encore à Richelieu lorsque meurt la duchesse de Mazarin qui abritait Mme de La Tournelle et son autre sœur Mme de Flavacourt. Maurepas, la bête noire de Richelieu et des Tencin, héritier de Mme de Mazarin, s'empresse de mettre à la porte les deux dames. Grâce à la bonne Mailly toujours prête à rendre service, les deux sœurs trouvent refuge à Versailles ! Le 20 septembre, Louis XV nomme Mme de La Tournelle dame du palais à la place de Mme de Mazarin et Mme de Mailly, l'imprudente, cède la sienne à Mme de Flavacourt.

Richelieu déploie alors tous ses talents pour faire avouer au roi l'attrait qu'il éprouve pour Mme de La Tournelle. « Écrivez-lui, lui dit-il, votre secret sera le sien et sa conduite décidera de la vôtre. » Louis suit docilement le conseil et lui envoie deux lettres qui restent sans réponse.

« Vous avez voulu que j'écrivisse, j'ai écrit, j'ai écrit deux fois, dit-il à Richelieu, vous ne me conseillerez pas d'écrire une troisième ; j'ai pris mon parti et je pense à quelqu'un.

– À merveille, lui répondit-il ; c'est la seule chose à faire et comme Mme de La Tournelle que vous ne connaissez pas ne peut être pour vous qu'une tentation et non une passion, on peut s'en guérir bien vite.

– Ainsi ferai-je. Il n'y a que Mme de Mailly qui m'embarrasse.

– Et voilà ce qui doit beaucoup moins embarrasser V.M. que toute autre chose. Je me charge, moi, de ce qui est convenable entre elle et V.M. Je ne lui apprendrai pas qu'elle n'en est plus aimée, elle en meurt de chagrin ; mais je l'occuperai du seul moyen de sauver sa gloire. Vous n'entendrez sûrement plus parler d'elle.

– En êtes-vous bien sûr ? M'en répondez-vous ?

– Je la connais trop bien pour en douter. Elle sera si profondément désolée qu'elle se jettera vraisemblablement tout de suite dans un couvent. »

Très soulagé, le roi questionna Richelieu sur un certain nombre de femmes de la Cour. Après qu'il en eut cité plusieurs, son confident lui déclara :

« Ce sont des femmes galantes, assez jolies, et pas mal ennuyeuses au bout de vingt-quatre heures.

– Il faut donc penser à une femme qui me tente quoiqu'elle m'inquiète.

– Mme de La Tournelle, belle comme les amours, doit être une conquête ; vos généraux ne feront pas cette conquête pour vous. Elle ne sera pas conquise si vous ne la conquérez pas. Assurément vos pareils ont des avantages ; mais le plus grand en amour est d'être jeune, beau comme V.M. et surtout d'être aimable. François Ier, Henri IV, Louis XIV se donnèrent la peine de plaire : cela devrait coûter moins à V.M. qu'à personne. Mais une maîtresse n'est point un portefeuille et si vos ministres vous apportent le leur à votre Conseil, je doute fort qu'ils puissent mettre Mme de La Tournelle dans vos bras. Il faut lui plaire et commencer par lui dire que vous êtes épris[1]. »

Sur ces entrefaites, Richelieu alla chez la marquise qui accepta de le recevoir avec le monarque à une heure du matin. Aussitôt après il fila comme l'éclair auprès du roi et lui demanda de le rejoindre chez lui après son coucher, précisant qu'ils se costumeraient pour se rendre chez Mme de La Tournelle afin de ne pas être reconnus.

Peu après minuit, revêtus de longs manteaux noirs et coiffés de lourdes perruques également noires, ils avaient l'air de deux médecins. Le masque donne souvent l'assurance qu'on n'a pas dans le monde. Ce soir-là, le déguisement rassurait le roi et lui fit retrouver son assurance. Mme de La Tournelle fut si étonnée de son accoutrement que la surprise et les rires évitèrent l'embarras. La comtesse reçut la déclaration d'amour du roi, dont le visage restait en partie caché par la grotesque perruque. Une vraie scène de comédie !

Cependant, la dame posa ses conditions : elle voulait être « maîtresse déclarée » et elle exigeait le renvoi de Mme de Mailly. Louis XV hésitait ; elle enrageait : « Sûrement Meuse vous aura mandé la peine que j'aie eu à faire déguerpir Mme de Mailly, écrivit-elle à Richelieu parti rejoindre l'armée de Noailles en Flandre ; enfin j'ai obtenu qu'on lui[2] mandât de ne point revenir que quand on lui demanderait. Vous croyez peut-être que c'est une affaire finie ? Point du tout. C'est qu'il[3] est outré de douleur et qu'il ne m'écrit pas une lettre qu'il ne m'en parle et qu'il me demande de la faire revenir et qu'il ne l'approchera pas, mais qu'il me demande de la voir quelquefois : j'en reçois une dans ce moment où il me dit que si je lui refuse, je serai bientôt débarrassée d'elle et de lui ; voulant dire apparemment qu'ils en mourront de chagrin tous les deux. Comme il me conviendrait fort peu qu'elle fût ici, je compte tenir bon. Comme je n'ai pas pris d'engagement dont je vous avoue que je me sais bon gré, il décidera entre elle et moi. Je prévois, cher oncle, que tout

1. *Mémoires de la duchesse de Brancas*, Paris, 1890, p. 40-42.
2. Mme de Mailly.
3. Le roi.

ceci me donnera bien du chagrin. Tant que le cardinal vivra je ne ferai rien de ce que je voudrai. Cela m'a donné envie de mettre ce vieux coquin dans mes intérêts en l'allant trouver. Vous pensez bien que tout le monde est en l'air et qu'on a les yeux sur le roi et sur moi. Pour la reine vous imaginez bien qu'elle me fait une mine de chien ; c'est le droit du jeu[1]... » Malgré les conseils de Richelieu, elle continua quelques jours de tenir la dragée haute à S.M. qui connaissait le moyen de la faire capituler. Il fallait rompre avec l'aînée.

La pauvre Mailly, après avoir dîné avec le roi et le duc de Meuse, quitta la Cour et se réfugia chez la comtesse de Toulouse. Le règne de Mme de La Tournelle commence, mais parviendra-t-elle à dominer le roi comme le souhaitent ses mentors ?

Fleury, qui a compris la manœuvre, écrit à Louis XV pour le conjurer de renoncer à sa passion ; il lui envoie même son confesseur que le roi refuse de recevoir. Quant à Maurepas, il a composé ces quelques vers que chante désormais tout Paris :

Grand roi que vous avez d'esprit
D'avoir renvoyé la Mailly
Quelle haridelle vous aviez là
Alleluia.

Vous serez cent fois mieux monté
Sur la Tournelle que vous prenez :
Tout le monde vous le dira
Alleluia.

Si la canaille ose crier
De voir trois sœurs se relayer
Au grand Tencin renvoyez-là
Alleluia.

Le Saint-Père lui a fait don
D'indulgences à discrétion
Pour effacer ce péché-là
Alleluia.

1. Lettre de Mme de La Tournelle au duc de Richelieu dont le manuscrit original se trouve dans le fonds Leber, n° 5816, de la Bibliothèque de Rouen. Citée ici d'après les *Mémoires de la duchesse de Brancas*, *op. cit.*, p. 84-89.

Tueurs en série

Pendant que Maurepas, ministre de la Maison du roi, assistait impuissant à la cabale qui devait mettre Mme de La Tournelle dans les bras du roi, il recevait régulièrement les informations du lieutenant de police, Feydeau de Marville, qui le tient au courant de tout ce qui concerne la capitale. M. de Marville est inquiet. Depuis plusieurs semaines, une bande d'assassins sème la terreur dans Paris dès que tombe la nuit. Les meurtriers frappent leurs victimes avec un gourdin ferré qui ouvre le crâne d'un seul coup et fait sauter la cervelle. Leurs crimes se répètent avec une inquiétante régularité. Ainsi, le 6 octobre, M. de Charmois, un gentilhomme qui rentrait chez lui, rue du Parc-Royal, est tombé sous leurs coups : on lui a volé son épée, sa montre et coupé la basque de sa veste ; il avait dans la poche de sa culotte soixante-dix-sept livres qui n'ont pas été prises. La même nuit, un chirurgien a subi le même sort non loin de là, rue des Quatre-Fils. Les assassins lui ont volé les boucles de ses souliers ! Quelques jours plus tôt, c'était un sergent aux gardes qui avait été attaqué, laissé mort et volé près de Sainte-Pélagie. Le 9 octobre, le lieutenant de police pouvait annoncer au ministre qu'il tenait enfin prisonnier un garçon de dix-neuf ans, lequel reconnaissait être complice de ce dernier meurtre. Sur la promesse d'être seulement envoyé aux îles, il avait dénoncé quelques complices et déclaré que ces hommes n'avaient d'autre métier que celui de voler à Paris et dans les environs. On a retrouvé rue de Touraine un bâton de chêne d'environ deux pieds dont le bout triangulaire présente des angles très tranchants. Les recherches se sont aussitôt poursuivies et deux suspects dont la culpabilité fait peu de doute ont été arrêtés. Au grand scandale des Parisiens qui n'osent plus sortir le soir, le lieutenant criminel du Châtelet chargé de faire arrêter les meurtriers est parti pour sa maison de campagne ainsi que le procureur du roi. On s'imagine qu'il y a de plus en plus d'assassins qui jouissent d'une totale impunité et on se plaint de l'indolence du guet. Beaucoup réclament haut et fort que la ville soit vidée de quatre mille vagabonds susceptibles de commettre n'importe quel forfait pour subsister. M. de Marville se plaint que lorsqu'il arrive des malheurs dans Paris on s'en prenne toujours à la police : « Nous n'avons d'autre ressource que de faire arrêter les coupables, dit-il à Maurepas ; nous

nous en assurons, nous les remettons aux juges ordinaires et ils négligent la suite des affaires les plus importantes[1]. »

Le 5 décembre, Roussel et Raffiat, les deux suspects, ont été soumis l'un à la question et l'autre au supplice des brodequins sans rien avouer. C'est leur confesseur qui a achevé le travail en les convainquant de reconnaître leurs crimes ; ils ont également dénoncé des complices ; certains sont déjà en prison, d'autres sont recherchés. Le lendemain, les deux assassins ont été exécutés en place de Grève. Raffiat, qui avait avoué neuf assassinats dans les rues de Paris, a expiré sur la roue après y être resté trois heures et demie ; Roussel, auteur de quatre crimes, a expiré lorsqu'il fut lié sur la roue. Un tailleur et un compagnon orfèvre subirent le même sort le 15 décembre ; le 18, ce fut le tour d'un certain Desmoulins qui avait trucidé M. de Mendolle au mois de septembre, rue Saint-Martin, lequel s'occupait des œuvres de charité du duc d'Orléans. Un nouveau complice a été condamné le 7 janvier, deux autres le 29 et une femme le 11 février. Ces exécutions suivies de beaucoup d'autres[2] ont toujours lieu en public devant un peuple attentif et horrifié qui compte les heures d'agonie du supplicié dont le bourreau brise les membres avec une barre de fer avant de l'installer sur la roue, la face pendante jusqu'à ce que mort s'ensuive. L'homme réclame de l'eau et la mort. Desmoulins, un garçon d'une force herculéenne, a mis vingt-deux heures pour mourir…

« J'ai perdu un ami »

Versailles commente les caprices de la nouvelle favorite. Mme de La Tournelle semble s'être donnée au roi par condescendance. Lorsqu'il ne lui cède pas, elle boude, se fait distante et le transforme en suppliant. Il l'appelle princesse et passe deux ou trois heures, le soir, enfermé avec elle. Elle ne l'aime pas et reçoit encore des lettres du petit d'Agenois. « L'intrigue est son élément », elle ne pense qu'à devenir duchesse prétend Mme de Tencin. Toujours aux aguets, les courtisans étalent une frivolité

1. *Lettres de M. de Marville au ministre Maurepas*, lettre du 17 octobre 1742, t. I, p. 78.
2. La procédure se poursuivit jusqu'en 1747.

stupéfiante alors que les rares nouvelles de l'armée sont inquiétantes. Le royaume ne semble plus gouverné, l'état du cardinal laissant présager une issue fatale. Les ministres, soucieux d'assurer leur avenir, s'abstiennent de prendre la moindre décision.

L'arrivée du chevalier de Belle-Isle, frère du maréchal, a jeté un froid : les Français ont dû évacuer Prague. Depuis qu'elle a conclu la paix avec le roi de Prusse, la reine de Hongrie a entrepris de reprendre la Bohême. Une armée sous le commandement du prince de Lobkowitz a mis le siège devant la capitale où se tenaient les Français. Le maréchal de Belle-Isle, qui n'avait que pour six semaines de vivres, a consulté ses officiers qui se déclarèrent prêts à lui obéir. Pendant la nuit du 16 au 17 décembre 1742, trompant la vigilance de Lobkowitz, Belle-Isle fit ouvrir les portes de Prague et les hommes sortirent en ordre en emmenant plusieurs otages. Le maréchal parut le dernier dans un carrosse à huit chevaux avec la comtesse de Bavière accouchée depuis peu. Le comte de Bavière, gouverneur de la ville, chevauchait à la portière. La retraite jusqu'à la ville d'Egra aux portes de la Bavière fut dramatique : les haltes se faisaient la nuit dans les champs, les hommes couchant à même le sol, et on faisait un mur de neige pour protéger le carrosse contre le vent. Mille deux cents hommes sont morts de froid. À Egra, il fallut amputer environ quatre cents soldats dont les doigts, les mains, les bras ou les pieds étaient gelés. Belle-Isle avait laissé à Prague 6 000 hommes dont 1 700 cents malades sous le commandement de Chevert, brigadier des armées du roi. Sommé de se rendre, il a préféré capituler pour sortir avec les honneurs de la guerre et pour être sûr que les malades seraient secourus.

Voilà des milliers d'hommes perdus, beaucoup d'argent dépensé, des armées décimées qui se retrouvent sur les frontières de la Bavière, pas plus avancées qu'aux premiers jours de la guerre. Désormais, Marie-Thérèse, en paix avec la Prusse et la Saxe, est devenue maîtresse de ses États. La politique antiautrichienne voulue par Belle-Isle et acceptée par Fleury se solde par un échec cuisant.

Installé à Choisy depuis le 11 janvier 1743, le roi semble davantage préoccupé par l'agonie de Fleury. Depuis le mois de décembre, le cardinal s'est retiré à Issy où les ministres maintiennent la fiction d'un gouvernement autour du vieillard qui s'éteint.. Il n'en finit pas de mourir. Louis XV est allé deux fois le voir ; il y a mené le dauphin. La reine a fait elle aussi le déplacement jusqu'à Issy. On ignore ce que le mourant a pu dire au souverain. On ne sait même pas s'il lui a laissé un testament politique et spirituel.

Le 29 janvier, à Versailles, S.M. était avec le contrôleur général des Finances lorsque M. de Maurepas et M. Amelot vinrent lui annoncer que Mgr de Fleury avait rendu le dernier soupir. Le souverain s'enferma aussitôt dans sa garde-robe où il resta plusieurs heures. Il en sortit les yeux rougis et fit appeler Mgr Boyer, évêque de Mirepoix, pour lui remettre la feuille des bénéfices. Il ne parvenait pas à cacher ses larmes en lui parlant. Il fit décommander la comédie qui devait avoir lieu le soir. Le lendemain, il reçut les abbés de Fleury, petits-neveux du cardinal. « J'ai perdu un ami », leur dit-il en pleurant.

La disparition de Fleury a réjoui Paris. « Le cardinal est mort, vive le roi ! », crie-t-on dans les rues. Le bruit court que S.M. a dit : « Me voilà donc premier ministre. » En réalité, Louis XV a déclaré qu'il travaillerait désormais avec ses ministres. Sa popularité remonte. Il s'est mis sérieusement à l'ouvrage. Il n'a pas l'air de faire grand cas du cardinal de Tencin et il a remplacé par le comte d'Argenson le marquis de Breteuil, ministre de la Guerre, victime d'une attaque d'apoplexie dans la chambre même de Fleury. Maurepas triomphe en toute modestie. Il espère jouer d'ici peu le rôle de Premier ministre même s'il n'en a pas le titre. Orry reste aux Finances et Amelot aux Affaires étrangères. Quant à Chauvelin, qui avait eu le tort d'envoyer au roi un dossier très critique à l'égard du ministère de Fleury, il a reçu une lettre de cachet l'exilant à Issoire. Cette disgrâce chagrine beaucoup de gens sages qui voyaient en lui le seul homme capable de seconder intelligemment le roi et de l'amener à mettre fin à la guerre.

Privé des conseils de son vieux mentor, le roi a préféré se tourner vers le maréchal de Noailles, lequel appartient à la dernière génération de ceux qui ont servi Louis XIV. À soixante-cinq ans, ce gentilhomme, chef du Conseil des finances au début de la Régence, n'a rien du courtisan ambitieux. Il parle au roi avec une autorité presque paternelle. Pressentant la mort du cardinal, il lui avait envoyé un long mémoire inspiré par l'instruction donnée par le feu roi à son petit-fils, le duc d'Anjou, au moment où Philippe V devait ceindre la couronne d'Espagne. « De toutes les maximes d'État, ce grand prince regardait comme une des plus importantes et des plus essentielles pour un roi de n'avoir ni premier ministre ni favori », lui dit-il. Et de lui faire l'apologie de la monarchie absolue, en le persuadant que les Français « regardent leurs rois comme incapables de vouloir autre chose que la justice et la raison quand ils gouvernent par eux-mêmes[1] ». Louis XV médita en secret cette instruction qui le conforta dans sa décision de travailler avec chacun de ses ministres. Il a nommé le maréchal de Noailles ministre d'État sans portefeuille et, lors de la réunion du Conseil, il l'a placé à sa gauche. « V.M. doit expliquer sa volonté et la faire respecter », lui a-t-il dit. Noailles rend la vie dure aux ministres, qui voient en lui un inspecteur importun qui se mêle de tout sans être le maître de rien. Au fil des jours, Louis XV déconcerte ses ministres : il ne leur dit rien et ne leur répond même pas. Son orgueil le met en garde contre le soupçon d'être gouverné. On sait seulement qu'il tient à poursuivre la guerre afin d'obtenir une principauté en Italie pour don Philippe, l'époux de sa fille Élisabeth, et peut-être la Savoie pour la France. C'est pourquoi il convient de prendre des dispositions pour la prochaine campagne.

« La Bavière me tourne la tête »

En deux ans l'opinion a bien changé. On était parti en guerre dans l'espoir de ruiner la maison de Habsbourg. Désormais la France menacée sur ses frontières est livrée aux hasards d'une guerre qui a coûté cher en vies humaines et en argent et dont l'issue est improbable. Les Français, qui rêvaient de gloire, sont déçus ; ils veulent maintenant la paix alors que le roi a décidé de continuer la guerre au nom d'une intempestive fidélité à l'empereur bavarois. « Mon intention n'est pas d'abandonner l'empereur ni la Bavière », a-t-il répété au maréchal de Noailles. Aussi les préparatifs militaires se poursuivent-ils. Il faut reconstituer les armées. Celle qui est revenue de Prague et celle de Bavière sont épuisées.

Le 13 février 1743, on a affiché une ordonnance royale pour la levée d'une milice à Paris. On ne pouvait imaginer mesure plus impopulaire. Jusqu'alors la milice qui sert de troupe auxiliaire

1. *Correspondance de Louis XV et du maréchal de Noailles*, t. 1, Paris, 1869, p. 11-33.

était tirée uniquement dans les campagnes et dans certaines villes. Elle ne l'avait jamais été à Paris. Dix-huit cents hommes seront tirés au sort pour former un corps d'infanterie qui ira se battre. Devront se présenter chez les commissaires de quartier les garçons de seize à quarante ans, mesurant au moins cinq pieds. Tous les gens sans aveu ou sans domicile fixe sont miliciens d'office. Les fils de marchands et d'artisans ne sont pas exemptés comme c'était la coutume. Cette ordonnance les exaspère d'autant plus qu'elle ne concerne ni les domestiques ni les laquais. Le peuple murmure. On tient des propos séditieux dans les cabarets du faubourg Saint-Antoine. Des exempts de police courent après les jeunes gens qui s'enfuient vers la campagne. Assembler tant de troupes semble fou alors qu'aucune puissance n'a déclaré la guerre à la France. On entend dire que l'État est mal gouverné et que le ministère est trop faible pour qu'on se tire avec honneur des fausses démarches commises jusqu'à maintenant. On a envoyé des convocations à tous ceux qui sont inscrits sur le registre des commissaires et on tire au sort les miliciens dans l'hôtel des Invalides sous la garde des soldats. Le premier jour, on a appelé les garçons du quartier Saint-Germain ; le lendemain, ceux du quartier du Luxembourg et ainsi de suite… On réunit les jeunes gens par groupes de trente ; ils doivent prendre un billet dans un chapeau tenu par M. de Marville lui-même. Il y a vingt-cinq billets blancs et cinq noirs. Ceux qui tirent les noirs sont inscrits comme miliciens ; on établit leur signalement et on leur donne une cocarde de ruban bleu et blanc pour accrocher à leur chapeau. Ceux qui ont les billets blancs partent en courant et ils se retrouvent tous au cabaret. Le 27 avril, les gars du faubourg Saint-Marceau se sont mis en route à six heures du matin avec tambour et violons comme pour se rendre à une fête. Les derniers ont été ceux du faubourg Saint-Antoine qui ont tiré les billets dans la cour du château de Vincennes pour éviter de leur faire traverser Paris, car ce sont les plus agités. Tout s'est passé tranquillement. Dans les rues, on ne voit que des miliciens avec leur cocarde, titubant après avoir noyé leur chagrin. Cette levée de milice a dérangé les artisans, qui se voient privés d'une partie de leurs ouvriers et des laquais bien fiers se moquent des miliciens qu'ils rencontrent en leur faisant des signes insultants du haut de leurs carrosses.

Le 25 mai, deux bataillons de miliciens sont partis rejoindre l'armée du maréchal de Maillebois en Flandre. Noailles commande l'armée de la Moselle et le prince de Conti est parti pour la Bavière. On a appris que Marie-Thérèse avait été couronnée reine de Bohême à Prague le 12 mai. Les mauvaises nouvelles d'Allemagne se succèdent. Les Autrichiens harcèlent les troupes françaises, qui ont perdu plusieurs combats au cours du mois de juin.

Le 3 juillet la consternation règne dans Paris et à la Cour : les Français ont subi une grave défaite à Dettingen, à six lieues de Francfort, le 27 juin : on compte 3 000 morts parmi lesquels se trouvent beaucoup d'officiers. Des commentaires très fâcheux courent sur cette malheureuse affaire qui s'est soldée par une catastrophe en raison de la précipitation du duc de Gramont, colonel des gardes françaises, lequel n'a pas attendu l'achèvement de la manœuvre en cours, obligeant ainsi à changer le dispositif de la bataille en cours d'opérations. Son régiment mis en déroute par les Anglais a semé la panique dans les rangs de la maison du roi[1]. Après trois heures de combat, le maréchal de Noailles a dû ordonner la retraite. Un concert d'imprécations condamne très vite cette défaite transformée en déroute. On accuse de lâcheté les gardes-françaises qui ont fui en se jetant dans le Main pour échapper au feu de l'ennemi. Les troupes de S.M. ont dû se replier jusqu'à l'Alsace.

« J'ai le cœur, Sire, pénétré de douleur au sujet de votre Maison qui n'a pas fait tout ce qu'on pouvait attendre d'elle, non plus que votre régiment des Gardes qui s'est mal comporté, écrivit le maréchal de Noailles. On ne doit attribuer la grande perte des officiers, dans votre régiment des Gardes qu'à ce qu'il a très mal fait et qu'il s'est jeté dans le Main sans que rien ait pu l'arrêter, après avoir essuyé les décharges des ennemis et étant prêts à les enfoncer. La cavalerie, à proportion a moins mal fait que l'infanterie[2]. » Dans un autre rapport, Noailles exhorte le roi à remédier sans tarder à l'indiscipline des troupes et à l'insubordination des chefs. À Paris, beaucoup de gens trouvent la Cour trop indulgente pour les fautes des généraux.

1. Il s'agit de la Maison militaire du roi comprenant les compagnies de gardes du corps, les Suisses, mousquetaires, les grenadiers à cheval, les gardes françaises, les chevau-légers...

2. Le maréchal de Noailles au roi, le 29 juin 1743, in *Correspondance de Louis XV et du maréchal de Noailles, op. cit.*, t. I, p. 121-122.

CHAPITRE XIV

Le Bien-Aimé

Portraits

À la Cour, rien ne bouge. Enfin presque rien. La belle saison empêche de penser à la menace d'invasion. On commente les dernières opérations militaires, mais on se préoccupe plus des nominations de généraux que des enjeux européens. Le duc de Luynes s'étonne que le roi paraisse « peu frappé de la situation présente des affaires » et tente d'analyser sa personnalité, sans doute plus complexe qu'il n'y paraît[1]. À Choisy il se conduit comme un châtelain ; certains jours il s'exprime avec aisance, trouve les mots justes, mais il peut rester muet dans des circonstances où il devrait prendre la parole. Est-ce une forme de timidité ou l'expression d'un profond mal-être ? Le sujet de ses conversations déconcerte son entourage : il parle souvent de la maladie, de la mort, des enterrements, en s'adressant de préférence aux personnes âgées. Très pessimiste, il ne croit guère aux guérisons des maux physiques mais il ne s'entretient jamais de ceux de l'âme qui doivent pourtant le tenailler. Les cérémonies religieuses et les rites de l'Église le passionnent. Il connaît bien l'histoire du royaume dont il raconte volontiers les épisodes qui le touchent. Jusqu'à maintenant, il n'a pas marqué le désir de gouverner. La longue tutelle du cardinal semble avoir brisé chez

1. Luynes, *Correspondance*, *op. cit.*, t. V, p. 93.

lui le goût du pouvoir, mais aujourd'hui la décision lui appartient.

N'ayant pourtant « nulle galanterie dans l'esprit[1] », le roi aime les femmes. Vive et gaie, Mme de Mailly parvenait à le sortir de lui-même et l'aidait à jouer ce rôle de représentation qui lui pèse tant. Elle l'aimait de toute son âme et se désespérait lorsqu'il restait muet devant une personne à laquelle il aurait dû adresser quelques mots agréables. Elle faisait tout ce qu'elle pouvait pour réparer l'indifférence qu'il manifeste trop souvent. Mme de La Tournelle n'a pas de telles attentions. Hautaine et distante, elle veut être duchesse. Sa sœur, la grosse Mlle de Montcavrel, mariée depuis peu au duc de Lauraguais, ne la quitte guère. Drôle et brusque, elle ne pense qu'à se divertir. M. de Meuse l'a surnommée *Madame la réjouie*. Ses reparties presque viriles et ses traits caustiques distraient le roi. Il y a quelques jours, passant en carrosse dans Paris, il dit soudain : « Ce n'est pas une rue qui convient à la *Princesse*, mais elle pourrait bien convenir à Mme de Lauraguais[2]. » C'était la rue des Mauvaises-Paroles. Mme de Lauraguais fit la moue tandis que sa sœur gratifiait son amant d'un sourire condescendant.

Le roi ignore la reine. Marie essaie de se distraire. Certains courtisans disent qu'elle fait ce qu'elle peut pour attirer les regards masculins. Une façon de se rassurer en tout bien tout honneur. Après son souper, elle va chez l'une des dames du palais, le plus souvent chez la duchesse de Villars où elle retrouve Moncrif, son lecteur, l'abbé de Broglie et le comte de Tressan, un exempt des gardes du corps néanmoins bel esprit. La compagnie se plaît à médire et raconte des anecdotes plutôt lestes que la reine apprécie. Récemment, alors que l'on disait que les hussards feraient des courses, elle demanda : « Si j'en rencontrais une troupe et que ma garde me défendît mal ? – Eh bien, Madame, ils hussarderaient Votre Majesté. – Eh que feriez-vous, Monsieur de Tressan ?, reprit la reine. – Madame ce qui arrive dans la fable intitulée *Le chien qui défend le dîner de son maître* : après l'avoir défendu de son mieux, ce chien le mangea comme les autres. » Le lendemain, Marie sourit beaucoup à M. de Tressan. Pauvre Marie, elle a

1. *Ibid.*
2. *Ibid.*, p. 77.

accompli son devoir d'épouse, mais le roi ne lui en témoigne aucune reconnaissance. Il se conduit envers elle avec plus de goujaterie que Louis XIV à l'égard de Marie-Thérèse. Certes le Roi-Soleil imposait ses favorites à sa femme, mais il passait toujours une partie de la nuit avec elle. Il lui confia symboliquement la régence lorsqu'il se mit à la tête des armées. Louis XV fera-il cet honneur à Marie s'il part en campagne ? Rien n'est moins sûr. Il ne la traite pas comme il le devrait. Lorsqu'il y a appartement et qu'il joue au piquet, il l'ignore superbement et regarde Mme de La Tournelle ; il ne lui propose jamais d'aller à l'Opéra avec lui, préférant s'y rendre avec sa maîtresse, Mme de Lauraguais, Mme de Flavacourt, Mme de Tallard, Mme de Luxembourg et quelques autres beautés de la Cour. S'il décide d'un séjour à Marly, il juge inutile de la prévenir. Son bon plaisir avant toute autre chose.

Mme de La Tournelle est une maîtresse comblée. Le 21 octobre 1743, Louis XV lui a donné le duché de Châteauroux. La nouvelle duchesse a été présentée en tant que telle au roi par sa sœur, Mme de Lauraguais. Indispensable comédie aulique. Ensuite, la reine a dû la recevoir à son tour et lui débiter le compliment de circonstance. Mme de Châteauroux a pris son tabouret, C'est la distinction le plus insigne auquel puisse prétendre une femme à la Cour : s'asseoir lorsque la reine est assise.

Les enfants de France commencent à jouer un rôle à Versailles. On donne des bals et des fêtes chez eux. Le dauphin, sous la férule de son gouverneur, occupe maintenant l'appartement du cardinal ; on parle de le marier bientôt à l'infante d'Espagne. À quatorze ans, Madame Henriette, contrainte de renoncer à ses amours avec le duc de Chartres, est une jeune fille sage au visage régulier plein de douceur qui s'exprime avec sérieux et répond agréablement aux compliments et aux discours. Habillée, coiffée et maquillée comme une femme avec le rouge, apanage des princesses et des dames de qualité, Madame Adélaïde se conduit parfois comme une enfant. Il y a quelques années, elle disait qu'elle ne comprenait pas pourquoi ses parents désiraient tant un second fils, parce qu'elle ferait aussi bien qu'un garçon. Elle a récemment donné de vives alarmes à Mme de Tallard, sa gouvernante. Un matin, avant le lever du jour, l'une des femmes de chambre la trouva dans la galerie des Glaces. Adélaïde s'était levée sans réveiller la sous-gouvernante qui dort dans sa chambre ; elle s'était habillée seule et avait filé jusque dans la galerie. Lorsque Mme de Tallard lui demanda ce qu'elle allait faire, elle répondit qu'elle voulait se mettre à la tête des armées de Papa-roi pour ramener à S.M. le roi d'Angleterre prisonnier. Elle avoua qu'elle s'était arrangée pour s'enfuir avec le petit garçon qui prenait soin de son âne... N'oublions pas que malgré les apparences, la princesse n'a que onze ans !

Secrets d'État et intrigues d'alcôve

Les courtisans se trompent en croyant que le roi se préoccupe peu des affaires européennes. Louis XV est l'homme du secret. Il agit à l'insu de tous. Depuis la défaite de Dettingen, il élabore des plans avec le maréchal de Noailles. Séparés par quelques centaines de lieues, le monarque et son conseiller échangent une importante correspondance par l'intermédiaire d'agents connus d'eux seuls.

La situation est grave. Louis XV et Fleury partis en guerre dans l'espoir de ruiner la maison de Habsbourg ont échoué. Marie-Thérèse rentrée en possession de ses États a l'intention de se venger. Contrainte de céder la Silésie au roi de Prusse, elle rend Louis XV responsable des épreuves qu'elle a subies puisque c'est lui qui a voulu faire élire l'empereur bavarois qu'elle juge illégitime. Ses troupes occupent aujourd'hui les États de ce malheureux fantoche, qui a signé la paix avec elle et promis sa neutralité. Elle menace maintenant la France. Les troupes royales disposées le long de la frontière s'apprêtent à défendre l'Alsace.

Pendant l'été qui a suivi Dettingen, le roi s'est longuement interrogé : ne fallait-il pas rappeler ses armées qui n'étaient que des auxiliaires de l'empereur ? D'ailleurs, ironie du sort, la guerre n'a jamais été déclarée ! « Nous sommes dans le siècle des choses extraordinaires », avoue-t-il à Noailles. D'après le maréchal, abandonner l'empereur conduirait à la catastrophe, Marie-Thérèse et le roi d'Angleterre étant décidés à former une coalition contre la France. Ils rechercheront des alliés chez les princes allemands, mais ceux-ci n'oseront pas y adhérer si la France défend l'empereur bavarois. On connaît les raisons qui inspirent la reine de Hongrie. Quant à l'Angleterre, elle veut briser le crédit de la

France en Europe, ruiner son commerce et lui faire abandonner son soutien à l'Espagne. Noailles préconise une guerre offensive et supplie le roi de se mettre à la tête d'une armée qui attaquera les Pays-Bas autrichiens. Le projet enthousiasme Louis XV. Il « grille d'envie » de prendre le commandement de son armée. « Je suis accoutumé à me contenir sur les choses que je désire et qui n'ont pas été possibles jusqu'à présent, ou du moins qu'on n'a pas cru telles, dit-il au maréchal. J'ai un désir extrême de pouvoir connaître par moi-même un métier que mes pères ont si bien pratiqué et qui jusqu'à présent ne m'a pas réussi par la voie d'autrui, ainsi qu'il y avait lieu de s'en flatter. » Noailles lui a répondu « qu'un roi n'était jamais aussi grand qu'à la tête de ses armées ».

Louis XV a pris sa décision sans en parler à ses ministres. Ils se doutent bien que leur maître n'est pas prêt à demander la paix lorsqu'ils le voient se livrer à une intense activité diplomatique. Le roi resserre ses liens avec l'Espagne et rompt ceux qu'il entretenait avec Charles-Emmanuel de Savoie, lequel s'est rapproché de Marie-Thérèse par crainte des ambitions espagnoles sur le Nord de l'Italie. Pour sa plus grande joie, Frédéric II vient d'entamer des pourparlers d'alliance avec lui.

Louis XV s'est contenté d'annoncer à ses ministres son intention d'organiser un débarquement en Angleterre afin de rétablir sur le trône le prince Charles Édouard Stuart, fils de Jacques III, à la place de George II de Hanovre. Surprenante entreprise ! Mais ce n'est qu'une diversion pour obliger les troupes d'Allemagne à revenir en Angleterre. Les Anglais, ayant éventé les préparatifs français, ont mis leurs ports en état d'alerte dès l'automne. Au reste, la marine française ne peut se comparer à la marine britannique. Au début du mois de mars 1744, quatre des dix-huit navires rassemblés à Brest ont pris l'eau ; les quatorze autres qui se dirigeaient vers l'estuaire de la Tamise subirent une énorme tempête du 6 au 7 mars qui les rejeta sur la côte. Le lendemain, un coup de vent a mis la flotte en déroute. Fiasco total ! Cependant, le 15 mars, le roi a déclaré la guerre à l'Angleterre et le 26 avril à la reine Hongrie. Le jour même, il a renvoyé Amelot afin de diriger personnellement les Affaires étrangères. Seul le mauvais temps l'empêche de partir se mettre à la tête de l'armée de Flandre.

Ce projet résolu avec le maréchal de Noailles est resté secret, mais la Cour se doute des intentions de S.M. Le 26 avril, la reine a remis une lettre à son époux pour lui manifester son désir de l'accompagner. Louis lui a répondu qu'il préférait qu'elle reste à Versailles. Ce n'est pas, lui dit-il, le moment de faire des dépenses inconsidérées… pour ne pas dire inutiles !

Les jours suivants se passèrent comme à l'accoutumée. On se demandait si le monarque avait bien le désir de partir. Le 2 mai, il signa un certain nombre de pièces concernant la tenue des Conseils. La cérémonie du coucher se déroula selon le rituel habituel, mais le souverain ne se coucha pas ; il se rendit à la chapelle accompagné par Mgr de Fitz-James, son aumônier. Après s'être recueilli, il descendit dans la cour et monta dans un carrosse à trois heures du matin. Il entendit la messe à La Muette et repartit à bride abattue vers Péronne où il arriva le soir même. Le lendemain il s'arrêta pour prier à la cathédrale de Cambrai et s'installa chez M. de Machault à Valenciennes.

La nouvelle de son arrivée a galvanisé les troupes. Il est d'une gaieté qu'on ne lui a jamais vue. Il a visité les places voisines de Valenciennes : Douai, Le Quesnoy, Condé, Maubeuge. Il a parlé aux officiers, mangé le pain des soldats ; il est allé dans les magasins et dans les hôpitaux s'entretenir avec les malades et goûter leur bouillon. Il veut tout savoir, tout comprendre, tout connaître. Le 13 mai, il est à Lille.

Le roi avait répété au maréchal de Noailles qu'il ne voulait pas que sa présence entraînât trop de frais. C'était compter sans la volonté de Mme de La Tournelle. Suivant les conseils de Richelieu qui l'avait bien endoctrinée, la jeune femme avait beaucoup insisté auprès de son amant pour qu'il prît la tête de l'armée comme l'avait fait naguère Louis XIV. Cependant, elle ne voulait pas se morfondre à Versailles auprès de la triste Marie pendant que le roi se pavanait devant ses troupes. Escortée par Mme de Lauraguais, Mme de Modène, ainsi que par la princesse de Conti et la nouvelle duchesse de Chartres, elle rejoignit le roi à Lille. À chaque étape, ces dames furent mal reçues. On blâmait Louis XV de laisser la reine à Versailles et d'accueillir sa favorite sur le front des troupes alors que les officiers avaient quitté leur famille et leurs maîtresses pour le servir. Cette irruption de folâtreries au milieu des bivouacs choqua l'armée. À Lille, il fallut aménager la demeure du roi pour sa maîtresse : il y eut des petits soupers comme à Versailles.

Heureusement les victoires se succèdent. Le 4 juin, on a célébré la prise de Menin. Le 25 juin, Ypres s'est rendu après un siège de quelques jours. Le 26, on a attaqué le fort de Knocke et mis le siège devant Furnes. Le 12 juillet, un *Te Deum* est célébré à Notre-Dame de Paris pour la prise d'Ypres. On a appris que don Philippe, le gendre du roi, et le prince de Conti s'étaient emparés de Nice, ainsi que du Mont-Alban et de Villefranche. Des feux de joie brûlent à Paris. Il y a longtemps qu'on n'a pas connu une telle effervescence. Hélas ! une fois encore le vent tourne. Des menaces pesant sur la frontière de l'Est obligent le roi à rejoindre l'armée d'Alsace à Metz. Il laisse à sa place le comte de Saxe qu'il a récemment nommé maréchal.

Le drame de Metz

Le roi est parti de Dunkerque avec son état-major et une armée de 30 000 hommes. Les dames suivent en carrosse. À chaque étape, un logement est préparé pour le souverain et un autre pour sa maîtresse. À Laon, Louis XV a soupé chez le duc de Richelieu, qu'il a quitté en sortant discrètement par une petite porte donnant sur une ruelle afin de rejoindre Mme de Châteauroux dans une maison voisine. Des curieux crièrent « Vive le roi ». Il s'en fut serrant ses basques jusqu'au jardin où l'attendait sa favorite. À Reims, un couloir de planches hâtivement construit permit aux deux amants de se retrouver, mais cet échafaudage et quatre rues interdites aux voitures et aux piétons soulignaient le scandale. Comble de malchance, la duchesse tomba malade. Le roi, repris par ses obsessions, ne parlait plus que de la maladie de sa favorite ; il se demandait où on l'enterrerait et comment serait son tombeau ! Heureusement Mme de Châteauroux se rétablit très vite et on se remit en route. Le 7 août, Louis XV, les dames et l'armée arrivèrent à Metz.

Ce même soir, le roi se sentit mal et se coucha de bonne heure ; le lendemain matin, terrassé par une forte fièvre, accablé par de violents maux de tête, il ne put se lever. La Peyronie, son chirurgien, et Richelieu, qui a des notions de médecine, étaient persuadés que son malaise était dû à un repas très arrosé après une journée passée à cheval sous un soleil de plomb. Le lendemain, aucune amélioration ne se manifesta en dépit des lavements, des émétiques et des saignées. Très faible, le souverain ne laissait entrer auprès de lui que ses domestiques, les deux sœurs et le duc de Richelieu qui prit la situation en main : il donnait des nouvelles aux princes et aux grands officiers de la Couronne assemblés dans l'antichambre. Deux jours plus tard, ils commencèrent à s'énerver d'être ainsi laissés pour compte et de voir le roi chambré par celui qu'ils appellent Vignerot[1].

L'état du souverain ne s'améliorait pas. Le 12, La Peyronie convoqua les plus illustres médecins de Paris et deux médecins de Metz. Ces messieurs sortirent la mine grave : ils ne répondaient pas de la vie de S.M. La Peyronie décida de prévenir les princes, les ducs, les grands officiers et Mgr de Fitz. James qui s'impatientaient dans l'antichambre. Un tel scandale ne pouvait durer. N'y tenant plus, le comte de Clermont enfreignit la consigne et pénétra dans la chambre du roi qui le reçut affablement. Le comte de Clermont, sidéré par la faiblesse du monarque, lui déclara sans ménagement que ses jours étaient en danger et qu'il devait absolument se confesser. Épuisé, Louis XV sombra dans un mauvais sommeil. Richelieu suivit Clermont dans l'antichambre et se récria : lorsqu'on sait à quel point le roi redoute la mort, de tels propos ne pouvaient qu'aggraver son mal. Clermont insista ; La Peyronie s'affola.

Mme de Châteauroux veillait toujours son amant. Soudain, il lui baisa la main : « Ah ! Princesse, je crois que je fais mal », lui dit-il. Il esquiva son baiser et ajouta : « Il faudra peut-être nous séparer. » L'angoisse l'avait tenaillé toute la soirée et il passa une très mauvaise nuit.

Le lendemain 13 août, pendant la messe célébrée dans sa chambre, Louis XV voulut se confesser. Mgr de Fitz-James et le père Pérusseau, confesseur de S.M., n'attendaient que cet appel. Le roi s'évanouit lorsque le père Pérusseau s'approcha de lui. Un cordial le fit revenir et il put enfin se confesser mais son directeur de conscience exigea le renvoi de sa maîtresse pour lui accorder

1. Vignerot Du Plessis était le patronyme du cardinal de Richelieu dont la terre de Richelieu fut érigée à son intention en duché en 1631.

l'absolution. Avant de lui donner le viatique, Mgr de Fitz-James exigea du roi l'engagement de réparer le scandale public par une amende honorable en présence des princes, des courtisans et du peuple. Louis XV accorda tout ce que voulaient aumônier et confesseur.

D'Argenson transmit l'ordre à la duchesse de Châteauroux, qui accepta sa disgrâce avec dignité et monta sans mot dire dans le carrosse mis à la disposition des deux sœurs par le maréchal de Belle-Isle. À peine furent-elles hors de la ville qu'une populace furieuse se précipita sur leur voiture en les accablant d'injures.

Pendant ce temps, le roi recevait la communion des mains de Mgr de Fitz-James. On avait ouvert les portes de sa chambre pour faire entrer tous ceux qui se trouvaient dans l'antichambre. En présence de cette foule assemblée, Louis XV dit qu'il demandait pardon du mauvais exemple qu'il avait donné et qu'il avait l'intention de réparer ce scandale autant qu'il le pourrait.

Le soir même, La Peyronie saigna encore deux fois le monarque sans que son état s'améliorât. Le 14, le malade allait si mal qu'on décida de lui donner l'extrême-onction. Avant de lui administrer le sacrement, Mgr de Fitz-James, qui avait appris que Mme de Châteauroux n'était qu'à quelques lieues de Metz, exigea un ordre du roi pour qu'elle partît beaucoup plus loin. D'ailleurs la reine et le dauphin qu'on avait prévenus n'allaient pas tarder à arriver. Le roi demanda que sa maîtresse se réfugiât à Autun.

La nuit du 14 au 15 fut pire que les précédentes. L'issue fatale semblait imminente, mais le roi résistait. Les médecins parisiens y perdaient leur latin. Soudain, le roi se trouva mieux. Ce mieux se confirma lorsque la reine arriva le 24. Deux jours plus tard, Dumoulin déclara que Louis XV était hors de danger. Un vrai miracle !

À Versailles comme à Paris, on ne s'était guère inquiété de la maladie du roi jusqu'à la nuit du 14 août. La reine recevait des nouvelles contradictoires ; elle voulut partir lorsqu'elle comprit que le mal était sérieux. Le 14, son écuyer, M. de Saint-Cloud, qui revenait de Metz lui dit qu'il avait trouvé le roi assez bien, mais le même jour elle reçut une lettre du grand chambellan, le duc de Bouillon. En la lisant, Marie fut prise d'un tremblement qu'elle ne parvint pas à maîtriser. Elle se réfugia en pleurant dans son cabinet et se rendit peu après à la chapelle avec le dauphin. Elle finit par lire ce message à ses proches. Une lettre du comte d'Argenson confirma les informations de M. de Bouillon : le roi lui demandait de s'avancer jusqu'à Lunéville. La reine partit le lendemain à six heures du matin. Ses enfants et plusieurs dames de sa suite prirent place dans une autre voiture.

En apprenant que le roi avait reçu les sacrements, Paris sombra dans une consternation inimaginable. Le samedi 15 et le dimanche 16 des carrosses stationnaient aux abords de la grande poste remplie de monde. On attendait des courriers, mais rien ne venait. À Notre-Dame et dans toutes les églises on récitait les prières des quarante heures. On pensait que le roi était mort. La foule pleurait. Le 17 au matin, on sut que Louis vivait encore : il avait passé une meilleure nuit. Cette nouvelle devint le sujet de toutes les conversations. Le bureau de la Ville de Paris envoya trente-cinq hommes sur la route de Metz postés toutes les deux lieues avec des chevaux, ce qui permit de recevoir deux bulletins par jour. À partir du 18, les Parisiens reprirent espoir. Dans les provinces, où l'on avait fini par connaître l'état du roi, on arrêtait les courriers, on les retenait pour qu'ils parlent ; on les embrassait lorsqu'on commença de reprendre espoir. Toute la France priait dans les églises ; on faisait des processions ; on invoquait le Seigneur.

L'angoisse enfin dissipée, les commentaires vont bon train. On blâme sévèrement le duc de Richelieu et Mme de Châteauroux d'avoir tenu le roi éloigné de tous en le privant aussi longtemps des secours de la religion. On accuse La Peyronie d'avoir négligé les avis de Chicoyneau, médecin du roi, et d'avoir tant tardé à appeler les médecins parisiens.

À Metz, Louis XV se remet très lentement. On l'a tout d'abord soutenu pour marcher ; il reprend doucement une alimentation normale. Ses médecins lui administrent du pavot pour qu'il dorme tranquillement et du quinquina pour lui rendre des forces. Toujours très inquiet, il s'alarme pour la moindre chose. Sa maladie l'empêche de travailler, mais les ministres sont tous arrivés à Metz ; aucun n'ose lui parler. Le 8 septembre, il s'est habillé pour la première fois ; le 11, il a commencé à s'entretenir avec M. d'Argenson et avec M. de Maurepas.

Vive Louis le Bien-Aimé

Livré à sa mélancolie habituelle, le roi se remémore les épisodes de sa maladie. Une longue lettre de Richelieu achève de le convaincre qu'il a été manipulé par le clan des dévots, lesquels ont volontairement exagéré la gravité de son mal afin de le ramener dans le chemin de la morale et de la religion. Son ami et complice lui dépeint avec force la cabale ourdie par Mgr de Fitz-James pour renvoyer sa maîtresse, exiger un repentir public et faire venir auprès de lui la reine et ses enfants. Il lui fait remarquer que le gouverneur du dauphin lui a désobéi : alors qu'il devait laisser le jeune prince à Châlons, il l'a conduit jusqu'à Metz comme pour recevoir la couronne des mains de son père à l'agonie.

Ces réflexions troublent Louis XV. Il s'en veut de ne pas avoir eu la force de résister à la pression de son pieux entourage. Aussi change-t-il brusquement. Il renonce aux prières avec son confesseur et accueille la reine avec une telle froideur que le duc de Luynes en est surpris. Il pense à rappeler bientôt Mme de Châteauroux auprès de lui. Son état s'améliorant de jour en jour, il a décidé de partir pour Strasbourg.

Pendant qu'on croyait le roi en danger de mort, le duc de Noailles qui détenait le commandement de l'armée d'Alsace est resté suspendu aux nouvelles de Metz alors que l'armée du prince Charles de Lorraine, beau-frère de Marie-Thérèse, avait franchi le Rhin et pris Wissembourg. Quelques éclaireurs étaient même arrivés aux environs de Strasbourg. À la grande surprise de Noailles, pendant la nuit du 23 août, les Autrichiens repassèrent le Rhin : ils volaient au secours de Vienne. Frédéric II avait envahi la Bohême et marchait vers l'Autriche. Le maréchal de Noailles, qui n'avait pas compris la manœuvre du prince Charles, laissa filer les troupes ennemies qu'il aurait pu aisément poursuivre et peut-être même battre. Il attaqua seulement l'arrière-garde sacrifiée par le général autrichien. Si la menace d'invasion ne pesait plus sur la France, ce n'était pas grâce à l'armée. Le roi et les Français frustrés d'une victoire accablèrent Noailles et lorsqu'il vint à Metz le 4 septembre, Louis XV le reçut froidement.

Rétabli, le roi voulut achever la campagne d'Alsace avec le maréchal de Coigny. Noailles ayant demandé au souverain s'il pouvait le suivre s'entendit répondre : « Comme vous voudrez. » À la reine qui souhaitait l'accompagner, il dit froidement : « Ce n'est pas la peine. » Il l'envoya avec le dauphin à Lunéville chez Stanislas où il les rejoignit quelques jours plus tard. Il s'y montra d'une humeur maussade et partit sans dire au revoir à la reine Catherine Opalinska qui en fut mortifiée. Marie pleura et s'en retourna avec son fils comme le lui avait ordonné son époux. Sa tristesse était encore aggravée par l'annonce de la mort de Madame Sixième à Fontevrault.

La campagne menée par le roi fut victorieuse. Après la prise de Fribourg, le 6 novembre, Louis XV revint à Paris qui lui préparait un véritable triomphe. Vers Bercy, S.M. monta dans un carrosse pour faire son entrée par la porte Saint-Antoine entre deux rangées de soldats et de gardes suisses. Malgré la pluie, les rues étaient décorées et illuminées. Le roi arriva au Louvre à sept heures ; le dauphin l'attendait au bas de l'escalier, la reine et les princesses dans l'antichambre de l'appartement royal rempli de monde : il y avait là les ministres, les principaux magistrats et une foule de courtisans. Le roi ne s'attarda guère auprès d'eux et s'enferma dans son cabinet avec M. de Maurepas.

Le lendemain, les cérémonies commencèrent par une messe solennelle à Notre-Dame en présence de la famille royale et de la maison royale, ce qui est fort rare. Le souverain, dans un habit de velours brun brodé d'or, et la reine, dans un grand habit garni de réseaux d'or, occupaient le milieu du chœur sous un même dais. Le soir au Louvre, la reine donna un concert où étaient invités les bourgeois de Paris, tout de noir vêtus. Le dimanche 15 novembre les souverains dînèrent à l'Hôtel de Ville dans la grande salle tendue de damas cramoisi garni de franges d'or. Sur la place de Grève s'élevait un immense arc de triomphe couvert de toile peinte surmonté par un char de bois blanc où figurait un roi de carton couronné par la Victoire. Plus bas vers le fleuve, des flots de vin coulaient d'une fontaine. Le roi dîna et soupa au milieu de deux cents personnes à l'Hôtel de Ville pendant que jouaient quarante musiciens. Le soir, il y avait tant de monde dans les rues qu'on ne pouvait plus avancer ni reculer. Les toits des maisons étaient couverts de curieux et les arbres ployaient sous le poids des spectateurs. Trois jours durant les fêtes se poursuivirent. C'étaient celles du peuple dit l'avocat Barbier. Les Parisiens contemplaient avec délice ce roi de trente-quatre ans beau comme Apollon. Sa marche lente et majestueuse permettait de l'admirer dans toute la pompe royale. Presque partout on pouvait lire sur les murs de la capitale : « Vive Louis le Bien-Aimé. »

Mme de Châteauroux sortit de son hôtel pour jouir de ce triomphe. « Mon tremblement et mon agitation ne peuvent se décrire, écrivit-elle à Richelieu. Je n'osais paraître. On est si cruel à mon égard que toute espèce de démarche aurait paru un crime. Croyez-vous qu'il m'aime encore ? Non. Vous me faites assez entendre qu'il ne faut pas compter sur son retour... Je n'ai pu résister au désir de le voir. J'étais condamnée à la retraite et à la douleur, pendant que tout le monde se livrait à la joie. J'ai voulu en avoir au moins le spectacle ; je me suis mise de manière à ne pas être reconnue. Je l'ai vu ! Il avait l'air joyeux et attendri. Il est donc capable d'un sentiment tendre ! Je l'ai fixé longtemps et voyez ce que c'est que l'imagination, j'ai cru qu'il cherchait à me reconnaître. Sa voiture allait si lentement que j'eus le temps de l'examiner longtemps. Je ne puis vous exprimer ce qui se passa en moi... » Mme de Châteauroux fut cependant reconnue et elle s'enfuit aux cris de « Voilà sa putain ».

Rien n'est plus fragile que la popularité. Aujourd'hui Louis XV est le héros que le royaume a failli perdre. On l'aime parce qu'il incarne jeunesse, beauté et majesté et qu'il s'est montré à la tête de ses armées comme un général victorieux après trop de défaites. On a voulu croire qu'il était tombé malade pour défendre les Français et le royaume. Les victoires de Flandre et le drame de Metz rendent au souverain l'amour du peuple qu'il était près de perdre quelques mois plus tôt tant on parlait de son indifférence au bien public et de sa vie libertine.

Un événement singulier

Dès son retour à Versailles, le roi a manifesté son mécontentement aux dévots qui avaient organisé les scènes de Metz. Il exile dans leurs terres le duc et la duchesse de Châtillon pour avoir conduit le dauphin jusqu'à lui et surtout pour avoir tenu des propos désobligeants à l'égard de Mme de Châteauroux ; le duc de La Rochefoucauld, âme de la cabale, est tenu de rester chez lui à La Roche-Guyon et Mgr de Fitz-James renvoyé dans son diocèse de Soissons. Louis XV réserve un autre traitement à Maurepas, qui n'a guère ménagé la duchesse de sa langue vipérine.

Le souverain prépare le retour en grâce de sa maîtresse qu'il n'a jamais cessé d'aimer. Seule sa peur de l'enfer l'a fait céder aux foudres de l'Église incarnée par Mgr de Fitz-James. Mme de Châteauroux, après son départ de Metz sous les injures de la foule, s'était tout d'abord réfugiée à Plaisance dans le château de Pâris-Duverney. Elle y rencontra le cardinal de Tencin partant rejoindre le roi et le chargea d'un message pour son amant. Elle recommandait à Louis de « ne rien dire ni de ne faire choses dont il eût pu se repentir quand il serait en bonne santé ». Lorsque Tencin arriva auprès du monarque, celui-ci était sauvé et reçut ainsi des nouvelles de son amante.

La jeune femme toujours accompagnée de sa sœur s'installa avec elle rue du Bac dans un hôtel dépendant des Jacobins où elle reçut souvent Mme de Tencin, qui la prit en grande affection. La favorite n'osait plus écrire au roi. Richelieu lui prêchait la patience. Lorsque le souverain lui exprima enfin son désir de la revoir à Versailles, elle négocia âprement son retour. Satisfaite d'apprendre que les dévots étaient exilés, elle exigea le renvoi de Maurepas, qui avait, lui aussi, trempé dans la cabale. Elle céda cependant aux instances du monarque qui promit d'humilier son ministre devant elle : il lui ordonna de remettre en main propre à sa maîtresse le billet qui la rappelait auprès de lui ainsi que Mme de Lauraguais. Lorsque Maurepas se présenta chez la duchesse, le 26 novembre, la porte lui fut deux fois refusée, mais après qu'il eut dit qu'il venait de la part du roi, la duchesse le fit entrer. Elle reçut au lit celui qu'elle appelait M. Faquinet. Assez embarrassé, il lui annonça la raison de sa visite et lui remit la lettre. Elle le toisa et il s'inclina pour lui baiser la main. « Cela est sans conséquence », dit-elle avant qu'il partît.

Mme de Châteauroux triomphait mais elle n'allait pas bien. Une forte fièvre et de violents élancements dans la tête l'obligèrent à garder le lit. Le lendemain, Vernage, son médecin, la saigna sans succès. On apprit en même temps le retour en grâce et la maladie de la favorite. L'événement frappa la Cour comme la Ville. Mais à Versailles les plus sages gardèrent le silence.

Le 1er décembre, les nouvelles de la malade étaient inquiétantes. À son lever, le roi, d'une humeur sombre, ne dit pas un mot. Le 4, Mme de Châteauroux fut saignée pour la septième fois. Elle souffrait le martyre, se tordait de douleur et délirait. On cachait l'état de sa sœur à Mme de Lauraguais qui venait d'accoucher. Aussi faisait-on le plus de bruit possible dans sa chambre pour couvrir les hurlements de la malheureuse que les médecins n'avaient plus l'espoir de sauver. Lors d'un moment de répit, elle reçut sa sœur, Mme de Flavacourt, et parvint à se confesser.

Plusieurs fois par jour, le roi était tenu au courant de l'évolution de son mal. Très abattu, il renonça à la chasse ; il ne dîna pas en grand couvert. On ne le vit qu'à la messe. Le 5 au matin les nouvelles étant meilleures, il retrouva un certain allant ; il faisait dire des messes à la paroisse de Versailles pour demander la guérison de Mme de Châteauroux. Le 7, la duchesse étant tombée dans un douloureux état d'inconscience, il partit pour La Muette où il demeura avec quelques intimes, le marquis de Meuse, les ducs d'Ayen, de Luxembourg, de La Vallière et le marquis de Gontaut. Le 8 décembre au matin, sa maîtresse rendit le dernier soupir. Louis est inconsolable.

À Versailles, la pieuse reine respecte la douleur de son époux. La violence et la soudaineté de la mort de Mme de Châteauroux ont jeté quelque effroi. Comme d'habitude à l'occasion d'un décès foudroyant on a parlé de poison. Les uns y croient, d'autres en doutent, mais on ne pleure guère cette favorite qui n'était pas aimée. D'aucuns se réjouissent même de sa disparition. À la Cour les morts ont toujours tort. On les oublie d'autant plus vite qu'ils laissent une place vacante et celle de maîtresse royale est la plus convoitée. Que ne ferait-on pas pour être aimée du monarque ?

En ces journées de l'Avent, le roi est tout à sa douleur. La mort de Mme de Châteauroux ravive d'anciennes blessures. Seuls ses proches qui ne le quittent pas lui apportent quelque réconfort. Le 13 décembre, il s'est installé à Trianon où il pourra tenir Conseil. Le surlendemain de son arrivée, la nouvelle de la mort de Maman Ventadour l'accable encore davantage. Des heures moroses se succèdent. Un profond ennui règne à la Cour, les courtisans suivant toujours l'humeur du maître. Aussi vont-ils se distraire dans la capitale.

La Cour et la Ville

Ô paradoxe ! La Cour est devenue le monde où l'on s'ennuie. « Tout le monde la déteste, mais tout le monde en fait son paradis », soupire le marquis d'Argenson. Qui ne voudrait pas en être ? Elle attire comme un aimant le gentilhomme de province qui n'a pas les moyens d'y parvenir et la snobe au nom d'une tradition où la morale l'emporte sur la frivolité. Le parvenu de la finance se flatte d'y accéder par ses alliances avec la noblesse. Elle fascine le bourgeois qui peut entrer dans le château à condition de porter une épée au côté. Simple spectateur, il admire LL. MM. lorsqu'elles dînent en grand couvert et il rentre chez lui émerveillé par la beauté des lieux ou choqué par tant de munificence. L'un rêve que ses enfants graviront les échelons de la société et accéderont à ce monde magique. Un autre espère confusément quelques bouleversements établissant plus d'égalité entre les Français… La Cour est l'objet de conversations, de spéculations, d'espoirs, de convoitises, de mépris, et aussi le lieu du pouvoir, de l'intrigue, des rivalités, de l'élégance et du bon ton.

Quatre lieues séparent Versailles de Paris ; cette course dure deux heures, mais on a l'impression d'avoir fait un grand voyage. Si dans ce court trajet on passait la frontière d'un État, les différences n'étonneraient personne. « On ne sait plus le pays dont on est, ni celui où l'on se trouve », prétend la duchesse d'Aiguillon. D'ailleurs les courtisans ne sont plus les mêmes à Versailles et à Paris. À cela Mme d'Aiguillon répond qu'on est courtisan près du roi où l'on intrigue et homme ou femme du monde dans la capitale où l'on s'amuse. Certes, mais on peut soutenir le contraire. Le comte de Flamarens, qui a connu le temps du feu roi, raconte que dans sa jeunesse les différences entre la Cour et la Ville étaient beaucoup plus marquées qu'elles ne le sont au milieu de ce siècle. Les ministres ne quittaient pas le roi sans congé. Les grands officiers de la Couronne ne s'absentaient pas non plus sans permission. Les détenteurs de charge restaient à Versailles. Les chefs de famille vivaient sous les yeux de S.M. Versailles était leur pays. Il n'y avait, dit-il, de grandeur, de politesse, d'esprit, de plaisirs qu'à la Cour. Le maître donnait le ton.

Louis XIV vivait en perpétuelle représentation. Sa journée suivait un rituel immuable réglé comme une mécanique dont les rouages ne devaient jamais s'arrêter. Aussi en quelque lieu que l'on fût, avec une montre, on savait ce que faisait le roi à cet instant précis. Le monarque avait voulu réunir autour de lui la noblesse qu'il retenait dans une captivité luxueuse. Mme de La Fayette se plaignait déjà de cette existence. « Toujours les mêmes plaisirs, toujours aux mêmes heures et toujours avec les mêmes gens », soupirait-elle. Cependant, les cinq mille courtisans ne pouvaient vivre hors de cet univers. Tout dépendait du prince dont il fallait être vu et qui élevait les uns ou abaissait les autres selon son bon plaisir. La Cour était devenue un prestigieux instrument politique. Afin d'établir une hiérarchie entre ces gentilshommes rivalisant pour obtenir quelque bienfait, le roi imposa une étiquette tyrannique assignant des obligations à chacun selon son rang, auxquelles on se pliait au risque d'être banni de ce cercle enchanté.

La Régence a bouleversé la mécanique aulique. On se souvient encore de la duchesse douairière d'Orléans pleurant sur ce monde disparu qui l'avait pourtant fait souffrir ! La Ville se mit à concurrencer la Cour où tout s'était fait et décidé depuis un demi-siècle, la politique comme les arts et les lettres. Le retour de l'enfant-roi à Versailles, son mariage précoce avec une modeste princesse polonaise, le long ministère de Fleury n'ont pas redonné à la Cour son ancien prestige.

Louis XV admire Louis XIV. Il aime son château, qui demeure le centre du pouvoir, mais il refuse de vivre comme son arrière-grand-père. Respectueux des traditions, il subit le rituel monarchique qu'il accomplit avec une consciencieuse lassitude. Il tient à marquer la distance qui le sépare des autres princes et de sa noblesse, bien que leurs entreprises belliqueuses ne soient plus à redouter. Son existence officielle se déroule dans les grands appartements, ponctuée par les cérémonies du lever et du coucher en public, du dîner, également public les jours dits « de grand-couvert », et de la messe. Il préside les divertissements ordinaires et les grandes fêtes organisées à des occasions exceptionnelles. On sait cependant qu'il échappe assez souvent à ces contraintes. Il part avec quelques amis pour Choisy, pour Rambouillet, pour La Muette ou quelque autre résidence, ce que Louis XIV ne faisait jamais. À Versailles, Louis XV mène sa vie privée à l'insu de tous dans ses petits appartements.

Il y a beaucoup de monde à Versailles. L'étiquette règle toujours l'existence du courtisan. Il connaît tous les détails du cérémonial, qu'il respecte scrupuleusement. Lorsqu'il parvient à entrer dans la familiarité du roi, il se montre attentif à ses moindres désirs ; mieux encore, il les prévient. Sans lui tenir de propos sincères, il sait d'instinct lui plaire, le rassurer, le distraire, car l'ennui pèse toujours sur les existences princières. Conserver cet inappréciable honneur que tant d'autres lui envient devient l'obsession de celui qui l'a obtenu. Louis XV est un maître capricieux qui n'a pas l'autorité de Louis XIV. Jusqu'à maintenant, il n'a pas eu l'art de donner le ton à sa cour. On y attend quelque événement qui ne vient pas. Alors on intrigue, on s'ennuie et le moindre événement prend une importance incroyable. Cette société de cour obéit à un code de bienséances qui n'appartient qu'à elle et que les néophytes ne peuvent pénétrer. La frivolité masque le vide des conversations. Il faut être léger, spirituel, bannir tout propos politique, toute critique et porter toujours le masque de la plus exquise affabilité.

Qu'on appartienne à la Cour ou à la Ville, c'est à Paris qu'on prend du plaisir, qu'on jouit de la vie. Avant toute autre chose, Paris a de l'esprit. L'esprit fuse de partout, de la bouche du laquais insolent comme de celle du philosophe. Paris parle tantôt haut et fort, tantôt en sourdine, mais on entend toujours sa voix. C'est le lieu du monde où l'on apprend le plus de choses et où l'on peut compter le moins sur ce que l'on apprend. On y voit beaucoup de gens occupés à imaginer des mensonges ou à broder sur la réalité. De là les histoires fausses, les contradictions et les calomnies. La ville ne s'endort jamais, au propre comme au figuré. Le Parisien raisonne et persifle volontiers dans la boutique comme dans les cercles mondains.

À Paris, les courtisans se reçoivent et se montrent beaucoup plus communicatifs qu'à Versailles. Fuyant l'ennui, ils vont de salon en salon où la société est beaucoup plus variée qu'à la Cour. Ils cultivent leur esprit, forment leur goût et acquièrent de nouveaux plaisirs par la fréquentation des hommes de lettres, qu'ils ne considèrent plus comme des amuseurs mais comme des penseurs qui font passer leurs idées sur la science, la morale ou la philosophie dans une conversation enjouée. Ils les écoutent. Au milieu de tels hôtes, les écrivains issus de milieux divers ont acquis une politesse raffinée. La conversation qui relie ces personnes venues de mondes différents est devenue un art bien français que toute l'Europe admire. Âme de ces réunions, la maîtresse de maison brille par son esprit et met en valeur celui de ses invités. Ces femmes sont nombreuses à Paris. Qu'elles soient issues de la noblesse ou de la bourgeoisie, elle parviennent à regrouper autour d'elles une société mêlée, unie par le même art de vivre, le goût pour les lettres et les arts.

Manon Fontaine, fille illégitime de Samuel Bernard qui l'a mariée au riche fermier général Claude Dupin, reçoit à l'hôtel Lambert dans l'île Saint-Louis Montesquieu, Buffon, le comte de Tressan, qui est l'âme des fêtes de cour, la princesse de Rohan, la duchesse de Mirepoix, la comtesse de Forcalquier, la comtesse de Choiseul, la marquise du Chatêlet, l'abbé de Saint-Pierre, l'abbé de Mably, ami des Tencin, le jeune abbé de Bernis qui écrit des vers pour son hôtesse dans laquelle il voit « la finesse sans fausseté, la sagesse sans pruderie ». Chez elle on se nourrit encore des grands moralistes du siècle dernier et l'on disserte à l'infini sur les mérites de l'amour et de l'amitié. Son beau-fils, Dupin de Francueil, organise les divertissements dans leur château de Chenonceau où chaque repas réunit une vingtaine de convives. Dans la journée, on fait des lectures à haute voix sous les ombrages, on joue, on admire des cavalcades, on se promène en barque sur le Cher. Le soir, un concert d'une trentaine de musiciens charme les assistants et parfois le ballet de l'Opéra donne un spectacle à l'aimable compagnie.

Le salon des Brancas dans leur hôtel du Palais-Royal est le plus proche du pouvoir mais il y règne une très grande liberté d'esprit. Le jeune Louis de Brancas, comte de Forcalquier, son frère, le marquis de Céreste, et leur sœur la comtesse de Rochefort, veuve à vingt ans, forment un trio inimitable pour l'animer. Mme de Lauraguais dit que Forcalquier éclaire une chambre en y entrant. Qu'on imagine ! Dans ce salon très aristocratique où se plaît la jeunesse, on retrouve le duc de Richelieu, la duchesse de

Luxembourg, le duc et la duchesse de La Vallière... On fête Maurepas qui ne parle pas des affaires du royaume. Spirituel, léger, il récite les épigrammes qu'il a composées et qui attaquent souvent les maîtresses du roi ; il chante des chansons satiriques qu'il collectionne lorsqu'il ne les compose pas lui-même. On reste dans l'attente de ses bons mots et on en rit tant qu'on peut. Le duc de Nivernais, beau-frère de Maurepas, élu à l'Académie française en même temps que Marivaux, charme la société par ses talents de musicien et de comédien. Le président Hénault, qu'on voit aussi bien chez la reine que dans tous les salons, est un hôte habituel des Brancas ainsi que Pont-de-Veyle, neveu des Tencin, qui se fait remarquer par ses talents d'imitateur.

Presque toutes les grandes dames ont leur cercle. Les dîners de la princesse de Rohan, ceux de la duchesse de Luxembourg, de la duchesse d'Aiguillon sont très recherchés. Petit-neveu de la maîtresse de Louis XIV, le duc de La Vallière est avec Richelieu et Soubise l'un des familiers de S.M. C'est un grand lecteur, un bibliophile fou des ouvrages du XVIe siècle et qui essaie de convertir Louis XV aux belles-lettres. Sa femme reçoit à Champs et dans leur propriété de Montrouge une société de beaux esprits où l'on rencontre Moncrif, l'abbé Voisenon, Mme du Deffand. Les La Vallière mènent une vie très libre. Le duc adore les femmes, surtout les comédiennes ; après sa liaison avec Mlle Le Maure, chanteuse à l'Opéra, il en entretient une autre avec les deux époux Favart.

Le salon de Mme de Tencin reste tout à la fois le cénacle des beaux esprits, l'antichambre de l'Académie française, le laboratoire des idées nouvelles, l'observatoire de la vie politique, la fabrique des ministres et le conservatoire des secrets d'État. Mme de Tencin, qui vieillit, note la présence insistante chez elle d'une riche bourgeoise, Mme Geoffrin. « Savez-vous ce que la Geoffrin vient faire ici ? Elle vient voir ce qu'elle pourra recueillir de mon inventaire », a-t-elle dit à un nouvel habitué, le jeune Marmontel. Cette femme intelligente qui fréquente assidûment le salon de l'ancienne nonne reçoit dans son hôtel de la rue Saint-Honoré. Elle a connu chez Mme de Tencin suffisamment d'hommes de lettres qui ont apprécié son intelligence pour les inviter. Elle veut faire de sa maison le rendez-vous des arts et des lettres. Les artistes sont conviés au dîner du lundi et les écrivains à celui du mercredi, mais rien ne la flatte plus que son commerce avec les grands. Simple dans ses goûts, mais fière au fond d'elle-même, elle redoute les passions et se construit un personnage qui risque bien de devenir l'oracle des élites de la vie intellectuelle et mondaine. Le savoir-vivre et une intime connaissance des êtres sont ses qualités essentielles.

Mme du Deffand, toujours prisonnière des caprices de la duchesse du Maine, reçoit elle aussi, mais tant que la princesse tiendra cette cour précieuse qui a fait les beaux jours de la fin du règne de Louis XIV et de la Régence, elle ne volera pas de ses propres ailes.

Les gens de finance forment encore un monde à part malgré leurs alliances avec la noblesse. Plusieurs cultivent les lettres et sont recherchés par la meilleure compagnie, mais ils ne reçoivent chez eux que celle qu'ils choisissent. Les plus en vue sont assurément les frères Pâris, Pâris-Duverney fournisseur aux armées et Pâris-Montmartel, banquier de la Cour. M. de La Popelinière reçoit toujours aussi fastueusement. Son mariage avec Mlle Dancourt a fort mal tourné et le mari est excédé par les satires de ces beaux esprits. Le jeune Marmontel que protège le financier apprend ainsi à connaître « ce qu'est un ménage où d'un côté la jalousie et de l'autre la haine se glissent comme deux serpents. Une maison voluptueuse dont les arts, les talents, tous les plaisirs honnêtes semblaient avoir fait leur séjour et dans cette maison de luxe, l'abondance, l'affluence de tous les biens, tout cela corrompu par la défiance et la crainte, par les tristes soupçons et les noirs chagrins. Il faut voir à table ces deux époux vis-à-vis l'un de l'autre ; la morne taciturnité du mari, la fière et froide indignation de la femme, le soin que prennent leurs regards de s'éviter, et l'air terrible et sombre dont ils se rencontrent, surtout devant leurs gens[1] ». Les ménages aristocratiques prévus par une subtile stratégie familiale éprouvent souvent des sentiments qui manquent de tendresse, mais leur éducation leur a appris dès l'enfance à les cacher.

Il est clair que depuis le début de ce siècle, les gens de condition aspirent à la réputation de bel esprit et d'homme de lettres. Outre la conversation qui fait ses délices, toute la société a la fureur d'écrire et de jouer la comédie. Plusieurs hôtels et la plupart des

1. Jean-François Marmontel, *Mémoires*, Paris, Mercure de France, 1999, p. 101.

châteaux ont leur théâtre et on retrouve sur la même scène les plus grands noms de France mêlés à ceux de la finance. On a vu ainsi chez Mme d'Angervilliers la petite Poisson, fille d'un financier véreux, chanter le grand air d'*Armide* de Lully en présence de Mme de Mailly du temps de sa splendeur. La maîtresse du roi, très émue par sa prestation, l'embrassa avec effusion. Une autre fois, Mlle Poisson a tenu un rôle dans *Zaïre* devant Voltaire sur la scène du château d'Étiolles appartenant au fermier général Le Normant de Tournehem. Elle a épousé depuis peu Le Normant d'Étiolles, le neveu de ce protecteur, et elle rêve elle aussi d'avoir son salon. Le président Hénault, qui l'a rencontrée, ne tarit pas d'éloges sur sa beauté, sa grâce et ses talents. L'abbé de Bernis, sensible à son charme, ne va pourtant pas à Étiolles, la société qu'elle reçoit ne lui convenant pas. Il y a sans doute chez elle trop de gens de finance que l'abbé n'apprécie pas. Par un singulier paradoxe, cette société qui refuse à la femme de théâtre la bénédiction nuptiale, qui continue de l'excommunier, qui jette son cadavre à la voierie, qui exerce à son endroit les lois les plus sévères, sait aussi la traiter sans préjugé, voire de la plus flatteuse manière. Tandis que la bourgeoisie la regarde comme un objet d'opprobre et répugne à la fréquenter, la noblesse, au contraire, court au-devant d'elle, la reçoit, la caresse, l'adule, et tire même vanité de ce commerce. On dira que c'est la comédienne (ou la cantatrice, ou la danseuse) que l'on recherche, et non la courtisane. Mais comme la distinction est assez difficile à établir, et que l'une ne va généralement pas sans l'autre, il en résulte qu'après avoir fréquenté la comédienne, on en arrive à voir la courtisane, en se donnant à soi-même (et aux autres) l'excuse du théâtre. En fait, ce que l'on recherche auprès de ces femmes, c'est une certaine légèreté de ton et de langage, une forme d'esprit moins convenu que celui des salons, une conversation plus libre, un rire plus spontané, plus de désinvolture dans la pensée comme dans le maintien, des élégances plus affectées, des parures plus éclatantes ! Une manière, en somme, de s'encanailler dans la joie, de se laisser glisser sans péril au vertige de l'inconnu, de frôler jusqu'à l'ivresse l'abîme de ces vies inquiètes, à l'abri de son rang et de sa naissance. Cette collusion entre le monde du spectacle et celui des classes dominantes a vu le jour à l'époque de la Régence.

Quoi de plus amusant que les potins de coulisses, les secrets d'alcôve, les bons mots, les rosseries, les anecdotes scandaleuses, les commérages, les indiscrétions, les rivalités, les crêpages de chignon, toutes ces petites histoires, tous ces papotages vifs et drôles qui vont, viennent, volent de bouche en bouche et scintillent autour de la table, comme le vin de Champagne dans les verres, au milieu des rires en cascade. Non, décidément, il n'est point de souper réussi sans quelqu'une de ces enchanteresses ! Les dames de la meilleure noblesse vont aux dîners de Mlle Quinault, au bal champêtre donné par Mlle Antier pour la convalescence du roi, où elles dansent jusqu'au lever du jour. Adrienne Lecouvreur gémissait déjà des sollicitations qui l'accablaient et de l'insistance des grandes dames à venir troubler sa vie paisible et retirée : « C'est une mode établie, disait-elle en 1738, de dîner ou souper avec moi, parce que quelques duchesses m'ont fait cet honneur. [...] Si ma pauvre santé me fait refuser ou manquer à une partie de dames que je n'ai jamais vues, qui ne se soucient de moi que par curiosité, ou si je l'ose dire par air, car il en entre en tout : "Vraiment !, dit l'une, elle fait la merveilleuse !" – Une autre ajoute : "C'est que nous ne sommes pas titrées." – Si je suis sérieuse, parce qu'on ne peut pas être fort gaie au milieu de gens qu'on ne connaît pas : "C'est donc là cette fille qui a tant d'esprit ?", dit quelqu'un de la compagnie. – "Ne voyez-vous pas qu'elle nous dédaigne, dit un autre, et qu'il faut savoir du grec pour lui plaire ? Elle va chez Mme de Lambert !" » Pénétrant les raisons de sa vogue mondaine, Adrienne Lecouvreur avait conscience de demeurer étrangère au monde qui la choyait ; mais elle savait concilier sa dignité avec les conventions sociales[1].

Plaisirs, plaisirs, plaisirs

Les Parisiens et les étrangers trouvent à Paris tous les plaisirs imaginables. La capitale offre plusieurs promenades aux flâneurs. Le jardin des Tuileries reste toujours très fréquenté. On y bavarde, on s'y assoit, on sirote des boissons chez un limonadier sur la terrasse des Feuillants. On se raconte des anecdotes ; on entend

1. Sainte-Beuve, *Causeries du lundi*, t. I, p. 206 et 209.

des potins qu'on pourra raconter et déformer à plaisir. Les petites boutiques de jouets et de bimbeloterie font de bonnes affaires les jours de beau temps. C'est dans ce parc que l'on apprend les dernières nouvelles. On y achète la *Gazette de France, Le Mercure, La Gazette des spectacles*... et d'autres périodiques qui ont reçu l'*imprimatur* ; des journalistes clandestins vendent sous le manteau des feuilles manuscrites diffusant des informations plus piquantes, généralement scandaleuses. Le lieutenant de police en arrête certains, mais leurs écrits courent encore.

Les Parisiens découvrent la promenade sur le boulevard aménagée depuis peu de temps. Les cafés, les théâtres et les spectacles en tous genres, les boutiques de traiteurs avec leur musique, leurs bosquets illuminés le soir, leurs guirlandes fleuries attirent une clientèle mêlée. Sur cette avenue spacieuse d'où l'on aperçoit Montmartre avec ses moulins à vent on projette de construire des maisons de plaisance.

Le quartier du Palais-Royal attire toujours une foule de beaux parleurs qui se réunissent dans les cafés. Venu de la petite ville de Langres où son père est coutelier, un jeune auteur nommé Diderot adore s'asseoir dans les jardins, mais « si le temps est trop froid ou trop pluvieux, il se réfugie au "Café de la Régence" » ; là il s'amuse à voir jouer aux échecs. « Paris est l'endroit du monde et le Café de la Régence est l'endroit de Paris où l'on joue le mieux à ce jeu[1] », dit-il.

Le goût pour les spectacles n'a jamais été poussé aussi loin qu'en ce moment. D'ailleurs le théâtre donne aux gens du monde des réflexions toutes faites. La Comédie-Française se trouve quelque peu délaissée au profit des Italiens dont Marivaux reste le génie tutélaire. Il y a donné *Les Fausses Confidences* en 1737 et *L'Épreuve* en 1740. Plusieurs auteurs nouveaux s'inscrivent dans la même lignée et font eux aussi la joie de ceux qui se passionnent pour la métaphysique du cœur.

Appelé aussi Académie royale de musique, l'Opéra est toujours installé dans la salle du Palais-Royal inaugurée en 1641. Ce théâtre majestueux conserve la configuration étirée des anciens jeux de paume assez peu favorable pour l'acoustique. On y donne trois représentations par semaine ; son public se recrute parmi

1. Denis Diderot, *Le Neveu de Rameau*, Paris, Gallimard, 2006.

les classes les plus riches de la société qui peuvent seules s'offrir le coûteux privilège d'une loge à l'année sur laquelle on fait graver son nom en lettres d'or et ses armoiries si l'on en possède. Les soirs de représentation, princes et princesses, ducs et duchesses, seigneurs de la Cour, fermiers généraux, financiers, filles à la mode et courtisanes de haute volée rivalisent d'élégance, les hommes en grand habit, les femmes en larges paniers. À la fin du spectacle, sur le perron du théâtre, le suisse appelle leurs « gens » d'une voix de stentor, en faisant sonner bien haut leurs nom, titres et qualités qui retentissent sur la place du Palais-Royal jusqu'à ce que leur équipage soit avancé. Parmi les privilégiés de l'Opéra figurent aussi tous ceux auxquels le roi accorde une entrée gratuite, soit environ deux cents personnes qui se répartissent entre les galeries et le parterre. Les places restantes suffisent à peine aux étrangers séjournant à Paris qui se font un devoir de passer une soirée à l'Opéra.

Le théâtre se transforme en salle de bal depuis que le Régent a donné son autorisation pour un tel divertissement. Trois cents bougies, des chandelles, des lampions et des pots à feu dont la lueur se reflète dans les miroirs s'éclairent pendant toute la nuit. La saison des bals s'ouvre le jour de la Saint-Martin et se poursuit tous les dimanches jusqu'à l'Avent. Elle reprend le jour des Rois et on les donne deux fois par semaine pendant le carnaval jusqu'au carême. Le bal commence à minuit et s'achève à sept heures du matin. Le billet d'entrée coûte six livres. Toutes les femmes y viennent masquées tandis que les hommes se montrent à visage découvert. Une foule compacte s'y entasse : grandes dames, bourgeoises, filles entretenues, comprimées et ballottées au gré du flux et du reflux, souriant aux galanteries qu'on leur souffle à mi-voix. Ici pas d'étiquette, pas de rang, toutes les femmes se retrouvent sur un pied d'égalité, emportées dans la même farandole de plaisir. Les hommes ne viennent là que pour l'aventure, papillonnant de l'une à l'autre, attendant que la bonne fortune fasse tomber dans leurs bras quelque belle inconnue. Que de reconnaissances ! Que de méprises ! Que d'espiègleries dont le feu s'ouvre par ces mots, toujours les mêmes : « Je te connais beau masque ! » Seuls les blasés s'ennuient au bal de l'Opéra.

Une autre passion anime les Parisiens, celle du jeu. Des gens qui peuvent à peine rester en place un quart d'heure sont capables de manier des cartes cinq ou six heures de suite. On joue partout, à la Cour, chez les particuliers, et aussi dans certaines maisons que l'on fait fermer par ordre du lieutenant de police.

Paradis du libertin

L'amour physique est à la mode ; il surgit de toutes parts et tout le monde s'en soucie : gens de lettres, savants, philosophes, militaires, prélats, grands seigneurs... Le petit dieu ailé prend librement son vol et se répand en tous lieux. À la Cour comme à la Ville, dans les loges d'Opéra ou les boudoirs des hôtels aristocratiques, dans les alcôves des petites-maisons ou les bosquets complices des grands parcs ombreux : partout il est chez lui, partout il prend ses aises. Cependant, le libertinage ne se conçoit pas ailleurs que dans les classes privilégiées de la société. Le libertin obéit à un idéal aristocratique de l'existence incompatible avec la morale bourgeoise : « L'amour est l'affaire de ceux qui n'en ont point ; le désœuvrement est donc la source des égarements où l'amour jette les femmes. Cette passion se fait peu remarquer chez les femmes du peuple aussi occupées que les hommes par des travaux pénibles[1]. » Par opposition, la bourgeoisie passe pour vertueuse : « C'est la seule classe de la société, où la décence des mœurs subsiste ou subsistait encore[2]. » La littérature inspirée du libertinage atteste d'ailleurs pleinement son appartenance à la noblesse. Même lorsque les personnages sont issus du peuple ou de la bourgeoisie, c'est l'aristocrate qui demeure la référence sociale.

L'Opéra est la chasse gardée des libertins : on y accueille toute jeune femme désireuse de s'affranchir du joug d'un père ou d'un mari, et la fille galante y trouve un refuge inviolable aux rigueurs de la justice. La dernière des filles de chœur, de chant ou de danse, la plus humble figurante est émancipée de droit. Il lui suffit d'invoquer son désir d'être libre. Point n'est besoin de dons par-

1. Charles Pinot Duclos, *Mémoires pour servir à l'histoire des mœurs du XVIIIe siècle*, Paris, 1751, p. 68-69.

2. Charles Pinot Duclos, *Mémoires secrets sur le règne de Louis XIV, la Régence et le règne de Louis XV*, Paris, Didot, 1865, p. 112.

ticuliers, de vocation, ni de formation ; l'engagement ou l'ajournement dépend des seuls gentilshommes de la Chambre. Mais il va sans dire qu'une haute protection n'est jamais superflue, et quelques complaisances pour le maître de ballet soutiennent efficacement la candidate. À partir de son *encataloguement*, et quel que soit son âge, elle échappe à la puissance paternelle et peut sortir sans risque d'être inquiétée. Il en va de même pour la femme mariée ; les droits de son époux viennent se briser devant les portes de cet asile. Cette immunité ne vient pas d'un règlement formel, mais d'une tradition solidement établie, qui résulte d'ailleurs de l'obligation pour les filles de spectacle de faire honneur à l'engagement signé par elles, et pour les directeurs de salles d'avoir toujours exactement leur personnel au complet. On pousse même les choses encore plus loin : une femme ou une fille du peuple montre-t-elle des dispositions pour le théâtre, ou jouit-elle d'un puissant appui ? On l'y inscrit d'office et une lettre de cachet l'enlève à sa famille, en dépit de toutes les protestations. Bien que la vie n'y soit pas exactement la même, le cloître et l'Opéra offrent à leur détresse la seule retraite possible. Revers de la médaille : la jeune novice ne reçoit aucun salaire et doit vivre des revenus de la galanterie, lesquels dépendent, bien sûr, de l'étendue de ses charmes et de la fortune de ses amants. À elle de bien choisir. De son côté, le grand seigneur s'estime tellement flatté de sa conquête qu'il en use avec elle comme d'un objet rare et précieux qui ajoute à son prestige. Non seulement il la couvre d'or et de diamants, mais il lui passe quelques infidélités, et ne trouve même pas à redire sur l'amant de cœur, appelé familièrement « guerluchon », à condition que la chose ne soit pas publique. Pour éviter tout incident, il ne va jamais souper chez sa maîtresse sans se faire annoncer. Ce qui comble sa vanité, c'est d'entretenir une fille de l'Académie royale de musique, qui, à ce titre, appartient au roi.

Comme c'est l'Opéra qui emploie le personnel le plus nombreux, il n'est point trop difficile de s'y faire admettre : un air mutin, un joli sourire, un pied mignon, un peu de gentillesse et beaucoup de bonne volonté, et vous voilà bientôt engagée. À leur entrée, les nouvelles recrues se font inscrire au *Magasin* (nom communément donné à l'école de chant et de danse), et participent aux spectacles en qualité de figurantes. Ces essaims de fraîches beautés à peine écloses, parées avec élégance et coiffées à la dernière mode, tapissent le fond du théâtre, à la manière d'un cercle de nymphes, offrant à la vue du spectateur les appas les plus propres à émouvoir les sens, multipliant les œillades suggestives, les moues provocantes, les voluptueux déhanchements, mêlant avec art les lascivités de l'arabesque aux grâces du rigodon. Au bout de trois mois chez Lany, le maître de ballet de l'Opéra, notre figurante sera prête à tenir sa partie dans un ballet, demi-nue et le corps visible à travers la jupe en rubans. On cite les demoiselles Allard et Peslin comme des modèles, pour l'aisance avec laquelle elles exécutent les tournoiements, écarts et pirouettes sur un pied, tout en laissant deviner des parties secrètes qu'un indiscret caleçon dévoile par instants, pour les dérober aussitôt, excitant les ardeurs du parterre. Il est des danses plus affriolantes encore, mais que l'on ne peut voir que sur des scènes privées.

Merveilleuse voie d'accès à la carrière de courtisane, l'entrée à l'Opéra suscite d'âpres convoitises. On voit des mères proxénètes et prévoyantes y préparer leur fille dès le plus jeune âge, intriguer auprès des gentilshommes de la Chambre, parmi lesquels le maréchal de Richelieu, grand connaisseur en matière de tendrons, ou marchander avec Lany, séducteur et débauché, qui a même vendu sa propre sœur.

Fréquenter les coulisses de l'Opéra n'empêche pas les libertins d'aller chez Mme Pâris qui tient à Paris l'hôtel du Roule, rue de Bagneux, bien meublé, où l'on trouve des chambres accueillantes et des dîners raffinés. On vient chez la Pâris pour passer un moment tarifé avec ses charmantes pensionnaires qui outre leurs charmes personnels ont reçu des leçons de danse et de musique. Un chirurgien les visite tous les deux jours. Cette femme et son petit sérail son protégés par la police pour y attirer des étrangers importants, des ambassadeurs. Il y a dit-on quelques domestiques espions qui connaissent les langues étrangères et qui entendent dans les parties de débauche ce qui pourrait servir au ministère !

CHAPITRE XV

L'année de Fontenoy

Mariage princier

Que d'effervescence au début de cette nouvelle année 1745 ! On prépare le mariage du dauphin. C'est une aubaine pour les corps de métiers parisiens où affluent des commandes de toutes sortes. Le peuple attend avec impatience les réjouissances prévues en de telles occasions, mais pour les courtisans les noces princières coûtent cher. Il faut trois somptueux habits pour les journées officielles, sans compter ceux du bal masqué, et d'autres plus simples (si l'on peut dire) pour les fêtes qui dureront cinq jours encore. Les carrosses doivent être repeints et redorés, les cochers et les laquais vêtus de neuf, les hôtels illuminés. Les immanquables frais de réception risquent d'augmenter les dettes de la noblesse qui vit souvent au-dessus de ses moyens. Paraître dans toute sa splendeur aux yeux du roi, de la famille royale et de la Cour fait partie des devoirs auliques.

Le roi a soudain retrouvé une vitalité qu'on ne lui avait pas vue depuis longtemps. Il passe un temps fou à arbitrer des conflits d'étiquette qui sembleraient futiles hors de ce pays-ci. Est-ce au capitaine des gardes ou aux gentilshommes de la Chambre qu'il appartient de faire les invitations pour la soirée de ballet ? On n'imagine pas les discussions suscitées par cette question. On recherche dans les archives des maîtres de cérémonie ce que Louis XIV a décidé pour le mariage de Monseigneur le dauphin, son fils, il y a soixante ans. Et cent fois par jour on se heurte à de tels détails qui ont ici une importance capitale.

On en oublierait presque les nouvelles de la guerre. Il y en a pourtant et non des moindres. Le maréchal de Belle-Isle et son frère sont prisonniers. Des hussards hanovriens les ont capturés dans des circonstances qui restent obscures près d'un village du comté de Stolberg pourtant considéré comme État neutre. Les deux frères vont être conduits dans une forteresse anglaise. Le maréchal détenait des documents confidentiels qui ont été saisis. « C'est bien les papiers dont je suis en peine », s'est écrié le roi en apprenant la nouvelle. Il ne s'inquiète pas pour les deux victimes, qui seront traitées en prisonniers de guerre selon leur rang.

À peine avait-on appris cette malencontreuse affaire qu'une surprenante annonce parvenait à S.M. : l'empereur bavarois était mort subitement le 20 janvier « d'une goutte remontée ». Il n'avait que quarante-sept ans. On se souvient que c'est son élection à Francfort voulue par la France à la mort de Charles VI de Habsbourg qui a entraîné cette guerre dans laquelle l'Europe se débat depuis bientôt cinq ans. Une habile négociation pourrait aboutir à la paix si l'on voulait bien accepter pour empereur l'époux de Marie-Thérèse, François de Lorraine, aujourd'hui duc de Toscane. Cela permettrait de donner une principauté italienne à Philippe, mari d'Élisabeth de France, fille de Louis XV. Il y aurait alors une suspension d'armes. C'est ce que souhaitent de bons bourgeois tels que l'avocat Barbier. Mais ces personnes raisonnables ignorent les intentions de S.M. et celles de ses ministres. Le roi a tenu conseil à ce sujet, mais nul ne sait ce qui a été décidé.

Les préparatifs du mariage se poursuivent à vive allure. À Versailles on transforme le manège couvert de la Grande Écurie en salle de spectacles. Le soir des noces on y jouera *La Princesse de Navarre*, un divertissement sous forme de comédie-ballet imaginé par Voltaire sur une musique de Rameau. Il n'y aura que cinq cent quatre-vingts places. Le lendemain, le manège se transformera en salle de bal. Dans le salon d'Hercule, des ouvriers installent des gradins de bois doré pour le bal masqué. Des barrières contiendront la foule dans le péristyle précédant la chapelle. À Paris, tous les habitants sont « furieusement en mouvement » ; les commerçants et les artisans doivent répondre aux dernières commandes et les échevins préparent la réception de la famille royale, ce qui n'est pas une mince affaire.

Le roi, le dauphin, la Cour et la Ville se demandent comment sera Madame la dauphine. Cette princesse a dix-neuf ans, quatre ans de plus que son époux. On sait peu de chose de ce prince qui vit dans l'ombre de ses parents. Plutôt timide et renfermé, il passe pour un jeune homme sérieux, très pieux, assez instruit, et plutôt coléreux. Il n'a ni le charme de son père, ni la bonhomie de sa mère ; il ne connaît pas les femmes. Il vient de faire savoir à son épouse qu'il souhaitait qu'elle mît du rouge sur ses joues comme le veut la coutume de ce pays-ci. L'infante Marie-Thérèse-Raphaëlle, qui ne s'est jamais fardée, a accepté cette demande puisqu'elle vient de M. le dauphin.

Depuis la frontière, la princesse avance à petites étapes. Le duc de Richelieu, en tant que premier gentilhomme de la chambre de S.M., ira au-delà d'Orléans faire compliment à la princesse de la part du roi, de la reine et de M. le dauphin. Il lui apportera une grande boîte couverte de velours cramoisi brodée d'or et doublée de satin bleu à l'intérieur de laquelle Mme la dauphine trouvera une montre, une tabatière, des étuis, un éventail, le tout garni de diamants et monté en or. Il paraît que la jeune personne est bien faite, qu'elle marche élégamment, sourit avec grâce et que son visage, quoiqu'un peu long, est éclairé par deux yeux vifs et un sourire charmant. Ces détails restent vagues, mais d'ici peu, le roi et son fils jugeront par eux-mêmes.

Le 20 février, Louis XV et le dauphin ont pris une chaise à deux places pour aller jusqu'à Sceaux. Quatre cents gardes-françaises, quatre cents gardes suisses et les bourgeois de la ville en armes les attendaient. Le lendemain, suivis par quatre carrosses remplis d'invités, le père et le fils s'avancent jusqu'à Mondésir, la première poste après Étampes, où ils rencontrent le cortège de l'infante. La princesse descend de sa voiture avec mille précautions, marche vers le roi et s'agenouille devant lui. Il la relève, l'embrasse sur les deux joues et la présente à son époux qui l'embrasse à son tour. Le souverain entraîne alors le dauphin, la dauphine, la duchesse de Brancas et la duchesse de Lauraguais dans son carrosse. À Étampes, il présente à la princesse les princes du sang et les ministres et préside le jeu du lansquenet jusqu'au souper. « Voilà une bonne journée de passée », dit-il plus tard à sa belle-fille. « Sire, ce n'est pas celle que je redoutais le plus, a-t-elle répondu. Je me flattais que vous me recevriez avec bonté. Je crains plus celles de demain et après-demain. Tous les yeux seront ouverts sur moi et je n'y trouverai peut-être point des dispositions aussi favorables. »

Pendant ce temps, la reine était arrivée à Sceaux avec les princesses et leur nombreuse suite. Sur la route de Paris à Sceaux, on ne pouvait plus ni avancer ni reculer tant il y avait de carrosses, ceux des courtisans et ceux des curieux qui n'iraient pas aux fêtes de Versailles. Un autre embouteillage bloquait le chemin de Paris à Versailles où se précipitaient déjà une partie des invités et des Parisiens venus en spectateurs. Depuis plusieurs jours les Versaillais ont loué à prix d'or toutes les chambres libres. L'avocat Barbier prétend que le public trouve toujours de l'argent pour fêtes et plaisirs, même lorsqu'il crie misère.

Mme la dauphine risque d'être épuisée par les cérémonies qui l'attendent. Après une courte nuit passée à Sceaux, elle est partie pour Versailles précédée par la famille royale. Arrivée à dix heures et demie, elle parut à une heure dans une robe de brocart d'argent constellée de perles. M. le dauphin portait un habit et un manteau de soie d'or garni de diamants. Passant majestueusement entre une haie de courtisans dans la galerie des Glaces, le jeune couple se tenant par la main descendit l'escalier des Ambassadeurs et parvint à la chapelle dont les travées étaient remplies de monde. Après la cérémonie, M. le dauphin et Mme la dauphine devaient dîner dans la chambre de la princesse où deux couverts étaient préparés, mais le roi leur proposa d'inviter Mesdames à dîner avec eux. Qui l'eût dit ? L'étiquette était bouleversée. Louis XV avait brisé le carcan aulique.

Le soir, on se bouscula longtemps pour entrer dans la salle du manège. La foule était si nombreuse qu'il fallut faire ressortir beaucoup d'invités. Quelqu'un cria : « Bourrez ! », ce qui fit très mauvaise impression. Ce tumulte retarda l'arrivée de la famille royale. *La Princesse de Navarre* ne suscita pas l'enthousiasme. L'intrigue plutôt confuse faisait la part trop belle à la France par rapport à l'Espagne. On jugea ridicule la mise en scène qui prévoyait l'abaissement de la chaîne des Pyrénées grâce à l'Amour descendant sur un char symbolisant l'alliance franco-espagnole. Il était dix heures lorsque Louis XV fit passer la famille royale dans l'antichambre de la reine pour le souper. Il prit le dauphin à sa droite et la dauphine à sa gauche. Après minuit, les jeunes mariés se préparèrent pour la cérémonie du coucher. Les hommes entrèrent chez M. le dauphin, les femmes chez Mme la dauphine. Lorsque les époux en chemise de nuit se retrouvèrent dans la chambre de la mariée, le cardinal de Rohan procéda à la bénédiction du lit, les mariés se couchèrent, on ferma les rideaux, on les rouvrit et le roi les referma pour laisser le jeune ménage enfin seul. Le dauphin et la dauphine, qui n'ont pas même eu le loisir de parler tête à tête quelques instants, doivent maintenant s'occuper de donner des héritiers au trône de France. Le devoir avant tout !

Le lendemain, on présenta des centaines de courtisans à Mme la dauphine, qui dîna tête à tête avec son mari. Le soir, dans la salle du manège, se déroula le bal paré où les dames devaient paraître en grandes boucles. Seuls pouvaient danser les princes et les princesses du sang, les grands et grandes d'Espagne et ceux que le roi avait personnellement désignés.

La dauphine ne séduit pas la Cour. Elle a l'air majestueux qui sied à son rang, mais son long nez qui paraît tenir à son front dépare l'ovale trop prononcé de son visage à la peau cireuse auréolé de cheveux roux. Ses cils et ses sourcils très pâles ne mettent pas en valeur ses yeux sombres. On ne parle d'elle ni en bien ni en mal. Les courtisans et les Parisiens ne pensent qu'aux fêtes et attendent avec impatience le bal masqué où l'on compte s'amuser, le 25 février.

Ce soir-là, des milliers de terrines où brûlent des bougies sans cesse renouvelées illuminent la façade du château côté cour. Vers onze heures et demie, des centaines de carrosses se pressent dans l'avenue de Paris. Le roi et la famille royale, qui ont soupé en grand couvert, se sont retirés à l'arrivée des premiers convives. Comme on n'a pas donné de billets d'invitation, on laisse entrer tous les masques dans le salon d'Hercule, mais la cohue est telle que les huissiers sont bientôt débordés. Quinze cents personnes s'entassent debout ou assises par terre. En attendant le début des réjouissances, on lorgne sur les buffets où s'étalent poissons (régime de carême oblige) et confiseries entre des pyramides d'oranges. Lorsque s'ouvrent les portes de l'appartement royal paraît la reine en grand habit de cour escortée par le dauphin et la dauphine costumés en berger et en bergère. On se demande où peut être le roi lorsque soudain huit ifs taillés à la manière de ceux du parc font irruption dans la galerie. Le souverain est sûrement parmi eux, mais lequel est-ce ? Toutes les jolies femmes en quête d'aventure se pressent vers ces arbres mystérieux. L'un d'eux s'enfuit avec une dame. Est-ce le souverain ? Nul ne le sait.

Fêtes populaires et idylle royale

La Ville de Paris a organisé des fêtes dignes d'une telle solennité. Le jour du mariage, huit grandes salles ont accueilli le peuple qui pouvait se régaler et danser : il y en avait deux sur la place Vendôme, deux sur la place des Victoires, une au Carrousel, une place de l'Estrapade, une place Dauphine et une autre à la porte Saint-Antoine adossée à la Bastille. Des plafonds de toile peinte tendus au-dessus des murs décorés de treillage dissimulaient de solides charpentes et un plancher permettait de circuler facilement. Dans chacune de ces salles, quatre orchestres se relayaient en permanence et sur des buffets en gradins étaient disposés des morceaux de mouton, de dinde, des langues, des cervelas, du pain et du vin. Malheureusement, les réjouissances ne se sont pas toujours déroulées comme l'espérait M. de Bernage, le prévôt des marchands. Les salles furent très vite assaillies par la populace. Des hommes escaladèrent les buffets d'où ils lançaient pêle-mêle des morceaux de viande qui tombaient sur la foule. Attrapaient ceux qui pouvaient. Les orchestres jouaient, mais personne ne dansait sauf quelques polissons qui faisaient des farandoles, renversant tout sur leur passage. Les artisans et les commerçants venus là en famille furent obligés de quitter les lieux. Une lingère ou une femme de savetier se serait sentie déshonorée de danser là. Certains pensent que le prévôt aurait dû faire contrôler les entrées et donner à boire et à manger sur les places publiques. Tout Paris était dans la rue. Les jours suivants, il y eut un beau tumulte chez le prévôt où se précipitèrent des gens de toutes conditions pour retirer les billets pour le bal masqué de l'Hôtel de Ville. Le prévôt, qui voulait réserver ces invitations à la seule noblesse, s'était brouillé avec les échevins, lesquels en avaient distribué à de nombreux bourgeois…

Le bal masqué de l'Hôtel de Ville fut magnifique. Recouverte d'un parquet et surmontée d'un plafond peint à la hauteur des toits, la cour était devenue une salle de danse. Des murs de miroirs donnaient une impression d'immensité. Les glaces et les pilastres des galeries du premier étage reflétaient à l'infini l'image des invités. On se plaignait cependant de la pingrerie des buffets et la foule était si dense qu'on s'y étouffait. Plusieurs personnes se trouvèrent mal.

Le roi et le dauphin allèrent à ce bal chacun de son côté, le souverain voulant laisser la vedette à son fils puisque la Ville donnait ces fêtes en son honneur. À la demande de son père, le dauphin partit de bonne heure, son épouse était trop fatiguée pour l'accompagner. En réalité, le souverain voulait profiter d'un complet incognito pour rejoindre une mystérieuse personne. Vers minuit, sous un domino noir, il quitta Versailles avec le duc d'Ayen et quelques intimes. À la barrière de Sèvres, il croisa le carrosse du jeune prince qui rentrait à Versailles ; il était sûr de n'être plus reconnu. Il abandonna bientôt son carrosse pour s'engouffrer dans un fiacre et en route pour l'Hôtel de Ville comme un simple particulier. On s'étonnera peut-être de savoir le roi d'humeur aussi badine alors qu'il pleurait la mort de Mme de Châteauroux il y a deux mois. Peu de gens savent qu'une femme est entrée depuis peu dans sa vie. Il s'agit de Mme d'Étiolles que Binet, son valet de chambre, lui a présentée. Le jour du mariage du dauphin, Louis XV l'a fait inviter au bal paré et ce soir, il a rendez-vous avec elle.

En arrivant à l'Hôtel de Ville, la foule est si bruyante et si dense que le roi préfère aller au bal de l'Opéra. Il y danse longtemps sans être reconnu avant de retourner à l'Hôtel de Ville où l'attend Mme d'Étiolles, laquelle vient de passer quelques moments pénibles. À moitié étouffée par des bandes de masques qui voulaient l'entraîner, elle a demandé secours à M. de Bernage. Il l'a conduite dans un petit salon où s'est réfugié le marquis de Valfons en galante compagnie. Les dominos et les masques évitent les présentations. Aussi Valfons ignore-t-il la jolie Mme d'Étiolles qui essaie de rajuster ses vêtements froissés par la foule. Le jeune homme se demande quel heureux mortel a rendez-vous avec elle. L'arrivée soudaine de deux dominos masqués satisfait bien vite sa curiosité. Stupéfait, il reconnaît le roi au son de sa voix et le duc d'Ayen à sa haute stature. Ils entraînent aussitôt Mme d'Étiolles avec eux. Valfons vient de découvrir un passionnant secret et se demande où les amants vont se réfugier. Jamais il n'oserait imaginer le projet du roi : Louis XV a décidé de passer la nuit chez sa nouvelle maîtresse, rue Croix-des-Petits-Champs, car M. Le Normant d'Étiolles est fort opportunément parti en voyage. Voici donc le roi, son amante et le duc d'Ayen en fiacre partis de l'Hôtel de Ville pour la rue Croix-des-Petits-Champs, mais le souverain n'a pas la moindre idée de ce que peut être la circulation dans la capitale un soir de liesse. Impossible d'avancer. Louis s'impatiente, veut donner un énorme pourboire au cocher ; le duc d'Ayen l'en empêche. Ce serait éveiller les soupçons, se faire peut-être reconnaître. D'Ayen donne un écu au bonhomme qui fouette ses chevaux, menace les badauds et parvient à se frayer un chemin jusqu'au paradis des amours illégitimes.

À neuf heures du matin, Louis XV est rentré à Versailles où il a aussitôt assisté à la messe avant de se coucher en demandant qu'on le réveille à cinq heures.

Les calculs de messieurs les financiers

Les escapades du roi amusent la Cour qui préfère voir S.M. courir le guilledou plutôt que de se morfondre. Qu'il prenne donc du bon temps avant de choisir une nouvelle maîtresse. Toutes les jolies femmes espèrent succéder aux sœurs Nesle. À l'exception de Mme de Flavacourt, Louis les a toutes aimées, même la grosse Lauraguais pourtant traitée en favorite subalterne. Qui sera la prochaine élue ? La plupart des grandes familles du royaume espèrent que S.M. désignera l'une des leurs : partager la couche royale est un privilège aristocratique. Et les courtisans se gaussent en apprenant que des bourgeoises et des épouses de financiers comme la présidente Portail ou Mme de La Poplinière briguent cet honneur qui s'apparente à une charge aulique.

Personne ne se doute que la dame du bal de l'Hôtel de Ville a conquis le roi. Personne excepté Binet, pourvoyeur et protecteur des amours royales. Le valet de chambre a peut-être fait un heureux choix pour le monarque, mais sûrement pas pour la Cour. Tout dévoué à son maître et fier de sa noblesse récente – il est baron de Marchais –, Binet conserve des liens étroits avec son milieu d'origine, le monde de la finance, à l'intérieur duquel existent de puissants réseaux soudés par des intérêts communs, des alliances matrimoniales et des protections princières ou ministérielles. Depuis 1726, une compagnie de soixante financiers constituant la Ferme générale avance des fonds au roi, perçoit en son nom les impôts indirects et reçoit ensuite l'intérêt de ses avances. La Ferme, dont le siège administratif se situe à Paris, rue de Grenelle-Saint-Honoré, est devenue une institution permanente. Présente partout dans le royaume avec son personnel de contrôleurs, de gabelous à la recherche des fraudeurs, elle dispose de privilèges régaliens et assure environ 45 % des revenus de l'État. En outre, beaucoup de Français placent leurs fonds dans la Ferme et se trouvent ainsi liés à ses intérêts. Le cardinal de Fleury, issu d'une famille de finance, parlait des fermiers généraux comme des « colonnes de l'État ». Aujourd'hui leur réseau de protection va du roi et des princes aux ministres en passant par beaucoup de familles de la noblesse d'épée et de la robe. La Ferme est ainsi devenue une force et un groupe de pression. Les fermiers peuvent infléchir des décisions en refusant ou en consentant les avances et les prêts. Le corps politique ne peut fonctionner sans eux : ils détiennent le nerf de la guerre et les clés de la prospérité. Les gentilshommes méprisent ces parvenus, mais sont bien obligés de frayer avec eux pour faire fructifier leurs fonds, ou pour emprunter de l'argent. Afin de redorer leur blason, plusieurs aristocrates ont dû se résoudre à marier leur fille à des financiers dont le prestige a ainsi été rehaussé.

Moins considérés que les fermiers généraux parce qu'ils ne manient pas les deniers du roi, mais tout aussi puissants, les banquiers qui prêtent et placent l'argent agissent souvent de concert avec la Ferme. C'est le cas des célèbres frères Pâris d'obscure naissance, mais qui ont réussi grâce à leur génie des affaires à se constituer une fortune colossale dans la fourniture des armées : Pâris-Duverney est directeur général des vivres destinées aux troupes et Pâris-Montmartel banquier de la Cour depuis 1724. Maîtres occultes des affaires politiques du royaume, ils mènent grand train dans leur château de Brunoy où ils reçoivent le roi, les ministres et les courtisans les plus en vue. Ils sont « riches par-dessus les yeux ; ils ont beaucoup d'amis, tous les souterrains possibles et de l'argent à répandre », affirme Mme de Tencin qui les connaît bien. Ces redoutables financiers tiennent à conserver la confiance du souverain et savent se servir des femmes. Les Pâris ont naguère comblé de bienfaits Mme de Prie qui leur portait une réelle vénération, et plus tard Mme de Châteauroux, laquelle leur demandait aide et conseil. Tant qu'elle régnait sur le cœur et les sens de Louis XV, ils pouvaient compter sur elle. Ils devaient se concilier l'appui de la nouvelle favorite. Pourquoi ne pas la choisir eux-mêmes ? C'est ainsi qu'ils ont chargé Binet, parent éloigné de Mme d'Étiolles, de la présenter au roi.

Fille d'un financier douteux répondant au vulgaire nom de Poisson, elle a épousé M. Le Normant d'Étiolles, neveu d'un riche fermier général, Le Normant de Tournehem, qui est depuis longtemps l'amant de sa mère, Mme Poisson. On dit qu'il est le véritable père de la jeune personne. C'est lui qui a veillé sur son éducation et qui a fait son mariage. On l'a élevée dans l'idée qu'elle était « un morceau de roi ». Il faut reconnaître que sa beauté, son charme et ses nombreux talents la font admirer et rechercher de toutes les sociétés. Le président Hénault vante ses talents de comédienne et de musicienne. Elle règne en châtelaine aimable et discrète dans son château d'Étiolles à l'orée de la forêt de Sénart où elle reçoit des financiers, des magistrats, mais aussi Fontenelle, Montesquieu, Crébillon et même Voltaire qui célèbre « la divine d'Étiolles ». À Paris, elle fréquente le salon de Mme de Tencin et aussi celui de Mme Geoffrin, laquelle a manifesté quelque résistance avant de l'accueillir. Pour rien au monde cette bourgeoise ne daignerait lui rendre visite à Étiolles. Elle aurait l'impression de déchoir. Mme d'Étiolles n'a cédé à aucun de ses nombreux admirateurs et elle a toujours déclaré en riant qu'elle n'aimerait que roi. Elle a d'ailleurs tout fait pour se faire remarquer de lui. Vêtue de rose dans un phaéton bleu, ou de bleu dans un phaéton rose, elle se promenait dans la forêt de Sénart lorsque le souverain chassait dans les environs de Choisy. Elle l'intriguait ; Mme de Châteauroux en prit ombrage et dit à l'une de ses amies : « Ne savez-vous pas qu'on veut donner au roi la petite d'Étiolles ? » Jusqu'à maintenant ses origines l'ont tenue éloignée de la Cour, qui feint de l'ignorer.

Vénus et Mars

À Versailles, les langues vont bon train. Toujours à l'affût de la moindre indiscrétion concernant les amours du souverain, les courtisans se demandent quelle intrigue se trame à leur insu. On dit que Mme d'Étiolles passe beaucoup de temps dans ce pays-ci avec le roi, mais il la cache. Rien d'étonnant à cela : elle n'est pas née. « Si le fait est vrai, ce ne sera qu'une galanterie, pas une maîtresse », a déclaré le duc de Luynes. Jamais Louis XV ne prendrait pour favorite une bourgeoise !

Le 1er avril, à la stupeur générale, la jeune femme occupe au théâtre une loge voisine de celle du roi et de celle de la reine. Les lorgnettes se posent alternativement sur le souverain, sur son épouse et surtout sur l'intruse. On chuchote : il paraît que S.M. reste plusieurs heures par jour et dîne tête à tête avec elle dans les petits cabinets. Pourquoi tient-il des propos assez lestes en public depuis quelque temps ? Seule la fréquentation d'« une caillette » peut l'entraîner à de tels manquements aux usages. Plusieurs gentilshommes et quelques nobles dames, qui veulent en avoir le cœur net, se sont décidés à interroger Binet dont on soupçonne les manigances secrètes. Celui-ci n'a pas livré la moindre confidence. N'y tenant plus, Mgr Boyer, évêque de Mirepoix, ancien précepteur du dauphin, a menacé le valet de chambre de le faire renvoyer s'il n'avouait pas ce qu'il savait. Binet a répondu que Mme d'Étiolles était venue demander une place de fermier général pour son époux et qu'elle ne reparaissait plus à Versailles.

Le 22 avril, l'inquiétude s'accroît : le roi a convié Mme d'Étiolles à souper avec M. de Luxembourg et Mme de Bellefonds, les amis de Mme de Châteauroux. Voudrait-il officialiser sa relation ? On s'indigne. Sa « caillette » l'a enjôlé au point de lui avoir fait manquer la fête de l'ambassadeur d'Espagne donnée en l'honneur du mariage de l'infante. Quelques jours plus tard, Mme d'Étiolles s'installe dans l'ancien appartement de Mme de Châteauroux au deuxième étage de l'aile droite du château.

Revenant d'un long voyage organisé par Tournehem, M. Le Normant d'Étiolles vient d'apprendre que sa femme le quitte. Et sans regrets. Elle a d'ailleurs pris soin d'emporter de chez lui tout ce qui lui appartenait en propre ! Que faire lorsque le roi vous cocufie ? Rien, sinon accepter la promotion de l'épouse dans l'espoir d'être récompensé.

À Versailles, l'émotion est à son comble : le bruit court que le roi fait acheter pour sa maîtresse le marquisat de Pompadour. Et c'est Pâris-Montmartel qui fournit l'argent nécessaire au contrôleur général des Finances. Une question brûle toutes les lèvres. Louis XV osera-t-il présenter à la Cour et « déclarer » comme maîtresse la fille d'un financier douteux répondant au nom de Poisson ? Pour l'heure il vaut mieux penser à la campagne de Flandres que le roi va commander.

Contrairement à ce pouvaient espérer les gens sages, des pourparlers de paix n'ont pas été entamés après la mort de l'empereur bavarois. La guerre continue et semble menée au hasard. On s'est battu contre les Habsbourg en faisant élire un empereur fantoche qu'on a soutenu militairement ; on a aidé le roi de Prusse à conserver la Silésie, mais c'est l'Angleterre qui se révèle comme le principal ennemi de la France depuis qu'elle a noué une alliance avec l'Autriche, la Hollande, le Piémont et la Saxe. Ainsi a-t-elle pris pied l'année dernière dans les Flandres. Malgré plusieurs succès qui ont permis aux Français[1] de s'emparer des places situées entre Menin et la mer, la campagne de 1744 n'a pas été décisive. Pénétrer à l'intérieur des Pays-bas autrichiens constitue l'objectif de la campagne de cette année. Aussi faut-il prendre Tournai qui ouvre la voie de l'Escaut entre Flandre et Hainaut.

Le 6 mai à l'aube, S.M. a quitté Versailles accompagné par le dauphin qui rêve d'en découdre avec l'ennemi. Il attend avec impatience le baptême du feu qui le rendra digne de ses grands ancêtres. Le souverain n'a pas manqué de faire remarquer que depuis 1356, c'est la première fois qu'un roi de France et son fils partent ensemble en campagne. Il ne faudrait pourtant pas trop insister sur ce clin d'œil de l'Histoire : la bataille de Poitiers au cours de laquelle le prince héritier ne cessait de répéter « Père gardez-vous à droite, père gardez-vous à gauche » s'est soldée par une dramatique défaite. Est-ce cette coïncidence qui a tant fait couler les larmes de la reine et de ses filles ? Elles ont embrassé le dauphin en sanglotant. La mine soucieuse, Louis XV est parti

1. Cf. *supra*, chap. XIV, p. 302-303.

avec son fils rejoindre le maréchal de Saxe qui a mis le siège devant Tournai.

Le 8 mai, le roi et le dauphin sont arrivés auprès du maréchal dont la santé chancelante inspire quelque inquiétude. Fiévreux, incapable de monter à cheval, il se déplace très vite dans une sorte de berceau en osier. La présence du monarque galvanise les troupes, mais Maurice de Saxe craint pour la vie de son maître. Il redoute aussi de devoir partager le commandement avec lui, ce qui pourrait engendrer des ordres contradictoires et des avis discordants. Mais le roi a déclaré aux officiers qu'il serait le premier à donner l'exemple de l'obéissance au généralissime. Ce dernier est forcé de livrer bataille contre les forces ennemies placées sous le commandement du duc de Cumberland, troisième fils du roi d'Angleterre, lequel a l'intention de prendre les Français à revers pour dégager Tournai. Le maréchal de Saxe, qui préfère les manœuvres ininterrompues aux batailles, est obligé d'accepter l'affrontement. Il ne dispose que de 40 000 hommes alors que les forces de Cumberland s'élèvent à plus de 55 000, composées d'Anglais, de Hanovriens, de Hollandais et de quelques Impériaux. Les États de Marie-Thérèse sont donc défendus par ses alliés, mais qu'importe.

Le maréchal de Saxe a parfaitement reconnu le terrain. Il a choisi de couper la route de Cumberland en déployant ses hommes en position défensive sur la rive droite de l'Escaut entre le village d'Antoing et celui de Fontenoy, dont les habitants évacués ont été remplacés par des soldats placés derrière des redoutes et des batteries.

Pendant la nuit du 9 au 10 mai, les deux armées sont sur pied sous un crachin glacial. À six heures, la pluie ayant cessé, l'affrontement commence par une furieuse canonnade des Anglo-Hanovriens. On déplore déjà plusieurs morts du côté français. Le duc de Gramont est emporté par un boulet de canon. À huit heures, Cumberland lance une première attaque qui est vigoureusement repoussée. À neuf heures, même manœuvre, même échec pour les Anglais. Le prince change alors de tactique. Il réunit ses forces en trois grosses colonnes à l'est de Fontenoy de manière à forcer les lignes françaises. Vingt mille hommes forment ainsi un énorme carré que le sol boueux transforme bientôt en une colonne qui s'avance lente et terrible tel un rouleau compresseur.

À midi la tête de cette colonne est face à la ligne française. Quels sont ceux qui tireront les premiers ? C'est la mort assurée pour ceux qui ouvrent le feu. Leurs adversaires ont tout le temps d'avancer et de tirer pendant qu'ils rechargent leurs fusils. La première décharge part des rangs français. Le feu roulant des Britanniques leur répond. La colonne anglaise s'avance, écrasant les uns sur son passage, repoussant les autres ; un début de panique désorganise l'armée française. Les généraux désemparés croient déjà la bataille perdue et conseillent au roi et au dauphin de se retirer. Louis XV, qui observait la bataille depuis une position assez élevée, demeure parfaitement calme et refuse de bouger d'un pouce. Le dauphin veut alors se saisir de son épée et se mêler aux officiers de la maison du roi, mais son père l'en dissuade.

Soudain la chance tourne. L'ennemi qui avance n'a pas de point d'appui ; les charges de la cavalerie française sur ses flancs empêchent la colonne de se déployer tandis que le maréchal de Saxe, qui a rassemblé le reste de ses troupes, l'attaque violemment sur ses flancs par un assaut général où se distinguent la maison du roi, la gendarmerie et les carabiniers menés par Richelieu. En un quart d'heure, la colonne anglaise est écrasée sous un déluge de feu.

À deux heures, le duc de Cumberland se retire, abandonne ses morts, ses blessés, ses chariots et ses canons. La bataille de Fontenoy est achevée. Le maréchal de Saxe ne poursuit pas les vaincus ; il retourne au siège de Tournai qui maintenant ne tardera pas à tomber.

« Les Anglais ont été étrillés comme des chiens courants », jubile le généralissime. « Sire j'ai assez vécu ; je ne souhaitais de vivre aujourd'hui que pour voir Votre Majesté victorieuse », a-t-il déclaré en s'inclinant devant le roi, lequel reconnaît que la victoire lui est due. Louis XV a dû modérer les ardeurs vengeresses de son fils qui paraissait satisfait de voir le champ de bataille jonché de cadavres. « Voyez ce que coûte une victoire, lui a dit son père. Le sang de nos ennemis est toujours le sang des hommes. La vraie gloire c'est de l'épargner. » Il a ordonné de transporter tous les blessés dans les hôpitaux de Lille afin que Français ou ennemis soient soignés avec la même sollicitude. Les pertes sont lourdes de part et d'autre : 8 000 morts du côté anglais, 2 000 chez les Hollandais, 3 000 chez les Français.

Le roi et le dauphin poursuivront la campagne auprès du maréchal de Saxe. Pour l'heure, ils couchent sous la tente, mais ils s'installeront bientôt au château de Chin, une bâtisse austère flanquée de tours s'ouvrant par des ponts-levis.

Les lauriers de la victoire

Le 15 mai, la *Gazette de France* annonça la nouvelle de la victoire, mais Paris et Versailles l'avaient apprise trois jours plus tôt. Louis XV écrivit un bref billet à la reine, qui trouva plus de détails dans la lettre de son fils, très exalté par les heures qu'il venait de vivre. La maîtresse du souverain est sans doute la mieux informée des exploits de l'armée française, son royal amant lui adressant un courrier quotidien dans son château d'Étiolles où elle se repose et jouit pleinement d'un succès qui accroît encore son bonheur. Mais nul ne sait ce que lui confie le souverain. Il ne lui parle sans doute pas que de la guerre.

Jamais Louis XV n'a été aussi populaire. Le 20 mai, un *Te Deum* solennel a été célébré à Notre-Dame en présence d'une foule énorme où l'on comptait quarante évêques (c'est en ce moment l'assemblée générale du clergé), au moins soixante-dix magistrats du Parlement sans compter ceux des autres cours. On a regretté l'absence de la reine et de Mme la dauphine. Le soir, dans la capitale illuminée, des fontaines de vin coulaient aux carrefours.

Depuis le 17 mai, Versailles et Paris s'arrachent *La Bataille de Fontenoy*, un poème épique célébrant la victoire, composé dans l'euphorie par Voltaire qui voulait gagner de vitesse ses concurrents. Il chante la bataille et Louis XV roi de guerre, comme le fit jadis Boileau pour Louis XIV dans *Le Passage du Rhin.* Voltaire croit sincèrement en ce monarque jeune et beau qui est peut-être un nouvel Henri IV, auquel le poète a consacré la *Henriade. La Bataille de Fontenoy*, qui comptait une centaine de vers dans sa première version, a triplé de volume en quelques jours. Son auteur lui apporte des corrections et surtout des additions dès qu'il apprend un fait d'armes qu'il ignorait. « La tête me tourne. Je ne sais comment faire avec les dames qui veulent que je loue leurs cousins et leurs greluchons », soupire-t-il auprès de son ami Cideville. Le 26 mai a paru la quatrième édition de son épopée et il y en aura sûrement beaucoup d'autres. Les poètes ses rivaux se moquent des compliments hyperboliques qu'il adresse à la noblesse de cour. Ne compare-t-il pas ces élégants jeunes gens « doux enjoués aimables » à « des lions indomptables » ? Il prête à Richelieu, son protecteur, un rôle essentiel dans les combats : « Il vole et sa vertu secondant vos grands cœurs,/ Il vous marque la place où vous serez vainqueurs. » Voltaire agit en courtisan ignorant les petits, les sans-grade, cette piétaille, malheureuse chair à canon. Le roi, auquel le maréchal de Noailles a lu l'ouvrage, s'est montré satisfait.

Pour la première fois, Voltaire se voit chéri du pouvoir et il en éprouve une indicible joie. Tout a changé dans son existence depuis un voyage auprès du roi de Prusse en 1740. Sans jouer un rôle de premier plan, il a servi les intérêts français auprès de Frédéric II. Un écrivain de génie, apprécié par un monarque européen, ne pouvait laisser son maître indifférent. Mais Louis XV s'est toujours méfié de ce personnage imprévisible. Pour décider le monarque à lui accorder les bienfaits dont il rêvait, Voltaire avait besoin de sérieux appuis. Mme du Chatêlet les a choisis avec discernement. Elle tenait à voir son alter ego reconnu par le souverain et par la Cour.

Cependant, le temps des amours est passé. Le séjour de Voltaire en Prusse a éloigné les deux amants. On ne sait ce qui s'est passé. Loin de sa compagne, l'écrivain a joui d'une liberté dont il était depuis longtemps privé. Il a constaté qu'il était capable d'exister sans elle. Émilie se montre trop exigeante, trop impérieuse... Des scènes éclatent parfois entre eux. Lors d'un voyage à Paris, Voltaire s'est affiché avec Mlle Gaussin, une irrésistible vedette de la scène ; il a même couché avec elle dans la maison qu'il partage avec Mme du Chatêlet. Meurtrie et humiliée, elle a laissé éclater sa jalousie. Ils continuent cependant de vivre ensemble, unis par leurs passions intellectuelles. L'amitié a succédé à l'amour. « Le cœur se désaccoutume d'aimer », dit tristement Émilie, qui veut assurer l'avenir de son grand homme. Il ne s'agit pas de son avenir matériel (Voltaire est très riche et c'est elle qui sollicite souvent sa générosité). Émilie revendique pour lui des honneurs mérités : son élection à l'Académie française et une charge officielle. Aussi a-t-elle fait agir toutes ses relations, à commencer par son vieil ami, le duc de Richelieu. Devenu premier gentilhomme de la Cour, toujours très proche du roi, il a désormais la haute main sur les spectacles de Versailles. Elle cultive également l'amitié du duc et de la duchesse de La Vallière qui ont accueilli le couple pendant plusieurs mois dans leur château de Champs en 1744.

Ses bons amis ont obtenu que Voltaire compose *La Princesse de Navarre*, pensum fraîchement accueilli, on l'a vu, mais en récompense duquel le 3 avril, il a été nommé gentilhomme ordinaire de la chambre et historiographe de S.M : « La cour ne semblait guère faite pour moi, mais les grâces que le roi m'a faites m'y arrêtent et j'y suis à présent plus par reconnaissance que par intérêt », vient-il de déclarer à son jeune ami le marquis de Vauvenargues.

Aujourd'hui Voltaire fait une cour pleine de délicatesse à Mme d'Étiolles. La jeune femme s'est abandonnée aux confidences : elle avait toujours eu le pressentiment qu'elle serait aimée du roi et lorsqu'elle fut dans ses bras, elle crut à sa destinée. Voltaire la consulte, l'encense et lui vante les vertus de son amant. Mme d'Étiolles l'admire, adore sa compagnie. Elle le soutiendra auprès du roi. Pour l'heure, la jeune femme se prépare à une existence bien différente de celle qu'elle a connue jusqu'alors. Officiellement séparée de son époux, titrée marquise de Pompadour, elle sera présentée à la Cour dès le retour du roi et sans doute maîtresse « déclarée » comme l'on dit dans ce pays-ci. Afin qu'elle soit prête à assumer un tel rôle dans un monde qui n'est pas le sien, Louis XV a chargé l'abbé de Bernis et le marquis de Gontaut de la familiariser avec toutes les subtilités auliques. Elle les écoute, les interroge et ils la quittent émerveillés par son intelligence, sa grâce et sa subtilité. Mme d'Étiolles s'entend parfaitement avec l'abbé de Bernis, cadet d'une noble famille, entré dans les ordres par nécessité sans avoir la vocation. Cet aimable ecclésiastique, qu'elle appelle « mon pigeon pattu », eu égard à son aimable embonpoint, a promis de lui parler avec franchise, de la mettre en garde contre les pièges qu'on lui tendrait, mais aussi de la critiquer si elle commettait des impairs. Coqueluche des salons, élu membre de l'Académie française à vingt-neuf ans, l'abbé taquine gentiment la Muse et fait assaut de bel esprit avec Voltaire qui l'a surnommé « Babet la bouquetière ». Il joue si bien son rôle de mentor auprès de la favorite qu'ils se sont juré une amitié éternelle.

La marquise de Pompadour

L'élévation de Mme d'Étiolles au rang de marquise de Pompadour a consterné la Cour. Il faut s'y résoudre, le roi prend une bourgeoise pour maîtresse. Ce n'était pas un caprice comme l'espéraient les courtisans. Après le départ de Louis XV pour l'armée, les bruits les plus fous avaient couru. Les uns prétendaient que Mme d'Étiolles répudiée s'était réfugiée au couvent. D'autres racontaient qu'elle cachait une grossesse dans un lieu retiré et les langues allaient bon train lorsqu'on apprit que Louis XV avait envoyé à sa maîtresse le brevet de marquise de Pompadour et acheté pour elle la seigneurie de ce nom dans le Limousin. Les lettres d'anoblissement devaient être enregistrées par le Parlement. Aussitôt la dame a pris les armes de cette famille éteinte depuis peu : d'azur à trois tours d'argent maçonnées de sable. Elle est prête pour son nouveau rôle.

Louis XV et le dauphin sont arrivés dans la capitale par la Villette, le 7 septembre à quatre heures de l'après-midi. Pressé de se rendre aux Tuileries, le roi ne s'est pas arrêté dans la maison que la Ville avait aménagée pour lui. Escorté par plusieurs détachements de gardes du corps, de gendarmes, de mousquetaires et de gardes suisses, il avança en carrosse au milieu d'un grand concours de peuple massé tout le long de son chemin. Le cortège passa sous des arcs de triomphe tandis que la foule l'acclamait. À la porte Saint-Martin, les représentants de la Ville en tenue d'apparat lui remirent à genoux les clés de la capitale. À six heures, le monarque arriva enfin aux Tuileries où l'attendaient la reine et les princesses. La foule qui l'avait suivi depuis son entrée se répandit dans les jardins. Le souverain, la famille royale et les courtisans se montrèrent aux fenêtres, entraînant des ovations sans fin. Le lendemain, il y eut messe et *Te Deum* ; le soir un grand souper à l'Hôtel de Ville fut précédé par un concert suivi d'un feu d'artifice tiré sur la place de Grève. Après le souper, le roi, la reine et leurs enfants montèrent en carrosse pour parcourir les rues illuminées où se pressaient des milliers de badauds. Cette nuit-là, on dansait aussi à l'Opéra. Le vendredi, la Cour est repartie pour Versailles.

Malgré ses obligations, le roi a revu discrètement sa maîtresse dès son retour à Paris. Il en est toujours aussi amoureux. Pour

Mme de Pompadour les vacances d'Étiolles sont achevées. Elle fera son entrée officielle à la Cour, qui la voit venir en usurpatrice. On guettera le moindre de ses faux pas, on lui tendra des pièges, on ne lui épargnera pas un manquement aux usages. Elle le sait, aussi doit-elle se hausser à la mesure de ses ambitions et ne pas décevoir le roi.

De mémoire de courtisan, on n'a jamais attendu avec pareille impatience une présentation. Une étiquette minutieuse règle la cérémonie à l'issue de laquelle la personne présentée peut participer aux bals, aux concerts, aux réceptions que président les souverains chaque semaine ; elle peut être invitée aux soupers des petits cabinets et elle a le droit de monter dans les carrosses du roi et de la reine.

Le 14 septembre, des centaines de courtisans piétinent depuis longtemps dans l'antichambre du roi et dans celle de la reine pour voir la fille d'un financier, née Poisson, parrainée par deux dames de la Cour, s'incliner devant le roi Très Chrétien, devant la reine et devant leurs enfants. On se demandait « quelle p... » se prêterait à semblable comédie. Louis XV a désigné la princesse de Conti[1], petite-fille de Louis XIV par la main gauche, pour conduire sa maîtresse. La seconde est une parente éloignée de Mme de Pompadour, la comtesse d'Estrades. Sous les regards peu amènes de ce pays-ci, la marquise de Pompadour exécute ses révérences avec grâce sans commettre un seul impair et répond avec aisance aux quelques paroles aimables prononcées par le roi et par la reine. Marie s'est montrée plutôt bienveillante avec elle ; elle était moins gênée que le roi... Seuls les enfants de LL. MM. ont manifesté une froideur ostensible.

L'élégante dignité de Mme de Pompadour lors de cette cérémonie, son parfait maintien le lendemain à la messe de la reine ont désarmé quelques-uns de ses détracteurs. Les hommes, séduits par sa beauté, sensibles au charme qui émane de toute sa personne, sont enclins à l'indulgence. Les femmes résistent davantage ; elles refusent de frayer avec une parvenue du lit royal. Cependant, si la nouvelle élue se maintient auprès du roi, elles seront bien for-

1. Louise Élisabeth de Bourbon-Condé, fille de Louis, prince de Condé et de Mlle de Nantes, fille légitimée de Louis XIV ; elle est veuve de Louis Armand III, prince de Conti.

cées de lui faire bonne figure. La nouvelle maîtresse installée dans l'ancien appartement de Mme de Châteauroux est désormais à la disposition de son seigneur et maître. Ce dernier, fatigué par la campagne et par les fêtes parisiennes, a décidé de partir pour Choisy en petit comité. Il n'emmena avec lui que Mme de Pompadour, la grosse Lauraguais, Mmes de Sassenage, de Bellefonds et de Saint-Germain auxquelles se joignirent les ducs d'Ayen, de Duras et de Richelieu ainsi que le comte de Meuse. Cependant, l'escapade fut assombrie par une indisposition du roi qu'il fallut saigner deux fois. Marie estima nécessaire de venir prendre des nouvelles de son époux, qui la reçut aimablement. Il ne réserva pas le même traitement au roi Stanislas qui passait quelques jours chez le duc de Luynes afin de voir sa fille et ses petits-enfants. L'ex-roi de Pologne ne s'attarda guère à Choisy.

Comme de coutume on s'installa pour l'automne à Fontainebleau où le roi prit de nouvelles habitudes qui firent réfléchir la Cour. Louis passe désormais le plus clair de son temps avec sa maîtresse. Après son lever, il descend chez elle et y reste jusqu'à la messe, revient déjeuner avec elle et ne la quitte que vers cinq heures pour se mettre à travailler. Lorsque le couple royal soupe en grand couvert, la marquise donne un petit souper auquel elle convie quelques amis dans son appartement. Les soirs de représentation théâtrale on la voit avec le souverain dans une loge grillée. Jamais le roi n'a manifesté un tel intérêt à l'une de ses maîtresses. Elle est différente de toutes celles qu'il a connues. Elle vient d'un milieu qu'il ignore. Elle a fréquenté des Français – écrivains, artistes, savants – appartenant à des sociétés où l'on ne pense pas comme à la Cour. Ses expériences, somme toute assez banales, passent pour extraordinaires auprès de ce prince blasé qui redoute la moindre nouveauté. Elle le distrait, le tient en haleine avec les histoires qu'elle lui raconte et Louis XV oublie ses humeurs noires. La reine n'a jamais paru aussi effacée bien que la nouvelle favorite manifeste à son égard le plus grand respect. « Autant celle-là qu'une autre », a dit Marie. Résignée à mener la vie retirée d'une épouse délaissée au sein du plus beau château du monde, elle préfère encore l'intelligente modestie de cette bourgeoise à l'orgueil méprisant des sœurs Nesle, qui se targuaient de leur antique noblesse devant une princesse polonaise indigne à leurs yeux d'être l'épouse du roi de France.

CHAPITRE XVI

Guerre et paix

L'oracle de la Cour

En quelques semaines la favorite s'est imposée à la Cour. Que cela plaise ou déplaise, c'est elle la véritable reine. Elle veille à ce que l'on observe à son égard une étiquette dictée par sa seule intuition des devoirs qu'il convient de rendre à la maîtresse du souverain. À onze heures, princes, gentilshommes, écrivains et artistes s'empressent à sa toilette, l'entretiennent de tout et lui présentent suppliques et requêtes. Les nobles sollicitent maintenant l'honneur de lui être présentés. À la surprise générale, ses visiteurs restent debout alors qu'elle est assise dans un fauteuil. Elle ne se lève que pour les princes du sang, les cardinaux ou pour une personnalité exceptionnelle. Elle a pris l'habitude d'inviter le roi et quelques-uns de ses amis dans son appartement. Lorsqu'elle soupe dans les petits cabinets, le souverain la laisse agir en maîtresse de maison. Sa cour nombreuse éclipse celle de la souveraine avec laquelle la marquise se montre toujours très respectueuse. Elle agace parfois Marie par son zèle trop appuyé, mais jamais la reine ne dit un mot contre la favorite de son époux. « Allez ! », lui dit-elle avec un sourire indulgent lorsque la jeune femme ploie dans une profonde révérence pour lui demander la permission de se retirer, ce qui signifie rejoindre le roi.

Une fois seulement on redouta le pire. Mme de Pompadour avait pris l'habitude d'envoyer chaque jour des fleurs à la reine. Un matin de ce printemps 1746, elle préféra les apporter elle-même. Irritée par des prévenances trop ostensibles et une familiarité qui frisaient le mauvais goût, la souveraine lui demanda de chanter l'air de son choix puisqu'on disait qu'elle avait une jolie voix. Troublée par cet accueil auquel elle ne s'attendait pas, Mme de Pompadour se reprit et entonna l'air de la magicienne *Armide*[1] :

> Enfin il est en ma puissance,
> Ce fatal ennemi, ce superbe vainqueur...
> À ce jeune héros tout cède sur la terre.
> Qui croirait qu'il fût né seulement pour la guerre ?
> Il semble être fait pour l'amour.

Personne n'osait plus regarder ni la reine ni la marquise, laquelle chanta son air jusqu'au bout sans la moindre fausse note. Après s'être inclinée devant Marie, elle déposa ses fleurs et quitta le salon. Elle venait de remporter une victoire non sur la pauvre reine, mais sur la Cour devant laquelle elle avait osé affirmer sa puissance.

Mme de Pompadour n'entend pas réduire son rôle à celui d'ordonnatrice des plaisirs du roi. Elle a compris que ce monarque angoissé a besoin d'un appui qui lui donne la force de régner. Elle sera cet appui et elle participera ainsi à la magie du pouvoir. Très impressionnée par le destin de Mme de Maintenon, qui a su garder la confiance et la fidélité du plus puissant des monarques, elle compte marcher sur ses traces avec les armes qui lui sont propres. Louis XIV appelait « Votre Solidité » sa vieille dévote. Pour l'heure Louis XV appellerait plutôt « Mon Plaisir » cette maîtresse qui l'entoure d'une chaude tendresse et qui a l'art de badiner avec lui sur un ton inconnu dans ce pays-ci, tour à tour superbe, impérieuse, calme, friponne, lutine, sensée, curieuse. Il est désormais persuadé qu'il ne trouvera jamais une personne avec laquelle il puisse vivre des jours aussi heureux. Cependant la maîtresse comblée d'aujourd'hui voit bien au-delà du plaisir et même

1. *Renaud et Armide*, tragédie lyrique en cinq actes avec les paroles de Quinault sur une musique de Lully. Cet opéra avait été redonné à l'occasion des victoires du maréchal de Saxe.

de l'amour. Partageant déjà la vie privée et la vie publique de son amant, elle aspire à devenir l'indispensable conseillère occulte.

Cette fulgurante ascension a sidéré les courtisans autant qu'elle les a divisés. Deux partis se sont formés, celui de la maîtresse qui se réclame de l'esprit philosophique et celui du dauphin. Le premier compte beaucoup d'opportunistes soucieux d'obtenir le plus d'avantages possibles et qui voient dans Mme de Pompadour une personne capable de faire adopter au roi des idées réformatrices. D'inspiration jésuitique, le second parti regroupe une coalition hétéroclite de dévots et de libres-penseurs qui se posent en farouches défenseurs de la monarchie absolue et s'insurgent contre l'intrusion à la Cour et dans la couche du roi (profanation suprême) d'une femme issue d'un milieu inavouable, susceptible de faire commettre les pires erreurs politiques et religieuses à un monarque esclave de son plaisir.

Derrière les masques imposés par l'hypocrisie de la courtisanerie, on peut croire que la favorite a plus d'ennemis que d'amis. Les amis ne le resteront que tant que le roi l'aimera. Il y a parmi eux le duc d'Ayen, le duc de La Vallière, le marquis de Gontaut, le prince de Soubise, M M. de Croissy et de Coigny qui sont tous des familiers de S.M. Il y a aussi des dames, la duchesse de Brancas, la comtesse d'Egmont, Mme du Roure et la comtesse d'Estrades. En cas de crise, l'autre parti triomphera sûrement. Il compte dans ses rangs le prince de Conti, cousin du roi, furieux que sa mère ait dû s'abaisser à présenter une intrigante à la Cour ; le duc de Richelieu, qui conserve à l'égard de Mme de Pompadour tous les préjugés d'un grand seigneur pour une grisette parvenue. Mais le pire ennemi de la favorite est assurément le comte de Maurepas dont le département ministériel embrasse la Marine, la Maison du roi et la Ville de Paris. Maurepas, qui amuse le roi par ses épigrammes et ses médisances, a toujours détesté les maîtresses du roi tant il est jaloux de leur faveur. Sa maison est le rendez-vous des esprits les plus brillants. On rapporte au roi tout ce qu'on entend chez lui. Le ministre tire à boulets rouges contre Mme de Pompadour, contrefait son langage bourgeois et l'accable de ce ridicule qu'il manie avec tant de grâce.

Une guerre sans fin

L'attention que portent les courtisans aux amours royales ne les empêche pas pour une fois de suivre avec attention l'évolution des affaires européennes. Les plus sages espéraient une paix prochaine que les événements du printemps et de l'été rendaient possible. Après que la France eut remporté plusieurs victoires en Flandre, l'Angleterre se voyait affaiblie par les entreprises de Charles Édouard Stuart toujours désireux de recouvrer le trône de ses ancêtres. Il avait débarqué sur les côtes d'Écosse le 23 août 1745 et vaincu une armée anglaise près d'Édimbourg. Les Écossais s'étaient soulevés en sa faveur et le duc de Cumberland avait été obligé de rapatrier des troupes de Flandre. Charles Édouard marchait vers Londres pour tenter de renverser l'impopulaire dynastie de Hanovre. Ces nouvelles excitèrent le ministère français et il fut question d'envoyer une escadre seconder les entreprises du prétendant. Sur le front italien, les Français et les Espagnols (surnommés Gallispans) avaient pris Parme, Plaisance et le Milanais.

La conjoncture paraissait excellente pour la France. Le 13 octobre 1745, l'élection au trône impérial de François de Lorraine, grand-duc de Toscane et époux de Marie-Thérèse de Habsbourg, reine de Hongrie, modifia soudain l'échiquier international, la plupart des souverains de l'Empire (ils sont plus de 300) se ralliant à lui comme à leur souverain légitime. Frédéric II mit fin aux hostilités avec l'Angleterre, laquelle lui garantissait la possession de la Silésie. Une paix générale pouvait être envisagée. Tous les belligérants étaient las de la guerre et on ne voyait guère d'issue à ce trop long conflit. C'est alors que dans un ultime sursaut, Marie-Thérèse tenta de récupérer la Silésie, mais son armée fut de nouveau battue par celle de Frédéric II. Sur ces entrefaites, elle proposa la paix à Louis XV moyennant une partie de la Flandre ainsi que Parme et Pavie pour don Philippe, l'époux d'Élisabeth, fille aînée du roi de France, à condition que le souverain français reconnût l'empereur. Après mûre réflexion, le roi refusa l'offre de celle qu'on appelle désormais l'impératrice-reine : il redoutait des représailles anglaises, éventuellement un débarquement. Le 25 décembre 1745, la mort dans l'âme, Marie-Thérèse a signé le traité de Dresde avec Frédéric II confirmant la possession de la Silésie au roi de Prusse, lequel se retire du conflit. La guerre continue pour la France et sa faible alliée l'Espagne contre l'Autriche et l'Angleterre.

Pourtant, depuis plusieurs mois Philibert Orry, le contrôleur général des Finances, prêchait pour la paix. Il se heurtait aux frères Pâris, créanciers de l'État, fournisseurs aux armées, qui avaient tout intérêt à la poursuite des opérations. La tension était telle depuis la dernière campagne que le ministre voulut démissionner. Louis XV le pria de rester en place, mais les relations avec les financiers s'envenimèrent. L'orage éclata à propos du prix du pain de munition que Duverney voulait vendre à 32 deniers la livre et que le contrôleur des Finances pouvait acheter 28 par d'autres intermédiaires. La discussion prit un tour si violent que Duverney déclara qu'il ne voudrait plus jamais travailler avec Orry et ce dernier résolut de se retirer. Cette décision accabla Louis XV, qui avait confiance en ce ministre gestionnaire des finances depuis 1730 et qui s'était toujours montré soucieux de ne pas dilapider les deniers de l'État.

À cette occasion, Mme de Pompadour prit la défense des Pâris auprès du monarque, qui finit par accepter la démission d'Orry. Cependant, à la grande déception des financiers, le roi a nommé pour lui succéder non leur candidat, mais un homme intègre, l'intendant du Hainaut, Machault d'Arnouville, recommandé par Orry lui-même. Ce dernier quitte sa charge avec l'estime générale et le roi n'a jamais mis tant de formes pour accepter la démission d'un ministre. On attribue sans doute à tort ce départ à l'influence de la nouvelle favorite. Elle s'est contentée d'appuyer les Pâris, mais c'est Orry qui refusait de travailler plus longtemps avec eux.

Profitant du départ des troupes britanniques pour l'Angleterre, le maréchal de Saxe a surpris les Anglais par une campagne inattendue en plein hiver. Il a pris Bruxelles, capitale des Pays-Bas, le 20 février 1746. Cette brillante victoire a valu au comte de Saxe un accueil plus que chaleureux à Paris et à Versailles. Le héros de Fontenoy et de Bruxelles a été couronné de lauriers à l'Opéra. À Versailles, Louis XV l'a embrassé. Il lui accorde le privilège des grandes entrées de sa chambre et la jouissance sa vie durant du château de Chambord qu'on remet en état à son intention. Mme de Pompadour, à laquelle il fait une cour discrète, ne l'appelle plus que « mon maréchal ». Ces derniers événements ont convaincu le roi de retourner en Flandre au mois de mai. Mme de Pompadour ne verra pas partir son amant sans quelque appréhension, mais sa santé délicate, malgré son jeune âge, souffrirait sans doute de ce long déplacement plutôt inconfortable. Elle n'oublie pas non plus le scandale causé par la présence de Mme de Châteauroux à l'armée auprès du monarque il y a deux ans. Elle est trop prudente pour s'exposer aux railleries, voire à la colère populaire.

Voltaire à Versailles mais jamais à la Cour

Voltaire s'adonne avec passion à sa tâche d'historiographe du roi. Il dépouille des registres, examine des correspondances, fouille les archives des ministères, prend quantité de notes et interroge tous ceux qui ont approché Louis XV. Il veut tout connaître du règne de son héros et immortaliser ses glorieuses campagnes. Courtisan à sa manière, il accepte volontiers le séjour de Versailles, mais fuit la Cour dont l'atmosphère et les intrigues l'indisposent. À la fin de l'année 1745, en présence de S.M., on a joué dans la salle du manège son *Temple de la Gloire* sur une musique de Rameau, un divertissement célébrant les hauts faits du monarque comparé à l'empereur Trajan, modèle du souverain éclairé : « Il ne rapporte rien à soi, il ne songe qu'à être le bienfaiteur des hommes. » Le roi apprécia le spectacle et demanda une seconde représentation. Le 7 décembre, la pièce fut donnée à l'Opéra.

La vie sourit à Voltaire. Il poursuit sa longue relation avec Émilie, mais une autre femme occupe son cœur et ses sens. Ce n'est plus la Gaussin trop volage, mais sa propre nièce, Mme Denis, une fraîche petite veuve de trente-trois ans très flattée d'être l'objet du désir de cet oncle dont toute l'Europe reconnaît le génie. Elle a quelques prétentions littéraires, aime l'opéra, chante gentiment, et apprécie la compagnie des protégés du grand homme tels que Baculard d'Arnaud ou le jeune Marmontel. Elle organise des petits soupers chez elle rue du Bouloi, où l'on s'amuse avec une franche gaieté. Entre l'écrivain et sa nièce, pas de rivalités, pas de scènes, pas de passion. Des sentiments tendres et aussi du sexe : *« Bacio il vostro gentil culo et tutta la vostra persona »*, ose-t-il lui écrire[1]. Il a obtenu la soumission totale d'une femme éblouie par un amour qu'elle n'aurait jamais pu imaginer. Cependant leur liaison doit rester secrète, car Voltaire n'a pas l'intention de rompre ses liens avec Mme du Chatêlet, ce que Mme Denis a du mal à comprendre.

Lucide et amère, Émilie vient d'écrire un *Discours sur le bonheur*. Elle a tout pardonné, dit-elle, les voyages de Voltaire auprès de Frédéric II et sa liaison avec la Gaussin, mais aussi cet état d'indifférence qui s'était insidieusement glissé entre eux : « J'aimais pour deux », soupire-t-elle. L'amitié que lui impose son ancien amant ne lui suffit pas. « Un cœur tendre peut-il être rempli par un sentiment aussi paisible et aussi faible[2] ? »

Tout à ses nouvelles amours et à son « historiographerie » (il parle ainsi de sa mission auprès du roi), Voltaire est soudain ressaisi par la fièvre académique. Le 19 mars 1746, la mort de de Jean Bouhier, président du parlement de Dijon, laisse un fauteuil vacant sous la coupole. Voltaire n'a pas oublié son échec de 1743, mais il bénéficie maintenant de sérieux appuis. Ses fonctions officielles auprès du roi et l'amitié de plusieurs membres de l'illustre assemblée plaident en sa faveur. Cependant, des ennemis virulents répandent aussitôt des libelles diffamatoires attaquant sa vie privée et surtout son irréligion. Voltaire se démène, fait agir ses amis et il est finalement élu le 25 avril 1746. Le 9 mai, devant un parterre choisi et attentif, il prononce son discours de réception qui ne ressemble guère à celui de ses prédécesseurs, lesquels ont généralement composé des panégyriques émus de Richelieu et de la Sorbonne. Rien de tel avec lui. Il rend un hommage appuyé au président Bouhier qui « ne ressemblait pas à ces savants insociables et inutiles qui négligent l'étude de leur propre langue pour savoir imparfaitement les langues anciennes ; qui se croient en droit de mépriser leur siècle parce qu'ils se flattent d'avoir quelque connaissance des siècles passés ; qui se récrient sur un passage d'Eschyle et n'ont jamais eu le plaisir de verser des larmes à nos spectacles ». C'était flatter les Modernes mais jeter des pierres dans le jardin des Anciens encore nombreux à l'Académie. Cet éloge de Bouhier entraîne le nouvel académicien à faire l'apologie

1. Cité par R. Pomeau, *op. cit.*, t. I, p. 478.
2. *Ibid.*, p. 480-481.

de la langue française embellie par les poètes tragiques du siècle précédent, Corneille et Racine, ce qui le contraint à citer ses contemporains, Montesquieu, Fontenelle, l'abbé d'Olivet, le président Hénault et Crébillon, dramaturge mais aussi censeur royal, qu'il couvre d'éloges de façon éhontée. Passant ensuite des écrivains aux grands hommes, il se lance dans une énumération de héros qu'il exalte et finit par célébrer la gloire et les mérites de Louis XIV et de Louis XV. Rappelant les glorieuses campagnes du monarque vivant, il cite son poème de Fontenoy et couvre de louanges Richelieu son protecteur.

Les réactions sont mitigées. D'une façon générale, on lui reproche d'avoir été trop courtisan, partant injuste. Dès le lendemain de sa réception à l'Académie française, il s'est remis au travail. Ses recherches d'historiographe lui laissent des loisirs. Tantôt installé dans le grenier au-dessus de l'appartement de Mme du Chatêlet à Saint-Cloud, tantôt dans la maison de M. du Chatêlet rue Traversière à Paris, il achève la rédaction d'une nouvelle tragédie, *Sémiramis*. De son côté, Émilie a renoué avec les plaisirs de la vie mondaine tout en poursuivant sa traduction de Newton. Lorsqu'elle quitte ses études, elle se livre aux folies des femmes les plus frivoles avec la duchesse de Boufflers, les marquises de Mailly, de Gouvernet, du Deffand et Mme de La Popelinière. Elle est prête à nouer une nouvelle liaison. Encore faudrait-il trouver un amant à sa convenance.

Un été funèbre

Louis XV ne se préoccupe guère de son historiographe, pour lequel il éprouve des sentiments très mitigés. Certes, le poète sait chanter la gloire de ses armes, mais il risque toujours d'outrepasser ses droits. Sur quels chemins dangereux son talent peut-il le conduire ? Le roi le croit capable de tout et sans Mme de Pompadour, il ne l'aurait jamais élevé à d'aussi hautes fonctions. Exalter la campagne qui se prépare, c'est là tout ce que demande le roi.

Après une escapade à Choisy avec sa maîtresse, Louis XV est parti pour l'armée dans la nuit du 1er au 2 mai. Avant son départ, il a offert à sa favorite le château de Crécy près de Dreux, une demeure construite une vingtaine d'années plus tôt et dans laquelle la marquise a déjà entrepris des travaux d'embellissement. Elle caresse l'espoir de revoir son amant au mois de juillet pour l'accouchement de Mme la dauphine que la famille royale attend avec impatience.

Arrivé à Bruxelles le 5 mai, le roi visite aussitôt la place et s'entretient avec Maurice de Saxe. Occuper les Pays-Bas autrichiens jusqu'à Liège et la Meuse à l'est et jusqu'à la frontière hollandaise au nord, tel est le but de cette nouvelle campagne. Comme les deux années précédentes, la présence du roi galvanise les troupes. Aujourd'hui, Maurice de Saxe commande une armée de 180 000 hommes. La supériorité numérique des Français fait céder les alliés sans même livrer bataille. Louvain est occupée le 5 mai, Malines le 12 et bientôt Charleroi ainsi que Mons. L'art militaire consiste parfois à contraindre l'ennemi par des manœuvres complexes à abandonner ses positions de peur d'être acculé à une défaite. Ces opérations lentes, parfois meurtrières, laissent du temps libre aux soldats et aux officiers, qui en profitent comme ils peuvent. Un essaim de filles d'opéra et d'actrices qui dispensent leurs charmes aux officiers ravis de se distraire s'est installé à Bruxelles. Quant aux soldats, ils batifolent avec des ribaudes dans la nature.

La campagne de Flandre se déroule comme on pouvait le souhaiter, mais les Gallispans subissent des revers en Italie. En Angleterre, le prétendant Stuart a été battu dans la lande de Culloden le 14 avril. Depuis lors le duc de Cumberland se livre à une répression sauvage contre ses partisans. La tête du prince est mise à prix.

À la fin du mois de juin, Louis XV abandonne Maurice de Saxe à ses travaux guerriers pour rentrer comme prévu à Versailles. Les jours passent. La princesse ne ressent toujours pas les douleurs. Le roi s'impatiente ; il parle de reprendre la route des Flandres, mais on le convainc de rester : il serait indécent de partir avant les couches de sa belle-fille. Alors que la Cour somnole dans la chaleur de l'été survient la nouvelle de la mort de Philippe V qu'il faut absolument cacher à sa fille, la dauphine. Aussi ne prend-on pas le deuil de ce souverain né prince de France.

Enfin le 18 juillet, après plusieurs heures d'un travail épuisant, Marie-Thérèse-Raphaëlle a mis au monde… une fille. Consternation générale. Le jeune ménage va-t-il être comme celui du roi et de la reine ? Seul le dauphin paraît heureux. Les cloches sonnent à toute volée à Versailles et dans la capitale pour fêter l'heureux événement. On prépare des réjouissances, mais brusquement Mme la dauphine passe de vie à trépas. Sa disparition bouleverse la famille royale, le dauphin désespéré pleure sans arrêt et le roi est repris par ses vieux démons morbides.

Quelques heures après le décès de la jeune femme, Louis XV décida que la Cour s'installerait à Choisy pendant qu'on procéderait aux apprêts des cérémonies funèbres à Versailles. Le dauphin eut peine à quitter le château. Pendant le voyage il fut pris d'un saignement de nez qui inquiéta le roi. Lorsqu'on arriva à Choisy, à huit heures du soir, il y eut d'abord un grand silence suivi de beaucoup de larmes et d'une triste conversation, où l'on entra dans les détails les plus affligeants. Mme de Pompadour dut trouver les mots et les gestes susceptibles d'apaiser les humeurs sombres de son amant.

Une accablante tristesse pèse sur Choisy. Tout le monde s'ennuie. Le souverain, qui va mieux, se lève à onze heures, mais l'on ne peut entrer dans sa chambre qu'à midi. Le dauphin assiste à son lever. La reine et les princesses ne descendent chez lui que lorsqu'il est habillé. La famille royale se rend alors à la messe. Après l'office divin, Marie remonte chez elle et dîne avec ses filles, tandis que Louis XV travaille avec ses ministres et s'enferme chez sa maîtresse. Il ne réapparaît qu'à sept heures pour la promenade. Il fait parfois quelques pas avec son épouse et ses filles, mais le plus souvent Marie va de son côté. À neuf heures, la famille royale soupe dans l'antichambre de la reine. Une heure et demie plus tard, on sert un souper pour le reste de la Cour, auquel paraît toujours Mme de Pompadour. Le soir venu, le roi s'entretient longuement tête à tête avec son fils, alors que la reine et les princesses montent se coucher. Vers minuit, le monarque rejoint le reste de la compagnie dans les salons. Assis à côté de sa maîtresse, il lui parle tendrement, ce qui ne l'empêche pas de participer à la conversation générale. Vers une heure, chacun se retire chez soi.

Au retour à Versailles, l'atmosphère fut pire qu'à Choisy. La dépouille de la dauphine, saluée par les grands corps de l'État et aspergée d'eau bénite par les princes et les princesses, venait d'être conduite en grande pompe à Saint-Denis. Comme le veut l'usage, on l'avait inhumée hors la présence de la famille royale. Il a fallu se résoudre à prendre le deuil, celui du roi d'Espagne et celui de la dauphine, ce qui ne simplifie pas, loin de là, les fastidieuses questions d'étiquette. Seul l'appartement du dauphin est tendu de noir. Le roi est astreint à porter un habit violet pendant six semaines ; la reine et les princesses, des robes et des mantes noires. Et pendant au moins trois semaines, il n'est plus question de spectacles ou de concerts.

Ces manifestations funèbres dépriment le roi, qui caresse le projet de repartir pour l'armée. Cette perspective alarme la marquise qui correspond avec les principaux chefs militaires, le prince de Soubise, le maréchal de Luxembourg et surtout le maréchal de Saxe. Sachant que ce dernier ne souhaite pas la présence du souverain sur le front pour des raisons de sécurité, elle s'ingénie à le divertir par tous les moyens. Ils ont fait ensemble de nouvelles escapades à Choisy et elle l'a bientôt convaincu de venir dans son château de Crécy. Ce séjour fut suffisant pour qu'il renonçât à toute idée de départ pour l'armée. Aucune action d'envergure n'était prévisible. « Vous savez que je vous aime beaucoup, écrivit la marquise au maréchal. Je crois ce que vous me dites comme l'Évangile. Dans cette croyance, j'espère qu'il n'y aura pas de bataille et que notre adorable maître ne perdra pas une occasion d'augmenter sa gloire. Il me semble qu'il fait assez ce que vous voulez. Je mets toute ma confiance en vous, mon cher maréchal. En faisant la guerre comme vous la faites, je me flatte d'une bonne et longue paix[1]. » Cette dame commence à parler avec une autorité qu'aucune maîtresse royale ne semble avoir exercée avant elle.

« Sur les ailes de la victoire »

En Flandre, la guerre se poursuit sous le commandement du maréchal de Saxe. Les Français ont pris Huy, Namur et le 11 octobre, la victoire de Raucoux suivie de la prise de Liège achève brillamment la campagne. Au reste, cette bataille devrait

---

1. Cité par Vitzhum d'Eckstaedt in *Maurice comte de Saxe et Marie-Josèphe de Saxe,* d'après les Archives de Dresde, Oxford, 1867, p. 37.

faire date dans l'histoire militaire car pour la première fois l'infanterie a joué le rôle essentiel alors que la cavalerie fut réduite à charger l'ennemi sabre au clair après qu'il eut été mis en fuite par le feu de l'artillerie. La France déplore 3 000 morts et l'ennemi 7 000, sans compter les blessés.

Les Pays-Bas sont entièrement occupés. Le maréchal a regagné Bruxelles pour organiser ses quartiers d'hiver. Le 14 novembre, à Versailles, il a reçu un accueil très chaleureux de S.M., qui l'a élevé à la dignité de maréchal des armées du roi comme jadis Turenne et lui a donné six canons pris à l'ennemi pour les mettre devant le château de Chambord. Il est fêté partout où il passe dans la capitale. À l'Opéra, lorsque le rideau s'est levé, au lieu de chanter le prologue, Mlle Chevalier, la première actrice de ce théâtre, a entonné une cantate à la louange du héros revenu « sur les ailes de la victoire » tandis que retentissaient trompettes et timbales. Un tonnerre d'applaudissements a salué le vainqueur.

Bien qu'on le dise avide de gloire et d'honneurs, Maurice de Saxe ne se laisse pas griser par son triomphe. Avec un bon sens qui l'honore, il a refusé de siéger à l'Académie française. Sa connaissance de notre grammaire laisse en effet plus qu'à désirer. « On m'a proposé, dit-il au maréchal de Noailles, d'être de l'Académie française. J'ai répondu que je ne savais point seulement l'orthographe et que cela m'allait comme une bague à un chat. » Il écrit phonétiquement : « Se la malet comme une bage a un chat » pouvait-on lire. Le maréchal de Noailles l'a encouragé dans son refus. Entrer dans « cette compagnie où l'on s'occupe uniquement de mots[1] » paraîtrait incongru au comte de Saxe. Il a sans doute raison, mais on lui aurait pardonné ses fantaisies linguistiques. Et peut-être certaines seraient-elles entrées dans le fameux dictionnaire…

On ignore que Maurice de Saxe joue secrètement un rôle diplomatique non pour négocier la paix, mais pour remarier le dauphin avec une princesse de Saxe. Dès le lendemain de la mort de l'infante, Louis XV examinait déjà toutes les candidatures éventuelles à sa succession. Les bons partis ne sont pas légion. Seule une princesse catholique d'une maison qui ne soit pas en

1. Cité par J.-P. Bois, *Maurice de Saxe*, Paris, Fayard, 1992, p. 389.

guerre avec la France peut prétendre à ce grand destin. Ferdinand VI, le nouveau roi d'Espagne, proposa d'envoyer sa jeune sœur Antonia pour remplacer la défunte, mais le souverain éluda sa proposition, prétextant qu'en France on ne peut épouser la sœur d'une femme dont on a eu des enfants. En réalité, Ferdinand VI, le nouveau monarque espagnol, n'inspire pas confiance au roi de France. Restaient les princesses de Sardaigne et celles de Saxe. Fils d'Adélaïde de Savoie, Louis XV aurait souhaité une alliance piémontaise et les Pâris envoyèrent des émissaires à Turin pour prendre des renseignements sur les trois jeunes filles susceptibles d'être mariées, mais l'attitude louvoyante du roi de Piémont, qui a décidé de faire cause commune avec l'Autriche malgré un accord signé avec la France, mit rapidement fin aux espoirs du souverain. Restaient les princesses saxonnes. Louis XV, soucieux de voir ses intérêts bien représentés en Allemagne, n'était pas hostile à un mariage saxon. Le marquis d'Argenson, ministre des Affaires étrangères, qui avait réussi à détacher la Saxe de l'alliance autrichienne, avertit Auguste III qu'on pouvait songer à un mariage de l'une de ses filles avec le jeune prince. Maurice de Saxe prit l'affaire en main et s'imposa comme intermédiaire entre son demi-frère, Auguste III, et Louis XV. Mme de Pompadour, qui a souffert de l'hostilité de Marie-Thérèse-Raphaëlle et rêve d'une dauphine aimable qui serait son alliée, ne voulut pas rester étrangère à ce choix. Elle soutint les projets de Maurice de Saxe et plaida avec éloquence la cause de Marie-Josèphe de Saxe auprès du roi.

À peine âgée de quinze ans, sans être une beauté, cette princesse jouit d'une excellente santé et les femmes de la famille royale de Saxe passent pour être particulièrement fécondes. Mais ni la reine ni le dauphin ne sont prêts à l'accepter pour dauphine. Marie Leszczinska conserve une rancune assez légitime contre le roi de Saxe, qui a détrôné son propre père. Quant au malheureux veuf, il pleure toujours l'infante rousse aux yeux bleus que la Cour a déjà oubliée. La brillante victoire de Raucoux a levé les derniers obstacles à ce mariage. Le 21 octobre, sans tenir compte du désarroi de son fils, ni des ressentiments de son épouse, Louis XV décida que le dauphin épouserait la fille d'Auguste III. « J'ai reçu une lettre du roi Très Chrétien, écrivit Maurice de Saxe à son frère. Il me mande toutes les contradictions qu'il a essuyées et qui lui ont été suggérées par la reine sa femme, qu'il a fallu vaincre ; en quoi Mme de Pompadour nous a beaucoup aidés. Le maître et la favorite étaient pour nous. Enfin je me suis retourné de tant de manières que le roi m'écrit qu'il a pris son parti et qu'après avoir vaincu ses ennemis, il faut bien que tout me cède (c'est une galanterie de sa part)[1]. » Le comte Loss, ambassadeur de Saxe, avertit la future dauphine qu'elle doit compter avec la favorite. « Mme de Pompadour joue un grand rôle, lui dit-il, [...] l'amitié dont le roi l'honore, l'intérêt qu'elle a témoigné pour l'alliance du dauphin avec une princesse de Saxe, les insinuations qu'elle a faites au roi pour fixer son choix, tout cela obligera la dauphine à des attentions et à de bons procédés. La marquise a un excellent caractère ; elle s'attachera à plaire à la dauphine, qui fera sa cour au roi, en témoignant de l'amitié à une dame que la reine comble de politesses[2]. »

La vengeance d'un prince marié malgré lui

La Cour et la Ville se préparent à célébrer le second mariage du dauphin avec le même faste que le premier voilà tout juste deux ans. On attend Marie-Josèphe de Saxe qui avance à petites étapes depuis Dresde, escortée par le duc de Richelieu désigné comme ambassadeur extraordinaire auprès d'elle.

Le 6 février 1747, le roi, le dauphin et leur suite, dont fait partie Mme de Pompadour, sont allés accueillir la princesse à Choisy. Le dauphin, qui voit venir ses noces comme une épreuve insurmontable, s'est montré glacial avec sa nouvelle épouse, lui accordant tout juste le baiser sur la joue exigé par l'étiquette. Et le souverain dut se mettre en frais auprès de la jeune et fraîche dauphine pour atténuer la fâcheuse impression qu'elle pouvait ressentir. Sans être belle, Marie-Josèphe n'est pas dépourvue d'une certaine élégance. Ce « joli laideron » pourrait faire tourner bien

1. Archives de Dresde, 789, lettre datée du 26 octobre 1746, *in* Casimir Striyensky, *La Mère des trois derniers Bourbons*, Paris, Plon-Nourit et Cie, 1903, p. 22.

2. Archives de Dresde, 2738, XII fol. 188, *in* Casimir Stryienski, *Mesdames de France, filles de Louis XV*, Paris, Émile Paul, 1911, p. 72.

des têtes, prétend l'indulgent duc de Croÿ. Son visage avenant et sa simplicité laissent augurer un aimable caractère et une bonne santé.

À deux ans de distance, les fêtes se répétèrent pratiquement sans changement. Le 9 février, la cérémonie religieuse fut suivie par les mêmes divertissements. Au bal paré, Mme de Pompadour se fit remarquer par la grâce qu'elle mit en dansant un menuet, juste après les princesses. Le soir, toute la Cour assista à la cérémonie du coucher des mariés. En chemise, coiffés d'un bonnet de nuit, les nouveaux époux se mirent dans le lit béni par le grand aumônier de la Cour. Marie-Josèphe impressionna l'assemblée par son aimable dignité lorsque son époux enfouit son visage sous les draps pour mieux cacher les sanglots qui l'étouffaient. Les assistants, pourtant blasés et indifférents, sortirent attristés par ce spectacle qui avait l'air d'un sacrifice.

Les jours suivants, les divertissements se succédèrent selon l'immuable rituel adopté en de telles circonstances. À Versailles, Mme de Pompadour attira tous les regards. Le soir du bal costumé, elle suivait des yeux le roi, superbe et méconnaissable sous son masque. Éperdument amoureux, il s'est s'installé à ses pieds. Mais cette année, les amants n'ont pas besoin de se retrouver au bal de l'Hôtel de Ville pour passer une nuit d'amour. Le souverain, après son coucher public, a rejoint sa maîtresse dans son appartement.

Cette année, Louis XV et les siens ne sont pas allés à Paris comme ce fut le cas pour le précédent mariage. Les Parisiens en éprouvent une déception d'autant plus vive que les fêtes les ont déçus. Le Jeudi gras, jour des noces, cinq chars peints et dorés ont fait le tour des quartiers de la ville. Rien de plus.

Le premier représentait le dieu Mars entouré de guerriers ; le deuxième était rempli de musiciens ; sur le troisième voguait un bateau symbole de la Ville ; le quatrième était dédié Bacchus et le cinquième à Cérès. Des personnages costumés jetaient au peuple des morceaux de cervelas, du pain, des biscuits et des oranges. Le soir, dans les rues illuminées, le vin coulait abondamment des fontaines installées aux croisements. Des couplets dénoncent la ladrerie du prévôt des marchands.

Vous fîtes bien mieux l'an passé,
Quand par vos soins fut dispensé

L'allégresse avec l'abondance ;
Mais dans les fêtes d'aujourd'hui
L'on ne mange, ni l'on n'y danse
Vous seul gagnez à tout ceci.

Heureusement, le dimanche 12 février, un feu d'artifice tiré sur la place de l'Hôtel de Ville mit un peu de baume au cœur des Parisiens mais on déplora aussi des accidents de carrosse place de Grève et surtout la mort de plusieurs personnes étouffées.

À Versailles, la jeune famille royale est d'autant plus sombre que le roi paraît heureux. Le dauphin boude sa femme, affiche un visage fermé et cherche par tous les moyens à faire souffrir ceux qui l'entourent. La liaison de son père avec la marquise de Pompadour lui paraît encore plus intolérable depuis qu'on l'a forcé à se remarier aussi vite. À la fin du mois de février, il fomenta un petit complot dans lequel il a entraîné son épouse et ses deux sœurs, Henriette et Adélaïde.

Le premier acte se joua lors d'une chasse, que les princesses suivaient avec la favorite. Dans la calèche qui les ramenait à Versailles, les filles de Louis XV étaient convenues de ne pas lui dire un mot et de ne pas lui répondre si elle leur adressait la parole. Madame Henriette endoctrina la dauphine. Elle voulait lui faire partager le dégoût que les enfants du roi éprouvaient pour sa maîtresse. Marie-Josèphe ne savait plus à quel saint se vouer. Alors que l'ambassadeur de Saxe et le maréchal lui avaient recommandé de traiter Mme de Pompadour avec respect, Mesdames lui demandaient de se liguer contre elle. Dédaignée par un époux qui ne lui manifestait pas la moindre tendresse et qui haïssait la favorite, elle fut bien obligée de prendre le parti de ses belles-sœurs. C'était pour elle le seul moyen de se rapprocher de son mari.

Soutenus par la reine, le prince et Mesdames ont élaboré un plan qu'ils espèrent naïvement imposer à leur père. Persuadés qu'il y a sans doute bien des choses qui doivent le rebuter dans sa maîtresse et dans la compagnie qu'elle lui propose, ils veulent lui faire honte d'avoir placé sa tendresse en si bas lieu. Il faut donc le pousser à renvoyer Mme de Pompadour et à vivre dans l'intimité de sa famille. Admettant à regret qu'il puisse éprouver du désir pour le beau sexe, ils sont prêts à tolérer quelques discrètes passades, à condition que ce soit avec des femmes de la Cour.

Les jeunes gens mènent la vie dure à la favorite. Le dauphin se montre grossier avec elle. Le roi et Mme de Pompadour ne sont pas dupes de leur petit manège. Trop habile pour se plaindre, la marquise a convaincu son amant de clarifier une situation qui devient insupportable. Redoutant l'ombrageux caractère du dauphin, Louis XV ne lui dit rien. Il préféra parler à sa fille Henriette, à laquelle « il lava la tête[1] », la priant de ne plus exercer d'influence néfaste sur Marie-Josèphe. Le roi insista pour que Mme de Pompadour reçût la dauphine. La marquise devait la convaincre de s'adresser directement au souverain lorsqu'elle désirerait quelque chose. Quelque temps plus tard, Louis XV reçut personnellement le jeune ménage et demanda à sa bru d'avoir une nouvelle explication confidentielle avec sa maîtresse. Humiliation suprême, Marie-Josèphe dut reconnaître que certaines personnes (qu'elle ne pouvait nommer) cherchaient à la desservir auprès d'elle. Ainsi les projets des Enfants de France sont-ils réduits à néant. Madame Henriette a pleuré ; la dauphine se morfond ; le dauphin reste sombre et Adélaïde rumine de chimériques projets de vengeance contre celle qu'ils appellent désormais « Maman-putain ». Mais aujourd'hui, la marquise triomphe.

Le théâtre des petits cabinets

La faveur de Mme de Pompadour ne faiblit pas. Le roi ne cache pas les sentiments qu'elle lui inspire. On le voit même badiner avec elle en public et ces privautés ostensibles ne manquent pas de choquer la Cour. Mme de Pompadour invente sans cesse de nouveaux divertissements pour tenir en éveil la passion du monarque. L'année dernière, elle a eu l'idée de se produire sur scène, devant lui, comme elle le faisait jadis sur le théâtre d'Étiolles. Formée par les meilleurs maîtres, elle a de réels talents d'actrice, de chanteuse et de danseuse. Apparaître aux yeux de son amant sous les travestis les plus flatteurs, mettre en valeur son corps et sa voix ne man-

1. Lettre de Maurice de Saxe à Auguste III, le 6 mars 1747, *in* Casimir Striyensky, *La Mère des trois derniers Bourbons*, *op. cit.*, p. 81.

querait pas d'entretenir la flamme de cet homme si facilement blasé. Au reste, Mme de Pompadour prend un extrême plaisir à renouer avec des jeux qui font fureur dans la bonne société. Depuis qu'elle est à Versailles, elle va rarement à Paris et ne suit plus l'actualité théâtrale comme naguère. Elle doit se contenter des spectacles donnés tous les mercredis dans la salle de la cour des Princes par les Comédiens-Français, les Comédiens-Italiens et les artistes lyriques de l'Académie royale de musique. Mais ces acteurs jouent avec plus de retenue devant ce public que devant celui de la Ville. Les représentations sont nombreuses et brillantes mais il n'y a plus de créations à Versailles, comme du temps de Louis XIV. On n'y donne que des spectacles assez conventionnels. La marquise a la nostalgie de la chaude ambiance des salles parisiennes et des interminables discussions suscitées par les pièces nouvelles. Dès son installation à la Cour, elle a voulu inspirer le goût du théâtre au roi, qui n'a jamais manifesté beaucoup d'intérêt aux spectacles. Il acquiesçait aux propositions des gentilshommes ordinaires de la Chambre, chargés de les organiser, mais les souhaits de sa maîtresse ont bientôt prévalu sur les leurs. Sous son influence, en deux ans, le répertoire a évolué. On ne joue pas davantage de tragédies, genre passé de mode, mais on remplace les comédies de Molière par celles d'auteurs contemporains qui ont la faveur du public, Dancourt, Regnard, Dufresny, Destouches... mais très rarement Marivaux. En revanche, on joue volontiers les œuvres de Voltaire.

Pendant le carême de 1746, le roi permit à sa maîtresse de donner chez elle des concerts spirituels, où elle chanta des morceaux de musique religieuse. Elle prouvait ainsi que ses talents artistiques pouvaient contribuer au recueillement de circonstance. Séduit une fois de plus par les incomparables grâces de sa favorite, le roi finit par céder à ses prières. Il l'autorisa à monter des spectacles devant un public restreint qu'il se réservait le droit de choisir avec elle.

Dans le plus grand secret, la marquise organise sa troupe, dont elle donne la direction au duc de La Vallière, fin lettré, amateur de théâtre et, comme l'on sait, habitué des coulisses de la capitale. Moncrif, membre de l'Académie française, lecteur de la reine et protégé de La Vallière, est nommé sous-directeur de la compagnie, qui comprend plusieurs sociétaires. Au premier rang des femmes figure tout naturellement la favorite, suivie par la duchesse douairière de Brancas, âgée de trente-huit ans, par la ravissante Mme Trusson, femme de chambre de la dauphine, par Mmes de Pons, de Sassenage et de Livry ainsi que par Mme de Marchais, fille du fermier général Laborde et belle-fille de Binet de Marchais, valet de chambre du roi. Parmi les hommes, on compte Louis-Philippe, duc de Chartres, petit-fils du Régent, le duc de Nivernais et le duc de Duras, le comte de Maillebois, le marquis de Courtenvaux, le duc de Coigny, le marquis d'Entraigues, et quelques autres.

Le plus sérieusement du monde, Mme de Pompadour a rédigé les statuts de son théâtre que le roi a approuvés. Pour entrer dans la troupe, il faut avoir fait ses preuves sur une autre scène. L'emploi attribué à chaque comédien est définitif, et il est impossible à qui que ce soit de renoncer à interpréter un rôle sous prétexte qu'il ne lui convient pas. Les femmes jouissent de privilèges exorbitants. Elles imposent les ouvrages que l'on représentera ; elles décident du nombre des répétitions, en fixent les horaires ainsi que le taux des amendes pour les comédiens retardataires. Enfin, elles choisissent la date de la représentation publique.

La marquise n'a pas l'intention de ne mettre en scène que des comédies ; elle envisage d'emblée de monter des divertissements musicaux, des ballets et même des opéras. On compose donc un orchestre, mêlant amateurs et professionnels. Parmi ces derniers, elle a recruté Mondonville, maître de musique de la chapelle du roi, et le célèbre chanteur Jélyotte, qui n'est pas appelé à chanter, mais à jouer du violoncelle ! Les choristes sont pratiquement tous des professionnels ainsi que les membres du corps de ballet, mais les danseurs étoiles se recrutent parmi les proches de la marquise. Les ateliers des Menus-Plaisirs[1], qui réalisent décors et costumes, fournissent aussi les innombrables accessoires. Enfin, l'abbé de

1. L'administration de l'Argenterie, Menus-Plaisirs et Affaires de la Chambre du roi est de tous les services de sa Maison celui qui touche de plus près la personne du souverain. Elle veille au renouvellement de sa garde-robe, ainsi que de celles de la reine et des enfants royaux ; elle s'occupe des voitures de la Cour, des voyages dans les châteaux royaux, de l'entretien des magasins, des divertissements, dont les spectacles font évidemment partie. Les Menus-Plaisirs organisent également les deuils de cour, les mariages royaux et les réjouissances publiques extraordinaires.

La Garde, bibliothécaire de la marquise, détient la fonction de souffleur.

Les répétitions commencèrent à Choisy au mois de décembre 1746 et le premier spectacle eut lieu à Versailles le 16 janvier dans la galerie donnant sur l'escalier des Ambassadeurs. Pendant les entractes, les acteurs se retiraient et se changeaient dans le cabinet des Médailles. Pour l'inauguration de son théâtre, la marquise voulut monter *Tartuffe*, où elle interpréta le rôle de Dorine devant une assistance très restreinte. Les billets d'entrée dessinés par Cochin furent distribués avec parcimonie. Le roi, qui avait désigné personnellement les quatorze invités, trônait sur une simple chaise. Seuls les amis de la marquise et quelques rares élus purent applaudir l'artiste-vedette, car, privilège exceptionnel, Louis XV permit qu'on battît des mains en sa présence, ce qui ne se fait jamais. Ce *numerus clausus* fit grincer bien des dents. Le prince de Conti, que le roi aime bien, se vit refuser un billet d'entrée, de même que le maréchal de Noailles, le comte de Noailles, son fils, et quelques autres grands seigneurs. En principe, le dauphin lui-même n'était au courant de rien. Cela ne fit qu'aggraver son ressentiment à l'égard de la maîtresse de son père.

Le lundi suivant, la marquise et sa troupe jouèrent deux aimables comédies, *Le Préjugé à la mode* de La Chaussée et *L'Esprit de contradiction* de Dufresny. Après la représentation, on soupa chez le roi, qui donna un petit bal où il se lança dans des contredanses. La marquise dansa un menuet avec M. Clermont d'Amboise. Cette nouvelle institution de caractère privé que préside la favorite intrigue la Cour. La reine est irritée que son lecteur en soit membre sans avoir demandé son autorisation. Le dauphin et ses sœurs se considèrent bafoués, une fois de plus, par leur père et sa favorite. Quant aux courtisans, ils restent dans l'expectative, espérant qu'un jour, les portes de ce nouveau cénacle leur seront miraculeusement ouvertes.

Les fêtes du mariage princier interrompirent ces spectacles qui ne reprirent que le 27 février, en présence des jeunes mariés ulcérés. On donna ce soir-là *Les Trois Cousines,* comédie de Dancourt, où Mme de Pompadour se surpassa dans le rôle de Colette. Mais elle ne s'en tint pas là. Avec le duc d'Ayen, elle chanta dans *Les Amours déguisées*, ballet-opéra de Bourgeois qui n'obtint qu'un médiocre succès, en dépit de sa jolie voix et des performances chorégraphiques de MM. de Courtenvaux et de Luxembourg. Le 13 mars, on redonna *Les Trois Cousines*, qui furent cette fois suivies d'une véritable création, celle d'*Érigone*, opéra en un acte. Louis XV en fut si charmé qu'il voulût qu'on le rejouât pour la reine. Il insista auprès de son épouse pour qu'elle acceptât d'honorer de sa présence le théâtre des petits cabinets. Marie ne pouvait refuser. Le samedi 18 mars, accompagnée par le dauphin et les princesses (à l'exception de la dauphine, qui se prétendit indisposée), elle s'installa sur une chaise à côté de son époux et assista au triomphe de Mme de Pompadour, excellente dans *Le Préjugé à la mode,* dont le sujet était scabreux, étant donné les circonstances : la pièce mettait en scène un mari amoureux craignant de faire paraître ses sentiments, l'amour conjugal étant aujourd'hui considéré comme le comble du ridicule ! La reine applaudit la maîtresse du roi. Parfaite comédienne à sa manière, elle feignit d'être satisfaite. C'est dans ces circonstances qu'eut lieu la révolte de la jeune famille royale et que Madame Henriette fut tancée par son père.

Dernières campagnes

Une paix relative rétablie à la Cour, Louis XV repartit pour les Pays-Bas à la fin du mois de mai. Il s'agissait cette année de conquérir la Flandre hollandaise, afin d'inquiéter les alliés massés le long de la frontière des Provinces-Unies, les Hollandais soutenant Anglais et Autrichiens. Le 17 avril, l'ambassadeur de Louis XV à La Haye avait annoncé aux États-Généraux de Hollande que s'ils ne mettaient pas fin à leur hostilité contre la France, l'armée de S.M. pénétrerait sur leur territoire et s'emparerait de leurs places fortes. Il s'ensuivit des opérations de « petite guerre » où les Français furent victorieux. « Je tiens le loup par les deux oreilles », clamait Maurice de Saxe lors de l'arrivée du roi. Le roi voulait cependant une victoire décisive pour mettre fin à la guerre. Maurice de Saxe se dirigea vers Maastricht, place réputée imprenable, et le 22 juin s'engagea la bataille de Lawfeld qui se solda une fois de plus par un succès, mais le généralissime n'exploita pas sa victoire. Il ne poursuivit pas l'ennemi et ne mit pas le siège devant la ville. Composée d'hommes de cour jaloux de la gloire du maréchal de Saxe, la suite de Louis XV était persuadée que le généralissime voulait continuer la guerre pour mieux se couvrir de lauriers.

Cependant, il fallait conclure la campagne. Le maréchal se porta vers Berg-op-Zoom, place forte entourée de marécages insalubres dans une région propice aux fièvres et où les troupes risquaient de s'enliser. Comme Maastricht, Berg-op-Zoom, qui abritait les principaux entrepôts et arsenaux du pays, passait pour imprenable. Le 12 juillet 1747, la place fut investie. Elle fut prise le 16 septembre après un siège de deux mois à l'issue duquel les Français se conduisirent comme des reîtres : la garnison a été massacrée, les filles violées, la ville pillée et en partie démolie... Officiers et soldats se partagèrent un butin considérable. Avant de retourner à Versailles quelques jours plus tard, Louis XV laissa sur place le maréchal de Saxe avec le titre de gouverneur civil et militaire des Pays-Bas. C'était faire de lui une sorte de vice-roi dans un pays conquis.

Le souverain est maintenant bien décidé à accomplir les démarches nécessaires pour mettre fin à cette trop longue guerre. Très impressionnée par les succès militaires, l'opinion aspire à la paix. La prise de Berg-op-Zoom a eu des répercussions considérables. Louis XV est en position de force. À la Cour, une violente cabale dirigée contre le maréchal de Saxe est orchestrée par le prince de Conti, jaloux des succès de son rival, mais réaliste dans les critiques qu'il répand contre lui : il l'accuse d'exploiter le pays de façon éhontée et de se vautrer dans un libertinage effréné ; il dénonce les profits scandaleux qu'il tire de la province sur laquelle il exerce son pouvoir en commettant des friponneries dignes de Cartouche. Peu sensible à ces reproches, Saxe a confié les Pays-Bas à un intendant pour passer l'hiver à Paris où il se pavane au milieu des filles de joie.

Pendant ce temps, des pourparlers secrets se sont engagés entre Puysieulx, le nouveau ministre des Affaires étrangères, et Lord Sandwich. Lors d'une rencontre à Liège, ils sont convenus d'un congrès qui se tiendra à Aix-la-Chapelle. Les belligérants sont épuisés, mais les Hollandais soutenus par les Anglais ne veulent pas déposer les armes. Bien décidé à négocier le plus tôt possible, Louis XV accepte que Maurice de Saxe se lance dans l'entreprise qui lui permettrait d'enlever Maastritch. Au mois de mars 1748, le généralissime est revenu aux Pays-Bas alors que le congrès se réunissait à Aix-la-Chapelle. Il a mis le siège devant Maastricht. Le siège s'éternisant, le général décide d'enlever la place au canon et à l'escalade. À ce moment, il reçut les envoyés du congrès d'Aix-la-Chapelle qui lui apprirent que les puissances s'étaient mises d'accord pour signer les préliminaires de la paix. L'assaut de Maastricht n'eut pas lieu. La ville capitula le 7 mai et le 11 un armistice était signé. Les négociations se poursuivent.

CHAPITRE XVII

Le vent tourne

La vache folle, le rhinocéros et les pantins

Les Parisiens sont las de la guerre. Des impôts de plus en plus lourds grèvent leur budget. De nouveaux droits frappant les denrées à l'entrée de Paris ont fait monter les prix déjà très élevés et on a multiplié les taxes sur les chandelles, la poudre à poudrer, les cartes à jouer, les boissons, le papier ordinaire et aussi le papier timbré dont se servent les officiers ministériels et les notaires. Ajoutons que les frais de succession ont été sévèrement majorés. Évidemment, les salaires n'ont pas suivi la hausse du coût de la vie.

La guerre dérange aussi certaines habitudes et non des moindres comme le café au lait du matin dont les Parisiens ne peuvent plus se passer avant d'affronter une journée de travail. En raison des combats que se livrent outre-mer Français et Anglais, les arrivages de café et de sucre sont devenus plus rares et par voie de conséquence le déjeuner du matin revient plus cher. Il faut souvent se contenter du lait apporté par les laitières venues des environs de Paris dès le lever du soleil. « La laitière ! allons vite ! » est le cri qui réveille les quartiers populaires. On voit aussitôt des petites filles en chemise qui dégringolent quatre à quatre les escaliers un pot à la main pour recevoir la précieuse boisson. Mais le lait sans café ne vaut rien. On se plaint d'ailleurs qu'il soit coupé d'eau. Autre sujet de plainte, le manque de morue pendant le carême parce que les Hollandais n'en exportent plus vers la France. Et c'est le moins cher de tous les poissons. Les plus pauvres ont dû se contenter d'œufs pour faire maigre.

À l'exception des laquais, qui mangent les restes des repas de leurs maîtres, le petit peuple ne se nourrit pas bien. Les artisans les plus modestes, les compagnons de métier, les manouvriers se contentent de pain le matin, de soupe à midi, de bœuf mode ou de persillade le soir et fêtent le dimanche avec du gigot de mouton. Ils font leurs achats dans les marchés malpropres et bruyants où les victuailles s'entassent pêle-mêle, jamais protégées de la poussière ni de la pluie. Il y a peu de légumes et de poisson sur leur table en raison de leur cherté. D'une façon générale, le pain et la viande constituent l'essentiel de la nourriture du Parisien. Trente mille porcs, à peu près autant de vaches et quantité de volailles arrivent chaque jour aux barrières de la capitale après avoir marché plusieurs lieues pour y parvenir. Ces bêtes ont l'échine maigre et l'air affamé. On les tue dans les boucheries du centre de la ville, lieux écœurants où le sang coule jusque dans les rues et caille sous les pieds des passants. Charcutiers et rôtisseurs accourent pour acheter des quartiers de viande, qu'ils transforment les uns en saucisses, boudins, cervelas, langues et andouilles et les autres en rôtis vendus prêts à la consommation ainsi que des volailles cuites à la broche. Les Parisiens qui n'ont pas de four mais seulement une cheminée pour faire chauffer leur soupe apportent la viande aux pâtissiers qui la passent dans leurs fours en récupérant le jus qu'ils mettent dans les pâtés.

Si le pain et la viande venaient à manquer, Paris serait réduit à la famine. Les habitants se souviennent de la panique qui régna pendant quelques jours en 1745. Une étrange maladie avait frappé les vaches. Prises d'un furieux mal de gorge, elles commençaient par bouger la tête dans tous les sens et finissaient par faire des sauts avant de s'effondrer. L'affaire était si sérieuse qu'on n'osait plus manger de viande ni boire du lait. On racontait qu'un curé avait jeté un sort à ces vaches qui étaient devenues folles. Les médecins firent ouvrir les bêtes et tentèrent vainement de trouver l'origine du mal, qui passa tout seul. Cependant on redoute toujours une épidémie qui affamerait Paris.

Il y a pourtant un animal que personne ne penserait débiter en morceaux pour le manger, c'est le rhinocéros de la foire Saint-Germain. Tout Paris court le voir malgré le prix élevé des billets exigés à l'entrée. Il s'agit d'une énorme bête à la peau noire couverte d'écailles qu'on n'a jamais vue en France. Le capitaine d'un vaisseau hollandais l'a rapportée des Indes. Depuis qu'il a débarqué, l'officier exhibe ce curieux compagnon partout où il passe. Il l'a présenté au roi à Versailles devant la Cour saisie d'étonnement. Louis XV voulait l'acheter pour sa ménagerie, mais son propriétaire en voulait 100 000 écus ! Le roi préféra renoncer à l'acquisition de ce monstre. Le capitaine est reparti avec son animal dans une caisse montée sur quatre roues traînée par huit chevaux. On ne sait comment il pourra le garder. Son entretien est fort coûteux : il mange chaque jour cinquante livres de foin, quinze livres de pain et boit quinze seaux d'eau !

Le public parisien est bon enfant. Il s'amuse avec des pantins de carton peint qui représentent Scaramouche, Arlequin, des bergers, des bergères et toutes les figures imaginables. Certaines sont découpées pour prendre des poses lascives. Des artistes, tels que le peintre Boucher, n'ont pas hésité à prêter leur pinceau à ces fantaisies. Inutile de préciser qu'elles coûtent cher. Mais on trouve des pantins de toutes les tailles et à tous les prix. L'engouement pour ces bagatelles fait qu'on en trouve maintenant pendues à toutes les cheminées. C'est le cadeau à la mode pour les dames et les demoiselles, surtout quand on brûle les livres.

Avez-vous lu Les Mœurs, L'Esprit des lois *ou la* Lettre sur les aveugles *?*

« Avez-vous lu *Les Mœurs* ? », demande-t-on dans toutes les sociétés, car l'ouvrage est maintenant introuvable. Sur les marches du Palais de Justice, le bourreau a lacéré et brûlé ce livre que les Parisiens lisaient avec passion. Le Parlement, par un arrêt daté du 6 mai 1748, l'a condamné comme impie, blasphématoire et contraire aux bonnes mœurs. Son auteur, un avocat de trente-cinq ans, François Vincent Toussaint, qui vient de se remarier, est aussi surpris par son succès qu'étonné par cette condamnation. Aucun traité de morale, car c'en est un, n'avait retenu à ce point l'attention du public. Les textes de ce genre s'adressent généralement aux élites et aux lettrés, mais celui-ci se lit facilement. Avec plaisir même. Toussaint mêle habilement raisonnements, tableaux, conseils et portraits. C'est un cours de philosophie bourgeoise présenté avec esprit proposant une morale indépendante de toute croyance religieuse. Son auteur voulait qu'il soit lisible aussi bien par un chrétien que par un mahométan. Sa morale indépendante de la religion se fonde sur la raison. Toussaint condamne les haines et les persécutions que la diversité des pratiques a causées et revendique pour les hommes et les femmes le droit au bonheur. Il fait l'apologie « des passions qui sont bonnes, utiles et nécessaires ». Il prône les douceurs de l'amour, attaque l'indissolubilité du mariage et critique l'autorité du père de famille réellement abusive en ce siècle.

On ne peut pas dire que ses idées soient vraiment neuves, mais il est le premier écrivain à donner ce qu'on peut appeler un code du déisme. En peignant les êtres humains tels qu'ils sont avec leurs faiblesses et leurs aspirations à mieux vivre trop souvent freinées par la censure religieuse, il a conçu un manuel de bonne conduite inspiré par une morale du bonheur laïque. Pour illustrer ses propos, il a en outre brossé des portraits à la manière des *Caractères* de La Bruyère, piquant ainsi la curiosité des lecteurs. Tout le monde a reconnu la reine dans Irène : « Un roc inébranlable. Environnée de flatteurs elle est humble ; dans le centre du tumulte, elle est retirée ; dans un air infecté d'irréligion, sa piété n'est point ralentie ; sous l'éclat pompeux des riches ajustements, elle porte un front modeste. Autour d'elle règnent la dissimulation, le parjure et la trahison ; sur ses lèvres règnent la candeur, la droiture et la sincérité.

« Mais placez sur le même théâtre la jeune Chloé, poursuit-il ; la licence qui y règne, loin de l'effaroucher, ne fera que seconder ses vues ; on s'y comporte comme elle entend s'y comporter ; plus de circonspection lui serait à charge. Connaissez Chloé d'origine, et vous ne craindrez point que l'exemple la gâte ; son goût décidé pour la volupté avait prévenu les effets de l'exemple et son éducation n'avait fait que fortifier son goût. » On a découvert sans mal la personne décrite sous le pseudonyme de Chloé...

La critique est féroce contre le malheureux Toussaint. On l'accuse d'impiété et de lubricité. Le jeune baron Grimm a trouvé les mots justes pour expliquer cette levée de boucliers contre l'avocat qui plaide pour une vie meilleure : Toussaint déplaît aux connaisseurs par ce qu'il n'est pas excellent, aux magistrats parce qu'il tourne le culte en ridicule et à la Cour parce qu'on y trouve les portraits de la reine et de la maîtresse du roi.

De ce livre qui reflète sans doute les aspirations de la bourgeoisie parisienne, il faudra peut-être aussi retenir la définition qu'il donne de ceux qu'on commence à appeler philosophes et qui ne ressemblent plus à ce qu'en disait le dictionnaire de l'Académie. « Dans le langage des collèges, dit-il, les philosophes sont des hommes vêtus d'une robe à larges manches et coiffés d'un bonnet huppé, qui forment la jeunesse dans l'art d'obscurcir la raison par le raisonnement, de donner aux simples hypothèses la teinture de l'évidence et de convertir l'évidence en problème... mais pour tout homme de bon sens, le philosophe est celui qui examine avant que de croire et réfléchit avant d'agir, et quand il est décidé, ne peut manquer d'être ferme dans sa croyance et constant dans ses démarches. »

Un autre ouvrage vient de paraître anonymement à Genève, mais l'on sait que le président de Montesquieu en est l'auteur. Ce livre, *L'Esprit des lois*, est le fruit de plus de vingt ans de réflexion. Redoutant la censure qui s'exercerait sur lui, Montesquieu a préféré le faire éditer en Suisse. Pour le public, Montesquieu reste avant tout l'auteur des *Lettres persanes* et des *Considérations sur la cause de la grandeur des Romains et de leur décadence*. Les *Lettres persanes*, plusieurs fois rééditées, ont séduit les foules cultivées tandis que son traité n'a intéressé que les érudits. Montesquieu est connu de toutes les élites européennes. Pendant deux ans, de 1730 à 1731, il a parcouru l'Europe sans aller pourtant jusqu'en Russie. Dans toutes les capitales où il séjourné, il a rencontré des hommes de lettres, des penseurs et la plupart des personnalités politiques. Il voulait comprendre le système politique de chaque État et prenait quantité de notes à la suite de conversations avec ses interlocuteurs. En Angleterre, où il s'est attardé plus longtemps qu'ailleurs, il a fréquenté les membres de l'opposition, assisté aux séances du Parlement ; la *Royal Society* de Londres l'accueillit et il fut initié à la franc-maçonnerie. À son retour en France, il a poursuivi ses réflexions enrichies par ses nouvelles expériences.

Dans ce nouveau traité, Montesquieu « veut éclairer l'Histoire par les lois et les lois par l'Histoire ». Considérant que les lois « sont les rapports nécessaires qui dérivent de la nature des choses », il souhaite les rendre compréhensibles, en saisir « l'esprit », car elles ne sont pas le produit du hasard mais de plusieurs facteurs. Ayant scientifiquement observé les systèmes politiques d'un grand nombre d'États et les sociétés qu'ils engendrent, il constate qu'il ne peut y avoir de régime universellement acceptable. En effet, chaque État dépend de son climat, de son étendue et de son passé. Le législateur doit avoir présents à l'esprit le déterminisme et la présence de l'Histoire, mais il peut modifier la fatalité géographique et économique.

Il est persuadé qu'il n'existe pas de régime parfait, à l'exception de la République romaine qu'il évoque avec nostalgie tout en se rendant compte qu'il est impossible de la ressusciter. Malgré son admiration pour le régime britannique, il ne pense pas qu'il faille l'instaurer en France. La monarchie lui semble le meilleur des régimes pour la France à condition que « les pouvoirs intermédiaires » aient assez de puissance pour éviter le despotisme. Il préconise ainsi la séparation des trois pouvoirs, exécutif, législatif et judiciaire, estimant qu'un contrôle mutuel entre ces trois forces sera le meilleur moyen de préserver les libertés individuelles. Une révolution qui ferait table rase du passé ne saurait amener de véritable progrès. Il réfute cependant la mystique politique selon laquelle la monarchie française est une monarchie absolue de droit de divin et le souverain, le lieutenant de Dieu sur la terre. Ses théories font appel à la raison. Les gens de lettres applaudiront sûrement à la réfutation de la monarchie de droit divin. Ces hommes généralement déistes ou athées sans oser l'avouer au grand jour et qui se sont jusqu'à maintenant peu préoccupés de politique pure vont être conduits à de nouvelles réflexions grâce à *L'Esprit des lois*. Ils se demanderont si les lois font le bonheur des Français et s'ils en doutent, ils en concluront qu'elles sont mauvaises et qu'il convient de les changer.

On parle également de la *Lettre sur les aveugles à l'usage de ceux qui voient*. Denis Diderot, son auteur, s'est récemment fait connaître par *Les Bijoux indiscrets*, un roman libertin qui a charmé la Cour et la Ville. Dans son dernier petit ouvrage, philosophique celui-là, il combat la « superstition » et le « fanatisme », autrement dit la religion, et se fie à la seule raison pour trouver la vérité. Si l'on en croit tous ces auteurs, les Français de plus en plus incrédules aspirent à la liberté de pensée, à la tolérance, à des transformations politiques et surtout au bonheur en ce monde. Ces idées exprimées par des écrivains aussi divers sont-elles le reflet d'un petit groupe de penseurs téméraires ou correspondent-elles à une réalité ?

« Bête comme la paix »

Sans spéculer sur l'avenir politique du royaume, les Français attendaient avec impatience la conclusion du traité de paix dont les négociations traînaient en longueur. Les plénipotentiaires sont enfin parvenus à un accord et le texte définitif a été signé le 18 octobre 1748. Le roi était alors à Fontainebleau. Quelle déception à la Cour comme à la Ville ! Louis XV avait fait savoir qu'il voulait traiter en roi et non en marchand, mais on ne s'attendait pas à ce qu'il renonçât à tirer parti de ses conquêtes aux Pays-Bas et en Hollande. Il n'accepte que les duchés de Parme, Plaisance et Guastalla pris aux Autrichiens en faveur de don Philippe, l'époux de sa fille Élisabeth. C'est le seul avantage – si l'on peut dire – que la France retire de ce long conflit qui a tant coûté aux Français. D'autre part, le roi reconnaît implicitement François de Lorraine pour empereur et s'engage vis-à-vis de l'Angleterre à renvoyer du royaume le prétendant Stuart.

Tant de magnanimité de la part du souverain surprend tout le monde. La noblesse ô combien active dans les batailles (qu'on se souvienne du poème de Fontenoy) ne comprend pas pourquoi S.M. n'a pas voulu conserver au moins quelques places fortes dans les Pays-Bas. Le peuple est déconfit. « Tu es bête comme la paix ! », crient les harengères en s'invectivant à la halle. On répète partout qu'on a travaillé pour le roi de Prusse, cet allié intermittent et sans scrupule qui est le seul bénéficiaire de la guerre puisqu'il a obtenu la Silésie. On cherche à comprendre les raisons qui ont poussé Louis XV à adopter une attitude aussi conciliante à l'égard de ceux qu'il a combattus. D'aucuns estiment que ses convictions morales l'ont emporté sur ses appétits de conquête. N'a-t-il pas écrit au roi d'Espagne que « les restitutions qu'il faisait et le peu d'avantages qu'il se procurait par cette paix feraient suffisamment connaître que la pitié pour ses peuples et la religion l'avaient bien plus conduit en cette occasion que l'esprit d'agrandissement » ? Mais alors pourquoi avoir si longtemps poursuivi la guerre ? Quant à cette paix, elle ne règle pas les conflits commerciaux entre l'Angleterre et l'Espagne, ni les rivalités coloniales franco-anglaises. Enfin Ferdinand VI, le nouveau souverain espagnol, est mécontent de la politique menée par la France, laquelle n'a pas insisté pour que les Anglais lui rendent Gibraltar et Minorque.

Très contrarié de devoir chasser Charles Édouard du royaume, Louis XV a envoyé auprès de lui le duc de Gesvres, gouverneur de Paris, puis le comte de Maurepas pour le prier courtoisement de quitter Paris et la France. Mais le prétendant, qui adore la capitale, où il mène joyeuse vie, n'a aucune envie de se plier à la demande du souverain. Sa popularité a encore grandi depuis la signature du traité. Son équipée en Angleterre n'a-t-elle pas causé une heureuse diversion pour la France lorsque le duc de Cumberland a été contraint de quitter les Pays-Bas pour soutenir le trône occupé par la dynastie de Hanovre ? Les Français et surtout les Parisiens regrettent qu'il n'ait pas pu prendre le pouvoir à Londres. Sa fuite dramatique à travers l'Angleterre et l'Écosse après la défaite de Culloden, son périlleux retour en France ont enflammé les imaginations et ce prince passe (peut-être à tort) pour un héros chevaleresque. Fort de cette réputation flatteuse, il n'a rien changé à son existence de sybarite, mais son obstination a tout l'air d'une rébellion contre l'autorité royale. Il a même eu l'audace de publier une protestation solennelle contre la reconnaissance de George II comme roi de Grande-Bretagne. Dans les salons parisiens, prendre le parti du prince devient une façon d'affirmer son patriotisme contre l'Angleterre. Le roi a consulté ses ministres : le cardinal de Tencin et le maréchal de Noailles sont enclins à la douceur, tandis que Maurepas et Puysieulx souhaitent des mesures radicales. Charles Édouard multipliant les provocations, le roi a décidé de recourir à la manière forte.

Le 10 décembre 1748, alors que le prétendant et quelques seigneurs de sa cour descendaient de son carrosse dans le cul-de-sac de l'Opéra, le comte de Vaudreuil, colonel des gardes, lui annonça qu'il allait se saisir de sa personne. Aussitôt des sergents en habits bourgeois l'attrapèrent par les bras et les jambes et l'attachèrent avec des cordons de soie avant de le jeter dans une voiture qui le conduisit au château de Vincennes. On prit soin de lui enlever son épée et ses pistolets, en lui disant que c'était pour éviter qu'il ne se fît violence. Ses compagnons furent aussitôt conduits à la Bastille. L'hôtel du prince, faubourg de la Madeleine-Saint-Honoré, a été fouillé en présence du lieutenant général de police qui a apposé des scellés après la perquisition. On croyait y trouver beaucoup d'armes, mais il n'y avait qu'une trentaine de fusils.

La nouvelle de l'enlèvement suscita une vague d'indignation sans précédent. Le 16 décembre, Charles Édouard quitta Vincennes sous bonne escorte et prit la route d'Avignon où il attendra les ordres du pape qui devrait l'accueillir à Rome. Alors qu'il était encore à Vincennes, ces vers inquiétants circulaient :

> Peuple jadis si fier, aujourd'hui si servile,
> Des princes malheureux vous n'êtes plus l'asile...
> Et toi que tes flatteurs ont paré d'un vain titre
> De l'Europe en ce jour te diras-tu l'arbitre
> Lorsque dans tes États tu ne peux conserver
> Un héros que le sort n'est pas las d'éprouver.

Louis XV a pâli en lisant ces lignes. D'après ce venimeux couplet, il est indigne d'être le « bien-aimé » des Français, « vain titre » décerné par quelques flatteurs. C'est la première fois que le roi est directement attaqué. Et comme les critiques fusent de toutes parts, le lieutenant de police a interdit de parler du prince Édouard dans les cafés de Paris, ces conversations dégénérant toujours en mauvais propos contre S.M.

Les poissonnades

La paix d'Aix-la-Chapelle mécontente tout le monde et on ne manque pas d'attribuer les errances de la politique française à la mauvaise influence de la marquise de Pompadour sur le roi. Plusieurs chansons la visent cruellement, mais d'autres n'épargnent pas le monarque jugé responsable d'une paix honteuse qui le déshonore. L'opinion publique se déchaîne contre lui et contre elle. Libelles injurieux, satires et chansons fleurissent de toutes parts. Le 12 février 1749, jour de la proclamation officielle de la paix, le peuple a boudé les réjouissances. Les quelques allégements d'impôts promis par le ministère n'ont pas causé la moindre allégresse. Les Parisiens n'ont pas répondu au cri de « Vive le roi » lancé par le héraut d'armes venu annoncer la fin des hostilités. Pour comble de malchance, le soir du feu d'artifice, près de cent personnes ont trouvé la mort sur les quais. On attribue la responsabilité de ce malheur à l'impéritie du gouvernement royal. « Qu'annonce une telle paix, célébrée avec de telles horreurs ? », murmure-t-on. En cet hiver rigoureux, le coût de la vie n'a pas baissé. On sait les finances du royaume en difficulté. On accuse les manieurs d'argent qui entourent le roi et sa favorite pour laquelle on dépense des sommes exorbitantes. Un sentiment d'amertume pèse sur la capitale et on se répète à satiété certains vers qui font frémir d'horreur le roi et sa maîtresse :

Lâche dissipateur des biens de tes sujets,
Toi qui comptes les jours par les maux que tu fais,
Esclave d'un ministre et d'une femme avare,
Louis, apprends le sort que le ciel te prépare.
Si tu fus quelque temps l'objet de notre amour,
Tes vices n'étaient pas encore dans tout leur jour.
Tu verras chaque instant ralentir notre zèle
Et souffler dans nos cœurs une flamme rebelle […]
Parmi ces histrions qui règnent avec toi
Qui pourra désormais reconnaître son roi ?
Tes trésors sont ouverts à leurs folles dépenses
Ils pillent tes sujets, épuisent tes finances,
Moins pour renouveler tes ennuyeux plaisirs,
Que pour mieux assouvir leurs infâmes désirs.
Ton État aux abois, Louis, est ton ouvrage ;
Mais crains de voir bientôt sur toi fondre l'orage […]
Tu ne trouveras plus des âmes assez viles
Pour célébrer tes prétendus exploits
Et c'est pour t'abhorrer qu'il reste des Français […].

Malgré les prodiges de Mme de Pompadour pour le distraire, le roi est retombé dans sa mélancolie maladive. Elle ne le laisse jamais seul, le secoue, l'agite pour le détourner de ses sombres pensées, essaie de le rassurer et de l'étourdir par une gaieté qu'elle sait feindre. Elle invite de plus en plus de monde aux soupers des cabinets et multiplie les escapades à Choisy, La

Muette, à La Celle et dans un ermitage près la grille du Dragon, à Versailles.

Maurepas et d'Argenson insinuent à Louis XV l'idée de la sacrifier pour calmer l'opinion. Une estampe circule sous le manteau montrant le roi enchaîné à sa maîtresse et à Puysieulx, se faisant fouetter par les monarques étrangers.

Au début du mois de mars, plusieurs couplets injurieux ont mis le comble à l'indignation de la favorite :

Les grands seigneurs s'avilissent,
Les financiers s'enrichissent,
Tous les Poissons s'agrandissent :
C'est le règne des vauriens.
On épuise la finance
En bâtiments et en dépense ;
L'État tombe en décadence,
Le roi ne met ordre à rien, rien, rien.

Le pamphlétaire fustige la beauté fanée de la favorite, « sa peau jaune et truitée », ses dents « tachetées », son haleine empestée, sa « voix chevrotante » et sa vulgarité de « commère ».

Elle veut qu'on prône
Ses petits talents
Et se croit au trône
Ferme pour longtemps ;
Mais le pied lui glisse,
Le roi sort d'erreur,
Et ce sacrifice lui rend notre cœur [...].

De toute évidence, l'auteur de ces « poissonnades » appartient au petit monde fermé de Versailles. On se doute que l'attaque vient des trois ministres ennemis de la favorite et l'on chuchote surtout le nom de Maurepas, qui a toujours cultivé l'art de l'épigramme insolente. Persuadée de sa culpabilité, Mme de Pompadour se souvient qu'il a naguère poursuivi de ses sarcasmes la duchesse de Châteauroux, dont il souhaitait la disgrâce. Bouleversée par la violence qui se déchaîne contre elle et contre le roi, elle redoute qu'une main criminelle ne veuille attenter à ses jours. Elle fait goûter tous les mets qu'on lui apporte et exige la présence d'un chirurgien à côté de sa chambre, ce qui agace son amant.

Crescendo

Louis XV ne comprend pas ce qui lui arrive. Comment ce peuple qui l'a porté aux nues depuis son enfance, qui l'a appelé « le bien-aimé », peut-il aujourd'hui se mettre à le haïr ? Le plus violent des pamphlets dirigés contre sa personne invoque aujourd'hui les mânes de Ravaillac pour mettre fin à ses jours. Le roi est persuadé qu'il va périr assassiné comme Henri IV. Les remords l'accablent. Il s'est longuement entretenu avec le père Pérusseau, sans pourtant se confesser. Malgré sa crainte de l'enfer, il n'a pas l'intention de renoncer au genre d'existence qu'il mène depuis des années.

Le souverain a donné des ordres pour retrouver les auteurs des libelles. La police a procédé à des arrestations mais les véritables coupables ne sont pas sous les verrous. « Je connais Paris autant qu'on puisse le connaître, mais je ne connais point Versailles », déclara sèchement le lieutenant de police, Berryer, à quelques courtisans qui lui demandaient hypocritement s'il allait enfin mettre la main sur tous ces abominables libellistes. Mme de Pompadour exige des châtiments exemplaires et a juré de perdre Maurepas, qui l'empêche de vivre. Épuisée par cette lutte de tous les instants, elle a fait une fausse couche à la fin du mois de mars. (C'est, paraît-il, la troisième depuis qu'elle est la maîtresse de Louis XV.) Lorsqu'elle fut remise, elle se rendit chez le ministre honni. « On ne dira pas que j'envoie chercher les ministres, je viens les chercher », lui dit-elle avec hauteur avant d'ajouter : « Quand saurez-vous donc les auteurs des chansons ? – Quand je le saurai, Madame, je le dirai au roi. – Vous faites, Monsieur, peu de cas des maîtresses du roi. – Je les ai toujours respectées, de quelque espèce qu'elles soient », répondit fielleusement Maurepas. La fureur de la marquise était à son comble. Elle raconta au roi cette fâcheuse entrevue dont le ministre eut la fatuité de se vanter. Il déclara que la visite de la favorite « lui porterait malheur ». « Je me souviens, railla-t-il, que Mme de Mailly vint aussi me voir deux jours avant que d'être renvoyée pour Mme de Châteauroux ; l'on sait que je l'ai empoisonnée ; je leur porte malheur à toutes. »

Le roi ne se décide pas à disgracier ce fidèle serviteur qui, lui aussi, a l'art de le distraire. À la grande surprise de la marquise, le duc de Richelieu, qui pourtant la déteste mais qui est jaloux de Maurepas, lui a remis un rapport accablant sur la gestion de ce ministre dans le département de la Marine. Mme de Pompadour se fit une joie de donner le dossier à Louis XV. Le roi ne dit mot mais invita Maurepas à souper avec sa maîtresse et une autre dame. Tout se passa le mieux du monde. Au cours du repas, la favorite rompit un bouquet de jacinthes blanches dont les pétales se répandirent autour d'elle. Incident sans importance. Mais quelques jours plus tard courait un quatrain outrageant faisant allusion à une disgrâce intime dont souffre Mme de Pompadour :

Par vos façons nobles et franches,
Iris, vous enchantez nos cœurs ;
Sur nos pas vous semez des fleurs,
Mais ce sont des fleurs blanches.

Seul Maurepas pouvait avoir composé ces vers humiliants. Le soir du 25 avril, alors qu'elle était seule avec son amant dans son petit château de La Celle, la marquise obtint ce qu'elle voulait. En pleine nuit, le roi pria le comte d'Argenson de porter une lettre à Maurepas lui signifiant son renvoi : il devait sur l'heure partir pour Bourges et ne plus reparaître à la Cour. Louis XV lui interdit de résider dans son château de Pontchartrain, trop proche de Versailles.

Ce renvoi fit l'effet d'une bombe. Personne ne s'y attendait, le principal intéressé moins que tout autre. La veille, au lever de S.M., il avait étourdi le souverain par ses bons mots. Sa faveur semblait intacte. Dès qu'il reçut sa lettre de cachet, Maurepas alla secrètement dire adieu à la reine et au dauphin, atterrés par cet exil. Le dauphin et son épouse tiennent les propos les plus désobligeants à l'égard de la marquise. Le renvoi de Maurepas est considéré comme l'œuvre de la favorite dont le roi semble toujours aussi épris. Il passe le plus clair de son temps avec elle, la consultant pratiquement sur tout. Il vient de nommer Rouillé, l'un de ses protégés, à la Marine, le comte de Saint-Florentin à la Maison du roi et Paris au comte d'Argenson. Ce dernier n'est pas un ami de la marquise, mais il se sent obligé de soutenir plus activement le lieutenant de police (tout dévoué à Mme de Pompadour) que ne l'avait fait Maurepas. C'est ainsi qu'on a arrêté M. de Pont-de-Veyle, l'auteur supposé des poissonnades, ainsi que M. de Bazencourt, maître d'hôtel du roi et séide de Maurepas, un certain Caylus et quelques autres, soupçonnés d'avoir été aux ordres de l'ancien ministre.

Ces arrestations ne mettent pas fin aux libelles.

Autrefois, de Versailles
Nous venait le bon goût.
Aujourd'hui, la canaille
Règne et tient le haut bout.
Si la cour se ravale
De quoi s'étonne-t-on ?
N'est-ce pas de la halle
Que nous vient le poisson ?

De son exil, Maurepas paie-t-il quelques rimailleurs ? Après une rapide enquête, on a embastillé le chevalier de Rességuier. Peu de temps après, la marquise reçut un paquet qui lui parut suspect. Elle le fit ouvrir par le docteur Quesnay qui veille auprès d'elle. Il y découvrit des substances inoffensives. On ne tarda pas à connaître le fin mot de l'histoire. Il s'agissait d'un attentat simulé, monté par un naïf garçon chirurgien nommé Latude qui espérait faire fortune en le dénonçant. On l'a conduit à la Bastille. La favorite est devenue impitoyable contre ses ennemis. Elle redoute de mourir assassinée, aussi a-t-elle acheté un caveau de sépulture aux Capucines de la place Vendôme. Elle y a fait transférer les restes de sa mère. Lorsque le roi lui a demandé la raison de cette acquisition, elle lui a répondu que c'était pour sa mère et qu'elle s'y ferait enterrer toute vivante si jamais il la quittait.

La Cour est bien obligée de s'incliner momentanément devant Mme de Pompadour, dont le pouvoir se maintient. Cependant l'opinion ne se calme pas. On dénonce les sommes folles engagées pour lui édifier des demeures vouées à ses plaisirs : les travaux d'embellissement se poursuivent à Crécy ; on lui construit depuis

1748 un château à Bellevue au-dessus de la Seine ; le 10 mars de la même année, Louis XV lui a accordé l'usufruit d'un terrain situé le long du parc de Versailles, près de la grille du Dragon, où l'architecte Lassurance a édifié un charmant pavillon. À Fontainebleau, conçu également par Lassurance, un autre ermitage est sorti de terre, afin qu'elle puisse échapper aux pesanteurs de la Cour et recevoir tranquillement le roi dans le climat d'intimité qu'elle sait si bien créer.

Au mois de septembre, Louis XV a décidé d'emmener sa maîtresse avec lui pour un voyage officiel au Havre. Il tenait à effectuer une tournée de propagande en Normandie et manifester son intérêt pour la marine qui a grand besoin d'être développée et modernisée après les combats livrés contre la flotte britannique au cours de la dernière guerre. Pendant tout le voyage, Mme de Pompadour a été traitée en reine. Elle est revenue persuadée que le roi était toujours le bien-aimé de la nation.

Alors que se déchaînait cette vague de pamphlets, le roi et le contrôleur général des Finances Machault d'Arnouville élaboraient un édit établissant l'impôt du « vingtième » remplaçant celui du dixième, par conséquent plus léger mais touchant sans distinction les trois ordres du royaume et tous les revenus, qu'ils soient fonciers, mobiliers, commerciaux ou provenant des charges de judicature. L'édit promulgué au mois de mai 1749 pouvait laisser croire qu'on s'acheminait à terme vers l'égalité fiscale. Ce fut un tollé chez les privilégiés. Quant aux bourgeois, ils ne virent là qu'une nouvelle taxation. Les magistrats refusèrent l'enregistrement et Louis XV dut tenir un lit de justice pour les y contraindre. Le clergé ne manquera sûrement pas de protester lors de son assemblée qui se tiendra l'année prochaine[1].

« L'univers a perdu la sublime Émilie »

Le 12 octobre, Voltaire est revenu seul à Paris. Désespéré. Émilie est morte à Lunéville le 10 septembre dernier. La nuit, il erre dans la maison de la rue Traversière qu'il occupait avec elle, il l'appelle jusqu'à ce que Longchamp, son secrétaire, se lève et

1. Cf. *infra*, chap. XVIII, p. 401.

l'invite à se recoucher. Sa nièce et quelques amis essaient de lui redonner goût à la vie. Pourtant, les dernières années passées avec Émilie n'ont pas été heureuses. Ils ont partagé leur temps entre Paris, Versailles, la cour de Stanislas et celle de la duchesse du Maine qui est aujourd'hui une respectable vieille dame de soixante-dix ans. À Sceaux, leurs caprices ont agacé les hôtes de la princesse : ils se cloîtraient dans leurs chambres pendant la journée et faisaient assaut de bel esprit le soir. Mme de Staal, qui ne les aime guère, dit qu'ils avaient l'air de deux spectres se promenant avec une odeur de corps embaumés. À Lunéville, Stanislas les accueillit royalement. La reine Catherine Opalinska n'étant plus de ce monde, on y jouissait d'une aimable liberté. Belle comme l'amour, la comtesse de Boufflers, maîtresse du roi, régnait sur la Cour. Le souverain tolérait ses infidélités pourvu qu'elle maintînt les apparences. Surnommée la « dame de volupté », Mme de Boufflers choisissait ses amants selon son bon plaisir et les réduisait souvent à l'état de suppliants. Voltaire et Émilie devinèrent sans mal les intrigues de ce petit monde qui luttait contre l'ennui : on jouait gros jeu, ce qui flattait la dangereuse passion de Mme du Chatêlet ; on faisait de la musique, de la peinture, des vers et on donnait des spectacles interprétés par de véritables comédiens, mais aussi par les courtisans qui avaient la rage du théâtre comme dans tous les châteaux de France.

Au début de 1748, la « dame de volupté » lassée de son amant Saint-Lambert, bel officier et poète à ses heures, jeta son dévolu sur le vicomte Adhémar de Marsanne. Restée sage pendant trop longtemps, Émilie fit des avances à Saint-Lambert qui lui répondit dans l'espoir de rendre jalouse l'infidèle. Très excitée par ce jeune homme, Émilie tomba dans ses bras et son désir se mua en folle passion. Pendant quelques semaines, elle essaya de croire au bonheur, mais encore une fois, elle aimait pour deux. Voltaire découvrit bientôt la liaison, voulut rompre avec Émilie, mais elle lui jura de l'aimer toujours et l'assura qu'il ne s'agissait que d'un passager embrasement des sens.

Ils repartirent ensemble pour Paris. Voltaire reprit ses travaux d'historiographe, assista aux répétitions de *Sémiramis*, pendant qu'Émilie se morfondait en attendant les lettres, ô combien décevantes, de Saint-Lambert. À leur retour en Lorraine, Mme du Chatêlet retrouva son amant que Mme de Boufflers avait repris.

Il partagea ses faveurs entre les deux dames en marquant une nette préférence pour Mme de Boufflers. Au début de l'année 1749, Émilie semblait si préoccupée que Voltaire la força de lui avouer la cause de cet état. Il reçut alors ce qu'il appelle une taloche de la fortune. Mme du Chatêlet était enceinte ! Il fallait prendre rapidement la décision qui s'imposait. Seul le marquis du Chatêlet pouvait être le père de l'enfant, mais il n'avait pas eu de relations intimes avec son épouse depuis des années. Conscients de la triste comédie qu'ils allaient jouer, Voltaire et Émilie appelèrent aussitôt ce galant homme sous prétexte de lui demander conseil pour un procès et de lui rendre de l'argent. M. du Chatêlet arriva dans son château de Cirey où il trouva une assez nombreuse compagnie. Le soir, on le fit beaucoup boire et il se retrouva plus tard dans le lit de son épouse. Pendant quelques semaines, le marquis coula des jours idylliques à Cirey. Peu avant son départ, Émilie lui annonça qu'elle attendait un enfant de lui. Il accueillit la nouvelle avec bonheur et quitta sa femme en lui disant qu'il espérait un fils.

Rien ne pouvait rendre sa gaieté à Émilie. Obsédée par l'idée de la mort, elle travaillait sans relâche à sa traduction de Newton. Pour un oui, pour un non, elle cherchait querelle à Voltaire, qui subissait sa mauvaise humeur sans mot dire. Mme de Boufflers, qui avait appris sans grande émotion l'état de son amie, promit de lui faciliter son accouchement à Lunéville où Stanislas lui fit meubler une petite maison tout exprès pour cette épreuve qu'Émilie voyait arriver avec angoisse : « Je trouve ridicule d'accoucher à quarante ans », disait-elle. Son état n'avait pas diminué sa passion pour Saint-Lambert. « Je vous aime avec démence », lui écrivit-elle encore à la veille de son accouchement.

À sa grande surprise, la naissance se passa le mieux du monde. « Cette nuit étant à son secrétaire et griffonnant quelque pancarte newtonienne, elle a eu un petit besoin. Ce petit besoin était une fille qui a paru sur-le-champ. On l'a étendu sur un livre de géométrie in-quarto. La mère est allée se coucher et si elle ne dormait pas, elle vous écrirait. » C'est ainsi que Voltaire annonça l'heureuse délivrance d'Émilie au marquis d'Argenson. Quelques jours plus tard, incommodée par la chaleur de l'été tardif, elle fut prise de fièvre. Elle tomba soudain dans l'inconscience et mourut en quelques minutes. Voltaire et Saint-Lambert étaient à son chevet.

Accablé de douleur, Voltaire tomba au pied de l'escalier. À Saint-Lambert qui l'aidait à se relever il dit en pleurant : « De quoi vous avisiez-vous de lui faire un enfant ? » Depuis ce drame, il dépeint à ses amis « l'état horrible » dans lequel il se trouve. « J'ai perdu le soutien de ma malheureuse et languissante vie. Est-il possible que ce soit elle qui ait péri avant moi ? Il faut souffrir et voir souffrir, mourir et voir mourir. Voilà notre partage. »

Le cardinal de Tencin pourrait bien souscrire à ces paroles. Sa sœur Alexandrine, dont la santé se délabrait depuis deux ans, est morte le 8 décembre 1749, à soixante-sept ans. Elle avait eu la joie de revoir Montesquieu auquel elle a toujours voué une affection fraternelle. Il révéla au cardinal qu'elle était l'auteur de romans anonymes, notamment *Les Mémoires du comte de Comminges* et *Le Siège de Calais*. « Fontenelle et moi sommes les seuls à posséder ce secret », lui dit-il. Ces fictions moralisatrices ne ressemblent guère à la vie de leur auteur ! Sans doute était-ce pour cela qu'elle n'en avait jamais parlé. Et surtout, elle se rendait compte du peu de poids de tels écrits au regard de ceux des penseurs qu'elle recevait. Cependant, sa plus grande œuvre est sans doute l'enfant qu'elle a abandonné sur les marches de l'église Saint-Jean-le-Rond en 1724[1]. Brillant géomètre, patronné par Maupertuis qui l'a introduit chez Mme Geoffrin et chez Mme du Deffand, il réjouit ces sociétés par son esprit mordant, son talent d'imitateur, mais il accomplit en même temps une œuvre scientifique reconnue par toutes les académies d'Europe. Mme de Tencin le savait, mais elle ne voulut jamais le voir.

Peur sur la ville

Depuis le mois de janvier 1750, un climat délétère règne à Paris où la vie quotidienne devient de plus en plus difficile. Les loyers et les denrées de première nécessité ne cessent d'augmenter, les habitants sont toujours pressurés d'impôts et la misère des campagnes attire des centaines de mendiants dans la ville. Le comte d'Argenson, chargé du département de Paris, a remis en vigueur d'anciennes ordonnances permettant d'arrêter les vagabonds. Les

1. Cf. *supra*, chap. VII, p. 160-161.

exempts de police, excités par la prime rondelette qu'ils reçoivent pour chaque arrestation, font preuve de trop de zèle. En quelques mois ils ont mis sous les verrous quantité de mendiants mais aussi des centaines de jeunes garçons exerçant des petits métiers qui ne sont pas soumis aux corporations : des décrotteurs, des ramoneurs, des gagne-deniers... Paris vit désormais dans la psychose de l'enlèvement.

C'est ainsi qu'au début de l'année des compagnons bouchers attaquèrent des exempts qui entassaient de pauvres adolescents dans une voiture. Il s'ensuivit une bataille de rues tandis que les passants couraient se réfugier là où ils pouvaient. Quelques jours plus tard, on racontait qu'un faux dévot avait pris plusieurs enfants et qu'il les avait menés dans un carrosse pour les confier à de riches personnes qui devaient en prendre soin. Des affiches écrites à la main, placardées dans les rues du quartier Saint-Antoine, mirent la population en garde contre les agissements criminels des sbires de la police accusés d'enlever des enfants ; les parents ne les envoyèrent plus à l'école.

Vers la fin du mois d'avril coururent de nouvelles rumeurs d'enlèvements. Des « mouches » repéraient les enfants, usaient de divers moyens pour les attraper et les donner aux exempts et aux archers habillés de vêtements civils pour ne pas être remarqués. On disait que ces jeunes gens étaient destinés à des manufactures de vers à soie au Mississippi. En attendant leur départ, on les conduisait à l'hôpital Saint-Louis, hors de la ville.

Le 16 mai, près du Pont-Marie, rue des Nonaindières, ayant cru entendre crier un garçon dans une voiture fermée, une commère ameuta les passants. En quelques minutes, des artisans, des hommes du port, des laquais accoururent et prirent à partie archers et exempts suspectés de connivence avec les « mouches ». On ouvrit la voiture ; elle était vide, mais la foule ne se calma pas. L'émeute se propagea dans le quartier Saint-Antoine et ne se dissipa que dans la soirée. Les bruits les plus insensés se répandirent. On allait jusqu'à prétendre qu'un prince « ladre », c'est-à-dire lépreux, avait besoin de se baigner dans le sang d'adolescents pour combattre son mal !

Le 22 mai, il y eut plusieurs séditions. La première se déroula dans le cloître de Saint-Jean-de-Latran. La deuxième commença près de la porte Saint-Denis. La foule se déchaîna contre un archer et le poursuivit jusqu'à la demeure d'un commissaire rue de Cléry où se trouvaient plusieurs agents de la police. La maison, attaquée à coups de pierre, fut saccagée. Un autre tumulte éclata place de la Croix-Rouge, faubourg Saint-Germain, lorsque deux archers voulurent s'emparer du fils d'un cocher. Les cris du garçon avaient attiré son père qui se précipita sur les ravisseurs, aidé par des voisins venus à la rescousse. L'un des archers se réfugia chez un rôtisseur. Ses poursuivants voulurent entrer dans la boutique, mais l'un des employés saisit une broche pour défendre la porte. Il ne fit qu'attiser la colère de ces hommes, qui pénétrèrent dans la rôtisserie et la mirent à sac en quelques instants : batterie de cuisine, vaisselle d'argent et meubles volèrent par les fenêtres ; les pièces de vin éventrées se répandaient dans la rue. Deux hommes furent tués dans les caves. Le tumulte dura jusqu'à dix heures du soir avec une telle violence que le guet n'osa pas intervenir.

Le même jour, dans le quartier de la Cité, un soldat conduisant un écolier du collège des Quatre-Nations fut attaqué par de solides passants qui le prirent pour un voleur d'enfants. Il pénétra chez un commerçant rue du Harlay où deux escouades de la garde vinrent le chercher pour le mettre en sûreté chez un commissaire rue de la Calandre. Aussitôt des habitants du quartier tendirent des chaînes dans les rues pour empêcher la garde de passer et se saisirent de tout ce qui leur tombait sous la main pour attaquer la maison du commissaire ; ils brisèrent la porte avec une hache et allumèrent un incendie. Le guet lança une décharge. Un homme s'écroula ; les émeutiers ripostèrent et deux archers trouvèrent la mort. Pendant ce temps, le commissaire avec sa femme et ses enfants s'enfuirent par les toits.

Le samedi 23 mai, les violences furent pires encore. La sédition commença le matin sur la butte Saint-Roch où un enfant allait être pris par une « mouche ». Un monde considérable courut après l'espion jusqu'à la maison d'un commissaire où il se réfugia, rue Saint-Honoré, en face de l'église Saint-Roch. Les poursuivants exigèrent qu'il leur fût livré. Le commissaire refusa. Un archer tira ; un homme touché au ventre s'écroula, ce qui mit le peuple en fureur. L'attaque du domicile commença à coups de pierre avec une telle violence que le commissaire livra la « mouche ». En une minute, elle fut assommée, sa tête écrasée contre une planche hérissée de clous et son cadavre tiré par les pieds dans le ruisseau jusque chez le lieutenant général de police, M. Berryer, qui habite lui aussi rue Saint-Honoré. Les séditieux voulaient ficher le cadavre à sa porte mais ils manquaient de pointes assez longues. Ils abandonnèrent le corps sur la chaussée et envoyèrent des pierres dans les fenêtres en lançant de terribles imprécations contre Berryer, lequel était sorti par une porte donnant sur le couvent des Jacobins. Le soir, des détachements de gardes-françaises et suisses arrivèrent près de Saint-Roch. En rang de huit, les cavaliers foncèrent au galop, l'épée à la main, jusqu'à la maison de M. Berryer. L'émeute se dispersa aussitôt. À dix heures du soir, il n'y avait plus personne dans la rue.

Le lendemain dimanche 24 mai, Paris était tranquille. Beaucoup de curieux vinrent rue Saint-Honoré constater l'étendue des dégâts. La troupe était présente pour éviter de nouveaux débordements.

Les Parisiens ont-ils été la proie d'une psychose collective ou leur terreur était-elle justifiée ? Des enfants ont réellement disparu. Les observateurs les plus sages critiquent Berryer de ne pas avoir donné des ordres stricts à ses exempts dès les premiers enlèvements et pris les mesures qui s'imposaient pour rassurer la population. Pendant ces émeutes, dont la spontanéité ne fait aucun doute, on a violemment attaqué la personne du roi par des injures aussi méprisantes que celles proférées jadis par les ligueurs contre Henri III. Ce ne sont évidemment pas les mignons du roi, qui sont visés, mais la maîtresse avec laquelle il vit dans un luxe jugé insensé, alors que le peuple est pressuré d'impôts. Au plus fort des émeutes on a parlé d'aller brûler Versailles et le château de Bellevue. Des troupes durent garder le pont de Sèvres.

En ces journées troublées, sous-estimant le danger, la marquise faillit être victime de la vindicte populaire. Alors qu'elle allait à Paris elle rencontra le marquis de Gontaut venu tout exprès à sa rencontre. Il la pria de rebrousser chemin au plus vite, car le peuple commençait déjà à s'amasser sur le rempart de la maison où elle était attendue.

Ces événements frappent désagréablement le roi et sa maîtresse. Cependant, ils n'en retiennent que l'aspect monstrueusement anecdotique. « À propos de folie, dit la marquise à son frère, vous aurez su celle des Parisiens. Je ne crois pas qu'il y ait rien d'aussi bête que de croire qu'on veut saigner leurs enfants pour baigner un prince ladre. J'avoue à ma honte que je les croyais moins imbéciles. » Louis XV résolut d'éviter de passer par sa capitale pour se rendre à Compiègne. Pendant la nuit du 6 juin, il partit de La Muette par un chemin à travers la plaine Saint-Denis. Ce voyage avait un air de fuite.

Le calme était alors rétabli. La police avait procédé à plus de trente arrestations. Le Parlement, qui s'était saisi de l'affaire, avait commencé par rendre un arrêt déclarant qu'on n'avait jamais donné l'ordre à la police d'arrêter des enfants et que si cela avait eu lieu les parents n'avaient qu'à présenter une requête pour en obtenir l'élargissement. Cela est faux ; on sait de source sûre, mais restée secrète, que Berryer en avait signé un pour que l'on prît les enfants jouant sur le rempart et sur les places publiques. On en relâche chaque jour.

Ensuite, le Parlement entendit 234 témoignages et la procédure alla grand train contre les archers qui arrêtaient les enfants. On dit qu'ils n'avaient reçu aucun ordre et qu'ils avaient agi pour tirer une rançon de leurs parents qui étaient de bons bourgeois. La cour mit une vingtaine d'accusés sur la sellette et prononça trois condamnations à mort, la première contre un brocanteur de seize ans, la deuxième contre un charbonnier de vingt-quatre ans et la troisième contre un portefaix du même âge. Ils étaient accusés de violences contre l'ordre public, mais les ravisseurs d'enfants et leurs acolytes défendus par leurs supérieurs hiérarchiques n'encoururent aucune peine.

Ces exécutions ne déshonoreront pas les familles des condamnés et aujourd'hui le petit peuple nourrit une profonde haine contre la police en principe chargée de le protéger et en particulier contre M. Berryer qui s'est discrédité au cours de ces journées de violence. Ils n'hésitent plus à manifester leur mépris contre les ministres, qu'ils estiment bornés et dépourvus de compassion. Le Parlement n'échappe pas à leur vindicte. Les Parisiens vomissent des injures contre son président et disent qu'on peut se torcher le c… avec ses arrêts.

Le jour du supplice, qui eut lieu en retrait et non sur la place de Grève comme c'est la coutume, les cris de grâce étaient si forts que le bourreau hésita avant de faire son devoir, mais la troupe menaça de charger la foule et les trois corps se balancèrent bientôt au bout de leur corde.

CHAPITRE XVIII

Les rayons et les ombres

Révolution de palais

Mme de Pompadour a triomphé de tout. Les ministres la préviennent de ce qu'ils vont dire au roi. C'est d'ailleurs lui qui l'exige. Le comte de Kaunitz, l'ambassadeur de l'impératrice Marie-Thérèse, s'entretient souvent avec elle. « Mme de Pompadour, dit-il, a une qualité qui la rend très propre aux grandes affaires, elle est d'un secret impénétrable. » Louis XV lui confie immédiatement ce qu'on lui a déclaré de plus important. Il arrive même qu'elle travaille avec lui et l'un de ses secrétaires d'État. À mesure que s'éteint le désir du roi, l'influence politique de la reine sans couronne ne cesse de grandir. Elle a décidé de devenir « l'amie nécessaire », sa mauvaise santé rendant difficiles ses relations intimes avec son amant. Elle a quitté son petit nid d'amour pour un appartement princier au rez-de-chaussée du château, relié par un escalier intérieur à celui du monarque, et s'est arrangé avec ses valets de chambre pour qu'ils conduisent auprès de lui de jeunes beautés vénales qui ne seront jamais présentées à la Cour.

Mme de Pompadour avoue à ses familiers que sa vie est « terrible ». Elle tremble que Louis XV ne s'attache trop à Morphise, une gamine de quinze ans d'une beauté à faire damner le plus froid des hommes et qui est déjà enceinte de ses œuvres. Il lui faut sans cesse inventer le bon plaisir du souverain, combattre les intrigues des courtisans, déjouer les pièges de la jeune famille royale liguée contre « Maman-putain ». L'année dernière, le roi a passé plus de temps que de coutume avec les siens. Il a beaucoup apprécié la présence de la princesse Élisabeth venue de Madrid avec sa fille Isabelle. Leur séjour de plusieurs mois à Versailles a créé autour de leurs parents un climat d'intimité familiale resserré encore par l'arrivée de Madame Victoire, laquelle a quitté l'abbaye de Fontevrault. Le dauphin, la dauphine et Mesdames, soumis à leurs confesseurs jésuites, voudraient que leur père répudie sa favorite et revienne à Dieu.

Louis XV est resté éloigné des sacrements depuis les fameuses scènes de Metz en 1744. Il préfère ne pas confesser des fautes dont il ne veut ni ne peut se repentir. Un simulacre de contrition lui semblerait pire que le péché, mais des remords l'assaillent souvent. Ses enfants se prennent à espérer du jubilé accordé par grâce spéciale du pape pour remercier Dieu d'avoir rendu la santé à S.M. Benoît XIV veut appeler la faveur divine sur la seconde moitié du siècle. Il a promis une indulgence plénière à tous ceux qui se soumettraient à certains exercices de piété. C'est l'occasion pour les grands pécheurs de faire acte de repentance. Le saint-père a prié l'archevêque de Paris, Mgr de Beaumont, de mettre fin aux scandaleuses amours royales. Le roi s'est entretenu avec le prélat, mais on ne sait rien de ce qu'ils se sont dit. Cependant, le clan dévot est persuadé que, touché par la grâce, le souverain enverra sa maîtresse faire son jubilé dans un couvent.

Pris d'une immense ferveur depuis le début du carême, le roi assiste à tous les offices religieux, il a même décommandé des chasses pour écouter les sermons du père Griffet qui prêche devant la Cour. Sans la moindre gêne, ce jésuite a commencé ses prédications sur le thème de la femme adultère. Il a tonné contre les amours de David et de Bethsabée. Louis XV l'écoute sans mot dire.

Tout Paris, toute la France vivent au rythme du jubilé. Les cloches sonnent à la volée, des processions parcourent les rues, les paroisses ne désemplissent pas, des prières montent de toutes les maisons, les fidèles s'agenouillent partout où ils peuvent, les ateliers et les boutiques retentissent de cantiques. Les prêtres annoncent que la colère de Dieu sera terrible si on ne renonce pas au péché. La France tremble et parfois le roi craint d'être damné. Le 1er avril 1751, la mort de Mme de Mailly, sa première maîtresse, l'a accablé. Depuis qu'elle a quitté Versailles, cette dame a mené une vie édifiante pour réparer les désordres de son existence passée. Apprenant la nouvelle, le souverain a sombré dans un état de mélancolie dont Mme de Pompadour est encore parvenue à le tirer. Le monarque ne peut se passer d'elle et veut la garder auprès de lui. Quel mal y a-t-il puisqu'il a renoncé à tout lien charnel avec elle ? Aussi veut-il recevoir les sacrements. Mais le père Griffet et le père Pérusseau s'y opposent. Seul l'éloignement de la marquise réparera le scandale, prouvera la bonne volonté du pécheur, qui pourra recevoir l'absolution et la communion. Le roi a consulté toutes les autorités religieuses. À chaque fois, il a reçu la même réponse : l'Église ne lui accordera son pardon que s'il renvoie sa favorite. En dépit de toutes les pressions qui s'exercent sur lui et de sa peur de l'enfer, il n'a pas fait ses Pâques et Mme de Pompadour demeure auprès de lui. Devra-t-elle se muer en dévote ? Elle s'en ferait une raison s'il le fallait.

Le 13 septembre 1751, la naissance d'un duc de Bourgogne a détendu l'atmosphère de la Cour. La dauphine avait fait plusieurs fausses couches et on se demandait si elle parviendrait à donner des héritiers au trône. Par chance, son premier enfant est un garçon. Aucune princesse n'avait accouché aussi vite et aussi facilement. La rapidité avec laquelle la jeune femme mit au monde ce fils n'a pas permis que l'accouchement se fît en public comme le veut la coutume de ce pays-ci : on doit pouvoir constater qu'il n'y a pas de substitution d'enfant. Le couple princier était déjà au lit lorsque Marie-Josèphe ressentit les premières douleurs. En robe de chambre, le dauphin alla réveiller l'accoucheur M. Jarre, qui dormait dans une pièce voisine. Il accourut en pantoufles et en robe de chambre pour recevoir l'enfant qui était déjà né. Le dauphin appela aussitôt les gardes du corps et les gardes suisses qui étaient dans l'antichambre pour qu'ils puissent constater que l'enfant tenait encore à sa mère par le cordon. En même temps on envoyait un homme à Trianon prévenir le roi qui sortait de table. Une demi-heure plus tard, tout le monde était rassemblé dans l'appartement de Mme la dauphine.

À Paris, dès que la nouvelle a été connue, le tocsin a commencé de sonner. On l'a entendu pendant trois jours et trois nuits comme dans tous les grands moments de joie ou de tristesse : à la naissance des enfants de France, à la mort du roi ou de la reine, mais aussi lors d'un grave incendie ou d'une sédition. En signe d'allégresse, les boutiques ont fermé, le travail a cessé sur les ports. Le soir la ville était illuminée et des feux de joie flambaient aux carrefours. Pendant une semaine, l'Opéra et les théâtres ont joué gratis. Le 19 septembre, le roi, la famille royale, les princes, les princesses, les ministres et leur cortège de courtisans sont venus assister au *Te Deum* célébré à Notre-Dame. Le roi paraissait triste et sérieux, mais on sait qu'il n'aime pas les grandes cérémonies. À sa sortie de la cathédrale, on ne l'acclama guère et lorsqu'il se montra sur les marches de l'Hôtel de Ville, on n'entendit pas de « Vive le roi ! ».

Quelques semaines plus tard, le jour de la cérémonie des relevailles, le dauphin et son épouse venus rendre grâces à Notre-Dame subirent les cris du peuple qui réclamait du pain et le renvoi de « cette putain qui gouverne le royaume et qui le fait périr ». Au mois de décembre, les fêtes données à Versailles en l'honneur de cette naissance laissèrent une impression de tristesse. Le soir, une bise glaciale éteignit les illuminations. À l'intérieur il faisait froid et les lumières des lustres placés trop haut accusaient cruellement les traits des visages. Les femmes étaient moins nombreuses que les hommes, la marquise ayant revu les listes d'invités pour éliminer d'éventuelles rivales. Les bourgeoises de Paris n'étaient pas conviées contrairement à la coutume. Ce soir-là, Louis XV était sombre, le dauphin et la dauphine ne disaient mot et Mesdames s'ennuyaient. Seule la reine affichait l'air de satisfaction qu'elle sait si bien prendre en toutes circonstances apparemment heureuses. Obéissant aux exigences du monarque, les courtisans portaient des habits neufs et regrettaient d'avoir fait ces dépenses pour une réception aussi morne.

Rage ecclésiastique et guerre parlementaire

Le souverain n'a pas cédé au clergé en tant que pécheur, mais il lui cède en tant que souverain. En effet, depuis près de deux ans, le clergé, le corps le plus puissant et le mieux organisé du royaume, s'oppose au pouvoir royal pour des questions fiscales. On se souvient qu'au mois de mai 1749, Machault d'Arnouville avait fait promulguer un édit établissant l'impôt du vingtième touchant sans distinction les trois ordres du royaume et tous les revenus. Jusqu'alors la fiscalité royale avait usé de beaucoup de ménagements à l'égard du clergé, lequel considère que ses propriétés doivent être exemptes de charges temporelles. Il prétend contribuer aux dépenses publiques par pure générosité lorsqu'il vote à l'occasion de son assemblée quinquennale « le don gratuit », au demeurant assez faible en proportion de l'immensité de ses biens. Lors de leur assemblée de mai 1750, les prélats outragés avaient hautement protesté contre cet impôt et rappelé au roi que leurs contributions sont toujours volontaires. L'idée de procéder à un inventaire des biens de l'Église leur semblait un crime envers Dieu lui-même. Ce fut un tollé. L'assemblée adressa des remontrances au monarque, qui procéda à sa dissolution.

Deux partis se formèrent aussitôt à la Cour : celui de Machault, soutenu par Mme de Pompadour, les financiers, les maréchaux de Noailles et de Richelieu et celui des dévots mené par la famille royale, Mgr de Beaumont, le comte d'Argenson, Boyer, détenteur de la feuille des bénéfices, et le cardinal de Tencin. Louis XV ne s'est pas soumis à la volonté de l'Église pour sa vie privée, mais il se soumet en tant que roi : il l'a exemptée de l'impôt du vingtième par un arrêt du Conseil le 23 décembre 1751. Cette affaire du vingtième a suscité depuis deux ans quantité d'opuscules, les uns bourrés de références à l'histoire de l'Église soutenant les prétentions du clergé, les autres très incisifs dénonçant l'entêtement des prêtres à se servir du nom de Dieu pour se soustraire à un impôt considéré comme juste. En accordant au clergé le maintien de son immunité fiscale, le roi se déconsidère auprès de ses sujets, qui se plaignent sans cesse des impôts écrasants qui pèsent sur eux. Pour reprendre l'expression de l'avocat Barbier, l'opinion est très montée contre « la gent ecclésiastique ». Le premier ordre du royaume l'emporte sur le roi, mais il ne mesure pas le discrédit qui le frappe dans l'opinion.

Forts de ce succès, les évêques ont voulu lier le roi encore plus étroitement à leur cause et l'éloigner de toute velléité réformatrice en faisant renaître de ses cendres la querelle janséniste qu'on pouvait croire assoupie. Tout a commencé au mois de juin 1749, lorsque l'abbé Coffin, principal du collège de Beauvais[1], janséniste notoire, s'était trouvé à l'article de la mort. N'ayant pu obtenir de lui un acte de soumission à la bulle, son confesseur n'avait pas voulu l'entendre en confession et M. Bouëttin, curé de Saint-Étienne-du-Mont, lui refusa les sacrements. Le neveu du père Coffin, conseiller au Châtelet, s'était plaint au premier président du Parlement, lequel l'avait renvoyé à l'archevêque de Paris, Mgr de Beaumont, qui entendait éradiquer le jansénisme. Aussi s'était-il montré intraitable avec le malheureux Coffin qui mourut en état de péché. Considéré comme un saint dans son collège, il avait été traité comme un hérétique. Le lendemain, Paris scandalisée s'était réveillée janséniste et 4 000 personnes avaient suivi les obsèques du défunt. Persuadé qu'il suffit de vouloir se repentir et d'appeler un prêtre à son lit de mort pour être sauvé, le peuple s'indignait des injonctions de Mgr de Beaumont qui exigeait désormais un billet de confession signé d'un prêtre constitutionnaire pour obtenir les derniers sacrements.

La guerre déclarée aux jansénistes se poursuivit. Plusieurs prêtres refusèrent d'administrer des mourants. Cette intransigeance entraîna des remontrances du Parlement qui restèrent sans effet. Une nouvelle affaire qui ressemblait fort à celle du père Coffin ranima la colère parlementaire en mars 1752 lorsque le curé de Saint-Étienne-du-Mont, toujours lui, refusa les sacrements à un vieil oratorien janséniste. Cette fois, les magistrats sommèrent ce prêtre d'administrer le malade sous peine de saisie de son temporel. Deux jours plus tard, un arrêt du Conseil cassa l'arrêt et le président Maupeou fut convoqué à Versailles pour en entendre la lecture. Le Parlement, qui avait pris l'affaire en main, supplia le Conseil de permettre au moribond de recevoir les sacrements, mais ce dernier mourut sans les avoir reçus. Le Parlement s'émut d'autant plus qu'on était en pleine Semaine sainte. Il décréta le curé Bouëttin de prise de corps. Averti de cette décision, le prêtre s'enfuit avant l'arrivée de l'huissier venu l'arrêter. Le 7 avril 1752, par un arrêt du Conseil, Louis XV cassa cette procédure ainsi que toutes celles qui l'avaient précédée sur ce sujet. Le Parlement répondit le 15 avril par de sévères remontrances et déclara qu'il

1. Fondé en 1370 par l'évêque de Beauvais rue du Clos-Bruneau (actuelle rue Jean-de-Beauvais), le collège de Beauvais était l'un des hauts lieux du jansénisme fréquenté par beaucoup d'enfants de parlementaires.

était interdit aux prêtres de refuser les sacrements. Le 18 avril, un nouvel arrêt du Conseil a cassé la décision et le Parlement a répondu par « un arrêt de règlement » défendant aux prêtres de refuser les sacrements sous prétexte de non-acceptation de la bulle.

Hostile aux billets de confession, exaspéré par la lutte incessante que se livrent le clergé et le Parlement, Louis XV a réservé à son Conseil la connaissance de tout ce qui concerne la bulle. C'est pourquoi le Conseil de S.M. passe son temps à casser les arrêts du Parlement et à supprimer les mandements épiscopaux. Mais furieux de se voir dépossédé de ses droits, le Parlement a présenté de grandes remontrances pour dénoncer la mainmise de l'Église sur la monarchie. La querelle religieuse se transforme en conflit politique, ce qui mécontente le roi :

« Ces grandes robes (les parlementaires) et le clergé sont toujours aux couteaux tirés, a-t-il déclaré ; ils me désolent par leurs querelles. Mais je déteste bien plus les grandes robes. Mon clergé, au fond, m'est attaché et fidèle ; les autres voudraient me mettre en tutelle. Robert de Saint-Vincent[1] est un boutefeu que je voudrais pouvoir exiler ; mais ce sera un train terrible. D'un autre côté l'archevêque est une tête de fer qui cherche querelle. Heureusement qu'il y en a quelques-uns dans le parlement sur qui je peux compter, et qui font semblant d'être bien méchants, mais qui savent se radoucir à propos. Il m'en coûte pour cela quelques abbayes, quelques pensions secrètes. » Tout en parlant, le roi se promenait en proie à une vive agitation. « Le Régent a eu bien tort de leur rendre le droit de faire des remontrances, reprit-il ; ils finiront par perdre l'État. – Ah ! Sire, dit M. de Gontaut qui venait d'entrer, il est bien fort pour que de petits robins puissent, l'ébranler. – Vous ne savez pas ce qu'ils font et ce qu'ils pensent, reprit le roi, c'est une assemblée de républicains. En voilà assez : les choses, comme elles sont, dureront autant que moi. » Louis XV a condamné les magistrats à l'exil. « Faites comme vous voudrez, mais je veux être obéi », a-t-il déclaré à ses ministres à la fin d'un Conseil. Il soupait à Bellevue chez sa favorite lorsqu'on lui apprit que ces messieurs avaient été conduits *manu militari* dans diverses

1. Pierre-Augustin Robert de Saint-Vincent (1725-1799), conseiller à la chambre des enquêtes, janséniste agressif.

villes du royaume. Se penchant vers la marquise, il lui murmura la nouvelle qu'elle applaudit aussitôt. Ce soir-là, le souverain fut d'une humeur charmante, soupa gaiement, allant jusqu'à siffler et chanter, signe chez lui d'une particulière allégresse. Il a fait acte d'autorité. Mais le peuple a crié « Vive le Parlement ! ». Ce n'est pas la première fois que le Parlement est exilé. Tout cela sent la Fronde...

*Bataille autour de l'*Encyclopédie

Pendant qu'on se disputait sur les sacrements et les conditions du salut, que chaque parti mobilisait ses docteurs, le manifeste des Lumières conçu par Diderot et d'Alembert s'élaborait dans la fièvre créatrice. L'*Encyclopédie ou Dictionnaire raisonné des Sciences, des Arts et des Métiers* a été inspiré par des libraires qui voulaient faire traduire et publier l'*Universal Dictionnary of Arts and Sciences* de l'anglais Chambers. Le chancelier d'Aguesseau avait encouragé l'entreprise dès 1745. Après bien des tractations, les libraires ont signé un contrat avec Diderot et d'Alembert en 1747 non pour traduire l'ouvrage de Chambers, mais pour réaliser une œuvre originale faisant le point sur toutes les connaissances en ce milieu de siècle. Les deux amis recrutèrent des collaborateurs choisis plus pour leur savoir que pour leur notoriété à l'exception de Montesquieu et de Voltaire. Les rejoignirent d'Holbach, Grimm, Jean-Jacques Rousseau ; Daubenton pour l'histoire naturelle, Blondel pour l'architecture, La Condamine pour les mathématiques... Diderot et d'Alembert se sont réservé beaucoup d'articles, l'un pour la philosophie, l'histoire, la religion, la littérature et l'autre pour les sciences. En 1749, la détention de Diderot à la Bastille après sa *Lettre sur les aveugles* fit prendre quelque retard à ce gigantesque travail, mais en 1750 la souscription était lancée et un *Prospectus* annonçait la publication de l'ouvrage en 10 volumes qui devrait selon Diderot « tenir lieu de bibliothèque dans tous les genres à un homme du monde... ».

Au mois de juin 1751 le *Discours préliminaire* signé par d'Alembert en tête du premier volume définissait l'esprit de l'œuvre : une déclaration de guerre à tous les académismes, à toutes les idées reçues et qui constitue l'apologie de la nouvelle philosophie fondée sur la raison et la connaissance scientifique. Il oppose la nuit de l'ignorance aux lumières de la raison afin de faire prendre conscience au public des progrès de l'esprit humain dans tous les domaines. Prévue initialement comme un ouvrage de vulgarisation des connaissances scientifiques, l'*Encyclopédie* se présente comme une machine de guerre dirigée contre les préjugés, à commencer par les préjugés religieux.

Enthousiasmé par cette lecture, Voltaire, alors auprès du roi de Prusse, a écrit à Mme du Deffand que « d'Alembert était l'un des meilleurs esprits que la France ait jamais connus ». Si le *Discours* a fait l'unanimité dans le clan des hommes de lettres convertis aux Lumières, il a aussitôt excité l'ire des Jésuites. Dans le *Journal de Trévoux*, le père Berthier accusa l'*Encyclopédie* de piller le dictionnaire de Trévoux, d'attaquer l'enseignement jésuite et surtout d'être un monstre d'impiété.

Comme on s'en doute, le contenu de l'ouvrage est très divers et la longueur des articles extrêmement variable. On a ainsi consacré une colonne à « France », six lignes à « Alpes »... D'autre part, les renvois d'un terme à un autre permettent des réfutations parfois surprenantes. Si Voltaire dit que l'*Encyclopédie* est une véritable Babel, Diderot n'hésite pas dans l'intimité à parler de « fatras ».

Mais que retenir de ce « fatras » ? Tout d'abord beaucoup de renseignements précis sur les sciences, les arts et les techniques. Tous les auteurs traitant de ces questions prêchent pour la liberté de l'entreprise et pour celle du commerce, indispensables au développement économique. On ne relève rien de subversif en ce qui concerne la littérature et lorsqu'on aborde les questions politiques, on voit que les auteurs ont fait preuve de prudence. Cependant, si l'institution monarchique n'est pas remise en cause, le droit divin est rejeté comme une conception aussi obsolète que ridicule car c'est dans le domaine religieux que se manifeste l'audace des rédacteurs ; ils opposent la foi à la raison et dénoncent le christianisme comme générateur de superstitions, de fanatisme et d'intolérance. L'article « Christianisme » signé par Diderot est un brûlot contre l'Église.

Manifeste des Lumières fondées sur la raison qui rationalise tout, l'*Encyclopédie* propose une nouvelle conception du monde où la religion cesse d'être une référence à l'absolu pour devenir une thérapeutique de la vie personnelle. Entre le christianisme traditionnel et le matérialisme athée, les philosophes ont élaboré une religion spécifique, le déisme, qui suppose une telle distance entre Dieu et sa créature que celle-ci doit trouver sa place sur terre où elle jouira du bonheur sans remords. Ainsi les rapports de l'homme au monde changent du tout au tout. Les philosophes recherchent les fondements rationnels d'un ordre qui ne soit plus garanti par le droit divin. Ils fondent le droit sur la nature. Ce droit naturel doit protéger la liberté de l'individu tout en lui prescrivant ses devoirs. Partant de ce principe, les discussions sur ce sujet vont au-delà de la morale et de la religion : elles ruinent la théorie de l'absolutisme de droit divin, autrement dit la conception de la monarchie telle que la concevait Bossuet au siècle dernier. L'homme des Lumières fait pour ce monde revendique le droit au bonheur et sa dignité s'oppose à l'idée d'un gouvernement despotique.

Jusqu'à la publication du deuxième volume (janvier 1752) – lequel va jusqu'à la lettre E –, le débat sur l'*Encyclopédie* est resté circonscrit au monde des salons. Seul le *Journal des Savants* émit quelques doutes sur la piété de certains auteurs, tout en louant l'entreprise. Cependant, les Jésuites fourbissaient leurs armes : ils ont lancé leur attaque contre l'abbé de Prades, auteur d'une thèse soutenue en Sorbonne et approuvée par les docteurs en 1751. Cependant d'aucuns la soupçonnaient de favoriser le matérialisme athée. Lorsqu'on apprit que ce prêtre faisait partie des rédacteurs de l'*Encyclopédie*, les Jésuites se jetèrent sur ses articles et découvrirent ce que qu'ils voulaient y trouver : des germes d'athéisme.

Mgr de Beaumont condamna aussitôt l'*Encyclopédie*. Dans un conseil secret tenu par le Parlement, l'avocat général Lefèvre d'Ormesson déclara que les encyclopédistes représentaient « une secte dangereuse ». Les magistrats décrétèrent de prise de corps l'abbé de Prades, qui eut tout juste le temps de quitter la France pour se réfugier auprès de Frédéric II. Un arrêt du Conseil du roi daté du 7 février 1752 supprime et condamne l'œuvre suspectée « d'insérer plusieurs maximes tendant à détruire l'autorité royale, à élever les fondements de l'erreur, de la corruption des mœurs, de l'irréligion et de l'incrédulité ».

Abasourdi par ce coup du sort, Diderot a été sauvé – qui l'eût dit ? – par Lamoignon de Malesherbes, le directeur de la Librairie, autrement dit le représentant du chancelier en matière de censure. En effet, M. de Malesherbes est ami des philosophes. Il a personnellement prévenu le maître d'œuvre qu'on allait procéder à la saisie de ses papiers. Comme le malheureux lui a répondu qu'il n'aurait jamais le temps de déménager la totalité de ses manuscrits et d'ailleurs qu'il ne saurait à qui les confier, Malesherbes lui a proposé de les déposer tout simplement chez lui. C'est bien le dernier endroit où l'on irait les chercher !

En réalité, Malesherbes n'a pas pris de grands risques. Il est soutenu par Mme de Pompadour. La marquise a l'habitude de rencontrer les philosophes à Versailles même dans l'appartement de son médecin le docteur Quesnay. Le projet de l'*Encyclopédie* l'avait d'emblée séduite. Au moment de la condamnation, Malesherbes la mit dans la confidence. Diderot implora son aide. Elle lui répondit avec une fermeté qui ne laisse aucun doute sur sa loyauté à l'égard de la politique royale, sans pourtant faire mystère du mépris que lui inspirent les dévots. « Je ne puis rien dans l'affaire du *Dictionnaire encyclopédique*, lui écrivit-elle. On dit qu'il y a dans ce livre des maximes contraires à la religion et à l'autorité des rois. Si cela est, il faut brûler le livre ; si cela n'est pas, il faut brûler les calomniateurs. Mais malheureusement ce sont les ecclésiastiques qui vous accusent, et ils ne veulent pas avoir tort. Je ne sais que penser sur le tout, mais je sais quel parti prendre : c'est de ne m'en mêler en aucune manière. Les prêtres sont trop dangereux.

« Cependant, tout le monde me dit du bien de vous. On estime votre mérite ; on honore votre vertu. Sur ces témoignages qui vous sont si glorieux, je vous crois presque innocent et je me ferais un plaisir de vous obliger en toute chose. La proscription de l'*Encyclopédie* est un point résolu sur la déposition des dévots, qui ne sont pas toujours justes et vrais. Si le livre n'est pas tel qu'ils le disent, je ne puis que vous plaindre et détester l'hypocrisie et le faux zèle, en attendant que vous m'offriez une occasion de vous être utile. »

Encouragement discret à Diderot et d'Alembert pour la poursuite de leur travail, à condition de se montrer prudents sur le chapitre de la religion et du pouvoir royal.

En petit comité, Mme de Pompadour vantait toujours les mérites de l'*Encyclopédie* à Louis XV, en insistant sur le côté pratique de l'ouvrage, et elle a même poussé le soutien à l'entreprise jusqu'à se faire représenter par le pastelliste La Tour le bras posé sur une console où figurent en bonne place l'*Encyclopédie* et *L'Esprit des lois*. Jamais elle n'aurait osé commander un tel portrait si le roi ne l'avait pas permis. Sans lever la condamnation pesant sur les deux premiers volumes, Louis XV tolère la poursuite de l'œuvre.

Incandescence de l'esprit parisien

Malgré tous les efforts de Mme de Pompadour, la vie de l'esprit ne règne plus à Versailles mais à Paris dans les salons, les cafés, les académies… où le monde du savoir cohabite avec celui des mondains. Chaque salon parisien a ses rituels et ses hôtes. La duchesse du Maine est morte le 23 janvier 1753. Avec elle s'éteint l'esprit du siècle de Louis XIV, mais depuis longtemps sa petite cour de Sceaux faisait figure de relique. Sa disparition a rendu sa totale liberté à la marquise du Deffand qui a quitté la rue de Beaune en 1747 pour s'installer rue Saint-Dominique au couvent de Saint-Joseph dans l'appartement où s'était retirée Mme de Montespan après sa disgrâce. Elle reçoit maintenant dans une pièce dont les murs sont tapissés de moire bouton d'or constellés de nœuds couleur feu. À cinquante ans, la marquise du Deffand est déjà une vieille dame. Des folies de sa jeunesse, rien ne subsiste. Sa beauté s'est enfuie et elle perd la vue. Pour la consoler, Voltaire lui a dit « qu'elle était punie par où elle avait fait pécher les autres ». Mais aujourd'hui, elle ne peut plus pécher que par ironie tant les reparties qu'elle profère avec naturel sont mordantes. Elle a toujours cultivé le bel esprit, mais elle s'est prise de passion pour la raison comme d'autres pour la dévotion. Mme du Deffand donne un dîner deux fois par semaine à la compagnie qu'on rencontrait chez la duchesse du Maine, une société aristocratique raffinée qui ne dédaigne pas de se mêler à des écrivains. Le vieux président Montesquieu l'honore en venant chez elle et elle l'honore tout autant en le recevant. Mais la maîtresse de maison, qui cultive les gloires reconnues, s'intéresse aussi aux jeunes auteurs qui lui semblent prometteurs. D'Alembert est son favori ; elle traite avec bonté Jean-Jacques Rousseau, un Genevois qui s'est fait connaître par son *Discours sur les sciences et les arts* et surtout par un opéra-comique joué à la Cour, *Le Devin du village*. Diderot n'a pas droit de cité au couvent de Saint-Joseph. Ses manières plébéiennes et ses idées révolutionnaires déplaisent à Mme du Deffand. Les étrangers se mêlent aussi aux invités comme l'envoyé extraordinaire de Danemark, Johan Bernstorff, ou le comte Scheffer, ministre de Suède. La marquise ne peut se passer de ses familiers, la duchesse de Luxembourg, la duchesse de Mirepoix, le président Hénault son ami de cœur (si elle a un cœur), Antoine de Ferriol comte de Pont-de-Veyle, et Jean Baptiste Nicolas Formont.

Assise dans son fauteuil dont le dossier se prolonge comme une petite coupole au-dessus de sa tête et qu'on appelle son « tonneau », cette femme fragile lance ses boutades, anime la conversation et joue aux portraits avec ses convives. C'est le meilleur moyen de « faire tomber les masques », son grand divertissement. Lorsque la compagnie la quitte, elle a l'impression de retourner au néant. Faisant elle-même son portrait à l'intention de ses amis, elle n'hésite pas à écrire, en parlant d'elle à la troisième personne : « Souvent, elle tombe dans un ennui qui éteint toutes les lumières de son esprit ! Cet état lui est si insupportable et la rend si malheureuse qu'elle embrasse aveuglément tout ce qui se présente sans délibérer ; de là vient la légèreté dans ses discours et l'imprudence dans sa conduite que l'on a peine à concilier avec l'idée qu'elle donne de son jugement quand elle est dans une situation douce. »

La cécité qui la menace l'a encouragée à prendre une lectrice auprès d'elle, Julie de Lespinasse, fille naturelle de la comtesse d'Ablon sa parente. La présence de cette jeune femme a conquis les habitués du couvent de Saint-Joseph. Julie de Lespinasse sait mettre en valeur aussi bien la maîtresse de maison que ses invités.

Mme Geoffrin, qui fréquentait assidûment Mme de Tencin, savait ce qu'elle faisait et l'ancienne nonne l'avait bien compris. Elle a recueilli son héritage, autrement dit la compagnie qui entourait la sœur du cardinal. Mais grâce à la fortune qui lui vient de feu son mari, elle a les moyens de faire de sa maison le rendez-vous des lettres et des arts. Le mercredi, elle convie à dîner les écrivains, et le lundi, les artistes. En invitant des peintres, des sculpteurs, ce que personne n'a encore fait, elle leur donne la reconnaissance sociale qui leur manquait malgré leur talent. Et pourtant Mme Geoffrin n'est pas une femme cultivée. Ses connaissances littéraires et artistiques sont limitées. Elle ne possède aucun talent particulier, sinon celui de connaître parfaitement les comportements humains. C'est ce qui fait sa force. En société, elle a la sagesse de laisser parler les savants et les hommes de lettres sans jamais paraître ennuyée de ce qu'elle ne comprend pas. Elle préside avec un tact rare ces réunions et lorsqu'elle sent ses hôtes prêts à dépasser les limites qu'elle tient à leur imposer, elle déclare simplement : « Allons, voilà qui est bien. » D'après Marmontel, elle s'offre une compagnie amusante et une existence honorable pour sa vieillesse avec le même aréopage que sa rivale Mme du Deffand.

C'est le comte de Caylus qui a suggéré à Mme Geoffrin de recevoir des artistes. Archéologue et amateur d'art, auteur de comédies, il se passionne pour l'Antiquité et prêche pour le retour à l'imitation du monde antique. Caylus « le grand croquant » anime les soirées du lundi qui sont, si l'on peut dire, plus débraillées que celles du mercredi. Ces hommes de talent ont souvent peu d'instruction, leur culture laisse à désirer et leur conversation est très libre. Boucher, toujours disert, manque de noblesse et peint Vénus et la Vierge d'après les nymphes des coulisses. Son langage se ressent des mœurs de ses modèles et du ton de son atelier. La Tour, plutôt mélancolique, se pique de philosophie mal digérée. Si l'on en croit Marmontel, le savant architecte Soufflot aurait « sa pensée inscrite dans le cercle de son compas ». Joseph Vernet, peintre de marines, se montre peu expansif, mais Carle Van Loo secoue l'assemblée de ses plaisanteries et de son gros rire. Mme Geoffrin convie parfois à ces lundis des amateurs d'art comme le duc de la Rochefoucauld, l'abbé de Saint-Nom, le dessinateur Cochin.

Mme Geoffrin ne se contente pas de réunir les écrivains et les artistes pour son seul plaisir. Elle les aide en faisant vendre les livres des uns et les tableaux des autres. « Je les fais beaucoup travailler, dit-elle, je les caresse, je les loue, je les conseille. » Elle en subventionne plus d'un, ce dont elle ne se vante jamais. Elle vient d'acheter à Vien *La Douce Mélancolie* et quatre grandes toiles représentant les quatre saisons sous les traits de femmes vêtues à l'antique.

« Je me compare à un petit arbre tout rond qui a des branches de tous côtés, disait-elle naguère à Fontenelle. Je me mêle un peu de tout ; je sais un peu de tout. » Le petit arbre a prospéré. Tout en entretenant d'excellentes relations avec les encyclopédistes, elle n'a pas rompu avec l'Église. Pour être bien avec le Ciel sans être mal avec son monde, elle s'est fait une espèce de dévotion clandestine : elle va à la messe comme on va en bonne fortune ; elle habite un appartement dans un couvent de religieuses et elle a une tribune à l'église des Capucins, mais avec autant de mystère que les femmes galantes ont des petites maisons. Derrière sa simplicité et sa modestie ostensible se cachent l'orgueil de la bourgeoise parvenue et la déception de ne pas être considérée comme une aristocrate. Elle n'a pas le ton de la Cour comme Mme du Deffand, mais elle quête la reconnaissance de ce monde qui lui reste fermé, malgré le mariage de sa fille devenue marquise de La Ferté-Imbault, veuve et heureuse de l'être, jalouse des succès de sa mère, et qui s'estime socialement fort au-dessus d'elle.

Le baron d'Holbach, qui se plaît chez Mme Geoffrin, reçoit le jeudi et le dimanche dans son hôtel rue Royale-Saint-Roch. D'origine allemande, le baron est l'un des hôtes les plus instruits qu'on puisse imaginer. Il parle toutes les langues de l'Europe. Sa curiosité est infinie. Il s'intéresse autant aux idées qu'à l'histoire naturelle à laquelle il a consacré un cabinet dans son hôtel dont les murs sont couverts de tableaux et de dessins contemporains. Diderot, Grimm, Helvétius, Saint-Lambert, l'abbé Raynal, Marmontel se lancent chez lui dans des discussions qui n'en finissent pas. C'est assurément ici qu'on s'exprime avec le plus de liberté sur la religion et la politique. En été, il accueille fastueusement ses hôtes dans son château du Grandval. Son voisin et ami Helvétius, très bel homme, grand amateur de femmes, l'un des mécènes de l'*Encyclopédie*, reçoit les mêmes convives que d'Holbach mais le mardi. Après une jeunesse désœuvrée, il a résilié sa charge de fermier général, s'est entouré d'hommes de lettres, s'est passionné pour la géométrie et la poésie et a fini par épouser Mlle de Ligneville, nièce de Mme de Graffigny, l'auteur à succès des *Lettres d'une Péruvienne*. La jeune Mme Helvétius charme les hôtes de son mari et parvient à détourner les conversations pour leur faire prendre un tour moins sérieux que celui qu'elles ont d'ordinaire. Mme de Graffigny, sa tante, qui fut naguère amie de Voltaire et de Mme du Chatêlet avant de se fâcher avec elle, reçoit philosophes et administrateurs mais sur un pied modeste.

On s'étonnera qu'on ait aujourd'hui si peu parlé de Voltaire. On ne le voit plus à Paris ni à Versailles. Après la mort d'Émilie, il a résilié sa charge d'historiographe du roi et s'est rendu à la cour de Frédéric II qui souhaitait sa présence depuis longtemps. Il est resté deux ans et demi en Prusse, où il subit les caprices du monarque après avoir été reçu comme un prince et traité avec tous les égards dus à son génie. À Berlin, il a écrit un conte philosophique, *Micromégas*, et achevé *Le Siècle de Louis XIV* où il a voulu mettre en valeur ce qu'il appelle « l'esprit des hommes », autrement dit le génie de ce temps. Voltaire « met ce siècle au tombeau mais le dépose dans la gloire[1] » tout en se félicitant que l'esprit philosophique gagne de jour en jour.

Le 26 mars 1753, il a enfin obtenu de Frédéric II l'autorisation de partir prendre les eaux de Plombières pour soigner sa santé toujours défaillante. Mais il n'est pas *persona grata* en France. Le voilà « entre deux rois, le cul par terre ». Après une longue attente, tantôt à Plombières, tantôt à Colmar, il a acheté un domaine en Suisse près de Genève qu'il a baptisé Les Délices. Il s'y est installé avec Mme Denis au mois de mars 1755.

Apaisement religieux et coup de théâtre diplomatique

Deux ans de purgatoire, voilà qui était censé calmer les ardeurs contestataires du Parlement. Après mûre réflexion et de longues négociations menées par le prince de Conti, le roi a décidé de rappeler les exilés. La rentrée des magistrats s'était faite le 4 septembre 1754 sous les acclamations populaires. Ce même jour, ils enregistrèrent une déclaration du roi imposant « silence sur les matières qui avaient fait l'objet des dernières divisions », c'est-à-dire les billets de confession. Il leur était ordonné « de procéder contre les contrevenants, conformément aux ordonnances ». Ces messieurs ne cachèrent pas leur satisfaction ; ils pouvaient inter-

1. Paul Valéry, in R. Pomeau, *Voltaire en son temps, op. cit.*, p. 664.

préter la « loi du silence » dans un sens favorable à leurs prétentions et l'occasion ne tarda pas à se présenter. Le curé de Saint-Étienne-du-Mont (encore lui) ayant refusé d'administrer une ancienne convulsionnaire, le Parlement dénonça l'affaire au roi qui en référa aussitôt à l'inévitable Mgr de Beaumont, lequel soutint le prêtre. Après avoir entendu l'archevêque et le président du Parlement, Louis XV prit parti contre Mgr de Beaumont, qu'il envoya dans sa propriété de Conflans par lettre de cachet.

Ce fut du délire dans Paris lorsque le président Maupeou publia la lettre de S.M. qui déclarait avoir « marqué son mécontentement à l'archevêque de Paris en le punissant de manière à faire connaître la ferme résolution où il était de maintenir la paix dans son royaume ». Louis XV connut alors un regain de popularité, mais la coalition des évêques qui en appelèrent au pape l'inquiétait. Il redoutait que le saint-père ne voulût s'immiscer dans les affaires intérieures du royaume. À Rome, son ambassadeur, le comte de Choiseul, négociait avec Benoît XIV pour que celui-ci ne devînt pas l'arbitre d'un conflit franco-français reposant sur des questions religieuses mais dont les enjeux étaient essentiellement politiques. Il obtint gain de cause lorsque le pape publia une encyclique qui allait dans le sens souhaité par le roi. Elle maintient la constitution *Unigenitus*, mais supprime l'exigence des billets de confession. On pouvait penser que l'encyclique désarmerait le Parlement. Il n'en fut rien et Louis XV dut réaffirmer devant cette cour que l'*Unigenitus* resterait loi d'État. Si le Parlement veut poursuivre sa fronde contre le pouvoir royal, il ne prendra plus le prétexte de la religion. L'affaire des billets de confession semble réglée.

« Ces billets de confession auraient fait naître une guerre civile dans les temps précédents, prétend Voltaire ; mais dans le nôtre, ils ne produisirent que des tracasseries civiles. L'esprit philosophique qui n'est autre chose que la raison, est devenu chez tous les honnêtes gens le seul antidote dans ces maladie épidémiques[1]. »

Le surprenant traité d'alliance conclu avec l'impératrice a fait l'effet d'une bombe parce que nul ne s'en doutait et qu'il est d'une importance capitale. Jusqu'à maintenant la France poursuivait la politique dictée par le cardinal de Richelieu consistant à abais-

1. Voltaire, *Dictionnaire philosophique*, art. « Confession ».

ser la maison de Habsbourg en s'appuyant sur les souverains protestants d'Allemagne. Au cours de la guerre de Succession d'Autriche, on s'en souvient, Frédéric de Prusse s'était montré un allié inconstant, mais un allié. À la Cour et dans le ministère, « le clan prussien » est majoritaire : on admire le génie de Frédéric, son gouvernement et même ses conquêtes. À la Ville, les esprits éclairés voudraient conserver l'alliance de ce « Salomon du Nord », modèle des princes éclairés qu'on se refuse à considérer comme un despote. Personne ne pouvait imaginer que Louis XV, préoccupé par les problèmes intérieurs, était en train de réorienter secrètement le système diplomatique français.

L'initiative n'est pas venue de lui, mais de l'impératrice Marie-Thérèse dont les intentions sont claires : elle veut reconquérir la Silésie et infliger une cuisante défaite à Frédéric II qui rêve de substituer la domination prussienne à la domination autrichienne sur l'ensemble de l'Allemagne. Dans la lutte inexpiable qui s'annonce entre les deux États, Marie-Thérèse a besoin d'un puissant allié. Elle sait qu'elle ne doit pas compter sur l'Angleterre, qui a tout à perdre et rien à gagner dans une guerre continentale. Seule la France peut lui prêter main-forte, mais cela ne semble guère son intérêt. Réussir un tel « renversement » d'alliances relevait de la gageure.

Le comte de Kaunitz, l'ambassadeur de l'impératrice en France de 1750 à 1753, posa les premiers jalons d'une entente entre les deux États. Grand seigneur fastueux, il avait été très bien accueilli à Versailles où, évaluant les forces en présence, il eut l'habileté de faire une cour assidue à Mme de Pompadour.

Au mois de juin 1755, lorsque les Anglais attaquèrent par surprise des navires français, Marie-Thérèse et Kaunitz, devenu son chancelier, jugèrent opportun d'engager des pourparlers avec Louis XV par l'intermédiaire de la marquise. Le nouvel ambassadeur d'Autriche, le comte de Starhemberg, lui remit une lettre de l'impératrice à l'intention de Louis XV : Marie-Thérèse souhaitait que le roi désignât une personne de confiance pour entendre les propositions que Starhemberg, devait faire en son nom. La Cour ignora tout de cette démarche. Aucun soupçon n'effleura les ministres. D'un commun accord, le roi et sa favorite désignèrent l'abbé de Bernis pour cette mission. Bernis tomba des nues. Il fut décidé qu'il rencontrerait Starhemberg en secret à Bellevue chez Mme de Pompadour et en sa présence.

Sous les apparences de la franchise, le rapport autrichien était d'une redoutable habileté. Marie-Thérèse supposait Louis XV las de son alliance avec Frédéric II, et irrité que ce prince fût en train de négocier avec le cabinet de Saint-James. Mme de Pompadour et Bernis, qui ignoraient tout de ces tractations secrètes, conservèrent leur sang-froid, laissant ainsi penser à l'ambassadeur que cette information était peut-être connue du cabinet français. Partant de cette hypothèse, l'impératrice proposait un traité d'alliance entre l'Autriche et la France et laissait entendre qu'elle serait prête à abandonner une partie des Pays-Bas à don Philippe, gendre de Louis XV, à condition qu'elle pût rentrer en possession des duchés italiens qu'elle avait perdus. Elle ajoutait qu'elle ne s'opposerait pas à l'élévation au trône de Pologne du prince de Conti, que souhaitait Louis XV.

Assez perplexe, Bernis mit le roi en garde contre un rapprochement avec l'Autriche. Malgré l'annonce officielle de l'alliance anglo-prussienne, Louis XV hésita longtemps avant de s'engager avec Marie-Thérèse. Sur le point de déclarer la guerre à l'Angleterre[1], il voulait maintenir la paix sur le continent. Après d'interminables tergiversations et un petit chantage de l'impératrice, qui menaçait de renouer avec ses anciens alliés britanniques, Louis XV réunit solennellement ses ministres pour leur exposer la situation et solliciter leur avis. Le comte d'Argenson, ministre de la Guerre, osa dire qu'il prévoyait le commencement d'un conflit qui risquait d'embraser toute l'Europe mais les ministres, qui avaient fort bien compris que la décision du roi était déjà prise, se résolurent à conseiller l'alliance avec l'impératrice.

Le 1er mai 1756, c'était chose faite.

Fin de saison

Le duc de Saint-Simon est mort le 2 mars 1755, Montesquieu le 10 février de la même année, Fontenelle ne va pas tarder à les suivre dans la tombe et Marivaux vieillit. Ils symbolisent tous les

1. Louis XV déclarera la guerre, le 9 juin.

quatre un monde qui s'éteint, mais qu'ils ont contribué à changer. Aujourd'hui les auteurs de l'*Encyclopédie* et leurs amis se rassemblent, alertent l'opinion, attisent l'effervescence intellectuelle. Ils sont présents partout, dans les salons, les académies, les antichambres des ministres. Ils ont leurs journaux, *L'Observateur littéraire*, *Le Journal étranger*, *Le Journal encyclopédique*. Le très sérieux *Mercure de France* vante *L'Esprit des lois*, et salue d'Alembert, nouveau membre de l'Académie française, comme le modèle du « vrai philosophe ». Les philosophes abandonnent les sujets arides, ils s'intéressent à tout, à la peinture, au théâtre, à l'économie, aux finances... Ils jouissent d'un engouement extraordinaire. On les admire, on les critique ; les beaux esprits veulent être philosophes et les philosophes veulent être beaux esprits. Chacun veut briller. Les livres qui traitent de l'agriculture, de la population, de l'industrie, du commerce, des finances sont dans les mains d'une infinité de personnes qui ne lisaient que des romans. La paix, l'abondance, la population sont reconnues comme les seuls objets de la politique ; la justice, l'humanité pour les premières vertus des héros. Pourtant la frivolité côtoie le sérieux. On discute avec autant de passion de la mode, des petites comédies que d'économie, ou de politique. Mais Voltaire constate avec plaisir que se forme « une république immense d'esprits cultivés » dans toute l'Europe, que les Lumières se communiquent partout et prophétise que cette « révolution des esprits » marquera son époque. À ses yeux, les années écoulées depuis la paix d'Aix-la-Chapelle sont les plus belles qu'on ait jamais connues.

La France est-elle en train de basculer dans la société rêvée par les hommes des Lumières ? Ils s'en flattent parfois, mais cette effervescence intellectuelle inquiète le pouvoir. Le roi se méfie de cette secte subversive qui attaque la religion et s'en prend à la monarchie de droit divin. Désormais, il tolère à regret la poursuite de l'entreprise encyclopédique. Cependant, les idées évoluent plus vite que les institutions et l'opinion publique devient une force. Emporté par cette dynamique, le Parlement vient de condamner les lettres de cachet qui « portent atteinte aux droits de la nation » : c'est opposer le droit des citoyens à celui du roi. Dans une telle ambiance, cette déclaration annonce une crise de régime alors que les attaques anglaises contre la flotte française et l'alliance avec la très réactionnaire Autriche laissent présager un conflit européen auquel la France n'est pas préparée.

L'horizon s'assombrit. Le 1er novembre 1755, un tremblement de terre a fait disparaître Lisbonne, la capitale du Portugal, et a sérieusement ébranlé l'Espagne jusqu'à Madrid ; des séismes ont détruit plusieurs villes africaines, des fleuves ont débordé en Italie, en Suède, au Danemark, aux Pays-Bas et en France. Au mois de mai 1756, la terre a tremblé à Paris et en Picardie. Ces cataclysmes naturels passent pour de funestes présages. Balayant la raison, l'émotion est si violente qu'on ose parler de fin du monde !

Bibliographie sélective

Sources imprimées

ARGENSON (marquis d'), *Journal et Mémoires*, publiés par J.-B. Rathery, Paris, 1859-1867, 9 vol.

BARBIER, *Chronique de la Régence et du règne de Louis XV (1718-1763), ou Journal de Barbier*, Paris, 1866, 8 vol.

BUVAT (Jean), *Journal de la Régence*, publié par Émile Campardon, Paris, 1865, 2 vol.

BERNIS (François Joachim de Pierre, cardinal de) *Mémoires et Lettres,* publ. par F. Masson, Paris, 1878, 2 vol.

DEFFAND (Mme du), *Correspondance complète avec ses amis*, publiée par A. de Lescure, Paris, 1865, 2 vol.

DIDEROT (Denis), *Œuvres complètes*, éd. Roger Lewinter, Paris, 1969 15 vol.

DU HAUSSET (Mme), *Mémoires sur Louis XV et Mme de Pompadour*, publié par J.-P. Guicciardi, Paris, 1985.

DUCLOS (Charles PINOT), *Mémoires secrets sur les règnes de Louis XIV et de Louis XV,* publiés par Petitot et Monmerqué, Paris, 1829, 2 vol.

GLEICHEN (baron de), *Souvenirs*, Paris, 1868.

GRIMM (Frédéric, Melchior), *Correspondance littéraire, philosophique et critique* par Grimm, Diderot, Raynal, Meister... publiée par M. Tourneux, Paris, 1877-1882, 16 vol.

HÉNAULT (Charles, Président), *Mémoires,* publiés par le baron de Vigan, Paris, 1855.

KAUNITZ-RIETBERG (Wenceslas-Antoine-Dominique, comte puis prince de), *Correspondance secrète entre le comte A.W. Kaunitz-Rietberg et le baron Ignaz de Koch* (1750-1752), publiée par Hans Schlitter, Paris, 1899.
– « Mémoires sur la cour de France, 1752 », publiés par le vicomte du Dresnay, *Revue de Paris*, 11e année, vol. IV, p. 441-454 et 827-847.
LEVER (Maurice) (dir.), *Bibliothèque Sade, Papiers de famille*, t. I, Paris, Fayard, 1993.
LUYNES (Charles Philippe d'Albert, duc de), *Mémoires sur la cour de Louis XV, 1735-1758*, publiés par L. Dussieux et E. Soulié, Paris, 1860-1865, 17 vol.
MARAIS (Mathieu), *Journal et Mémoires... sur la Régence et le règne de Louis XV,* publiés par M. de Lescure, Paris, 1863-1868.
MARVILLE (Claude, FEYDEAU de), *Lettres de M. de Marville au ministre Maurepas*, publiées par A. de Boislisle, Paris, 1896, 3 vol.
MARMONTEL (Jean-François), *Mémoires,* publiés par J. Renwick, Paris, 1972, 2 vol.
RICHELIEU (Maréchal-duc de), *Mémoires*, 1790, 9 vol.
SAINT-SIMON, *Mémoires*, éd. Boislisle, Paris, 1879-1930, 43 vol. ; éd. Chéruel, Paris, 1906, 40 vol. ; éd. par Yves Coirault, Paris, Gallimard, « Bibliothèque de la Pléiade », 1996, 8 vol.
TOUSSAINT (François-Vincent), *Anecdotes curieuses de la cour de France*, Paris, 1908.
VALFONS, (Marquis de), *Souvenirs,* Paris, 1860.
VILLARS-BRANCAS (Marie-Angélique Fremyn de Moras, duchesse de), *Mémoires*, publiés par E. Asse, Paris, 1890.
VOLTAIRE, *Correspondance,* publiée par Théodore Besterman, Paris, Gallimard, « Bibliothèque de la Pléiade », 1977-1992, 13 vol.

Principaux ouvrages consultés

ANTOINE (Michel), *Louis XV*, Paris, Fayard, 1989.
BADINTER (Élisabeth), *Les Passions intellectuelles*, Paris, Fayard, 1999-2007, 3 vol.
CHAUSSINAND-NOGARET (Guy), *Le Cardinal Dubois (1656-1723)*, Paris Perrin, 2000.
– *Le Cardinal de Fleury*, Paris, Payot, 2002.
– *D'Alembert*, Paris, Fayard, 2007.
CRAVERI (Benedetta), *Madame du Deffand et son monde*, Paris, Seuil, 1987.

– *L'Âge de la conversation*, Paris, Gallimard, 2002.
COTTRET (Monique), *Jansénismes et Lumières, Pour un autre xviiie siècle*, Paris, Albin Michel, 1998.
HELLEGOUARC'H (Jacqueline), *L'Esprit de société, Cercles et salons parisiens au xviiie siècle*, Paris, Garnier, 2000.
HOURS (Bernard) *Louis XV, un portrait*, Toulouse, Privat, 2009.
LECLERCQ (Dom H.), *Histoire de la Régence pendant la minorité de Louis XV*, Paris, Honoré Champion, 1921, 3 vol.
LEVER (Evelyne), *Madame de Pompadour*, Paris, Perrin, 2000.
LEVER (Maurice), *Théâtre et Lumières, Les spectacles de Paris au xviiie siècle,* Paris, Fayard, 2001.
– *Louis XV, libertin malgré lui*, Paris, Payot, 2001.
PETITFILS (Jean-Christian), *Le Régent*, Paris, Fayard, 1986.
POMEAU (René), *Voltaire en son temps*, Fayard, 1985-1995, 2 vol.
MURATORI-PHILIP (Anne), *Stanislas Leszczynski, Anthologie,* Paris, Robert Laffont, « Bouquins », 2005.
– *Le Roi Stanislas*, Paris, Fayard, 2000.
– *Marie Leszczynska*, Paris, Pygmalion, 2010.
ROCHE (Daniel), *La France des Lumières*, Paris, Fayard, 1993.
SAREIL (Jean), *Les Tencin, Histoire d'une famille au dix-huitième siècle d'après de nombreux documents inédits*, Genève, Droz, 1969.

Index

Table des matières

Photocomposition Nord Compo
Villeneuve-d'Ascq

PAPIER À BASE DE FIBRES CERTIFIÉES

Fayard s'engage pour l'environnement en réduisant l'empreinte carbone de ses livres. Celle de cet exemplaire est de :
1,000 kg éq. CO_2
Rendez-vous sur www.fayard-durable.fr

Achevé d'imprimer en France
par JOUVE

N° d impression : 2167192E

Dépôt légal : septembre2014
36-14-3227-0/06